Gerhard Curdes · Stadtstruktur und Stadtgestaltung

D1672288

Gerhard Curdes

Stadtstruktur und Stadtgestaltung

Verlag W. Kohlhammer
Stuttgart Berlin Köln

Die Deutsche Bibliothek – CIP-Einheitsaufnahme

Stadtstruktur und Stadtgestaltung / Gerhard Curdes. –
Stuttgart ; Berlin ; Köln : Kohlhammer, 1993
   ISBN 3-17-012220-7
NE: Curdes, Gerhard

Inhalt

EINLEITUNG

ZUR SITUATION

Unsere Städte sind in Gefahr, ihren Zusammenhang und ihren Maßstab zu verlieren. Spekulative und modische Projekte des Städtebaus und der Architektur setzen sich in gewollten und harten Kontrast zu ihren Umgebungen. Eitelkeit und Rücksichtslosigkeit breiten sich aus. Der Mangel an "common sense" in unserer Gesellschaft läßt sich auch an den Stadtstrukturen ablesen. Wir haben aber etwas zu verlieren: Die noch funktionsfähige, vernetzte und feinkörnig gemischte Struktur noch halbwegs intakter Städte und Stadtbereiche. Solche Strukturen zu entwickeln, zu bauen und zu pflegen war lange Zeit kein Thema der Fachdiskussion. Anstatt über gute Strukturen wird in der Literatur und in der Fachpresse lieber über Formen gesprochen, über das Äußere - über die "Haut" der Struktur also. Dieses Buch versucht, den Blick auf das hinter den Formen Liegende zu richten: die Gesetzmäßigkeiten der Strukturbildung und Strukturveränderung, die Logik räumlicher Ordnungen, die Netze zur Organisation des Gefüges, die Logik der Baustruktur, des Stadtraumes und der einzelnen Bausteine der Stadtstruktur.

Im Zentrum steht die Morphologie der Stadt. Mit Stadtmorphologie ist der Zusammenhang von Bauten, Anlagen und Freiräumen gemeint, also das baulich-räumliche Gefüge, welches das komplexe System Stadt im Kern bestimmt. Stadtmorphologie ist ein in Deutschland lange vernachlässigtes Thema. Die Diskussion hat sich vorwiegend bei aktuellen Teilaufgaben aufgehalten, die allesamt bedeutsam sind und die in einem weiteren Band behandelt werden, die aber doch immer nur einen Teilaspekt der Stadt, sowohl sachlich als auch räumlich, betreffen. Jeder Bebauungsplan, jedes neue Gebäude, jede neue Straße ist aber ein Baustein der Stadtstruktur. So entsteht in vielen kleinen Schritten additiv "die Stadt". Zu welchem Gesamtresultat addieren sich diese Schritte? In einer Zeit, als die vorhandenen Baubestände noch relativ jung waren, konnte man diese Frage vielleicht vernachlässigen, weil die Anfügung neuer Elemente das weitere "Funktionieren" der alten Bestände voraussetzen konnte. Dies änderte sich mit fortschreitender Zeit. Wir stehen heute in Europa und in den industrialisierten Ländern trotz zweier Weltkriege und großflächiger Abrisse in den 60er und 70er Jahren vor großen Altbaubeständen und vor nur schwer und in kleinen Schritten veränderbaren Stadtstrukturen. Wie sollen wir mit diesen umgehen?

Geht es noch um die "Neue Stadt"? Ist "Neu" überhaupt eine zutreffende Fragestellung? Seit dem Beginn dieses Jahrhunderts, besonders aber nach den beiden Kriegen beherrschte die Vorstellung von der "Neuen Stadt", die sich sozial, ökonomisch und in ihrer demokratischen Verfaßtheit auch äußerlich positiv von der bisherigen Stadt abhob, die Vorstellungen. Mit bewundernswertem Elan und in kurzer Zeit wurden in den 20er Jahren - besonders in Berlin und Frankfurt - Großexperimente des "Neuen Bauens" durchgeführt. Neben gestalterisch und hygienisch eindrucksvollen Beispielen wurde damals aber auch eine Grundlage der heutigen Probleme gelegt: Die Entflechtung der Nutzungen, die funktionelle Denkweise.

Der Versuch, die mit jeder großen Stadt verbundenen Probleme und Sozialkonflikte vollständig zu lösen, führte schließlich zur Ablehnung der Großstadt und ihrer Lebensformen. Seit Howards Gartenstadt hat sich in die Köpfe des Mittelstandes das Bild der durchgrünten Stadt, des Wohnens im Park eingenistet. Es existiert dort noch immer. Nun stehen wir in Mitteleuropa - und nicht nur hier - vor einer Situation, die durch mehrere neue Komponenten gekennzeichnet ist:

Die moderne Architektur und der Städtebau haben nicht das gehalten, was sie an Lösungen versprochen haben. Das Wohnungsproblem wurde zwar in beeindruckendem Umfange quantitativ gelöst. Auch die band- und punktförmige Infrastruktur wurde gut ausgebaut. Dabei ging aber in vielen Fällen - insbesondere in den neuen Vierteln und Trabantenstädten am Stadtrand und in neuen Gewerbegebieten - der Zusammenhang der einzelnen Elemente untereinander und mit dem organisierenden Raum der Straßen verloren. Es war nicht nur das Auto, es war auch dieses Leitbild einer "Stadt im Park", welches wesentlich dazu beitrug, daß das Gefüge zunehmend in ein patchwork ganz verschiedener Strukturen und Maßstäbe zerfiel.

Mit den Folgen dieses Stadtkonzeptes, die wir heute deutlicher erkennen können, hängt das partielle Scheitern der Moderne zusammen. Im Kern kann sie auf die Herauslösung des Baukörpers von der vernetzten Struktur zurückgeführt werden. Mit dem durch solitäre Baukörper und durch Funktionstrennung entstandenen Verlust an Urbanität hängt die neue Wertschätzung zusammen, die die ehemals kritisierte Stadt des 19. Jahrhunderts und die noch älteren Stadtstrukturen erfuhren. Neu gesehen und bewertet wurden jene Perioden des Städtebaues, die relativ geordnete Stadtstrukturen und Stadträume hinterlassen hatten.

Heute herrscht weitgehend Einigkeit über die Ursachen:

- die Vernachlässigung des Gewebes der Stadt;
- die Vernachlässigung (wenn nicht Aufgabe) des multifunktionalen Straßenraumes;
- die Aufgabe des Baublocks;
- die weitgehende Aufgabe der Nutzungsmischung auf den Parzellen;
- die Tendenzen zu kontextlosen, vom Ort losgelösten baulichen Lösungen,

um nur die wichtigsten zu nennen.

Die Wertschätzung älterer Stadtstrukturen hat auch mit der Wiederentdeckung der Bedeutung der Orts- und Stadtbaugeschichte und ihrer Bedeutung für die Identifikation mit Lebensräumen - und natürlich viel mit der Verunsicherung über die sich abzeichnenden Probleme der Zukunft zu tun.

Es kommen aber noch andere Faktoren hinzu. Die Rücksichtslosigkeit von Umstrukturierungen und Sanierungen durch große Investoren, mangelndes Strukturverständnis von Architekten, Planern und Planungsämtern haben zusätzlich zur Zerstörung und Fragmentierung vorhandener Strukturen beigetragen. Der hohe Kosten- und Zeitaufwand heutiger Planungsprozesse, mangelnde Bauqualität und wenig dauerhafte Konstruktionen und Materialien haben solide Altbestände auch ökonomisch interessant gemacht.

In einer Zeit der angespannten Ressourcen und angesichts der Notwendigkeit, schon aus Gründen des Umweltschutzes Energieumwandlungsprozesse drastisch zu vermindern, verbietet sich der "sorglose" Umgang mit den noch nutzbaren Altbeständen von selbst. Deshalb werden gut konstruierte und umnutzungsfreundliche Altbaubestände sehr viel länger als bisher vorgesehen weiter verwendet werden müssen.

Daraus folgt, daß Entwurfsentscheidungen den strukturellen Kontext von bebauten Umgebungen ernsthafter miteinbeziehen sollten als bisher. Dies bedeutet nicht, Umgebungen in jedem Fall als Maßstab anzuerkennen. Es bedeutet aber, daß vor einer Entwurfsentscheidung die Auseinandersetzung mit der Morphologie und mit dem Typus der prägenden Umgebungen erfolgen sollte. Haben Umgebungen eine Eigenqualität, dann sollten städtebauliche und bauliche Entwürfe diese in geeigneter Form einbeziehen. Die Formlosigkeit neuer Stadtbereiche, des Stadtrandes und neuer Gewerbegebiete geht auch schließlich auf das zweidimensionale Instrument des Flächennutzungsplanes zurück. Das städtebauliche Instrumentarium zu Anfang des Jahrhunderts war sehr viel einfacher und in der Erzeugung klarer öffentlicher Räume und lesbarer Stadtstrukturen erfolgreicher als unsere Zeit. Dieses Buch ist daher auch ein Plädoyer für die Hinwendung der Stadtplanung zur dreidimensionalen Stadtstrukturplanung - eine Planungsform, die stets ein klassisches Instrument des Städtebaues war, in den letzten 70 Jahren jedoch verlorenging.

ZIEL DES BUCHES

In einer Zeit, die sich auf den sparsamen Umgang mit den Ressourcen einrichten muß, schien es mir daher sinnvoll, den Blick auf die "städtebaulichen" Ressourcen zu richten. Die industrialisierten Länder hatten sich seit dem zweiten Weltkrieg angewöhnt, großzügig mit dem Verbrauch an urbanisierten Flächen umzugehen. Nutzungen wurden "entflochten" und separiert. Ergebnis waren nutzungshomogene Gewerbegebiete, Schulzentren, Bürozentren, Einkaufszentren. In den Gebieten, wo die meisten Menschen wohnen, wird kaum noch gearbeitet. In den Arbeitsgebieten wohnt kaum noch jemand. Diese getrennten Nutzungen müssen nun durch Verkehr - zumeist Individualverkehr - neu verbunden werden. Verkehr, der nicht nur die begrenzten Straßenräume überfordert, sondern auch ökologisch nicht mehr zu verantworten ist.

Wir können die seit 1945 entstandenen Stadtstrukturen nicht abreißen. Nicht alles kann auch "rück-integriert" werden und manches hat auch eigene Qualitäten. Da Städte aber dauernd im Umbau sind, neuere Baubestände aber eine immer kürzere Lebensdauer haben, ist es an der Zeit, über die grundlegende Struktur von Städten neu nachzudenken. Wenn hier von "Stadt" die Rede ist, dann ist dies ein Sammelbegriff für intensiv verflochtene urbane Räume, also auch die Stadtregion und das urbanisierte Umland sind darin eingeschlossen. Auf der anderen Seite gibt es "die

Stadt" weder strukturell noch im räumlich-ökonomischen und sozialen Aufbau als einheitlichen Typus. Städte sind, neben manchen sich wiederholenden Merkmalen, immer auch Individuen mit einer eigenen Geschichte und Physiognomie.

Versucht man, durch die spezifischen kulturellen, topografischen und klimatischen Einflußgrößen "hindurchzublicken", kommt man zu den allgemeinsten Größen, die hinter der Formgebung von Stadtstrukturen stehen.

Die erste und wichtigste strukturformende Kraft, die unabhängig vom Einzelfall nahezu überall wirkt, ist die Minimierung des Wegeaufwandes. Darunter ist sowohl der physische, psychische als auch der zeitliche Aufwand zur Raumüberwindung zu verstehen. Aus solchen kollektiven Bedürfnissen heraus entstehen abkürzende Diagonalen. Der kürzeste Weg ist nicht immer der schnellste; deshalb sind längere Wege als Umgehungen von Hindernissen zeitlich kürzer oder bequemer. Bei bewegter Topographie sind längere Wege mit angenehmen Steigungen kräftesparend. Längere Wege werden auch gewählt, wenn sie psychisch weniger beanspruchend sind. Zeit- und Krafteinsparung führt umgekehrt zu Zeit- und Kraftgewinnen, die für andere Lebensinhalte als der Raumüberwindung einsetzbar sind.

Daraus folgen Phänomene wie die Konzentration von Nutzungen an Orten und Linien mit hoher Erreichbarkeit aus der Stadt und dem Umland oder die zunehmende Verdichtung von Bebauung in zentralen Bereichen einer Stadt. Hohe Bodenwerte zentraler Stadtlagen haben mit der Erreichbarkeit und diese wiederum mit Minimierung von Kraft- und Wegeaufwand zu tun. Gleiches gilt für die Bildung von Nutzungsagglomerationen um Standorte mit günstiger Erreichbarkeit, wie z.B. Handelszentren an Autobahnknoten an der Peripherie. Diese strukturformende Kraft wirkt unbhängig von den Mitteln der räumlichen Fortbewegung, erzeugt natürlich aber andere, den jeweiligen Mitteln entsprechende räumliche Muster. Da die Mittel der Fortbewegung sich überlagern und mischen, hängt es von der Dominanz und vom Beharrungsvermögen der vorhandenen Strukturen ab, auf welches Verkehrsmittel sich diese letztlich orientieren. Kompromisse, die den verschiedenen Mitteln gerecht werden, sind zwangsläufiges Ergebnis. Es kann aber auch zur Rückbesinnung auf frühere Organisationsmuster kommen, wenn z.B. Stadtkerne wieder stärker auf den Fußgänger hin umgestaltet werden.

Eine zweite strukturformende Kraft sind die Anforderungen wichtiger Produktionskräfte an den Raum. Da die Stadt als künstliches Gebilde von arbeitsteiliger Produktion und Verteilung lebt, hatten und haben deren Funktionsbedingungen immer einen Einfluß auf das Standortgefüge und auf die Form der Stadt.

Als dritte Kraft kann das Bedürfnis nach Abwechslung und Unterscheidung genannt werden. Hierzu gehören auch Fragen der Orientierung, des symbolischen Ausdrucks gesellschaftlicher Differenzierung. Daraus entstehen Variationen von Freiräumen, Straßen, Bauten und morphologischen Strukturen.

Als vierte Kraft können wir das Bedürfnis nach Ordnung unterscheiden. Ordnung hat eine wichtige Funktion in der individuellen und kollektiven Organisation der äußeren Lebensbedingungen. Sie entlastet den Wahrnehmungsapparat, erleichtert Suchvorgänge, gibt divergierenden Raumansprüchen einen Rahmen. Da das Aufrechterhalten von Ordnungen ebenfalls Zeit und Kraft kostet, hat die Ordnung der Struktur nicht immer die gleiche Bedeutung. Überblickt man die Entwicklung von Stadtgrundrissen über lange Zeiträume, fällt auf, daß auf Phasen starker Eingriffe und Lenkung häufig Perioden mit geringeren Regelungen folgen.

Als fünfte Kraft wirkt die Sozialgebundenheit des Menschen auf die Struktur. Dies führt zu bestimmten räumlichen Organisationsmustern wie Stadtteilen, Quartieren, aber auch zur Bedeutung der Stadtgeschichte für die Bewertung der Struktur: Menschen können nicht nur in der Gegenwart leben. Vergangenheit und Zukunft sind Lebensdimensionen, die das Individuum und die existierende Gesellschaft in eine Periode der Menschheitsgeschichte einbinden, deren örtliche Ausprägung erst Chancen der Identifikation und Bindung eröffnet.

Als sechste Kraft nennen wir die Trägheit der physikalischen Struktur und der räumlichen Form ihrer Organisation. Besonders auffällig ist bei einem Langzeitvergleich von Stadtstrukturen, daß sich die in den Frühphasen der Entwicklung festgelegten Prinzipien der Erschließung kaum noch verändern. Vorhandene Strukturen setzen der Veränderung physikalischen und rechtlich-ökonomischen Widerstand entgegen. Die Stadtplanung und Stadtpolitik muß daher erhebliche politische, finanzielle, personelle und zeitliche Kraft aufwenden, wenn sie Strukturen gegen deren innere Logik quasi von außen verändern möchte. Dies gelingt zumeist nur in einigen Teilbereichen.

Es können darüber hinaus noch andere Kräfte, wie z.B. ökonomische Aspekte, Konkurrenz zu anderen Städten, Bedürfnis nach Selbstverwirklichung, nach Bindung, technische Funktionserfordernisse, lokales und nationales Planungs- und Bodenrecht u.a.m. genannt werden. Uns scheinen aber die genannten in diesem Zusammenhang die wesentlichen zu sein, auf die wir uns aus Gründen der Übersichtlichkeit beschränken.

Führt man die genannten Kräfte auf menschliche Eigenschaften zurück, können sie mit Begriffen wie Bequemlichkeit, Rationalität, Abwechslungsbedürfnis, Stolz, Machtausübung, individuelle Freiheit, Sicherheits- und Harmoniebedürfnis und ähnlichen zusammengefaßt werden. Da Städte menschengemachte Gebilde sind, werden sich in ihnen immer auch menschliche Eigenschaften dieser Art abbilden. Ein verständnisvoller Umgang mit Städten setzt deshalb die Kenntnis solcher grundlegenden Eigenschaften ihrer Strukturen und der strukturformenden Kräfte voraus. Nicht alle diese Einflüsse sind Schwerpunkt dieses Buches, sondern das, was für die physische Struktur bedeutsam ist.

Weil die physische Struktur so langlebig und träge ist, bildet sie in Ländern mit einer langen Stadtkultur einen stabilen Rahmen für das Leben der Menschen in den Städten. Die lebende Generation muß sich daher weitgehend mit dem arrangieren, was ihr die vorhergehenden Generationen hinterlassen haben. Die Anpassung an neue Bedürfnisse ist bei größeren Städten nur in kleinen Schritten und nur begrenzt möglich. Die bauliche Vergangenheit ist so integrierter Betandteil der Gegenwart. Sie ist auch ein Maßstab für die Kontrolle des Neuen.

Dieses Buch konzentriert sich auf das Thema der baulich-räumlichen Struktur, welche hier morphologische Struktur genannt wird. Mit Struktur ist der Zusammenhang der Netze, der baulichen Elemente und der Nutzungen gemeint. An erster Stelle ist deshalb die Kenntnis der Eigenschaften der Netze wichtig, weil sie mit der zuerst genannten strukturbildenden Kraft zu tun haben. An zweiter Stelle sind Form, Maßstab und System der öffentlichen Räume als Bindeglied zwischen Erschließungsnetz und Baustrukturen zu nennen. An dritter Stelle ist die Form der baulichen Anordnung - also die Form und Organisation der Gebäude - bedeutsam. Schließlich wird die Qualität und Funktion der Stadt wesentlich geprägt durch die Art der Durchmischung oder Separierung der Nutzungen, die räumliche Ausprägung von Zentren der Kultur und Versorgung, durch gewerblich genutzte Gebiete und durch Grünzonen. Diese Makroelemente formen zusammen Struktur und Gestalt der Stadt und Siedlung.

Was wir an der Langzeitentwicklung von Stadtstrukturen beobachten können, ist die kulturellen Bedeutung der historischen Kerne und die außerordentliche Empfindlichkeit dieser Bereiche gegen größere Eingriffe. Mit der Zeit bildet sich offensichtlich ein labiles und sensibles Gleichgewicht zwischen Strukturen und Inhalten, aber auch zwischen Funktion und Gestalt heraus. Planerisch ist es daher wesentlich, neben Bereichen der Veränderung Pole der Stabilität zu sichern, weil sie mit der Wiedererkennbarkeit, mit dem Bild der Stadt und mit ihrer Verbindung zwischen Vergangenheit und Zukunft - und daher mit den Identifikationsmöglichkeiten ihrer Bewohner zu tun haben.

Schließlich beobachten wir, wenn wir Methoden des "Zeitraffers" verwenden, daß sich innerhalb des scheinbar festgefügten Rahmens aus Netzen und Baustrukturen ein permanenter kleinteiliger Wandel vollzieht, der in bestimmten Abständen um größere Ergänzungen und Neuerungen - hier häufig als Innovationen bezeichnet - ergänzt wird. Die so stabil wirkende physische Struktur ist in einer permanenten Bewegung der Mikroanpassung an neue Anforderungen und erzeugt damit eine Erneuerung von Systemelementen, ohne die das Gesamtgefüge nicht überlebensfähig wäre. Was wir daher auch beobachten können, ist das Bedürfnis der Generationen, zumindestens an einigen Punkten der Stadt "ihren Zeitgefühlen" baulich-räumlichen Ausdruck zu verleihen.

So schwer es zu sein scheint, daß spätere Generationen von den vorhergehenden irgendetwas lernen - jede Generation lernt offenbar nur aus ihren eigenen Fehlern -, so undenkbar ist es aber auch, daß wir uns dies im Bereich der räumlichen Strukturen, insbesondere in den Städten, ökonomisch und ökologisch im großen Stil weiter leisten können.

Von daher übt das große Beharrungsvermögen der Stadtstruktur einen beruhigenden und disziplinierenden Einfluß aus, und somit können in der Kontinuität der grundlegenden Ordnungsstruktur die notwendigen Experimente und Proben jeder Generation Raum und Form finden. Es geht - soviel ist schon deutlich geworden - darum, daß die in den Strukturen eingebaute Logik beachtet wird, daß die in ihnen konservierten Lösungen früherer Generationen verständnis- und respektvoll behandelt werden und im Bewußtsein bleibt, daß es zum Schwersten gehört, was Architekten und Städtebauer zu leisten haben, gute - sich über Generationen und Jahrhunderte selbsttätig erneuernde - Stadtstrukturen zu entwickeln. In der Geschichte der Struktur steckt die Logik jahrzehnte- wenn nicht jahrhundertelanger Erfahrung vor Ort. Es wäre leichtfertig, sich diese Erfahrungen nicht zunutze zu machen.

Auf derartige Zusammenhänge soll dieses Buch hinweisen. Es entstand aus meinen städtebaulichen Vorlesungen, die ich seit einigen Jahren um strukturelle Aspekte der Stadt ergänzt habe. Es folgt einem vom Allgemeinen zum Speziellen fortschreitenden Aufbau, weil das Besondere und das Detail erst auf dem Boden eines allgemeineren Rahmens seinen Sinn und Ort erhält. Vollständigkeit wurde weder in den allgemeinen Aspekten noch im Detail angestrebt. Wichtiger ist dagegen, den Zusammenhang der verschiedenen Aspeke deutlich zu machen. Wenn dabei so etwas wie ein Interesse an der räumlichen Struktur als Basis der gesellschaftlichne Organisation des Lebens in Städten entstände, wäre ein wichtiges Ziel schon erreicht.

Teil A beginnt mit allgemeinen Phänomenen der Wahrnehmung und den daraus abzuleitenden Eigenschaften räumlicher Umwelt. Dabei interessierten zunächst Grenzfälle als Erklärungshilfen für "normal" strukturierte Umwelten, die wir - weil zu gewohnt - nicht klar genug in ihren Struktureigenschaften sehen. Teil B enthält Aspekte, die mit der Bildung und Veränderung der Stadtmorphologie zu tun haben. Wegen ihrer aktuellen Bedeutung wurden der Einfluß von Innovationen und Aspekte der Energieeinsparung aufgenommen. Im Teil C wird im Schwerpunkt der Stadtraum und seine Akzentuierung behandelt. Teil D schließlich behandelt die physischen Grundelemente der Struktur - die verschiedenen baulichen Anordnungsformen - in einer typologischen Darstellung ihrer Eigenschaften und Variationen.

Bei der Bearbeitung der Endfassung haben mich durch das Lesen von Korrekturen Klaus-Peter Burkarth und Susanne Curdes, bei der Textverarbeitung Hartwig Hildmann und Frank Meyer, bei den Zeichen- und Montagearbeiten Cathrin Brückmann, Birgit Glasmacher und

Anette Metzen sehr unterstützt. Ihnen danke ich auch an dieser Stelle sehr herzlich. Zu danken habe ich auch unseren Studenten, die meinem Versuch nach einer strukturellen Bezugsbasis des Städtebaues geduldig und immer interessierter gefolgt sind. Für Anregungen und Hinweise bin ich dankbar.

Gerhard Curdes   Aachen, im April 1993

TEIL A UMWELTWAHRNEHMUNG UND UMWELTSTRUKTUR

Wir werden in unserer Wahrnehmungsfähigkeit von der Umwelt geprägt, in der wir leben. Die Zivilisation liefert dazu die Deutungsmuster. Wahrnehmung hat eine kulturelle Prägung. Über diese Prägung hinaus gibt es einige grundlegende Phänomene der Orientierung und Wahrnehmung, die mit der menschlichen Struktur und Entwicklung zu tun haben. Sie können als allgemeinste Grundlage für den Umgang mit Raum, Körper und Stadt dienen.

Teil A behandelt im ersten Kapitel die Aspekte der Wahrnehmung und Orientierung. Das zweite Kapitel zeigt unter anderem am Beispiel von Extremräumen, welche Bedeutung gut strukturierte Räume für Orientierung und Identifikation haben. Räumliche Struktur bildet sich additiv aus der Wiederholung von Elementen. Die horizontale Organisation von Strukturen ist - weil jedes Element selbst zunächst eine Grundfläche benötigt - dafür grundlegend. Das dritte Kapitel verbindet solche allgemeinen Aspekte zweidimensionaler Texturordnungen mit Organisations- und Ordnungsprinzipien von Stadtstrukturen. Dabei soll deutlich werden, daß die räumliche Struktur der Stadt nur ein spezieller - wenn auch sehr komplexer - Fall allgemeinerer Ordnungsprinzipien von Flächentexturen und Körperanordnungen ist.

1. UMWELTORIENTIERUNG

Mensch und Tier haben im Gegensatz zur standortgebundenen Pflanze eine Umwelt, die sie durch Bewegung ständig wechseln können. Deswegen hat sich ein Wahrnehmungssystem entwickelt, das Umweltinformationen über verschiedene z.T. sich ergänzende, z.T voneinander unabhängige Wahrnehmungsorgane an das Lebewesen vermittelt. Es handelt sich um fünf Wahrnehmungssysteme, die ineinander greifen und sich gegenseitig nicht ausschließen. "Sie sind oft an ein und derselben Information gemeinsam beteiligt; d.h., dieselbe Information kann ebensogut von einer Kombination verschiedener Wahrnehmungssysteme erfaßt werden als auch durch ein einziges Wahrnehmungssystem" (Gibson 1973 b, S. 21). Diese fünf Systeme benennt Gibson in einer grundlegenden Darstellung (1973 b, S. 6-8) wie folgt:

1. Das grundlegende Orientierungssystem
2. Das System der Gehörswahrnehmung
3. Das haptische System
4. Geschmacks- und Geruchssystem
5. Das visuelle System

Nachfolgend soll in komprimierter Form das Grundlegende dieser Wahrnehmungssysteme insoweit angesprochen werden, als dies für räumliche, speziell stadträumliche, Wahrnehmung von Bedeutung ist. (Zur neueren Einschätzung der Bedeutung Gibsons vgl. Gardner 1989, S. 324f.).

A. GRUNDLEGENDES ORIENTIERUNGSSYSTEM

1. ZUSAMMENWIRKEN ALLER SINNE

Erstens einmal müssen sich alle auf festem Boden lebende Wesen nach der Erdoberfläche, d.h. nach der Schwerkraft und nach der Beschaffenheit des Untergrundes orientieren. Dies sind die beiden Hauptkon-

stanten eines Lebensraumes (Gibson 1973 b, S. 86). Als dritte Konstante nennt Gibson die Orientierung über Situation und Veränderungen in der Umgebung. Diese Orientierung geschieht durch Bewegung des Kopfes, Körpers, der Augen und Ohren, von Mund und Geruchsorgan. Diese sekundäre Orientierung ist aber bestimmt durch die primäre Orientierung des Körpers zur Schwerkraft und zur Erdoberfläche. Diese grundlegende Orientierung liefert erst den Maßstab zur räumlichen Einordnung der weiteren Wahrnehmungen.

Als vierte Komponente einer grundlegenden Orientierung kommt die Orientierung durch Bewegung des Lebewesens innerhalb seines Territoriums hinzu. Diese geographische Orientierung erfordert aber bereits das Zusammenwirken mehrerer Wahrnehmungsorgane. Gibson geht davon aus, daß der Wahrnehmungsapparat von Tieren und Menschen letztlich auf zielorientierte, aktive Fortbewegung hin entwickelt ist und sämtliche Sinne für diesen Zweck wie ein einziges zusammenhängendes Wahrnehmungssystem zusammenwirken. "In dieser Hinsicht fungieren alle wie ein einziges Orientierungssystem, es bildet sozusagen die untere Plattform; auf ihr aufbauend, tragen alle anderen Systeme, das haptische System, das Geruchsystem, das Gehörsystem und das visuelle System Informationen bei; gelegentlich stammt die Information nur von einem einzigen System, meist aber ist sie redundant "(ebenda S. 103).

2. ZUR LEISTUNGSFÄHIGKEIT DES GLEICHGEWICHTSSYSTEMS

Die Orientierung zur Schwerkraftachse wird durch die in den Innenohren liegenden Vestibulorgane geregelt. Durch ein System von Flüssigkeiten, die als Trägheitssystem funktionieren, und durch Sinneshärchen werden Bewegungen vermittelt (Kopfdrehung, Körperhaltung). Das Organ ist auf Unregelmäßigkeiten der Bewegung ausgerichtet. Gleichförmige Bewegung ohne

1

Erschütterung wie z.B. gleichmäßiges Fahren, Fliegen werden nicht wahrgenommen."Der Vestibulapparat ist ein Kraftdetektor, der die Orientierung nach der Schwerkraft herstellt und damit die aufrechte Körperhaltung ermöglicht. In Verbindung mit dem Wahrnehmungssystem der Hautsinne (z.B. Druckverstärkung, Druckentlastung in den Stützextremitäten, G.C.) orientiert sich das Individuum über die Unterlage und über die Art der Bodenhaftung; dies fällt meist mit der Orientierung der Schwerkraftrichtung zusammen. Beide Wahrnehmungssysteme zusammen ergeben das Bezugssystem (den Anker) für ein weiteres Wahrnehmungssystem, nämlich für das Informiertsein über die Stellung der eigenen Gliedmaßen relativ zur Schwerkraft und zum Untergrund. Die Orientierung der Kopf-, Rumpf- und Gliedmaßenstellung wird damit in den dreiachsigen Körperraum der Richtungen oben-unten, rechts-links und vorne-hinten eingebaut. Schließlich ergibt die Ausrichtung des Kopfes zur Schwerkraft und zur Art des Untergrundes eine stabile Ausgangsposition für die Orientierung der Kopforgane - das sind Ohren, Mund, Nase, vor allem aber die Augen" (ebenda S. 100-101).

3. FOLGERUNGEN FÜR DIE RAUMWAHRNEHMUNG UND RAUMNUTZUNG

Die Bedeutung der Vertikalen

Vertikale Elemente wirken über die visuelle Wahrnehmung als optische Absicherung des Gleichgewichtsgefühls; Veränderungen in der Geländeneigung fordern das Gleichgewichtsorgan und die Muskulatur zu Korrekturen auf und erhöhen damit die Körperwahrnehmung von räumlicher Beschaffenheit; die labile Gleichgewichtslage des Zweibeiners zwingt zu dauernder Beachtung des Bodens vor Stolpergefahren oder Hindernissen; die Urangst des aufgerichteten Menschen vor dem Gleichgewichtsverlust - also vor dem Stürzen - führt zur Angst vor steilen Neigungen (Treppen), größeren Höhenunterschieden, unklaren Bodenbeschaffenheiten (z.B. im Dunkeln, bei Glätte, Nässe).

Oben-Unten

Der Boden (die Erdoberfläche) gibt uns als feste Grundlage Halt zum aufrechten Gang. Weiche, elastische, nachgebende Oberflächen gefährden diese Voraussetzung. Der nach unten gerichtete Blick zur Körperstabilisierung verliert bei Neigungen, Höhenversprüngen, Abgründen, aber auch bei durchlöcherten Laufflächen (z.B. bei Gitterrosten, Gerüsten, Wendeltreppen und Treppen ohne Setzstufen, Treppen ohne Geländer, abschüssigen Straßen und Plätzen) den optischen Halt, was zur Destabilisierung der Wahrnehmung und Verunsicherungen führen kann. Fundamental ist die Körperorientierung am Horizont und die Ableitung von 'Oben=Himmel, Unten=Erde'.

Rechts-Links

Die Unterscheidung von rechts und links entsteht aus der Symmetrie der Körperachse bzw. aus den symmetrisch angeordneten Wahrnehmungsorganen, die doppelseitig nach vorne orientiert sind: Augen, Ohren, Nase, Hände und Füße. Die paarweise Reizung durch zwei Wahrnehmungskanäle dient der sicheren Orientierung auf den Reizsender: Lebewesen balancieren bewußt/unbewußt die Körperhaltung auf einen symmetrischen Eingang der Reize in das Nervensystem aus. Dies gilt in Bezug auf Licht- und Schallquellen, Geruch, aber auch für Berührungsreize (ebenda S. 102).

Daraus folgt: Deutliche seitliche Markierungen von Wegen, Plätzen, Landschaftsteilen usw. erleichtern die Einordnung der Körperachse in die Raumstruktur und sichern das Bewegungsverhalten mehrfach ab: durch die optische Wahrnehmung klarer Grenzen, durch die akustische Wahrnehmung der Schallbrechung, durch haptische Kontrollen, ggf. auch noch durch spezifische Gerüche und Temperaturen, die mit einzelnen Wegeabschnitten verbunden sind. Durch die Muskelreaktion und Gelenkempfindungen auf verschiedene Bodenoberflächen oder Steigungen werden zusätzlich überlagernde und absichernde Informationen vermittelt. Neben der Orientierung auf ein Ziel dienen diese Zusatzreize einer permanenten Orientierung über sonstige Umweltereignisse.

Vorne-Hinten

Die Unterscheidung von vorne und hinten ist insofern fundamental, weil unser Körper mit den meisten seiner Wahrnehmungsorgane nach vorne orientiert ist. Der menschliche "Handlungsraum als Raum zielgerichteter Bewegung ist ein "Vorn-Raum". In der Körperorganisation ist dieser Vorn-Raum vor allem durch die anatomische Struktur der Bewegungsorgane vorgezeichnet, wie aber auch durch die Frontalstellung der Augen, die eine Übersicht eben nur nach vorn gestatten" (Kruse 1974, S. 97). Im Gegensatz zu Lebewesen mit seitlich angeordneten Augen (deren Gesichtsfeld z.B. beim Fisch bis auf einen kleinen Rest die gesamte Umgebung umfasst - ein Pferd hat pro Auge ein Sehfeld von je 215 Grad)(Gibson 1973b, S. 218) hat der Mensch für das Augenpaar ein Gesichtsfeld von horizontal max. 180 und vertikal 150 Grad (Gibson 1973 a, S. 77).

Das bedeutet, daß seine Sehwelt stärker als Vorn-Welt wahrgenommen wird, seine Bewegung also nur nach vorne gut kontrolliert werden kann und Informationen von hinten beim Gesichtssinn völlig ausfallen und bei den anderen Sinnen nur abgeschwächt aufgenommen werden.

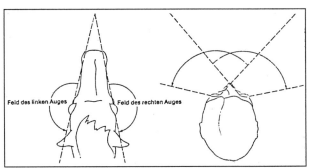

Abb 1.1 Sehfelder des Pferdes und des Menschen (Gibson 1982, S.220)

B. FOLGERUNGEN FÜR DIE RAUMWAHRNEHMUNG

1. WAHRNEHMUNG

Bei der Bewegung in linearen Räumen (Straßen, Wegen) wird derselbe Abschnitt in beiden Richtungen in dem Maß verschieden wahrgenommen, in dem objektive Verschiedenheiten in Beziehung zur Bewegungsrichtung existieren. Z.B. wirkt eine Neigung der Straße durch die Verschiebung des vertikalen Sehwinkels unterschiedlich (beim Anstieg füllt die Straßenoberfläche einen Teil des unteren Sehfeldes, beim Abstieg entsteht eine größere Fernorientierung). In der einen Richtung wirkende Vorsprünge, Gebäude, Reklametafeln können in der anderen Richtung eine veränderte Wirkung haben, neue, nur einseitig orientierte Besonderheiten können tatsächlich nur durch Kopfdrehung erfaßt werden. Dadurch erklärt sich die z.T. unterschiedliche Wirkung einer ansonsten völlig gleichen Straße.

2. SICHERHEITSGEFÜHL

Mangelnde Kontrolle des Hinterraumes führt oft zum Bedürfnis nach Schutz. Das Geborgenheitsgefühl in Nischen, kleinen Räumen, die Bevorzugung von Plätzen an der Wand in Cafes etc., die unterschiedliche Wirkung von Ansiedlungen im Tal (Schutz) und auf der Kuppe (ausgesetzt) verweisen auf diesen Hintergrund. Besondere Bedeutung hat dieses Phänomen für die Konzeption von Plätzen und Aufenthaltsbereichen: Schutz durch geschlossene Wände und durch eine 'Umschließung' also, Geborgenheit und Sicherheit vermittelnde Proportion; Orientierung nach vorne über den Platzraum, Bergung nach hinten durch Aufenthaltsbereiche an einer geschlossenen Platzwand. Eine Erhöhung dieser Bereiche gegenüber der Platzfläche verstärkt das Moment der Orientierung (wie z.B. beim Campo in Siena).

C. OPTISCHE RAUMWAHRNEHMUNG

1. LICHT ALS VORAUSSETZUNG OPTISCHER WAHRNEHMUNG

Das Auge ist ein Organ zur Wahrnehmung von Lichtreizen. Das visuelle System kann seine Funktion daher nur beim Vorhandensein eines Minimums an Licht erfüllen. Fehlt diese Voraussetzung, müssen andere Wahrnehmungsweisen kompensatorisch einspringen: Tasten mit den Gliedmaßen, Umweltinformation über den Hautsinn (z.B. Wärmestrahlung von Wänden, Luftzug) oder die Einschätzung der Situation durch Geräusche. Das Auge hat die Fähigkeit, sowohl nahe wie ferne Objekte präzise wahrzunehmen. Es besitzt von allen Organen die größte Orientierungsreichweite. Es kann in seiner Funktion zur Fernorientierung von keinem anderen Wahrnehmungssystem ersetzt werden. Der Gesichtssinn dominiert daher unsere übrigen Wahrnehmungsorgane.

2. OPTISCHE UMWELTWAHRNEHMUNG

Optische Umweltwahrnehmung geschieht durch Lichtreize auf der Netzhaut. Reize werden durch direktes Licht (Strahlenquellen) oder indirektes Licht (Reflexion des Umgebungslichtes von Gegenständen) ausgeübt. Die Umwelt ist daher lediglich ein zweidimensionales Abbild reflektierender Oberflächen. In dem Umfang, in dem diese Oberflächen Licht unterschiedlich reflektieren, können sie als Struktur oder als unterscheidbare Elemente 'gesehen' werden. (So kann z.B. Klarglas nur durch Verschmutzung oder Reflexion gesehen werden). Abb. 1.2 zeigt die Reihenfolge der Augenbewegungen zur Erfassung eines Bildes durch eine Gruppe von Versuchspersonen. Die Erfassung einer optischen Information wird offensichtlich von der Stärke des Form- und Kontrastreizes (Wellenzentrum) beeinflußt, und erst nach der Erfassung der stärkeren Reize geht das Auge zur Erfassung der verschiedenen Teilthemen und Detailstrukturen über. Dies scheint die generelle Struktur von Wahrnehmungsvorgängen zu sein.

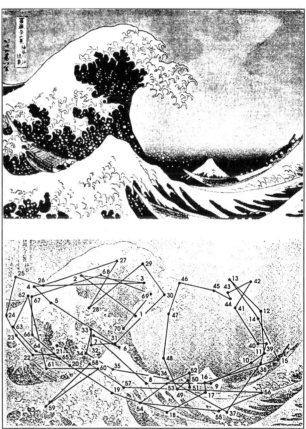

Abb 1.2 Reihenfolge der Augenbewegung zur Erfassung eines Bildes (Gibson 1973b, S.235)

Voraussetzung zur optischen Wahrnehmung von Umwelt ist Licht und eine unterscheidbare Struktur der Umwelt. Bei Nebel oder starkem Schneetreiben ist zwar Licht, aber keine unterscheidbare Umwelt sichtbar. Bei sehr homogenen Umweltstrukturen (wie z.B. auf dem Meer, in der Wüste, Steppe, Tundra, aber auch in gleichförmigen Landschaften, Wäldern, landwirtschaftlichen Flächen) ist zwar eine Wahrnehmung der Struktur, aber nur durch Sekundärmittel eine Orientierung über diese Struktur hinaus möglich. Dies bedeutet, daß Orientierung in einer schwach strukturierten Umwelt Lernvorgänge und die Deutung kleiner Abweichungen voraussetzt oder eines über diesen Umweltausschnitt hinausreichenden Orientierungssystems bedarf (z.B. eines Kompasses, einer geographischen Lagevorstellung zu anderen Gebieten etc.). Daraus folgt unmittelbar, daß es nützlich ist, wenn Umwelt in unterscheidbare Teilbereiche aufgegliedert ist, die in sich eine individuelle, d.h. sich deutlich von anderen Teilen abhebende Eigenart aufweisen. Wir stoßen hier auf die Antinomie von Kontinuität und Individualität räumlicher Umwelt, ein Problem, welches für Landschaften ebenso wie für Städte und Siedlungen existiert.

3. VISUELLE OBEN-UNTEN-ORIENTIERUNG (Abb. 1.3)
Stärkeres Licht kommt i.a. von oben, schwächeres (Reflexion) von unten. Dieser Unterschied stimmt mit der Schwerkraft überein. Lebewesen mit lichtempfindlichen Zellen können schon durch kleine Helligkeitsunterschiede Oben und Unten unterscheiden (Gibson 1973b, S. 196). Diese Erfahrungskonstante hilft uns bei Orientierungen in schwierigen Grenzsituationen. Im Normalfall wird sie unterstützt durch den Horizont, der unser Wahrnehmungsfeld in ein helleres oberes und (mit Ausnahme bei besonderen Situationen auf dem Wasser oder im Schnee) in ein dunkleres unteres Feld unterteilt.

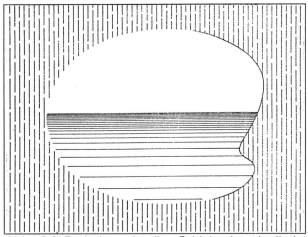

Abb. 1.3 Typisches visuelles Feld bodenorientierter Lebewesen (Gibson 1973a, S.98)

4. OBERFLÄCHEN ALS LICHTREFLEKTOREN
Gibson teilt die stoffliche Welt in die drei Klassen Medium (Gas, Flüssigkeiten), Substanzen (Stein, Holz) und Oberflächen (Oberflächen von Substanzen) ein (1982 S.16ff.). Dementsprechend deutet Gibson optische Wahrnehmung der Umwelt als die Wahrnehmung der Lichtreflexion von Oberflächen: Wir sehen nicht die Körper oder Objekte unserer Welt, sondern deren Oberflächen. Die Beschaffenheit dieser Oberflächen und die dadurch bedingte Lichtreflexion sind das, was wir sehen. Oberflächen haben bestimmte Eigenschaften (ökologische Gesetze der Oberflächen): Beständige Substanzen haben Oberflächen. Oberflächen haben eine bestimmte Flächenanordnung. Sie setzen der Verformung und dem Auseinanderfallen Widerstand entgegen. Sie haben eine charakteristische Textur, die von der Substanz abhängt. Sie haben eine Flächenanordnungs- und Pigmenttextur, können unterschiedlich beleuchtet sein, Beleuchtung absorbieren oder reflektieren und durch charakteristische Verteilung der Reflexionsgrade bei verschiedenen Lichtwel-

lenlängen für unsere Wahrnehmung unterschiedliche Farben annehmen (Gibson 1982, S.25). Die Reflexion der Oberflächen gibt uns zusammen mit der Seherfahrung Informationen über die Gliederung der Umwelt. Das Gesehene wird durch Erfahrung, Größen- oder Ähnlichkeitsvergleich gedeutet und eingeordnet. Tiefenwahrnehmung entsteht also durch Verdeckungen und die Informationen, die im umgebenden Licht "für die Wahrnehmung der Flächenanordnung von Oberflächen enthalten ist" (Gibson 1982, S. 161).

5. TIEFENWAHRNEHMUNG
Räumliche Tiefe, so die Theorie Gibsons, nehmen wir durch die gegenseitige Verdeckung von Gegenständen in unserer Umwelt wahr. Gegenstände verdecken die dem Auge abgewandten Teile selbst und die nicht sichtbaren dahinter. Durch Bewegung im Raum verändern sich die Überdeckungen. "Verdeckte und unverdeckte Oberflächen wechseln einander ab. Was bei einer bestimmten Bewegung verhüllt wird, wird bei der Umkehrung dieser Bewegung enthüllt (Gibson 1982, S. 91).Die Wahrnehmung räumlicher Tiefe entsteht also dadurch, daß sich Lebewesen bei der Bewegung in ihrer Umwelt einen Überblick über die von einem Standpunkt aus verdeckten Teile von Objekten, Orten verschaffen und dadurch lernen, deren Ausdehnung, Form und Körperlichkeit zu erfahren.Prinzipielles Merkmal scheint nach Gibson aber zunächst das Phänomen der Verdeckung zu sein, denn was von anderen Objekten verdeckt wird, kann nicht vor diesen Objekten sein. Tiefenwahrnehmung entsteht ferner durch die optische Struktur unserer Augen: Mit zunehmender Tiefe der realen Welt geraten immer mehr Objekte in unser visuelles Feld. Die unter uns auf dem Erdboden befindlichen Flächen und die im näheren Umkreis des unteren visuellen Feldes befindlichen nehmen einen größeren Flächenumfang in unserer Optik ein als die weiter entfernten. Die Abbildungen 1.6 - 1.8 zeigen Beispiele und Zusammenhänge der Tiefenwahrnehmung.

D. FOLGERUNGEN FÜR ARCHITEKTUR UND STÄDTEBAU

Gibson vermeidet klare Aussagen zu den Folgerungen, die aus tief verwurzelten und aus direkten Reaktionen für die Umweltwahrnehmung zu ziehen sind. Die hier versuchten Folgerungen sind Ableitungen des Verfassers.

1. DOMINANZ DES GESICHTSSINNS
Die Dominanz des Gesichtssinns verleitet uns zu einer Überbewertung der optischen Dimension und einer Unterbewertung der Reize, die auf unsere anderen Wahrnehmungsorgane einwirken. Man sollte darüber nachdenken, wie in Architektur und Städtebau auch die haptische Wahrnehmung und wie angenehme Geräusche und Gerüche in die Umweltgestaltung bewußter einbezogen werden könnten. Eine in diesem Sinne vielfältige Umwelt übt mehr Reize aus.

2. REFLEXION

Da wir (außer bei selbst strahlenden Körpern) die Struktur unserer Umwelt nur durch Reflexion des Lichtes sehen können, bekommt das Faktum der Reflexion besonders im Städtebau Bedeutung. In der Verkehrstechnik wird davon Gebrauch gemacht, die Aufmerksamkeit auf stark reflektierende bzw. sich kontrastreich abhebende Flächen für wichtige Informationen zu lenken. Die einfache Tatsache der unterschiedlichen Reflexion heller und dunkler, glatter und rauher Flächen bedeutet, daß stark reflektierende (i.d.R. helle) Gebäude sich stark von ihrer Umgebung abheben, als Einzelobjekte deutlich abgegrenzt erscheinen und perspektivisch näher rücken, während dunkle Gebäude sich in die normalerweise dunkle Umgebung einfügen, über größere Distanzen kaum noch unterscheidbar sind, perspektivisch zurücktreten (bei hellem Hintergrund, z.B. Schnee, gilt die Umkehrung). Ein Gebäude kann also durch Einfügung in die umgebende Textur und durch Farbangleichung in der Fernwirkung optisch zum 'Verschwinden' gebracht werden. Umgekehrt können Gebäude durch formale, größenmäßige, stoffliche und farbliche Abweichungen von der Umgebung isoliert, unabhängig gemacht und als solitäres Ereignis hervorgehoben werden. Stärker als durch Formen scheinen Dimensions- und Reflexionsunterschiede zu wirken.

3. FOLGERUNGEN AUS DER REFLEXION

Aus dem Phänomen der Reflexion lassen sich auch für die Gestaltung Einsichten ableiten: Gleichförmige Texturen und Oberflächen haben auch gleichförmige Reflexionen. Eine nur geometrische Differenzierung solcher Oberflächen ändert die Form, und bei senkrechten Flächen (vielleicht durch Verschattung) zeitweise die Reflexion, nicht aber die Textur. Möglicherweise bekäme die vorwiegend unter dem Gesichtspunkt der Form von Oberflächen geführte Architekturdiskussion mehr Substanz, wenn zusätzlich der Gesichtspunkt der Textur dieser Oberlächen in Relation zur Umgebung und in sich selbst Gegenstand der Debatte wäre.

4. ORIENTIERUNG

Aus dem Problem der Orientierung läßt sich ableiten: Orientierung in der Umwelt setzt Unterscheidbarkeit unterschiedlicher geographischer Situationen voraus. Situationen sind unterscheidbar, wenn sie sich in wesentlichen Merkmalen deutlich unterscheiden. Je ähnlicher die Merkmale, umso subtiler oder schwerer wird die Unterscheidbarkeit. Große, homogen angeordnete und gestaltete Siedlungskomplexe und Stadtteile und große, gleichförmige Fassaden können Grenzsituationen in der Orientierbarkeit hervorrufen (Wo bin ich? Hinter welchem Fenster wohne ich?). Das Problem der Differenzierung durch geringfügige Variation immer gleicher Entwurfselemente löst diese Probleme nur vordergründig, so lange nicht deutliche Änderungen der Anordnungs- oder Gebäudegeometrie, des Materials, Maßstabs oder der Farben hinzukommen. Je deutlicher eine Situation von ihrer Umgebung abweicht, umso leichter ist sie zu unterscheiden. Mit zunehmender Häufigkeit solcher Abweichungen kann aber auch wieder die Kontinuität des größeren Umfel-

des verloren gehen, Stadt- oder Landschaftsraum in ein mosaikartiges Chaos auseinanderfallen. Die Lösung dieses Widerspruchs erfordert besondere Sensibilität in der Wahl der Mittel.

5. OBEN-UNTEN-ORIENTIERUNG

Experimente belegen, daß die optische Orientierung über die senkrechte Stellung des Körpers autonom neben dem Gleichgewichtsorgan wirkt. Deshalb können von der Senkrechten abweichende Linien, Kanten, Gebäude etc. unterbewußt irritieren, wenn sie nicht deutlich 'gehalten' werden. Die Urerfahrung des von oben kommenden Lichtes könnte Ängste vor großen (besonders dunklen) Gebäuden (Bedrohung, Einkesselung) erklären. Auf die gleiche Ursache könnte die Wirkung dunkler Decken zurückgehen.

6. VERDECKTE KANTEN (Abb. 1.4)

Die Illusion der Tiefe bei perspektivischen Darstellungen durch verdeckende Kanten ist geläufig. Im Städtebau ist die Modellierung der räumlichen Tiefe, z.B. bei langen Straßen durch horizontale und vertikale Versprünge in der Bauflucht, ein altes Gestaltungsmittel. Glatte Fassaden erschweren die Tiefenabschätzung wegen des optischen Verschwindens der Fenstertextur. Gegliederte Fassaden, Erker usw. ergeben klare Maßstäbe. Geschwungene Straßen, Straßen mit Verengungen oder eingestellten Gebäuden, Straßen-Platz-Folgen können als Mittel zur permanenten Verdeckung des Horizontes angesehen werden. Sie erzeugen in sich geschlossene Raumabschnitte mit begrenzter räumlicher Tiefe. Ob sie das Gefühl der 'Geborgenheit' oder des 'Eingesperrtseins' erzeugen, hängt von ihrer Dimension, der Lage in der Stadt und individuellen Bedingungen ab. Geschlossene Raumfolgen können auch als Folge von Szenen, als Verdeckung nicht wichtiger oder störender Umwelt interpretiert werden. Durch weitgehende oder völlige Kantenverdeckung entsteht ein Raum, der sich von der Umwelt isoliert und nach eigenen Gesetzen gestaltbar wird. Dieses Prinzip hat sich z.B. Haussmann bei seinen Durchbrüchen in Paris zunutze gemacht.

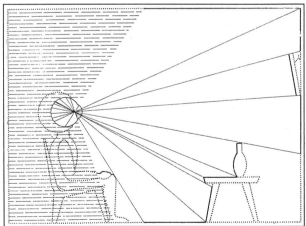

Abb. 1.4 Verdeckte Kanten bei der optischen Projektion eines Zimmers (Gibson 1973b, S.80)

7. PERSPEKTIVISCHE VERKLEINERUNG (Abb. 1.5)

Aus den optischen Gesetzen folgt für die Wahrnehmung, daß in der Größe bekannte Objekte, wenn sie kleiner erscheinen, als weiter entfernt und, wenn sie größer wirken, als räumlich näher empfunden werden. Ein entferntes großes Gebäude erscheint auf zweierlei Weise zu wirken: durch seine größere Reflexionsoberfläche wirkt es auf die Wahrnehmung dominant; durch seine gegen die Verkleinerung der Umgebung wirkende Vertikale erscheint es als überhöht und irritiert die gewohnte Wahrnehmung.

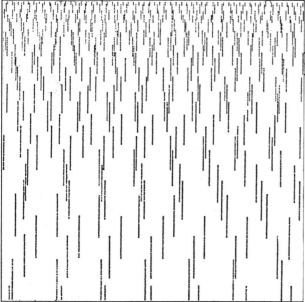

Abb. 1.5 Erzeugung räumlicher Tiefenwirkung durch Größenveränderung der Elemente (Gibson 1973b, S.136)

E. ZUSAMMENFASSUNG ZUR OPTISCHEN WAHRNEHMUNG

Beim Sehen von Dingen überlagern sich mehrere Vorgänge:

Generell
- Es muß genügend Licht vorhanden sein, um Einzelheiten von einer Umgebung zu unterscheiden; diese Einzelheiten (Objekte, Elemente, Dinge) müssen Licht so reflektieren, daß sie selbst erkennbar sind.
- Die Struktur der Umgebung darf nicht so gleichförmig sein, daß das Einzelobjekt als Teil dieser Umgebung nicht mehr unterscheidbar ist: Es muß sich also durch Form-, Größen-, Farb- oder Helligkeitsunterschiede als individuelles Teil isolieren lassen. Die Entfernungs- und Größenabschätzung geschieht durch Inbeziehungsetzen mit dieser Umgebung, deren Dimensionseinschätzung wieder auf Seh- und Bewegungserfahrung beruht: das Gesehene wird in einen Bedeutungszusammenhang gebracht.
- Die mit einer bestimmten Existenzweise verbundenen Bedeutungen verschiedener Umwelten beeinflussen die Wahrnehmung dieser Umwelten: Bedeutungsloses sieht man oft nicht.

Gestalt und Formwahrnehmung
- Je klarer und eindeutiger eine Form ist, umso leichter ihre Identifizierung.

- Je deutlicher sie sich von der Umgebung abhebt, umso leichter fällt die Umrißerkennung.
- Je einprägsamer der Umriß/die Gestalt, umso einfacher die Speicherung/Erinnerung.
- Je spezieller/seltener die Form, umso leichter die Unterscheidung.
- Je bedeutsamer der Gegenstand/die Situation, umso genauer/liebevoller die Wahrnehmung.
- Je kontrastierender der Gegenstand im Kontext, umso größer ist der Aufmerksamkeitswert.

Dies sind allgemeine Folgerungen, die sich aus den allgemeinen Sehgesetzen ableiten lassen. Sie beruhen auf der Hypothese, daß sich prägnante Reizsituationen vor weniger prägnanten bei der Wahrnehmung durchsetzen, daß das Auge in ständiger Umweltorientierung befindlich ist und sich dabei uralte und überlebenswichtige Reaktionsmuster erhalten haben: unbewußte Ausrichtung auf Bereiche starker Kontraste und symmetrische Ausrichtung des Sehfeldes darauf.Da der Sehvorgang aber nicht zweckfrei abläuft, wird aus der Vielzahl der optischen Reize jene Kombination und jener Ausschnitt herausgefiltert, der für die jeweilige Situation des Subjektes wichtig ist. Im Urwald: Anzeichen von Gefahren; im Auto: Erkennung der Situation; im Urlaub: Genießen einer Aussicht etc. Das heißt, das unbewußte Reaktionsmuster wird überlagert durch bewußte Filterung: Anstatt auf das dominante Gebäude im Sehfeld des Autofahrers konzentriert er sich auf die Ampel; bei seinem täglichen Gang zur Arbeit auf vertrauten Wegen kann die zweckorientierte Wahrnehmung zugunsten von Routinebewegungen 'abgeschaltet' werden, die Aufmerksamkeit ist dann vielleicht auf innere Vorgänge gerichtet. Wahrnehmung erfolgt also bedeutungsbestimmt, und dies gilt generell auch für Gestalt- und Formwahrnehmung.

Ob der Wahrnehmungsvorgang aber bewußt oder unbewußt abläuft - plausibel scheint, daß sich leicht erfaßbare und leicht merkbare Situationen oder Gestaltkonstellationen besser einprägen als diffuse und daß sich ebenso deutliche Wechsel von Umgebungen/Szenarien wegen des Reizwechsels und der dadurch erhöhten Aufmerksamkeit leichter einprägen als homogene Umgebungen ohne wesentliche individuelle Strukturierung.So zentral einerseits der Wahrnehmungsvorgang von Situationen, Lebenslagen und Interessen beeinflußt wird und folglich dieselbe Umwelt zu ganz verschiedenen Deutungen führen kann, so wesentlich ist ein weiterer, sich parallel dazu abspielender Vorgang: Die Schematisierung des Wahrnehmens und Erinnerns. Hier scheint sich ein Gesetz der Ökonomie der Wahrnehmungsvorgänge auszuwirken. Komplizierte Formen werden offensichtlich auf einfachere Grundformen reduziert oder auf das, was jeweils als wesentlich erschien. Auf diese Weise scheinen schematisierte Abbilder der räumlichen und der sozialen Umwelt zu entstehen: Stereotype. Die von K. Lynch dokumentierten persönlichen Landkarten von Stadtbewohnern zeigen beide Aspekte: Im Gedächtnis und als Orientierungshilfe werden dominante, besonders prägnante Konstellationen benutzt, die wiederum schematisch vereinfacht wurden (Lynch 1965, S. 174).

Wir können daher festhalten: Der Wahrnehmungsvorgang wird zunächst durch das jeweilige Interesse stark beeinflußt. Soweit das Interesse nicht durch Filterung dominante Reize des Umweltabbildes unterdrückt, setzen sich auffällige, abweichende oder sonstwie die Aufmerksamkeit auf sich ziehende Umweltreize durch. Dies können durch Größe, Form, Farbe, Abweichung gekennzeichnete Elemente sein, aber auch Bewegungen in einer Umgebung. Aus Gründen der Wahrnehmungs- und Erinnerungsökonomie werden räumliche und soziale Wahrnehmungen verallgemeinerten Grundmustern zugeordnet, von denen aus wiederum Abweichungen interpretiert werden können.

F. EXKURS: AUSGEWÄHLTE EXPERIMENTE ALS ERKLÄRUNGSANSÄTZE

1. SCHWINGENDER RAUM

Eine auf einer Schaukel sitzende Person empfindet sich als schaukelnd, wenn das umgebende bewegliche Zimmer um die gleiche Achse schwingt, obwohl sich die Schaukel nicht bewegt (Gibson 1982, S. 200). Der Eindruck verschwindet bei geschlossenen Augen. Experimente mit geneigten Räumen bei aufrecht sitzender Person ergaben, daß der Eindruck der Schwerachsenverlagerung durch körperliche Schieflage korrigiert wird. Die Schieflage blieb auch nach Rückkehr zum senkrechten Zustand erhalten. Beide Experimente belegen, daß die Umweltwahrnehmung der senkrechten Stellung autonom sowohl vom Auge als auch vom Gleichgewichtsorgan vermittelt wird. Den Eindruck von Rotation erzeugen rotierende Trommeln bei einer in Wirklichkeit unbewegt stehenden Person. Auch hier sind Auslöser die optische Wahrnehmungen, die denen bei einer Rotation entsprechen.

2. WAHRNEHMUNG VON STÜTZFLÄCHEN

Boden aus Glas

Tiere und Babys reagierten auf eine durchsichtige Glasfläche als Bodenfläche mit Erstarrung, Fallbewegungen, wenn ein den 'Boden' sichtbar machendes gemustertes Papier tiefer unter der Glasplatte angeordnet wurde: Es ergab sich ein Widerspruch zwischen der optischen Information (der Boden ist nicht unter meinen Füßen) und der haptischen Information des 'Auf der Glasplatte-Stehens'(Gibson 1982, S. 169).

Visuelle Klippe oder Absturzkante

Neugeborene oder im Dunkeln gehaltene Tiere ohne Raumerfahrung benutzen bei dem Wegeangebot über eine 'Klippe' mit einer größeren Distanz zum Boden und einer Treppe fast stets die Treppe. Daraus schließt Gibson, daß es eine angeborene Fähigkeit von Bodenbewohnern geben muß, Orte zu bemerken, an denen sie abstürzen könnten (Gibson 82, S. 170).

Visuelle Annäherung/Kollision

Die schnelle Vergrößerung eines Schattens auf einer durchscheinenden Scheibe ruft bei den Beobachtern das Gefühl der Annäherung eines Gegenstandes hervor. Sie versuchen sich zu ducken, auszuweichen, schließen schützend die Augen. Wenn der Objektschatten das visuelle Feld von 180 Grad überschritt, hatten die Beobachter den Eindruck, daß das Objekt aus der Mattscheibe heraustrat. Das Experiment belegt, daß visuelle Vergrößerung als Annäherung und umgekehrt Verkleinerung als Entfernungsbewegung interpretiert wird (Gibson 1982, S. 188).

G. ZUSAMMENFASSUNG

Gibsons Ansatz geht von einer sehr einfachen (nicht unumstrittenen) Hypothese aus: In der Umwelt eines Organismus seien alle Informationen enthalten, die ein Organismus zum Überleben brauche: "Organismen sind so beschaffen, und sie leben in einer so beschaffenen Welt, daß sie die Informationen, die sie zum Leben und Gedeihen brauchen, ganz leicht bekommen können. Vor allem unsere Sinnesorgane sind darauf eingerichtet, aus der Außenwelt Informationen aufzunehmen. Entdeckt man also die dritte Dimension, dann erhält man die relevante Rauminformation einfach über das Licht, ohne daß man Entfernungen berechnen oder die Information von Auge und Hand aufeinander abstimmen müßte. Zu Beginn des Lebens ist die Information relativ grob, Zeit und Erfahrung aber lassen sie immer feinkörniger werden" (Gardner 1989, S. 324). Kritik an Gibsons Ansatz der direkten Wahrnehmung richtet sich vor allem darauf, daß er mit seinem Ansatz nicht erklärt, welche Bedeutung die Elemente der Wahrnehmung für das Lebewesen haben und wie Lebewesen dazu kommen, ihre Umwelt für ihr Überleben angemessesn zu interpretieren (Gardner 1989, S. 328f). M.E. ist aber schon in dem Grundkonzept, daß sich Lebewesen ihre Information aus der Umwelt holen, auch deren Verarbeitung und Bewertung zwingend eingeschlossen. Dies stellte Gibson in seinem letzten Buch eindeutig klar (1982, S. 272f). Die Kritik an Gibsons Ansatz schmälert nicht dessen Bedeutung für die Erklärung räumlicher Wahrnehmung, da er, vielleicht gerade wegen seiner Einfachheit, manches deutlicher macht als die Autoren komplizierterer Modelle.

LITERATUR

Einen aktuellen und umfassenden Überblick über den Stand der Forschung und Theoriebildung gibt das 1985 in den USA und 1989 auf Deutsch erschienene Werk von Howard Gardner, der die neuere Diskussion in der Philosophie und Erkenntnistheorie, der Wahrnehmungstheorie, Gestaltpsychologie, Linguistik, der Neurowissenschaft und der Computerwissenschaft zusammenfaßt. Lynchs Beitrag handelt von den subjektiven Landkarten (mental maps), die sich Individuen von ihrer Umgebung machen, um sich darin zu orientieren. Als wichtige Merkmale solcher Landkarten arbeitet Lynch Wege, Grenzlinien (Ränder), Bereiche, Brennpunkte und Merkzeichen heraus.

Gardner, H.: Dem Denken auf der Spur. Der Weg der Kognitionswissenschaft. Stuttgart 1989

Gibson, J.J.: Die Wahrnehmung der visuellen Welt. Weinheim 1973 a

Gibson, J.J.: Die Sinne und der Prozeß der Wahrnehmung. Bern, Stuttgart, Wien 1973 b

Gibson, J.J.: Wahrnehmung und Umwelt. Der ökologische Ansatz in der Umweltwahrnehmung. München, Wien, Baltimore 1982

Kruse, L.: Räumliche Umwelt. Die Phänomenologie des räumlichen Verhaltens als Beitrag zu einer psychologischen Umwelttheorie. Berlin 1974

Lynch, K.: Das Bild der Stadt. Frankfurt, Berlin 1965 (Bauwelt Fundamente Nr. 16)

Trieb, M.: Stadtgestaltung, Theorie und Praxis. Braunschweig 1977 (Bauwelt Fundamente Nr. 43)

Watzlawik, P; Beavin, J. H.; Jackson, D.D.: Menschliche Kommunikation. Formen, Störungen, Paradoxien. Bern 1985

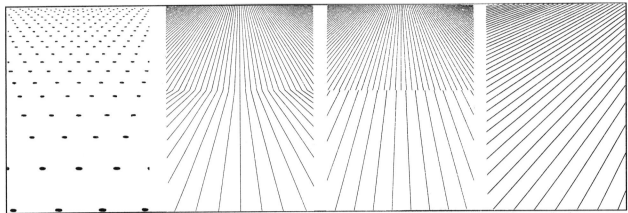

Abb. 1.6 Tiefenwirkung durch Veränderung des Breitengradienten von Linien und durch Größenveränderung von Texturelementen (Gibson 1973a, S. 134, 139, 147)

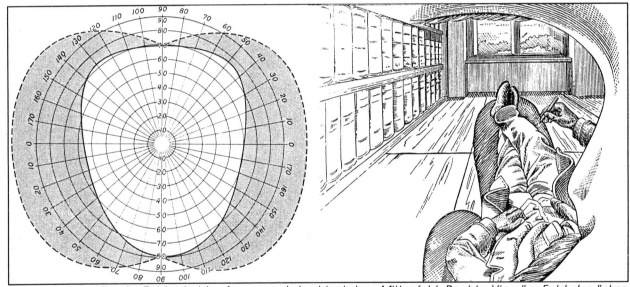

Abb. 1.7 Links: Visuelle Felder beider Augen und das binokulare Mittenfeld. Rechts: Visuelles Feld des linken Auges (Gibson 1973a, S. 53, 158)

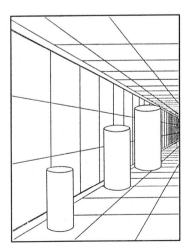

Abb. 1.8 Die gleich groß gezeichneten Zylinder wirken in die Tiefe gestellt wie unterschiedliche Größen.
(Gibson 1973a, S. 269).

2. STRUKTUR DER UMWELT UND DES RAUMES

A. RAUM UND ZEIT ALS GRUNDKATEGORIEN

Raum ist eine der grundlegenden Lebensdimensionen. Raum definiert sich durch Raumbegrenzungen, durch Unterteilungen, Gliederungen. Ohne Strukturierung ist Raum nicht erfahrbar. Eine zweite grundlegende Dimension in der Nutzung von Raum ist die Zeit. Ohne Bewegung im Raum ist Zeit nicht erfahrbar. Bewegung vollzieht sich aber in der Zeit.[1] Mit den drei Dimensionen der Zeit (Vergangenheit, Gegenwart, Zukunft) läßt sich Raumerfahrung aufbauen: Dort war ich schon, hier bin ich zum erstenmal, dieser Teil ist mir unbekannt. Erfahrung setzt Erinnerung voraus und erinnerbar sind wiederum vor allem einprägsame Strukturen. Wir werden immer wieder auf diese Voraussetzung rückverwiesen! Ohne erinnerbare Teilstrukturen des Raumes kann keine Raumorientierung entstehen. Bei der Zeit verhält es sich ähnlich. Ohne Strukturierung der Zeit, ohne Wechsel, Rhythmus, Ereignisse, die Zeit voneinander unterscheiden, kann kein Zeitgefühl entstehen. So verhält es sich auch mit dem Tonraum. Ohne Vorder- und Hintergrundgeräusche, Wechsel von Geräusch und Stille entsteht keine Lautwahrnehmung. Gleichmäßige Lärmpegel oder Ruhe werden nach einiger Zeit nicht mehr wahrgenommen. Zwischen dem Landschafts- und Stadtraum auf der einen Seite und der Musik auf der anderen Seite bestehen Analogien. In der Musik wird Zeit strukturiert durch Rythmen und durch den Wechsel von Themen. Durch Wiederholungen mit Variationen, die aber eine erkennbare Grundfigur enthalten, werden musikalische Figuren mit eigenen Raum-Zeit-Eigenschaften wie oben-unten, vorne-hinten, vorher-nachher, laut-leise, schnell-langsam, Durchdringung-Überlagerung, Variation-Wiederholung geschaffen. Der Raumbegriff erstreckt sich daher nicht nur auf den physikalischen, sondern auch auf den Vorstellungsraum, auf die topologische Ordnung von Strukturen, auf den Zeitraum.

Aus den musikalischen Konzeptionen können wir sehr viel für städtebauliche Konzeptionen lernen: Eine regellose, durch dauernd neue, nicht zu Ende geführte Themen und ohne entsprechende Übergänge gestaltete Musik empfinden wir als aufreizend, störend. Ein unveränderter Dauerton oder ständige Wiederholung eines gleichen Grundmotivs sind leer und langweilig. Gute Kompositionen zeichnen sich durch eine angemessene Mischung von Themen und Variationen, Wiederholungen und Neuerungen aus. Ähnliche Regeln gelten auch für den physischen Raum.

B. RAUM DER LEBEWESEN

Jedes Lebewesen benötigt Raum für seine Existenz. Ohne Raum (im Sinne geeigneten Lebensraumes, notwendiger Umweltbedingungen) gibt es kein Leben. Das Raumbedürfnis und die notwendige Umweltausstattung sind in gewissen Grenzen variabel, unterhalb eines spezifischen Minimums gestatten sie aber den einzelnen Spezies keine Existenz. Bei fast allen Lebewesen kann der notwendige Lebensraum in mehrere differenzierte Bereiche eingeteilt werden: Es gibt meist einen engsten Rückzugsraum, der mit anderen Lebewesen nicht geteilt wird und als Schutzraum, Reproduktionsraum dient (Nest, Höhle, Dickicht, Bau, Haus/Wohnung). Um diesen (privaten) Raum erstreckt sich eine Nahzone, die als zum Rückzugsraum zugehörig empfunden und als solche verteidigt wird. Daran schließt sich ein mehrstufiges Revier/Territorium an, welches ausschließlich oder überwiegend beansprucht wird. Mit zunehmender Distanz werden die angrenzenden Räume zunehmend mit anderen Lebewesen geteilt. Minimaler Raumbedarf kann daher nicht isoliert in Bezug auf den Rückzugsraum, sondern nur in Beziehung zu dem ganzen Raumsystem definiert werden, welches eine Spezies zur Existenz benötigt. Er kann auch nicht als starr angesehen werden, sondern hängt von der konkreten Ausstattung des Raumes mit seinen Nutzungsgelegenheiten und Existenzbedingungen und auch von der gegenseitigen Duldung der dort gemeinsam existierenden Lebewesen ab.Die physikalische und die territoriale (bzw. soziale) Dimension von Raum müssen daher zusammen gesehen werden. Diese verallgemeinerten Aspekte gelten weitgehend auch für den Menschen (vergl. dazu auch 6.2 S.54).

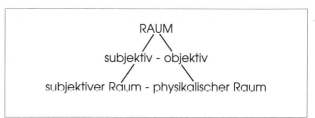

Abb. 2.1 Grundlegende Kategorien des Raumbezugs

C. ZEITRAUM DER LEBEWESEN

Das Leben spielt sich neben dem Raum in der Zeit ab. Den Lebewesen ist ein bestimmter Existenzzeitraum zugemessen. Ihre Existenz ist an bestimmte Orte gebunden, die für das Überleben günstig sind. Immobile Lebewesen gehen zugrunde, wenn sich die Lebensbedingungen ihres Daseinsraumes wesentlich verändern. Mobile Lebewesen können sich durch Ortswechsel solchen Folgen entziehen. Wir können Ortswechsel als Teil von Lebenszyklen, als jahreszeitlich bedingte, als Reaktionen auf Überfüllung oder als Reaktionen auf dauernde negative Veränderungen unterscheiden. Ortswechsel aufgrund von Lebenszyklen finden wir z.B. bei jungen Lebewesen, die zuerst bestimmte Schutzräume bevölkern, die sie später verlassen. Es gibt so etwas wie Aufwuchsgebiete für die Nachfolgegeneration, wie Flachgewässer bei Fischen, Vororte, den Stadtrand, Dörfer und ländliche Räume als bevorzugte Wohngebiete für Familien mit Kindern. Jahreszeitlich bedingte Ortsveränderungen sind beispielsweise die Vogelzüge im Herbst oder die Massenwanderungen in Urlaubsgebiete. Als Reaktionen auf Überfüllung können die Wanderungen an die Stadtränder und in ländliche Räume gedeutet werden, auf negative Umweltveränderungen die Zuwanderungen aus den Armuts-, Wüsten- und Katastrophengebieten. Da die Umwelt die Existenzgrundlage aller Lebewesen ist, entwickeln sich auch umweltspezifische Anpassungen und Abhängigkeiten. Aus der Struktur der Umwelt und aus überlebensnotwendigen Informationen speisen sich die primären Umweltwahrnehmungen. Die Anforderungen der Lebewesen an die Umwelt sind nicht konstant, sondern wechseln in der Zeit einer Lebensspanne, mit den Jahreszeiten und mit dem Tagesverlauf. Verhalten und Anforderungen wechseln auch mit dem Wechsel der Witterung und der Temperatur. Öffentlicher Raum wird im Sommer anders genutzt als im Winter, bei Sonne anders als bei Regen. Der bewegliche Mensch hat ein anderes Territorium als der körperlich behinderte, der junge ein anderes als der alte Mensch.

Wir können daher zwischen dem Begriff des Raumes im Sinne des physikalischen Raumes, der Umwelt, als dem für bestimmte Lebewesen spezifischen kombinatorischen Bedingungen der Raumstruktur und der Raumausstattung unterscheiden. Raum hat somit eine objektive und eine subjektive Dimension (Abb. 2.1).

D. RAUMBEGRIFFE, RÄUMLICHE MASSTÄBE

Der Begriff "Raum" ist abgeleitet aus dem germanischen Adjektiv 'raum'und wurde in Verbindung mit "weit", "geräumig" gebraucht[2]. Im Kern ist damit also ein zwar nicht von Gegenständen völlig freier, aber doch nicht völlig vollgefüllter Raum gemeint. Der Begriff enthält einerseits die verschiedenen topographischen Raumtypen der Erdoberfläche, andererseits den dreidimensionalen Hohlraum, wie die Innenräume von Gebäuden. Es handelt sich um einen unscharfen Begriff, der gerade wegen seiner Unschärfe mehrdimensional verwendbar ist. Deshalb umfaßt der Raumbegriff heute nicht nur den physikalischen Raum. Unsere Sprache arbeitet auch mit Vorstellungsräumen, mit logischen Strukturen, die räumliche Ordnungen enthalten. Wir benutzen den Begriff für die räumliche Ordnung von Tönen (Tonraum) als auch für die Zeit (Zeitraum). In diesem Kapitel wird der Begriff "Raum" auch für die unterschiedlichen topographischen Teile der Erdoberfläche verwendet.Der physikalische Raum besteht zunächst lediglich aus den drei abstrakten Dimensionen Breite, Tiefe und Höhe. Raum ist im Kern zunächst einmal die Abwesenheit von Materie, Hohlraum. Annähernd entspricht der Weltraum diesem allgemeinsten Raumbegriff. Der Luftraum unserer Erde kommt diesem auch noch nahe, ist aber schon angefüllt mit Gasen. Die Leere des Raumes ist Voraussetzung seiner Besetzung durch Substanzen und Objekte. Eine Substanz kann physikalisch nicht an der gleichen Stelle wie eine andere sein. Mit zunehmender Dichte von Substanzen konkurrieren diese daher um den Raum, verdrängen, überlagern, vermischen sich. Dem Raumbegriff der Lebewesen entspricht eher der Begriff der räumlichen Umwelt. Damit ist eine auf die Existenzbedingungen bezogene Raumwahrnehmung gemeint,die erhebliche subjektbezogene Komponente enthält. Aus der Bodengebundenheit der menschlichen Lebewesen entstanden die grundlegenden raumdifferenzierenden Kategorien "oben-unten", "rechts-links", "vorne-hinten". Diese stammen deutlich aus der subjektiven Umweltorientierung und setzen Teile der Umwelt in Beziehung zu wahrnehmenden Körperorganen. Demgegenüber steht der objektive Raum, den wir mathematisch und physikalisch exakt messen und beschreiben können. Während der Raum der Subjekte eher ein empirischer und mentaler Raum ist, dessen wahrgenommene Struktur sich aus Bedeutungen für die Lebewesen ableitet, ist der physikalische Raum eher der Raum des Konkreten, der Objekte und ihrer Verteilung im Raum. Mit Raumstruktur oder Raumgestalt bezeichnen wir daher durch Elemente

ABB. 2.2 RAUM UND STRUKTURBEGRIFFE NACH MASSTABSEBENEN

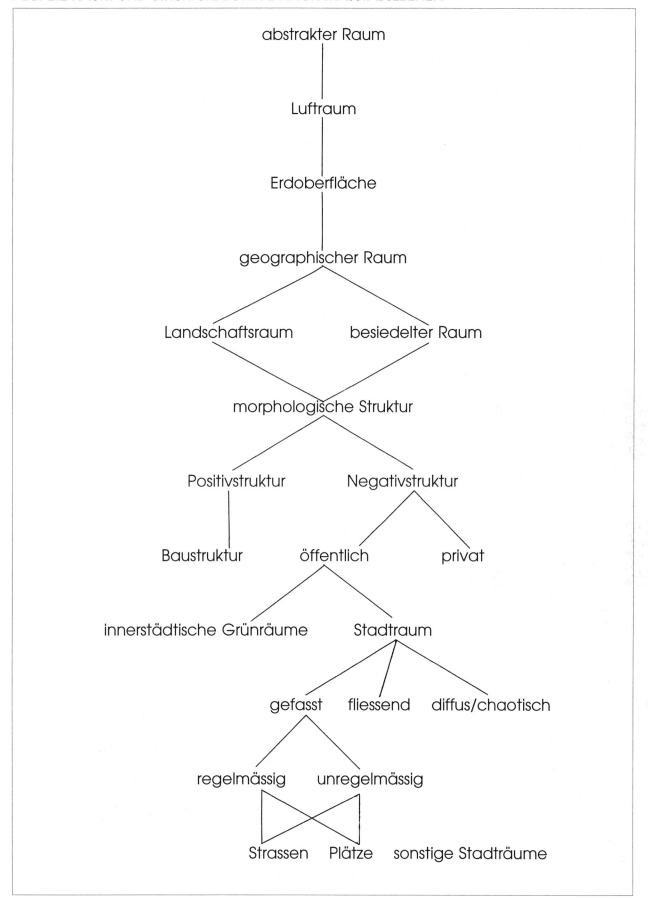

strukturierte Teilräume, die häufig Bestandteile größerer Zusammenhänge sind. Es gilt auch für die Menschen, daß sie den Raum und seine Struktur ab einer bestimmten Komplexität und Größe nicht mehr vollständig wahrnehmen können. Aus den Informationsangeboten der Umgebung filtern wir das heraus, was uns interessiert. Wir können daher zunächst in erster Näherung den "objektiven" vom "subjektiven" Raum unterscheiden. Objekt- und Subjektorientierung haben wir schon bei den Darstellungsformen: Eine objektbezogene Darstellungsform ist die Isometrie, während die Perspektive auf das Subjekt bezogen ist. Sowohl im objektiven wie im subjektiven Raum werden je nach dem Maßstab der Raumbetrachtung unterschiedliche Raumbegriffe verwendet. Dies hat mit der Menge und der Korngröße der Informationen zu tun, die die Erdoberfläche enthält. Mit zunehmender Entfernung verschwinden die Grenzen der Einzelobjekte. Diese werden Teil größerer Aggregate. Einzelne Bäume verschwinden in der Textur des Waldes, der Wald wird in noch größerer Entfernung zu einer Farbe, Gebäude verschmelzen zu einer Siedlungsmasse. Sowohl im Luftbild wie auf der menschlichen Netzhaut sind für die Unterscheidung von Objekten physikalische Grenzen der Auflösung festgelegt. Deshalb ist es zweckmäßig, räumliche Phänomene und Fragestellungen nach dem Maßstab des Interesses zu hierarchisieren (Abb.2.2).Es wird deutlich, daß die Begriffe vom Abstrakten zum Konkreten hin anschaulicher werden und sich leichter mit eigenen Erfahrungen füllen lassen. Für die Raumplanung sind die geographischen Ebenen, für den Städtebau die stadtmorphologische, stadträumliche Dimension und für die Architektur eher die körperliche Dimension von Objekten im Raum bedeutsam.

E. RAUMWAHRNEHMUNG DES MENSCHEN

Der Begriff Raum umfaßt mehrere Dimensionen. Der physikalische Raum umfaßt die tatsächliche dreidimensionale Struktur des Raumes mit allen seinen Gliederungen und Ausstattungen. Es ist der 'objektive' Raum, bestehend aus bestimmten Arealen, die Menschen nutzen, anderen, die sie nur sehen oder kennen, und unbekannten Raumteilen. Nur bekannte Teile können Teil subjektiver Raumwahrnehmung sein.Der subjektive Raum ist aber meistens nicht in seiner Gesamtheit bewußt! Bestimmte Elemente und Situationen haben sich eingeprägt, andere nicht. Dieser bewußte Raum ist sehr viel kleiner als der genutzte Raum. Der Mensch als bodenorientiertes Lebewesen hat im Nor-

malfall eine Wahrnehmungshöhe von 160 cm. Schon kleine Veränderungen führen zu dramatischen Verschiebungen des Raumausschnittes, z.B. die Sehhöhe eines Kindes, der Blick aus dem 1.Stock. Die Welt sieht aus dem Hochhaus, von einem Berg oder Flugzeug anders aus. Veränderungen der Standpunkte verändern die Wahrnehmung.

Neben dem Raum der optischen Organe, dem Sehraum, sind noch der Tastraum, der Hörraum und der Geruchsraum für die Umweltwahrnehmung bedeutsam. Über die Dimension der Zeit werden Erfahrungen im Gebrauch der Umwelt und Reaktionen auf den Gebrauch gespeichert. Dadurch enthalten bestimmte Eigenschaften der Umwelt und der Widerstand, der bei der Umweltaneignung physisch oder mental zu überwinden ist, strukturelle Bedeutung. Umweltinterpretation hat daher mit den Erfahrungen, Erinnerungen und Deutungen der Lebewesen zu tun. Zeit ist daher auch eine subjektive Kategorie, die aus den Ereignissen und dem Erinnerungsvermögen der Subjekte entsteht[3](Abb. 2.3).

F. RAUMSTRUKTUR UND ORIENTIERUNG

Die im ersten Kapitel angesprochenen grundlegenden Wahrnehmungssysteme des Menschen wirken immer und in allen Umgebungen. Es hängt von der Struktur der Umgebungen ab, welche Sinne gefordert werden. Für den Maßstab der Region, der Stadt und der Landschaft hat vor allem das visuelle System Bedeutung. Das Auge ermöglicht über große Distanzen hinweg Orientierungen, ohne daß der Körper diese Räume konkret "erfahren" haben muß. Das im Laufe des Lebens erworbene Erfahrungsrepertoire über Struktur und Maßstäbe der Umwelt erlaubt Rückschlüsse von früher erfahrenen Situationen auf vergleichbare neue. Unterstützt wird die visuelle Orientierung allerdings deutlich, wenn zusätzliche Sinne angesprochen werden. So unterstützen ortsgebundene Gerüche von Produktionsvorgängen (z.B. Geruch von frischem Brot) oder nach Waren (z.B. Gewürze auf einem Markt) die Intensität einer Umgebungswahrnehmung und speichern diese mehrfach ab. Dies gilt auch für die Topographie. Die unterschiedliche visuelle und haptische Wahrnehmung von höher und tiefer gelegenen Teilen des Raumes sind eindrücklich. Neben dem Wechsel der Weite des visuellen Feldes sind mit "Oben und Unten" nicht nur verschiedene körperlichen Anstrengungen verbunden, wir empfinden diese Unterschiede auch im Fahrzeug

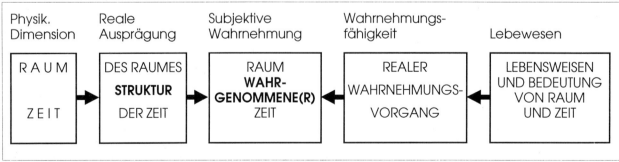

Physik. Dimension	Reale Ausprägung	Subjektive Wahrnehmung	Wahrnehmungs-fähigkeit	Lebewesen
R A U M ZEIT	DES RAUMES **STRUKTUR** DER ZEIT	RAUM **WAHR-GENOMMENE(R)** ZEIT	REALER WAHRNEHMUNGS-VORGANG	LEBENSWEISEN UND BEDEUTUNG VON RAUM UND ZEIT

Abb. 2.3 Raum und Zeit

durch dessen unterschiedlichen Energie- und Geräuschaufwand. Oben und unten sind aber auch durch das grundlegende, geschichtlich älteste Orientierungssystem (Schwerkraft, Hell-Dunkel) noch mit zusätzlichen, eher unterbewußten Bedeutungen unterlegt.

Daraus folgt, daß die Orientierung im Raum durch die Struktur von Umgebungen erschwert oder erleichtert werden kann. Lynch berichtet von Orientierungsproblemen in unterschiedlichen natürlichen und städtischen Umgebungen und von der Erleichterung, wenn Merkzeichen Orientierungssicherheit verschaffen.[4] Wir wollen die Konsequenzen für das Planen und Entwerfen zunächst an Beispielen und Grenzfällen unterschiedlicher Raumtypen der Erdoberfläche erörtern, einerseits, weil sich bestimmte Eigenschaften hier deutlicher zeigen lassen, andererseits, weil die Form der Erdoberfläche auch die Eigenschaften von Städten und Siedlungen mitbestimmt. Auf die räumlichen Eigenschaften von Straßen und Plätzen in Städten wird an anderer Stelle eingegangen.

G. DIE ERDOBERFLÄCHE: NEIGUNG UND GLIEDERUNG

Wir können die grundlegenden Unterschiede in der Struktur unserer Umwelt auf zwei fundamentale Eigenschaften zurückführen: auf die Neigung der Erdoberfläche und deren Gliederung. Diese von den Makroeigenschaften ausgehenden Begriffe gelten ebenso für alle die Erdoberfläche besetzenden Bestandteile wie Landschaften, Städte.

1. NEIGUNG
Wesentlichstes Prinzip ist zunächst die Neigung. Wir können eher horizontale, schwach und steil geneigte Oberflächen feststellen. Zu den ersteren gehören die von früheren Meeresböden stammenden Tiefebenen, eiszeitliche Hochebenen und Flußtäler, zu den zweiten die Mittelgebirge und Hügellandschaften und zu den letzteren die Hochgebirge. Kleinere Teileelemente können allerdings in jedem Grundtyp vorkommen.

2. GLIEDERUNG
Der Wechsel von Neigungen liefert die erste Basisform der Gliederung. Eine zweite Basisform wird durch Unterbrechungen der Homogenität der Oberflächen erzeugt: die Trennung durch Flüsse und Bruchkanten. Alle anderen Gliederungen gehören zum Bereich der Texturen. Unter Texturen verstehen wir Anordnungen auf der Erdoberfläche, die selbst nichts mit den beiden ersten Basisformen zu tun haben. Diese Anordnungen bestehen zumeist aus pflanzlicher oder kristalliner Materie: Agrarnutzungen (Wälder, Acker- und Wiesenland), baulichen Elementen wie Straßen, Siedlungen, Städten.

3. QUALITÄTEN UND ARTEN VON GLIEDERUNGEN
Gliederungen bestehen häufig aus Kombinationen der drei genannten Formen. Wir können nahezu ungegliederte, schwach gegliederte und stark (gut) gegliederte Oberflächen unterscheiden. Zunächst handelt es sich dabei um Begriffe auf einer geographischen Ebene der Raumbetrachtung, also einer Bewertung der Unterscheidbarkeit von Teilräumen "von oben". Diese stehen aber mit der Wahrnehmung aus der Augenhöhe des Menschen in einem Zusammenhang. Gut gegliederte geographische Räume unterstützen auch die Wahrnehmung aus der normalen Augenhöhe.Für die Gliederung aller Neigungsarten der Erdoberfläche gilt generell, daß sich eine gut durchgegliederte Raumstruktur durch eine Vielfalt von Teilräumen oder von körperhaften Großobjekten auszeichnet, die eine je eigene Individualität besitzen, aber dennoch durch gemeinsame Elemente/Charaktere einen größeren Zusammenhang bilden. Die Teilräume zeichnen sich durch eine deutliche Selbständigkeit aus, sie haben klare Grenzen zu den Nachbarräumen; die verbindenden und die individuellen Merkmale halten sich die Waage.

H. DER HORIZONTAL DOMINANTE RAUM

Er besteht für unsere Wahrnehmung aus einer sich zum Horizont erstreckenden flachen oder topographisch gering bewegten Oberfläche. Wir orientieren uns in diesem Raum zunächst vertikal (oben-unten). Danach horizontal (vorne-hinten, rechts-links).

1. DER HORIZONTAL SCHWACH STRUKTURIERTE RAUM
Die häufigsten Räume auf der Erdoberfläche sind Räume mit horizontaler Dominanz. Erhebungen fehlen oder sind wenig markant. Extrembeispiele sind Ozeane, Wüsten, Steppen und Savannen sowie verschneite, spurenarme Winterlandschaften. Zu den Extremen gehören auch ausgeräumte Agrarlandschaften. Schwach strukturierte Räume sind Räume mit geringer Individualität, verwechselbaren Teilbereichen. Kleinmaßstäblich ist dieser Raum bereits sehr häufig. In solchen Räumen sind besondere Hilfsmittel wie Orientierung an Himmelsrichtungen (Sonnenstand, Kompaß, Sternbilder) bedeutsam. Hilfreich sind für Orientierungen lineare Elemente wie Straßen, Flüsse und fernwirksame Landmarken wie markante Bäume, Türme. Schwache Gliederungen werden z.B. durch geringe topographische Unterschiede, durch sich wiederholende Baumgruppen, Hecken, Gebäudegruppen ohne deutliche Individualität erzeugt. Der Raum ist zwar strukturiert, aber die Einzelstrukturen prägen sich nicht ein, sind auswechselbar, erzeugen zwar Gliederungen, aber keine Orte. Für beide Raumtypen sind deshalb die stärksten Orientierungsmittel lineare Elemente (Flüsse, Wege, Straßen), die zumindest eine Makrogliederung darstellen. Bei einer großen Zahl sich wiederholender, ähnlicher Elemente wird Orientierung zwar durch räumliche Einordnung von Unterschieden im Detail, also durch längeres Lernen, durch den Aufbau persönlicher, "mentaler" Landkarten, möglich. Dies setzt aber eine bestimmte Dauer der Anwesenheit voraus. Auch große Städte mit homogener Baustruktur ohne markante vertikale Elemente gehören zu diesem Raumtypus. Denn das Labyrinthische ist immer nur ein Problem des Fremden. Es gelingt aber auch dem

ABB. 2.4 STRUKTUR VON RÄUMEN

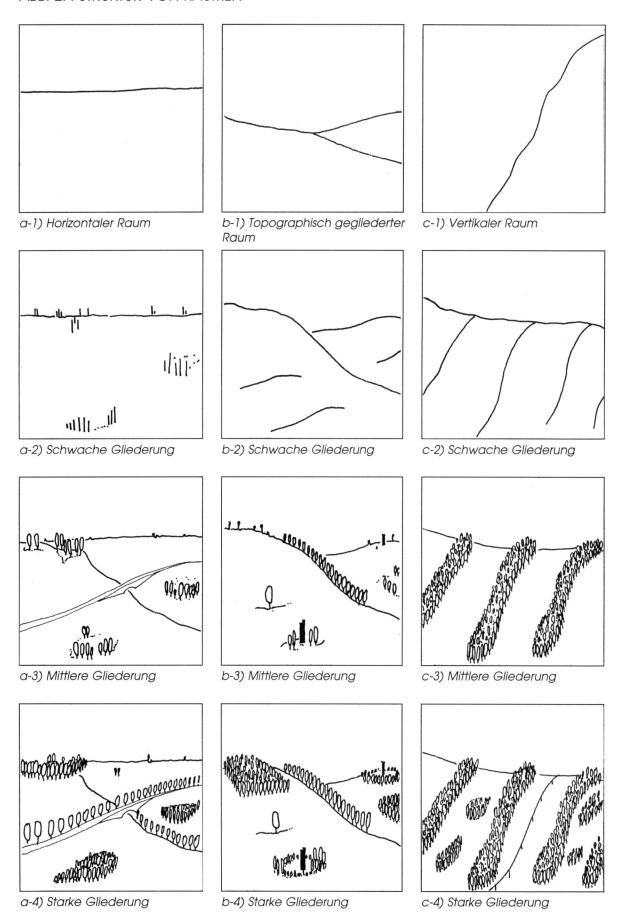

a-1) Horizontaler Raum

b-1) Topographisch gegliederter Raum

c-1) Vertikaler Raum

a-2) Schwache Gliederung

b-2) Schwache Gliederung

c-2) Schwache Gliederung

a-3) Mittlere Gliederung

b-3) Mittlere Gliederung

c-3) Mittlere Gliederung

a-4) Starke Gliederung

b-4) Starke Gliederung

c-4) Starke Gliederung

Ortskundigen nach längerer Abwesenheit nicht immer, aus der Erinnerung ein zutreffendes Orientierungsbild aufzubauen, zumal dann, wenn sich Umgebungen teilweise verändert haben. Daran wird deutlich, daß markante, fernwirksame Landmarken und lineare Elemente zur Orientierung eine Entlastungsfunktion haben: sie ersparen die Speicherung vieler detaillierter Informationen von Teilstrukturen, weil sie diese in Beziehung zu einem dominanten Merkmal setzen können. Kirchtürme, große Einzelbäume, markante Einzelbauwerke sind solche Merkmale.

2. DER HORIZONTAL GUT GEGLIEDERTE RAUM

Gut gegliederte horizontale Räume sind daran erkennbar, daß sie einprägsame (also unterscheidbare) Texturen aufweisen. Dies sind z.B. wechselnde Texturen wie Wald, Agrarflächen, Siedlungen mit starker Individualität oder deutlich unterscheidbare Texturmuster wie regelmäßige und unregelmäßige, dichte und offene Anordnungen, kleine und große Elemente oder deutliche Grenzbildungen, die individuell geformte Teilräume trennen. Die barocke Stadt als eine für die Ebene konzipierte Anlage hatte markante innere horizontale Gliederungen, ebenso die unregelmäßige Stadt des Mittelalters. Städte mit Flüssen in ihrer Mitte oder mit großen zentralen Stadtachsen (wie z.B. Lissabon mit der Avenida do Liberdade) haben markante innere Orientierungsräume, die auch einem ansonsten ungünstig gegliederten Stadtkörper Halt und Orientierung geben können. Bei den Landschaften finden wir gut gegliederte horizontale Landschaften z.B. in Teilen von Westfalen, in Schleswig-Holstein oder in Cornwall.

I. DER DURCH NEIGUNGEN (VERTIKAL) DOMINIERTE RAUM

Neigungen erzeugen Probleme für die menschliche Nutzung. Da auf geneigten Flächen Körper und Gegenstände schon allein physikalisch gesehen "nicht zur Ruhe" kommen, sind bei geneigten Räumen immer wieder horizontale Teile erforderlich. Daher sind natürliche oder künstliche Plateaus, eingegrabene oder abgestützte Bauten erforderlich. Die Erschließung von Neigungen erfordert oft besonderen Aufwand durch Stützmauern, Serpentinen und Brücken. Dennoch sind geneigte Räume schon früh besiedelt worden, weil sie mehr Schutz boten, gute Expositionen zur Sonne und eine starke eigenständige ästhetische Wirkung hatten. Neigungen verändern die Wirkung der räumlichen Gliederung. Zusätzlich zur Gliederung der geneigten Fläche ergeben sich die Dimensionen "oben und unten". Von geneigten Flächen ergeben sich Ausblicke, sie können von außen eingesehen werden. Orientierung kann weiträumiger und detaillierter durch Überblicke erfolgen. Während horizontal orientierte Räume nahezu grenzenlos wirken können, sind geneigte Räume durch Tief- und Hochpunkte, durch Grate und Täler begrenzt. Sie haben durch ihre topographische Eigenform, z.B. als Bergkette, eine über die Gliederung hinausgehende Eigenform. Orientierung in geneigten Räumen kann daher sehr viel stärker von

Grenzen (z.B. der Silhouette) ausgehen als in horizontalen Räumen. Soweit Grenzen und Oberflächenstruktur aber wenig einprägsam sind, gelten auch hier ähnliche Regeln der Orientierung wie bei den horizontalen Räumen. Daraus folgt, daß bei der Landschafts- und Siedlungsgestaltung in geneigten Räumen fehlende Gliederungen durch prägnante Merkpunkte oder durch einprägsame Formen kompensiert werden können (vgl. hierzu Kapitel 12). Hochpunkte, Bereiche mit weitreichenden Blickbeziehungen sind daher möglichst freizuhalten und in ein Netz von Orientierungspunkten einzubinden. Abbildung 2.4 zeigt Beispiele starker und schwacher Gliederungen geneigter Räume und Beispiele von Merkpunkten. Gute Beispiele für markante Merkpunkte in einer gleichförmigen Hügellandschaft sind die Zypressenreihen auf Berghängen in der Toskana oder einzelne markante Bäume (Abb. 2.5).

J. DER HORIZONTAL UND VERTIKAL GLEICHMÄSSIG DOMINIERTE RAUM

Dieser Raumtypus ist für den Menschen besonders befriedigend, weil er eine hohe Dichte an Informationen über die Topographie enthält, damit in einem Ausschnitt viele Reize vermittelt und durch die gute Orientierung über das Auge auch Sicherheit in der Raumorientierung erzeugt. Die in solchen Landschaften häufigen weichen Formen assoziieren sich mit angenehmen Körpererfahrungen, die rückübertragen die Landschaftswirkung beeinflussen. Voraussetzung sind allerdings immer wieder Möglichkeiten des Ausblicks zur kleinräumigen und großräumigen Orientierung und zur Erfassung der Formelemente. Als Landschaft finden wir diesen Raumtyp in den Mittelgebirgen und Hügellandschaften wie z.B. im deutsch-belgischen Grenzraum bei Aachen, in Eifel, Westerwald und Allgäu. Hier kommen beide Prinzipien wechselnd und dadurch raumstrukturierend vor. Die bei Landschaften positiv wirkenden Eigenschaften gelten auch für Städte in einer solchen Topographie. Städte und Siedlungen in bewegter Topographie sind z.B. Aachen, Siena, Nürnberg, Lüttich, Lissabon, Athen, Damaskus, Istanbul. Von besonderer Orientierungswirkung sind auch hier vertikale Merkzeichen wie Kirchen und Türme, Durchblicke, Stadtkanten an einem Hang, Bergkuppen und Silhouetten. Auch bei diesem Typus können wir schwach und stark strukturierte Räume unterscheiden.

K. FOLGERUNGEN

Die Orientierung in Regionen, Landschaften und großen Städten erfordert eine Hierarchie von erkennbaren Makro- und Mikroelementen. Diese gilt sowohl für die zweidimensionale Orientierung (aus der Luft, auf Landkarten) als auch für die dreidimensionale Orientierung im Raum selbst. Da sich Raumstrukturen dauernd verändern, sind historische und topographische Fixpunkte bedeutsam. Dies können sein Altstadtsilhouetten, Kirchen, Stadtmauern oder Flüsse, Fluß- und Straßengabelungen, Häfen. Es ist darauf zu achten, daß diese Landmarken erkennbar bleiben und nicht durch

ABB. 2.5 STARK UND SCHWACH STRUKTURIERTE LANDSCHAFTSRÄUME

a) Toskana bei Grosseto

b) Toskana bei St. Gimignano

c) Talraum bei Vaals (NL)

d) Ausgeräumte Landschaft bei Aachen

Strukturveränderungen verdeckt oder überformt werden. Gerade die flächenhafte Entwicklung der Regionen und Stadtränder der letzten 30 Jahre hat zu unstrukturierten Siedlungslandschaften geführt. Es ist deshalb eine aktuelle Aufgabe, diese durch Setzung entsprechender Landmarken wieder lesbar zu machen. Dies gilt auch teilweise für die Mikrostrukturen in den Regionen (Stadtteile, Siedlungen). Auch Radial- und Ringstraßen, Eisenbahnstrecken, Autobahnen benötigen prägnante Sequenzen und Merkzeichen, die Orte und Ortsteile ankündigen. Ebenfalls vernachlässigt wurde vielfach, visuelle einprägsame und gut strukturierte Teilräume von Landschaften und Städten zu entwickeln. Weder der Bebauungsplan noch der Flächennutzungsplan haben sich hierfür als zureichend erwiesen. Noch am ehesten sind in Landschaftsplänen und Stadtgestaltungskonzepten entsprechende Hinweise zu finden, die aber häufig nicht umgesetzt werden (vgl. hierzu auch Kapitel 18).

LITERATUR

Lynch, K.: Das Bild der Stadt. Berlin 1965
Lynch, K.: Managing the Sense of a Region. The MIT Press. Cambridge, Mass. 1980
von Uexküll, J.: Theoretische Biologie. Berlin 1928
von Uexküll, J.: Streifzüge durch die Umwelten von Tieren und Menschen. Hamburg 1956

3. RÄUMLICHE TEXTUR

A. DEFINITION

Texturen entstehen durch Wiederholungen von Grundformen oder Grundelementen. Sie sind aufgebaut aus Elementen oder Elementbündeln, die sich wiederholen. Beispiele: Textur des Waldes durch Addition einzelner Bäume, Textur eines Gewebes durch Addition der Maschen, Textur einer Tapete durch Wiederholung eines Grundmusters, Textur (= Morphologie) einer Stadt durch Addition ihrer Teile (Blöcke, Stadtteile). Eine Addition von drei oder mehr Elementen ergibt bereits eine Textur/Struktur. Texturen/Strukturen werden definiert als eine Addition gleicher oder ähnlicher Elemente. Der Kern der Textur besteht in der Wiederholung der Elemente und ihrer Zwischenräume.Entscheidendes Moment der Texturbildung ist daher die Wiederholung. Texturen liegen vor, solange eine Dominanz sich wiederholender, in sich erkennbarer Teile besteht.

Eine Collage aus verschiedenen Texturen oder aus Fragmenten von Texturen und anderen, nicht zum Typus der Textur zu rechnenden Elementen, bildet den definitorischen Grenzfall.

1. TEXTUR - STRUKTUR

Beide Begriffe beschreiben räumliche Ordnungen. Während Textur eher zweidimensionale (oder auf zweidimensionale Abbildungen reduzierte) Strukturen beschreibt, ist der Begriff Struktur umfassender. Er wird für dreidimensionale Ordnungen, für logische oder topologische Ordnungen angewandt.

Struktur beschreibt das innere Ordnungsgefüge komplexer (auch nichträumlicher) Systeme; Textur hingegen eher zweidimensionale Ordnungen.

B. FORMEN

1. HOMOGENE TEXTUREN, STRUKTUREN

Texturen/Strukturen bezeichnen wir als homogen, wenn die Elemente, die die Struktur bilden, gleich oder ähnlich sind und wenn die Abstände und Geometrien der räumlichen Zuordnung der Elemente gleich oder ähnlich sind. Homogene Texturen/Strukturen bestehen aus gleichförmigen Anordnungen von Elementen und Zwischenräumen. Es kommt nicht auf eine exakte oder gerichtete Regelmäßigkeit an, sondern ausschließlich auf die Wiederholung ähnlicher Grundmuster. Deshalb ist auch die Wiederholung mit inneren Mustern oder Löchern eine homogene, wenn sich die texturbildenden Elemente und ihre Zwischenräume so wiederholen, daß die Gemeinsamkeiten größer als die Verschiedenheiten sind.

2. HETEROGENE TEXTUREN, STRUKTUREN

Texturen/Strukturen bezeichnen wir als heterogen, wenn sowohl die textur- bzw. strukturbildenden Elemente als auch ihre Zwischenräume mehr Unterschiede als Gemeinsamkeiten aufweisen. Texturen sind dann heterogen, wenn sich für unsere optische Wahrnehmung keine dominanten Regelmäßigkeiten mehr erkennen lassen.

3. HOMOGENE - HETEROGENE TEXTUREN, STRUKTUREN

Eine Zwischenform bilden Texturen, die etwa zu gleichen Teilen homogene und heterogene Eigenschaften aufweisen. Diese können durch heterogene Abstände oder durch heterogene Elemente oder durch die Addition ganz verschiedener homogener Teiltexturen in einem Betrachtungsfeld gebildet werden.

4. TRANSFORMATIONEN

Transformationen von einer Struktur in eine andere entstehen durch sukzessive Veränderungen von Formen,

Maßen oder Geometrien einer Ausgangsstruktur. Eine Transformation liegt vor, wenn am Ende mehrerer Zwischenschritte eine eigenständige neue Struktur entstand (Abb. 3.9).

5. VARIATIONEN
Variationen einer Struktur liegen vor, wenn eine gegebene Grundstruktur durch kleinere Veränderungen von Maßen, Elementen oder Abständen lediglich differenziert wird, dabei aber keine grundsätzlich neue Struktur entsteht, vielmehr die ursprüngliche Grundstruktur als dominant erhalten bleibt.

6. STRUKTURBRÜCHE
Strukturbrüche entstehen, wenn deutlich unterscheidbare Strukturen ohne Übergangszonen (Transformation) aneinanderstoßen.

7. RÄNDER
Ränder sind die äußeren Grenzen, an denen eine Struktur endet oder sich in eine deutlich unterscheidbare andere wandelt. Ränder sind daher äussere Grenzen homogener Strukturen. Ränder können zwei Eigenschaften aufweisen: sie sind lediglich die Grenzen einer gegebenen Struktur oder sie begrenzen die Struktur durch eine eigene "Randcharakteristik" wie z.B. Linien. Solche Randlinien oder Linearstrukturen können mehrere Teilstrukturen zu einer additiven Struktur zusammenfassen. Für Texturen gilt, daß sie Innen- und Außenformen haben. Innenformen werden durch die Anordnung und Form der texturbildenden Elemente, die Außenform durch die Form der Grenzbildung bestimmt.

8. BEREICHE, MITTENBEREICHE
Besondere Bereiche entstehen, wenn in Texturen Verdichtungen, geometrische Hinführungen oder strukturelle Besonderheiten (Aussparungen oder deutlich andere Elemente) einen besonderen (oft eingeschlossenen) Bereich gegenüber einem homogenen Feld und gegenüber Rändern definieren. Mittenbereiche liegen vor, wenn solche besonderen Bereiche in der Mitte von Strukturflächen liegen.

9. KONFIGURATIONEN
Texturen haben aufgrund ihres additiven Prinzips keine vorgebene äußere Konfiguration. Sie können daher beliebige Großformen annehmen, die lediglich durch die inneren Abstände der Einheiten (durch die Fein- oder Grobkörnigkeit) eingeschränkt werden. Daher sind flächige, lineare oder gemischte Konfigurationen möglich. Abbildung 3.1 zeigt horizontal Variationen einfacher Texturen und vertikal Beispiele der oben genannten Eigenschaften.

C. GEOMETRIEN DER ZUORDNUNG DER ELEMENTE

1. REGELMÄSSIG
Regelmäßige Texturen entstehen beim Vorliegen von zwei Bedingungen: Wiederholung von Elementen, gleiche Abstände dieser Elemente. Nach der Strenge

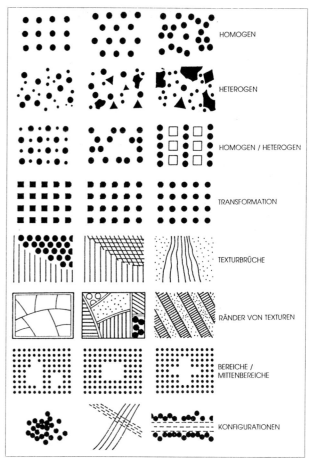

Abb. 3.1 Beispiele von Texturen

ihrer Zuordnung lassen sich regelmäßige und unregelmäßige Geometrien unterscheiden. Bei regelmäßigen Geometrien sind die Elemente und deren Abstände gleichmäßig. Bei der Ordnung der Elemente entstehen bestimmte, sich wiederholende Winkel: rechtwinklige und schiefwinklige Zuordnungen. Abbildung 3.2 zeigt oben links eine regelmäßige Textur einzelner Flächen - oder Körper - mit gleichen Elementen und gleichen Abständen. Die Textur oben rechts besteht aus gleichförmigen linearen Elementen mit ebenfalls gleichen Abständen. Die Textur unten links ist ebenfalls geometrisch geordnet, aber sowohl die Größe der Elemente als auch deren Abstände wechseln. Es handelt sich somit um eine unregelmäßige Texur.

2. UNREGELMÄSSIG
Abbildung 3.2 unten rechts zeigt ein Übergangsbeispiel. Sowohl die Form der linearen Elemente als auch deren Abstände variieren. Die Abweichungen wiederholen sich innerhalb einer bestimmten Variationsbreite, so daß zwar eine unregelmäßige Textur vorliegt, die aber noch einige regelmäßige Eigenschaften aufweist. Bei einem bestimmten Typus unregelmäßiger Geometrien wechseln also die Winkel in so kleinen Beträgen, daß dieser Wechsel selbst als unregelmäßig nicht besonders auffällt. Der fundamentale Unterschied zwischen der regelmäßigen und der unregelmäßigen Geometrie der Anordnungen liegt im Zwischenraum. Während die regelmäßige Teilung zu gar keinen oder zu starren Zwischenräumen führt und die Ordnung sich aus den vorgegebenen Linien ergibt,

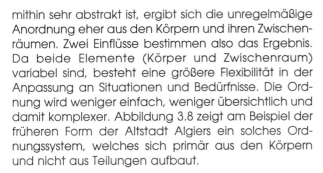

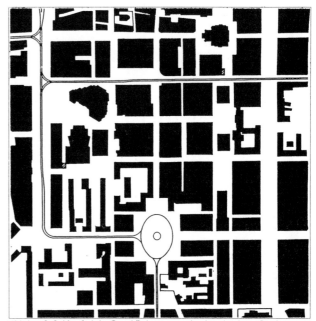

Abb. 3.2 Beispiele regelmäßiger und unregelmäßiger Texturen

Abb. 3.3 Krefeld: Gestörte morphologische Ordnung

mithin sehr abstrakt ist, ergibt sich die unregelmäßige Anordnung eher aus den Körpern und ihren Zwischenräumen. Zwei Einflüsse bestimmen also das Ergebnis. Da beide Elemente (Körper und Zwischenraum) variabel sind, besteht eine größere Flexibilität in der Anpassung an Situationen und Bedürfnisse. Die Ordnung wird weniger einfach, weniger übersichtlich und damit komplexer. Abbildung 3.8 zeigt am Beispiel der früheren Form der Altstadt Algiers ein solches Ordnungssystem, welches sich primär aus den Körpern und nicht aus Teilungen aufbaut.

3. DIE BEDEUTUNG VON STÖRUNGEN FÜR STRUKTUR UND WAHRNEHMUNG (Abb.. 3.3, 3.4)

Störungen in regelmäßigen Texturen (und Strukturen) entstehen, wenn Teile der texturbildenden Elemente fehlen, wenn sich deren Größe oder Geometrie ändert, wenn die Ordnung selbst wechselt, an Rändern oder durch eingefüllte Teile anderen Maßstabs. Störungen können negativ und positiv bewertet werden. Einerseits entwerten sie eine Ordnung, andererseits bringen sie Spannungen und individuell erkennbare Bereiche hinein. Störungen und Unterbrechungen von Ordnungen werden ästhetisch oft negativ empfunden. Sie können aber für die Vielfalt einer realen Struktur besonders bedeutsam sein: Störungen in der Struktur von Atomen führen zur Bildung neuer Elemente, zur Bildung von Kristallen. Störungen in homogenen Stadtstrukturen können wichtige Punkte der Orientierung sein, sie können, wegen der damit verbundenen Änderungen des Wertgefüges von Immobilien, Nischen für andere soziale Gruppen oder für andere Nutzungen sein. Sie können auch Erinnerungen an geschichtliche Perioden enthalten. Störungen haben aber noch eine fundamentalere Bedeutung: Sie stellen die bisherige Ordnung (oder Organisation) der Struktur (Textur) in Frage. Sie sind ein Hinweis, daß die gewählte Ordnung entweder unvollendet ist, nicht auf alle Bereiche anwendbar war, oder, falls sie in ehemals geordneten Bereichen auftritt, darauf verweist,

daß diese ihre Bindungskraft verliert. In einer Umwelt, deren natürliche Ordnung keine geometrische ist, haben offenbar geometrische Ordnungen einen hohen Stellenwert als vordergründiges Symbol für menschengemachte Ordnungen, als Ausdruck einer bestimmten Zivilisation. In fast allen Kulturen haben regelmäßige Texturen und Strukturen eine hohe artifizielle Bedeutung gehabt. Vielleicht sind sie Symbole der beherrschten Natur und der Macht des Menschen, seine Ordnungsvorstellungen einer chaotisch empfundenen Umwelt entgegenzustellen.

D. ORIENTIERUNG IN TEXTUREN UND STRUKTUREN

Orientierung ist ein universaler Vorgang. Er umfaßt daher auch Orientierung auf Flächen, Körpern oder Orientierung in zwei- oder dreidimensionalen Strukturen. Der Orientierungsvorgang läuft dabei ähnlich dem im ersten Kapitel am Beispiel des Bildes mit der Welle beschriebenen ab: Die äußeren Grenzen und das optische Zentrum spielen eine Rolle. Ferner die Menge der gliedernden Teilelemente und deren räumliche Anordnung. Innerhalb einer Textur geht Orientierung entweder von den Rändern, Linien, der Mitte oder von Unregelmäßigkeiten in der Textur selbst aus. Wichtig ist, daß Wahrnehmung selektiv vor sich geht, Erwartungshaltungen und Erfahrungen die Wahrnehmung beeinflussen.

1. VEREINFACHUNG: FORMEN ALS "DATENSPEICHER"

Eine additive Zusammenfassung vieler Elemente zu einer erkennbaren Figur entlastet die Wahrnehmung von der Suche nach einer Ordnung der Wahrnehmungseindrücke, da die Gesamtfigur dafür ein räumliches Makroschema liefert. Die damit auch gegebene Orientierungshilfe erlaubt eine genauere Betrachtung von Details, deren Zuordnung immer wieder möglich

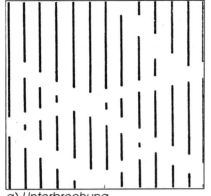

a) Unterbrechung

b) Abstandsänderung

c) Texturwechsel

ABB. 3.4 STÖRUNGEN IN TEXTUREN

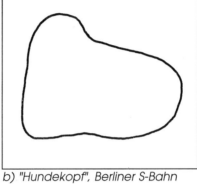

a) Ringstraße

b) "Hundekopf", Berliner S-Bahn

c) "Dreiecksplatz"

ABB. 3.5 FORMVEREINFACHUNG

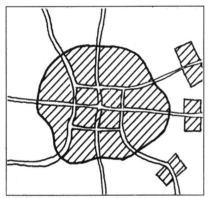
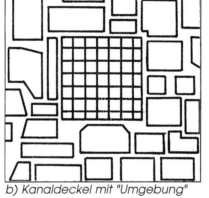
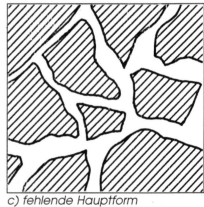

a) Stadt und Vororte

b) Kanaldeckel mit "Umgebung"

c) fehlende Hauptform

ABB. 3.6 HAUPT- UND NEBENFORMEN

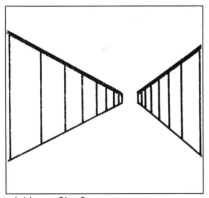

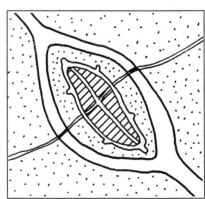

a) klarer Straßenraum

b) Stadtsilhouette

c) Ummauerte Stadt auf Insel

ABB. 3.7 GANZHEITEN

Abb. 3.8 Algier: Figur und Grund

ist. "Dem entspricht, daß das an sich anpassungsfähige menschliche Gehirn aufeinander bezogene Dinge leichter im Gedächtnis behalten kann als unzusammenhängende"(Lynch 1965, S.156). Unser Wahrnehmungsvermögen entlastet also den Wahrnehmungsvorgang durch Vereinfachung. Große Mengen von Elementen werden durch Zusammenfassung unverbundener Einzelteile zu wiedererkennbaren Formen erinnerbar gemacht. Komplexe Gesamtformen werden, falls Besonderheiten dies zulassen, in Teilformen zerlegt oder durch assoziative Deutungen verständlicher gemacht. Beispiele: Zuordnung von Sternen zu Sternbildern, Zuordnung komplexer Formen zu geometrisch einfachen Grundformen (annähernde Geraden zu Geraden, gekrümmte Formen zu Kreisbögen usw.), assoziative Zuordnung von Störungen in einer Fläche zu einem Vorstellungsbild (z.B. einem Gesicht, einem Tier usw.). Vereinfachungen dieser Art entlasten den Wahrnehmungsvorgang von Details. Die Verbindung zu Vorstellungsbildern fügt Deutungen hinzu, die offenbar leichter zu speichern sind als eine bedeutungslose Informationsmenge. Die vordergründige formale Ordnung vieler Wahrnehmungsteile zu einer ordnenden Figur (in der Musik z.B. zu einer Melodie, Bewegungsabläufe zu einem Rhythmus, eine Häuseransammlung zu einem Ortsbild) hat "hintergründige" Ursachen. Formen sind also so etwas wie Dateinamen, die Datenmengen unter einem Ordnungsbegriff speichern. Abb. 3.5 zeigt komplexe Formen, die begrifflich auf einfache Figuren reduziert werden, wie die unregelmäßige Ringstraße, den Berliner S-Bahn-Hundekopf oder einen Dreiecksplatz.

2. ZERLEGUNG IN HAUPT- UND NEBENFORMEN
Eine andere Methode ist die Zerlegung der Form in Grund- (oder Haupt-) und Nebenformen, wenn die Form derartige Möglichkeiten zuläßt. Als Hauptformen werden in der Regel die größeren Teile einer Formenmenge bezeichnet, als Nebenformen kleinere und weniger prägnante Teile. Linien oder Elemente in li-

nearer Reihung erleichtern die optische Untergliederung einer Gesamtform in Teilformen. Aufgrund unserer Erfahrung und des Erinnerungsvermögens können wir Fragmente als Teile vollständiger Formen oder Gegenstände erkennen, Fehlendes gedanklich ergänzen. Beispiele: Stadt mit klarer oder unklarer Außenform. Gebäude mit symmetrischer Massenverteilung oder zerklüfteter geometrischer Grundform (Abb. 3.6).

3. GANZHEIT
Aufgrund der Wahrnehmungsökonomie sucht sich das Auge zunächst aus einem Angebot von Formen und Texturen die großen, auffälligen, geometrisch eindeutigen heraus. Teile, die sich einem Thema unterordnen und einander nach ähnlichen Regeln zugeordnet sind, werden nicht nur als Elemente, sondern auch als Ganzheit höherer Stufe wahrgenommen. Mittelalterliche Städte, geschlossen bebaute Dörfer, einheitliche Straßenzüge des 19. Jahrhunderts werden als Ganzheiten erlebt. Das Einzelteil wiederholt sich dabei in ähnlicher Weise so, daß es offenbar trotz seiner Individualität zugleich Teil einer höheren Ordnung sein kann (Abb. 3.7). Wienands (1985, S.17) nennt dies die "Übersummenwirkung": Die Gesamtheit ist mehr als die Addition der Teile. (Er unterstützt diese These durch eine Fülle guter Beispiele, auf die hier nur hingewiesen werden kann). Gierer (1985, S.174) drückt den gleichen Sachverhalt so aus: "Unser Gehirn vermag bestimmte Merkmale räumlicher Ordnung in Sekunden zu erfassen, ohne daß bewußtes Denken hierzu nötig wäre. Diese Fähigkeit wird immediate perception - unmittelbare Wahrnehmung - genannt. Modulationen von Strukturen, die sich wiederholen, Kombinationen und Verschachtelungen von Gestaltmerkmalen, werden oft unmittelbar wahrgenommen."

4. PRÄGNANZ, FIGUR-GRUND-KONTRAST
Um diese Wahrnehmungsleistung zu erbringen, ist eine einfache Erfassung der Ganzheit Voraussetzung. Dies hängt aber nicht nur von der inneren, sondern auch von der Klarheit der äußeren Form ab. Die äußere Form ist nichts anderes als die Grenze zur Umgebung. Lynch, der die Wahrnehmung von Städten durch das Publikum eingehend untersucht hat, kommt zu dem Schluß, daß es für das Wiedererkennen auf folgende Charakteristika physischer Formen ankommt: 1. Einmaligkeit (oder Figur-Hintergrund-Schärfe), 2. Klarheit der Form, 3. Kontinuität, 4. Dominanz, 5. Klarheit der Verbindungsglieder, 6. Richtungsdifferenzierung (Asymmetrien, Steigerungen), 7. Umfang des Sichtbereichs, 8. Bewegungsbewußtsein, 9. Zeitliche Reihenfolgen (Lynch 1965, S. 125ff). Wienands (1985) folgert, daß Figur und Grund in einem Verhältnis der Komplementarität zueinander stehen. Je genauer man die 'Figur' betrachte, desto weniger könne man den 'Grund', in den sie eingebettet ist, gleichzeitig beachten. Die Zwischenräume seien aber für die Proportions- oder Formqualität genauso wichtig. Unser Sehen sei durch jahrtausendelange Prägung auf das blitzschnelle Erkennen von Figuren (Feind- oder Nahrungsfiguren) vor einem meist unbemerkten Hintergrund dressiert. Deshalb seien wir blind für den Hintergrund oder Zwischenraum (S.31). Je gleicher die Figurqualitäten von Figur und Leerraum seien, umso eher bildeten beide

eine unlösbare Ganzheit. Sein methodischer Hinweis, neben der Positivform der Gebäude sich auch immer die Negativform der Zwischenräume klar zu machen, wurde schon seit längerem in die Praxis aufgenommen. Daraus folgt: Je stärker der Kontrast zwischen Figur und Hintergrund, desto klarer ist die Figur erkennbar, soll die Figur hingegen zurücktreten, sind geringe Kontraste zum Hintergrund erforderlich. Es handelt sich also hier somit um eine Kombination von Reizstärke und Formwahrnehmung (Abb. 3.8).

LITERATUR

Gierer,A.: Die Physik, das Leben und die Seele. München 1985, 2.Aufl.

Ernst, B.: Der Zauberspiegel des Maurits Cornelius Escher. Berlin 1986

Fischer, G.: Architektur und Sprache. Grundlagen des architektonischen Ausdruckssystems. archpaper-edition krämer. Karl Krämer Verlag Stuttgart, Zürich 1991

Hegemann, W.: Das steinere Berlin. Braunschweig 1979

Knauer, R.: Entwerfen und Darstellen. Berlin 1991

Lynch, K.: Das Bild der Stadt. Berlin 1965

Meisenheimer, W.: Raumstrukturen. Ein Skizzenbuch zum Studium räumlicher Ordnungen und der Architektur. Bd. 16 der Reihe "ad", Veröffentlichungen der Fachhochschule Düsseldorf, o.O.o.J.

Wienands, R.: Grundlagen der Gestaltung für Bau und Stadtbau. Basel, Boston, Stuttgart 1985

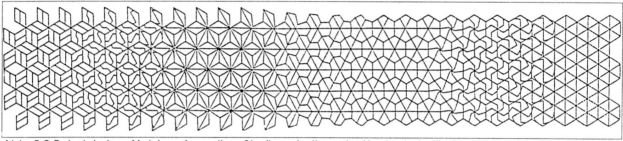

Abb. 3.9 Beispiel einer Netztransformation. Studienarbeit an der Hochschule für Gestaltung, Ulm Doz. William S. Huff. (Knauer 1991, S.68)

TEIL B STADTSTRUKTUR

Die Stadt als räumliche Organisationsform arbeitsteiliger Gesellschaften ist eine der erfolgreichsten Innovationen der Menschheitsgeschichte. Die städtischen Leitbilder beeinflussen weltweit gesellschaftliche Lebens- und Denkweisen. In Städten wird auf begrenzter Fläche eine enge raum-zeitliche Koordination von Lebens- und Austauschprozessen organisiert. Weil die Raumorganisation von Städten deshalb besonders komplex ist, steht sie hier im Vordergrund. Die behandelten Dimensionen zielen aber auf eine allgemeinere Ebene, die auch das Dorf und die Region einschließt. Gegenüber den dynamischen Ansprüchen der Gegenwart sind Städte in ihren sozialen, ökonomischen und baulichen Strukturen aber außerordentlich verfestigt. Sie teilen das Schicksal komplexer Systeme, die wegen der vielen Interdependenzbeziehungen eine hohe Eigenträgheit besitzen. In dieser Trägheit liegt eine eigene, auch ökologische Logik. Gesetzmäßigkeiten, die sich aus dem Langzeitverhalten räumlicher Organisation erkennen lassen, helfen in einer Zeit hoher Dynamik, Entscheidungen strukturell abzusichern. Die physische Stadtstruktur ist das wesentliche Organisationsmittel des örtlichen Zusammenlebens. Sie hat stabile und dynamische Elemente. Schon die Grundform (Kapitel 4) legt wesentliche Eigenschaften fest. Wir können beobachten, daß Entwicklungen und Veränderungen der Siedlungskörper erkennbaren Regeln folgen (Kapitel 5). Neben der äußeren Form ist die Form und Geometrie der Straßennetze und komplementär die Morphologie der baulichen Formen dafür entscheidend, wie die einzelen Elemente und Teile des Stadtgefüges miteinander kommunizieren (Kapitel 6). Es kann beobachtet werden, daß die Veränderungen in den Siedlungskörpern einerseits durch die vorhandene Ordnung beeinflußt werden, andererseits aber auch die verschiedenen Ebenen der Struktur eine beschränkte Autonomie besitzen (Kapitel 7). Die jeweils in einer Periode vorhandenen Stadtstrukturen enthalten Lösungen und Spielräume für anstehende Aufgaben. Kapitel 8 behandelt Fragen, wie mit Fragmenten und homogenen Strukturen umgegangen werden kann. Die dauernd in Bewegung befindliche Struktur hat ihre eigene Logik von Veränderungen und Erneuerungen (Kapitel 9-10). Teil B behandelt somit ausgewählte Aspekte der Stadtstruktur in einer Form, die das Prinzipielle verständlich machen soll. Kapitel 11 macht deutlich, daß die ökologische Logik der sparsamen räumlichen "Packung und Mischung" für die vor uns stehenden Aufgaben der Energieeinsparung wieder bedeutsam wird.

4. GRUNDFORMEN VON STADT UND SIEDLUNG

Die nachfolgend dargestellten Grundformen von Siedlungssystemen sind einerseits Produkte der inneren Verbindungslogik von Siedlungssystemen, der topographischen Bedingungen, formbildender Grenzen und andererseits Produkte des Formwillens der jeweiligen Perioden, die von späteren Phasen überlagert wurden.

A. GRUNDFORMEN VON BESIEDLUNGS- UND STADTFORMEN

Phänomenologisch lassen sich einige deutlich unterscheidbare Formen der Besiedlung erkennen. Diese äußerlichen Formen geben Hinweise auf Entstehungsbedingungen der Siedlungsstruktur und determinieren wichtige Eigenschaften.Außer bei stagnierenden Siedlungen ist die Gesamtform das Ergebnis eines additiven Ausbreitungsprozesses. Das Wachstum in den einzelnen Perioden hat daher an die älteren Strukturen neue angefügt oder auch die älteren in veränderter oder unveränderter Geometrie des Straßennetzes erneuert.Je nachdem wie stark die Erweiterung und Umgestaltung war, sind die ursprünglichen Grundstrukturen und die Strukturen der einzelnen Epochen gut oder schlecht erkennbar. Das langlebigste Element der Stadtstruktur ist das Straßennetz und dessen Geometrie. Es kann auch noch die äußere Form mitbestimmen.Die in Abb. 4.1 dargestellten Grundformen der Siedlungsstruktur gehen von einfachen geometrischen Grundformen aus, die als allgemeinstes Mittel der Beschreibung eine erste Unterscheidung verschiedener Formen zulassen. Eine der wichtigsten Erklärungsvariablen ist das System der Erschließung, das den bandförmigen Siedlungen zugrunde liegt. Die andere Urform ist die des Versammelns, der dichten Gruppierung der Gebäude zueinander aus Gründen der Verteidigung oder der rationellen Landnutzung.

Daraus resultieren Dichte, flächenhafte Besiedlungen. Auch dieses Prinzip basiert letztlich auf dem Verkehrsprinzip der Minimierung der inneren Wegedistanzen zu einem zentralen Mittelpunkt. Die dritte Grundform ist der Punkt. Hier handelt es sich um einzelne Gebäude, kleine Siedlungen und Gebäudegruppen (Streusiedlung), aber auch um separiert stehende Hochhäuser. Erläuterungen zu einigen Grundformen:

1. GRUNDFORM LINIE

Band

Das Band, oder in der Minimalform die Reihe, die Besiedlung entlang einer Straße oder eines Flusses ist eine der Urformen der Ansiedlung. Bandförmige Siedlungsstrukturen entstehen durch lineare Addition von Nutzungen entlang von Verkehrswegen. Deshalb sind alle linearen Strukturen verkehrsorientiert. Das Band ist eine häufige Siedlungsform in Tallagen, an Flüssen oder entlang überörtlich wichtiger Straßen. Vorteile: Konzentration auf eine Hauptverkehrsachse, Nutzung schon vorhandener Erschließungen. Nachteile: Große Distanzen, ungünstig für die Ausbildung sozialer Mittelpunkte. Theoretisches Beispiel: Bandstadt von Sorya i Mata. Reale Beispiele: Wuppertal, Rheinschiene, Straßendörfer.

Kreuz und Stern

Bandförmige Besiedlung entlang sich kreuzender Straßen. In reiner Form nur bei Gründungssiedlungen vorkommend, da sich die verkehrsgünstigen Zwischenräume um den Mittelpunkt auffüllen (siehe Kreis- und Ring-Radialsystem). Beispiele: Neu-Isenburg (Kreuz).

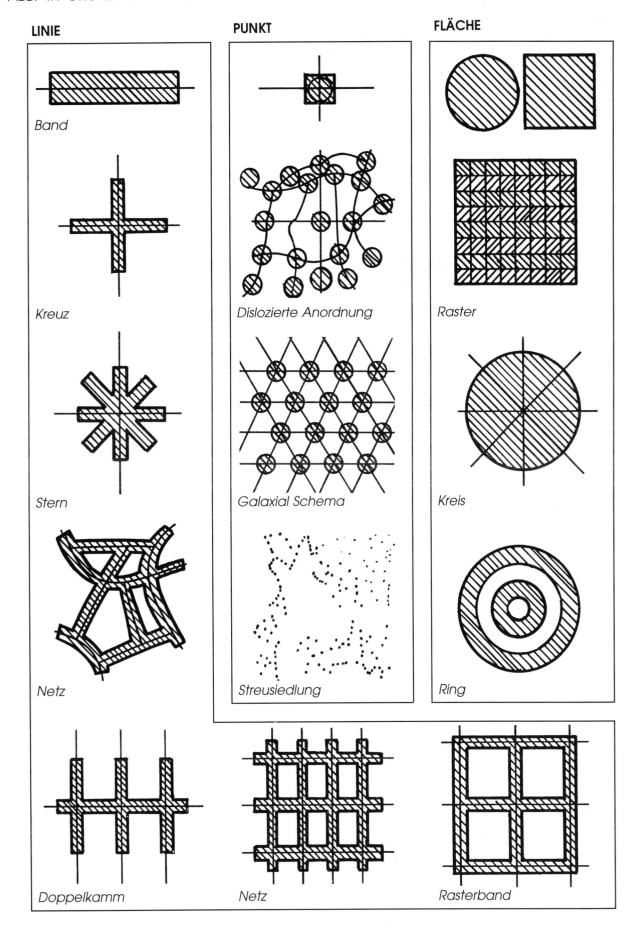

ABB. 4.1 GRUNDFORMEN DER SIEDLUNGSSTRUKTUR

LINIE

Band

Kreuz

Stern

Netz

PUNKT

Dislozierte Anordnung

Galaxial Schema

Streusiedlung

FLÄCHE

Raster

Kreis

Ring

Doppelkamm

Netz

Rasterband

Netz

Bandförmig entlang der Straße angeordnete Bebauung, die zu unregelmäßigen oder zu regelmäßigen Netzen zusammenwächst. Kennzeichen sind freie, unbesiedelte Zwischenräume. Beispiele: Roetgen, Raeren.

Kamm, Doppelkamm

Ein aus dem Städtebau stammendes Prinzip der 50er 60er Jahre. In der Realität tritt es bei bandförmigen Ansiedlungen mit ausgeprägten Querstraßen auf (einseitig z.B. bei Lage an Verkehrsband, Fluß, Kanal, Eisenbahn). Beispiel: Siedlungsband der Rheinschiene mit quer anschließenden Talsiedlungen.

Rasterband

Der Unterschied zum Netz besteht in der endgültigen Form. Es handelt sich um ein geplantes, nicht auf Wachstum ausgelegtes Planungsprinzip. Beispiel: Utopie Akroyden (1861), Owens Village of Unity (1817), Owens "New-Harmony".

2. GRUNDFORM PUNKT

Dislozierte (regellose) Anordnung

Typisch bei ländlichen Siedlungen in topographisch ungleichmäßiger Gegend. Beispiele: Bergisches Land, Eifel.

Galaxial-Schema

Theoretisch optimale Anordnung von Agrarsiedlungen auf einer ebenen Fläche mit gleicher Fruchtbarkeit. Beispiele: Christallers "Zentrale Orte" unterer Stufe. Polderbesiedlung in Holland.

Streusiedlung

Typische agrarische Siedlungsform von Einzelgehöften. Beispiele: Streusiedlungsgebiete im Schwarzwald, in Niedersachsen, in der Schweiz.

3. GRUNDFORM FLÄCHE

Raster

Gleichmäßige oder ungleichmäßige Einteilung von Blocks und Straßen im rechten Winkel. Kommt nur bei zentraler Planung mit großen Machtbefugnissen konsequent vor. Günstig als wachsendes System, da das Prinzip nur weitergeführt werden muß. Gleichmäßige Verteilung des Verkehrs. Gefahr der Monotonie. Geeignet bei ebenem Gelände. Beispiele: New York, Kolonialstädte, Römerstädte.

Kreis

Häufige Stadtform des europäischen Mittelalters. Die Form resultiert aus Wegeminimierung zum Mittelpunkt der Stadt und dem günstigen Verhältnis von umschließender Mauer zu umschlossener Fläche. Nachteile: schwierige Kreuzungspunkte im inneren Kern. Vorteile: klarer Mittenbezug der Siedlung, der auch bei der Ausbreitung durch die zentrierte Geometrie aufrechterhalten bleibt. Beispiele: Aachen, Nördlingen (Kreis); Köln, linke Rheinseite (Halbkreis).

Ring

Kommt in reiner Form nur in Utopien vor. Endgültige Form, die nicht auf Wachstum angelegt ist, aber prinzipiell um jeweils neue Ringe erweitert werden könnte. Vorteile: Sichert den einzelnen Stadtgebieten direkt zugeordnete Freiräume. Erschließbar durch lineare Verkehrsmittel auf den Ringen und den Radialen. Beispiele: Owens Idealstadt Chaux, Howards Diagramm der Gartenstadt, Kölner Grüngürtel, Kölner Ringstraße (Halbring).

B. ZUSAMMENGESETZTE BEISPIELE

Die in Abb. 4.2 dargestellten Beispiele stellen nur eine Auswahl der theoretisch möglichen Kombinationen dar. Wir gehen hier nur auf die wichtigsten ein.

Band und Satelliten

Ein System, welches die Vorteile der linearen Erschließung in der Hauptsiedlung mit den Vorteilen der kurzen Wege in den Vororten verbindet. Es kann nur entstehen, wenn dazwischen kommunale oder natürliche Grenzen lineare Ansiedlungen entlang der Verbindungsstraßen verhindern.

Kernstadt und Satelliten oder Zentrale Orte-Schema

Häufigstes Grundmodell größenmäßig abgestufter Siedlungshierarchien. Beispiel: Howards Städtegruppe, Christallers Zentrale Orte-Schema unterster Stufe, Kernstädte mit Vororten.

Raster und Kreis

Geplante Stadtanlage mit geometrisch bestimmtem Bezugspunkt im Kreismittelpunkt oder Kreisbogen und einer Wachstumsachse in der entgegengesetzten Richtung. Beispiel: Mannheim.

Kreis- und Radialsystem

Erste Erweiterungen mittelalterlicher Rundstädte vor den Toren. Beispiel: Aachen.

Additives Kreis- und Radialsystem

Entsteht aus dem Zusammenwachsen ehemals isolierter Kleinstädte und Dörfer entlang einer Verbindungsstraße und aus der Anbindung der umliegenden Siedlungen.

Ring- und Radial-System
(radialkonzentrisches Schema)

Häufigstes Grundschema des Wachstums von Solitärstädten entlang der Radialen und durch Auffüllungen der Zwischenräume. Beide Systeme kommen an einem Ort zusammen, wenn sich eine ehemals runde Siedlungsform auf einer Seite ringförmig weiter entwickelt, auf der anderen Seite aber stagniert. Beispiel: Köln.

Kreisradial- und Kammsystem

Solche Beispiele treten auf bei Trennungen durch Flüsse, Bahnlinien und große Straßen. Die Trennung führt zu einer partiellen oder völligen Autonomie der anderen Seite, die zu abweichenden Netzstrukturen führen kann.

ABB. 4.2 KOMBINIERTE UND TRANSFORMIERTE GRUNDFORMEN

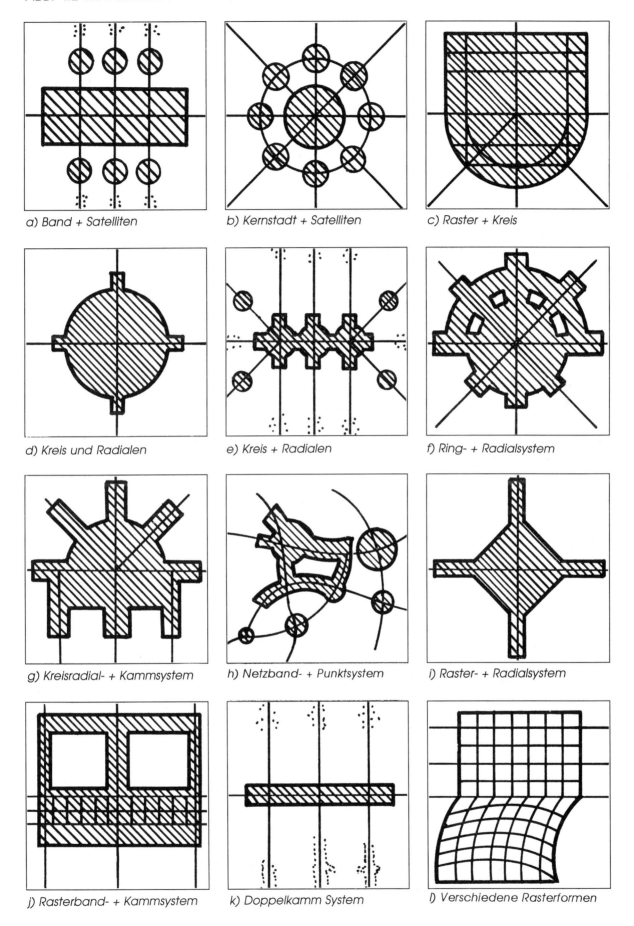

a) Band + Satelliten

b) Kernstadt + Satelliten

c) Raster + Kreis

d) Kreis und Radialen

e) Kreis + Radialen

f) Ring- + Radialsystem

g) Kreisradial- + Kammsystem

h) Netzband- + Punktsystem

i) Raster- + Radialsystem

j) Rasterband- + Kammsystem

k) Doppelkamm System

l) Verschiedene Rasterformen

Netzband- und Punktsystem

Kombination von kreisförmig gewachsenen Orten mit späteren Erweiterungen entlang von Verbindungsstraßen, sehr häufig im ländlichen Raum. Beispiel: Deutsch-Belgischer Grenzraum bei Aachen.

Raster- Radialsystem

Weiterentwicklung eines früheren Plansystems entlang von Radialen in das Umland.

Rasterband- und Kammsystem

Verknüpfung von Siedlungsbändern entlang von Straßenkorridoren mit großen freien Landschaftsbereichen in den Zwischenräumen.

Doppelkammsystem

Dieses System kommt bei stark verstädterten Tallagen vor, deren Hinterlandbesiedlung durch steile Berge abgetrennt ist und dadurch weiter ein ländliches Eigenleben führen kann. Beispiel: Rheintal zwischen Bingen und Koblenz.

Kombinierte Raster

Fortführung eines Rastersystems in einer durch topographische Besonderheiten verschobenen Geometrie. Sehr häufig nach der Jahrhundertwende in Deutschland.

C. ZUSAMMENFASSUNG

Die Grundmuster der Besiedlung erlauben Rückschlüsse auf die prinzipiellen Eigenschaften von Siedlungsstrukturen, auf die Siedlungsentstehung und informieren über Stagnations- oder Wachtumsprozesse. Die einfachen Grundformen kommen sowohl bei geplanten wie bei ungeplanten Siedlungen vor. Sie können sich aber nur bei Siedlungen ohne Wachstum längere Zeit erhalten. Zusammengesetzte und komplexere Strukturen verweisen auf Einflußfaktoren, die in den verschiedenen Entwicklungsphasen zeittypische Formen annahmen. Die Untersuchung der Siedlungsform und der Siedlungsausbreitung erlaubt Rückschlüsse auf die in den einzelnen Phasen wirkenden Entwicklungskräfte. Deutlich wird, daß mit den verschiedenen Grundformen unterschiedliche topologische Eigenschaften verbunden sind, die die Organisation des räumlichen Ausbreitungsprozesses erleichtern (Band, Raster, dislozierte Anordnung) oder auch durch eindeutige, auf einen Kern orientierte Geometrien eine zeitgemäße Organisation größer gewordener Raumsysteme erschweren (Kreis-, Stern-, Kreuz-, Ring-, Kreis-, Radialsysteme). Die äußere Form von Siedlungen und Städten ist meistens das Produkt von Entwicklungsprozessen, selten aber ein angestrebtes Ziel. In der Regel sind die äußeren Formen expandierender Siedlungen und Städte Mischformen ursprünglicher und späterer Entwicklungen. Bedeutsam sind die ursprünglichen Formen häufig deshalb, weil sie die Geometrie der Morphologie und der Erschließung der inneren Teile festgelegt haben. Näheres zu diesen Fragen behandeln Kapitel 5 und 6.

5. BEWEGUNGSGESETZE IM SIEDLUNGSKÖRPER

Bevor wir die grundlegenden Formen und Eigenschaften von Netzen als Mittel räumlicher Organisation behandeln, wollen wir aufzeigen, daß egal, von welcher Form eine Besiedlung aus startet, Gesetze der Entfernungsminimierung die Netzstrukturen in späteren Entwicklungsphasen beeinflussen. Netze haben deshalb immer eine Geschichte. Die einmal konkret vorhandenen Netze müssen auf die Ausweitung der Städte, auf Änderungen der Kapazitätsanforderungen, an die Querschnitte und auf neue Verkehrssysteme reagieren. Da die einmal vorhandene Netzstruktur größerer Raumaggregate kaum änderbar ist, kommen nur Ergänzungen, Komplettierungen oder Korrekturen in Frage. Es setzen sich dabei einerseits zeitbedingte Auffassungen durch - wie jede Stadtkarte erkennen läßt. Andererseits wirkt immer wieder die Zeit und Bequemlichkeit der Raumverknüpfung als dauerhafte, zeitunabhängige Komponente in die Netzentwicklung hinein. Das Studium der Langzeitentwicklung größerer städtischer Netze gibt daher über die aktuellen Aufgaben einer Zeit hinausweisende strukturelle Informationen über die Logik von Netzen. Dabei zeigt sich, daß mit zunehmender Größe eines Territoriums Netze hierarchische Strukturen entwickeln. Es entsteht ein System von Haupt- und Nebenlinien, die unterschiedliche Bedeutung für die Versorgung von Gebieten haben. Dies gilt für fast alle Infrastrukturnetze (Strom, Wasser, Abwasser, Straßen, Bahnen). Schlüsselelemente solcher Hierarchien sind Massentransportlinien wie Hauptstraßen, Sammler - und Hauptverbindungslinien für Teilbereiche wie Radialen, Ringe und Tangenten. Es zeigt sich, daß, mit Ausnahme von Städten mit räumlichen Einschränkungen in der Ausbreitung, sich die Ring-Radialentwicklung als grundlegendes Entwicklungsmuster durchsetzt, weil es den umgebenden Raum am günstigsten anschließt. Auf Definition und Theorie von Netzen gehen wir im nächsten Kapitel ein. Hier beschränken wir uns zunächst auf städtische Netzbildung als Reaktion auf regionale Verknüpfungen.

A. RADIALENTWICKLUNG

Die Radialen sind die eigentlichen Lebensadern der Stadt. Sie verbinden den Kern mit dem Rand und beide Bereiche mit der Region und mit anderen Räumen (Abb.5.1). Soweit Austauschprozesse über Straßen abgewickelt werden, sind daher die von außen hereinführenden Radialen strukturell bevorzugte Standorte: Sie verbinden die am Stadtrand ansässigen Funktionen mit dem Kern, mit anderen Radialen, von dort als Sammler wieder mit anderen, weniger gut angeschlossenen Standorten zwischen den Radialen und verbinden diese mit dem Vorortgürtel, mit suburbanen Zonen und mit kleineren Nachbarstädten der Region. Radialen sind aufgrund dieser Bedeutung breit

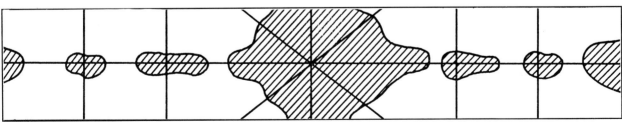

Abb. 5.1 Regionale Sammlerfunktion der Radialen

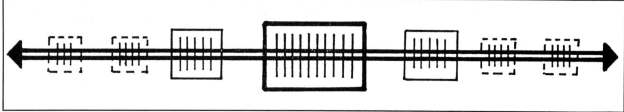

Abb. 5.2 Lokale Verbindungsfunktion von Radialen

ausgebaute Straßen, sie haben eine gute, oft die beste öffentliche Verkehrsbedienung. Durch ihre lineare Form bieten sie zahlreiche Standorte und mit zunehmender Entfernung vom Kern auch ein unterschiedliches Niveau von Bodenwerten. Sie sind strukturell ähnlich einem linearen Zentrum oder einer Bandstadt, die sehr unterschiedliche Nutzungen an einer Achse versammeln. Es ist zeitökonomisch einfacher, eine Nutzung an einem linearen Band zu suchen und zu finden als im Geflecht der weniger deutlicher ausgeprägten Stadtteile.

1. RAUMSTRUKTUR DER RADIALEN

An den Radialen wirken sich die unterschiedlichen Siedlungsformen und Baudichten aus; ebenso werden die Grenzen bebauter Gebiete (Teile des "urban fringe") und noch isoliert liegende Vorortkerne und Splittersiedlungen von ihnen angeschnitten. In der Stadtmitte durchschneiden sie Gebiete mit hoher vertikaler und horizontaler Nutzungsdichte, an der Peripherie berühren sie locker bebaute Vororte und Dörfer. Diese ästhetisch oft als störend empfundene Heterogenität ist aber zugleich ein wichtiger Entwicklungsfaktor: Untergenutzten Zwischenräumen stehen Ordnungsbereiche und Freiflächen gegenüber. Sie sind Reserven für neue Nutzungen, die den Radialen neue Entwicklungsimpulse vermitteln. Die Radialen sind daher besonders wichtige Grundelemente der Siedlungsstruktur (Abb.5.3).

2. RINGENTWICKLUNG

Wenn die besiedelten Flächen eine bestimmte Ausdehnung überschritten haben, entstehen notwendig Verbindungsdefizite der peripheren Teile untereinander. In orthogonalen Netzen entwickeln sich nun die Diagonalen und Tangenten, in radialkonzentrischen Netzen die Ringe. Die Ausbildung solcher großräumiger Verknüpfungen ist wiederum ein Indikator für den Reifegrad einer komplexen Raumstruktur.

3. RING-RADIALENTWICKLUNG ALS GRUNDLEGENDES STÄDTISCHES ENTWICKLUNGSMUSTER

Alle Beobachtungen über viele Jahrhunderte Stadtentwicklung zeigen, daß sich die Besiedlung zunächst

entlang schon vorhandener Erschließungswege nach außen entwickelt. Danach füllen sich die verfügbaren Flächen zwischen den Radialen auf, bis die Nachfrage einer Periode hinreichend gesättigt ist. Mit der Zeit werden die jeweils nächstliegenden Flächen sowohl an den Radialen als auch in den Zwischenräumen besiedelt, bis die Entwicklung schließlich an physische oder rechtliche Grenzen stößt. Am Ende setzen der Ausdehnung nur jene Flächen Grenzen, die nicht auf den Grundstücksmarkt kommen, die rechtlichen Schranken oder technischen Einschränkungen unterliegen (schlechter Baugrund, Stadtmauern, Stadtgrenze). In orthogonalen Erschließungsstrukturen treten diese Zwischenzonen höchstens vermittelt auf, da vom geometrischen Grundprinzip her keine Restflächen entstehen. Wird in der Peripherie die Geometrie aufgegeben, bilden sich dort aber ähnliche Muster heraus. (Abb. 5.4 zeigt die unterschiedlichen Formen.)

4. DER "URBAN FRINGE" ALS RÄUMLICH-FUNKTIONALES ENTWICKLUNGSGELENK

Da sich die Entwicklung zunächst auf die großen Achsen konzentriert, verbleiben von Bebauung freie oder mindergenutzte Restflächen an der Peripherie der bisherigen Besiedlung oder in schlecht erschlossenen Zwischenräumen. Diese Flächen haben die Funktion einer stillen Entwicklungsreserve. Nach Überwindung der bisherigen Grenzen bekommen nämlich diese Flächen, in Verbindung mit den neu hinzukommenden Flächen außerhalb der Barrieren, eine besondere entwicklungsstrategische Bedeutung. Whitehand (19-87) arbeitet heraus, daß diese Flächen die Funktion von zyklischen Elementen der Stadtentwicklung haben. Diese Stadtrandzonen oder "fringe belts" scheinen eine Korrektiv- und Entwicklungsfunktion zugleich zu haben. Ihre Eigenart ist, daß sie als Peripherie lange außerhalb der Beachtung liegen und wenig in die Gestaltungs- und Netzkonzeptionen des urbanen Gefüges eingebunden sind.

Auf den zwischen den Radialen frei gebliebenen Zwischenräumen finden sich häufig landwirtschaftliche Nutzungen, Kleingärten, Nutzungen geringer Intensität (z.B. Lagerfunktionen) in einer oft zufälligen "Gemengelage". Wenn die Nutzungen an den Radialen weit

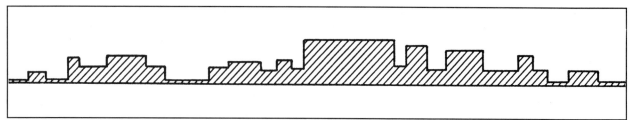

Abb. 5.3 Raumstruktur der Radialen

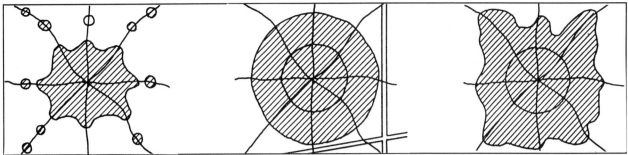

Abb. 5.4 Radialschema, Ringschema, Ring-Radialschema

genug nach außen vorgedrungen sind, erhalten diese siedlungsstrukturellen "Hinterbereiche" wegen ihrer gestiegenen relativen Nähe zum Kern eine neue Bedeutung. Sie liegen zwar abseits der Haupterschließungsstraßen, inzwischen aber näher am Kern als die Peripherie. Hier entstehen nun neue Wohn- oder Gewerbegebiete. Diese Bereiche sind aber auch wichtige Standorte für durch die Stadtausdehnung ergänzend notwendig gewordene Infrastruktureinrichtungen.

Diese Infrastrukturstandorte lohnt es näher zu betrachten. Es handelt sich um Standorte, die zwischen dem inneren, älteren Wachstumsring und den sich neu entwickelnden äußeren Stadtteil- oder Vorortringen liegen. Infrastrukturen an diesen Standorten liegen daher in einer günstigen Zwischenlage im Einzugsbereich innerer und äußerer Stadtbereiche. Auch wenn sie oft nicht direkt an den Radialen liegen und daher etwas schwieriger erreichbar sind, finden sie dort andererseits große und preisgünstige Flächen in relativ ruhigen Lagen. Untersucht man daraufhin die Standorte größerer Infrastruktureinrichtungen, so finden sich häufig Bahnanlagen, Schulen, Universitäten, Parks, Friedhöfe und Sportanlagen in solchen Zwischenbereichen. Sie entstehen dort nicht aufgrund von Modellen einer optimalen Standortverteilung, sondern mangels anderer Alternativen an stadtstrukturell durchaus sinnvollen Standorten. Abbildung 5.6 zeigt die Einfüllung neuer Funktionen in den "urban fringe" von Aachen im 19. Jahrhundert. Durch die Nutzung des "urban fringe" als raumzeitliches (zyklisches) Korrektiv können große Territorien nahezu geschlossen besiedelt werden.

Strukturell besonders interessant sind Beispiele, in denen schon weiter außen Besiedlungen fortgeschritten waren, und erst später die Auffüllung solcher Zwischenräume möglich war. Prominente Beispiele dafür sind die Ringstraßen in Köln und Wien.

5. DER VERÄNDERUNGSUMFANG JE ZEITEINHEIT BESTIMMT DIE STRATEGIEN

Wie oben dargelegt wurde, sind komplexere räumliche Netze in dicht besiedelten Stadtbereichen sehr stabil. Durch die hohe Stabilität der Netze können Veränderungen nur in kleinen Schritten über lange Zeit oder nur an "weichen Stellen" durchgeführt werden. Weiche Stellen sind Hinterbereiche, gering besiedelte Zonen, Zonen geringer Bodenwerte und Zonen mit ungeordneten und geringwertigen Nutzungen. Neue Netzkapazitäten, neue Verkehrsmittel und die Veränderung der städtischen Netz- oder Bebauungsstruktur

finden daher ihre Grenze in den monetären, politischen und zeitlichen Kosten ihrer Realisierbarkeit. Es zeigt sich in einer Langzeitbetrachtung, daß größere Eingriffe zumeist nur bei das Gesamtsystem bedrohenden Engpässen, nach Katastrophen und in besonderen Umbruchzeiten durchgeführt werden.

6. STABILITÄT UND VERÄNDERUNG VON URBANEN UND REGIONALEN STANDORTSYSTEMEN

Die hohe Trägheit gegenüber Veränderungen gilt auch für die durch die Netzgeometrien bevorzugten Standorte hoher lokaler oder regionaler Erreichbarkeit. Radialkonzentrische Netze legen mit der Bevorzugung eines geometrisch bedingten Mittenbereichs die Standorte für die City und für Stadtteilzentren verhältnismäßig stark fest. In orthogonalen Systemen sind Verschiebungen der Kernbereiche sehr viel einfacher. Diese Situation ändert sich allerdings bei der Einführung neuer Netzelemente (wie z.B. Tangenten, Ringe), wenn sie durch bessere örtliche oder überörtliche Verknüpfungen neue Erreichbarkeiten und neue Knotenbereiche schaffen. Dadurch kann das vorhandene Standortsystem partiell oder auch grundlegend beeinflußt werden. Folgerichtig siedeln sich an solchen Knoten verbesserter Erreichbarkeit Nutzungen an, die oft nur auf räumliche Marktsegmente der Nachfrager zielen (z.B. Verbrauchermärkte), oder Nutzungen, die einen hohen Zwangskontakt erfordern (z.B. Großhan-

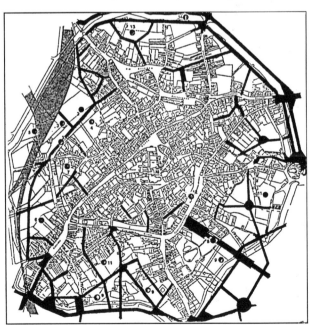

Abb. 5.5 Aachen: Nutzungen im "urban fringe" 1820-1900

31

del, Baumärkte, Spezialhandel) und schließlich Firmen, deren Nähe zu leistungsfähigen, aus der Region hinausführenden Straßen wichtig ist (Speditionen, Ersatzteillager).

B. BEISPIELE

Deutlicher wird der Zusammenhang, wenn wir die Entwicklung von Siedlungskörpern konkret betrachten.

1. BEISPIEL KÖLN

Die Siedlungsentwicklung der Region folgt linksrheinisch einem idealtypischen Ring - Radialmuster. Wir erkennen auch im regionalen Maßstab eine zunehmende Dichte der Besiedlung in Richtung zur Stadtmitte (Abb.5.6). Größere Erweiterungen an der Peripherie erfolgen erst, nachdem durch die Einführung des PKW als Massentransportmittel die Erreichbarkeit von bisher vom öffentlichen Verkehr nicht erschlossenen Gebieten möglich wurde. Seit 1969 ist eine starke Zunahme der Siedlungsflächen im Westen und Osten der Stadt erkennbar. Die Entwicklung des Hauptstraßennetzes (Abb.5.7) zeigt deutlich, daß 1840 nur die radialen Verkehrsbeziehungen Kern-Umland wichtig sind. Als Ringverbindungen existieren zu dieser Zeit zwei untergeordnete Straßen innerhalb der Stadtmauer und außerhalb des freizuhaltenden Schußfeldes. 1987 existieren im Westteil fünf Ringe. Während sich die Zahl der Radialen nur unwesentlich erhöht, verweist die Ringentwicklung auf die Bedeutung der Verknüpfung der äußeren Siedlungteile. Die Überlagerung mit der Netzstruktur (Abb.5.8) zeigt, daß sich die großen Siedlungsflächen an den Radialen und dort häufig um die Kreuzungspunkte mit Ringen und Tangenten konzentrieren. Solche Netzknoten sind offenbar wichtige Standorte einer Raum-Zeit-Ökonomie.

Wenn wir nun in Abbildung 5.9 die Entwicklung der räumlichen Erschließung um den Stadtkern betrachten, wird auch in diesem Maßstab deutlich, daß nach einer Besiedlung um die Hauptausfallstraßen eine immer stärkere Erschließung in der Tiefe erfolgt und die städtischen Netze so ergänzt und erweitert werden, daß sie die vorher schwer zugänglichen "hinteren" Bereiche in das Netzgefüge einbinden. Wir können daran auch erkennen, wie mit den Stadtautobahnen ein neues Netz über die alte Struktur gelegt wird und dieses Zeitvorteile in der Erreichbarkeit anderer Stadtteile und Ziele in der Region verschafft.

Die Entwicklung der Baustruktur (Abb. 5.10) zeigt zwei deutliche Phänomene: Die kernnahen Freiflächen werden zunehmend besiedelt, es gibt aber deutliche Unterschiede in der Überbauungsdichte. Die flächig ausgefüllten Blöcke sind geschlossen und dicht bebaut. Die mit Linien und Punkten dargestellten Blöcke weisen eine offene Bauweise oder größere innere Grünflächen auf. Deutlich erkennbar sind frühe ökologische Leistungen wie der innere Grüngürtel von Fritz Schumacher und das Freihalten von Ventilationsbahnen nach Westen.

Während in den letzten drei Jahrzehnten eine Aus-

weitung und Modernisierung des Straßennetzes erfolgte, können wir bei den Eisenbahnen eher einen umgekehrten Trend feststellen: Die Bahnflächen in der inneren Stadt weiten sich bis zum Jahre 1957 aus. Im Jahre 1987 sind erste Reduktionen im Osten erkennbar. Mit der Aufgabe des Bahngeländes Gereon im Norden der Stadtmitte erfolgt eine weitere Reduktion. Fast hundert Jahre nach dem Bau ist also deutlich erkennbar, daß sich das System Eisenbahn aus der innerstädtischen Transport- und Verknüpfungsfunktion zurückzieht und diese Flächen für neue urbane Funktionen umgenutzt werden (Abb.5.11). Auch hieran wird deutlich, daß neben dem "urban fringe" als weicher Randzone Lebenszyklen von Anlagen und Baugebieten Chancen für funktionelle Korrekturen eröffnen.

2. BEISPIEL AACHEN

Aachen ist ein besonders prägnantes Beispiel für die Logik räumlicher Entwicklung nach dem Prinzip von Ringen und Radialen (Abb.5.12). Deutlich ist, daß die Entwicklung an den Radialen einen zeitlichen Vorlauf vor der Entwicklung der Zwischenräume hat und sich dieses Muster über alle Perioden fortsetzt. Ursache ist die Bedeutung der Kern-Rand (oder innen-außen) Verknüpfung, die ökonomisch wichtiger als die innere Flächenerschließung ist. Deshalb folgen Ringe erst mit einem zeitlichen Abstand.

Mit zunehmendem Alter der Struktur entstehen aber innere Modernisierungsnotwendigkeiten. Und hier tritt ein wichtiges neues Phänomen auf, welches morphologische Veränderungen erklärt: Alterungsprozesse und Lebenszyklen der Bau- und Infrastrukturen. Denn mit zunehmendem Alter wird das Verhältnis von Veränderungs- und Erhaltungsaufwand im Vergleich zu einer vollständigen Erneuerung an einem neuen Standort ungünstiger. Kann eine Transformation der Struktur daher elementare Notwendigkeiten einer Funktion nicht mehr befriedigen, wird entweder ein vollständiger Ersatz am bestehenden Standort oder aber eine Standortsplittung oder eine Verlagerung an einen neuen Standort notwendig.

Da die Aufrechterhaltung des laufenden Betriebes bei Unternehmen bei einem weitgehenden oder vollständigen Ersatz am alten Standort nicht möglich ist, nutzen daher viele Institutionen einen solchen Zeitpunkt für einen kompletten Neubau an einem anderen Standort. Damit entsteht zugleich die Chance, alle notwendigen baulichen und apparativen Innovationen zeitgleich realisieren zukönnen. Neubauten sind daher ein Mittel zur Durchführung einer gebündelten Innovation in einem einzigen Sprung (Abb.5.13). Die neuen Standorte werden oft in weichen Zonen der morphologischen Struktur oder am Stadtrand gesucht. Hier hat der "urban fringe" eine wichtige Funktion der zyklischen Ergänzung der Struktur.

Wenn Netze eine bestimmte Ausdehnung haben, können die Querschnitte der inneren Zonen, die zumeist für eine kleinere Stadt ausreichen, den Verkehrsanforderungen nicht mehr genügen.   Es entstehen

ABB. 5.6 REGION KÖLN: SIEDLUNGSENTWICKLUNG 1840-1987

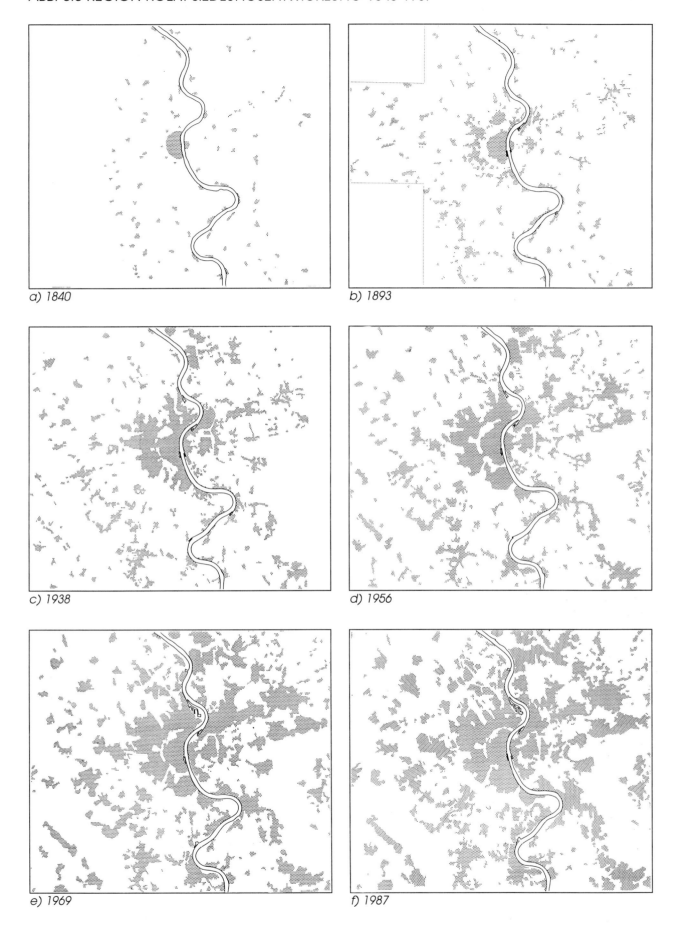

a) 1840

b) 1893

c) 1938

d) 1956

e) 1969

f) 1987

ABB. 5.7 REGION KÖLN: ENTWICKLUNG DES STRASSENNETZES 1840 - 1987

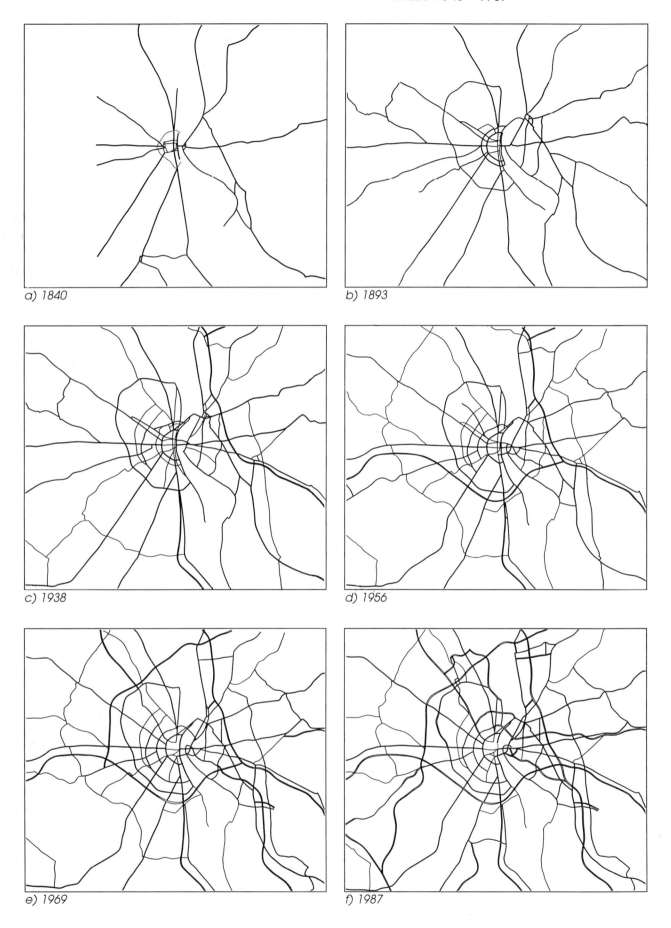

a) 1840

b) 1893

c) 1938

d) 1956

e) 1969

f) 1987

ABB. 5.8 REGION KÖLN: ENTWICKLUNG DES SIEDLUNGSSYSTEMS 1840-1987

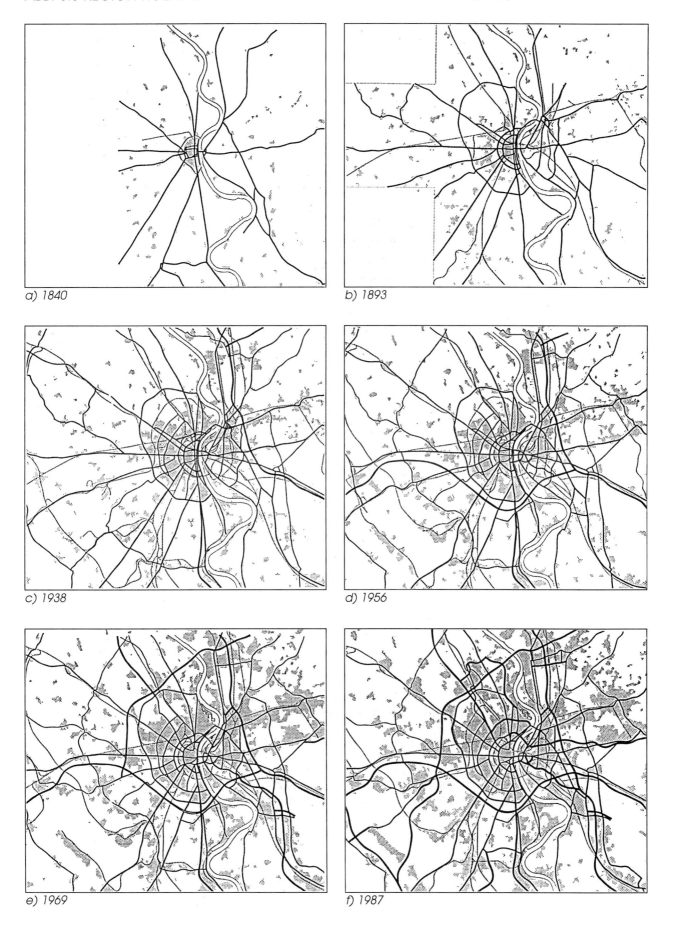

a) 1840

b) 1893

c) 1938

d) 1956

e) 1969

f) 1987

ABB. 5.9 KÖLN: ENTWICKLUNG DES HAUPTSTRASSENNETZES 1845 - 1987

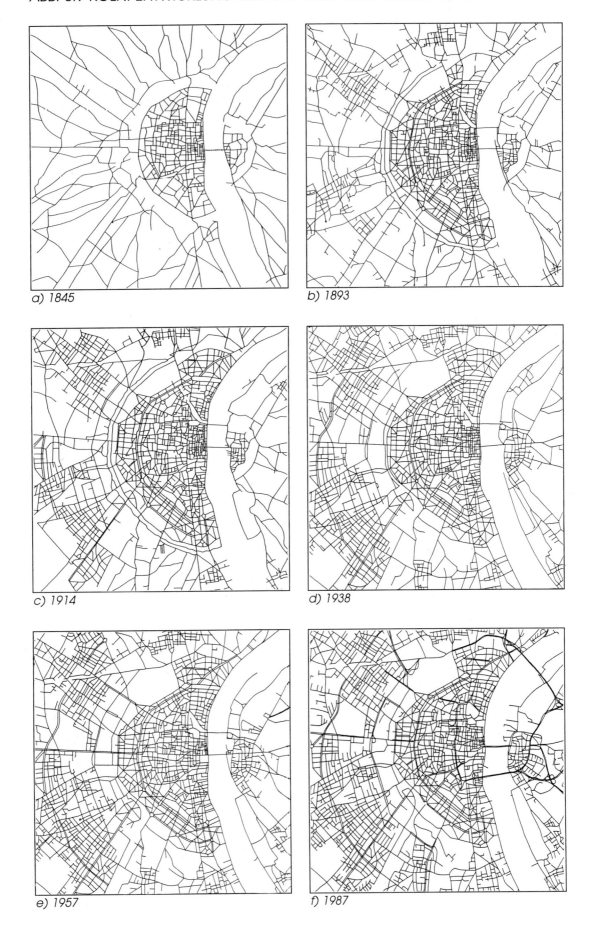

a) 1845

b) 1893

c) 1914

d) 1938

e) 1957

f) 1987

ABB. 5.10 KÖLN: ENTWICKLUNG DER BAUSTRUKTUR 1845 - 1987

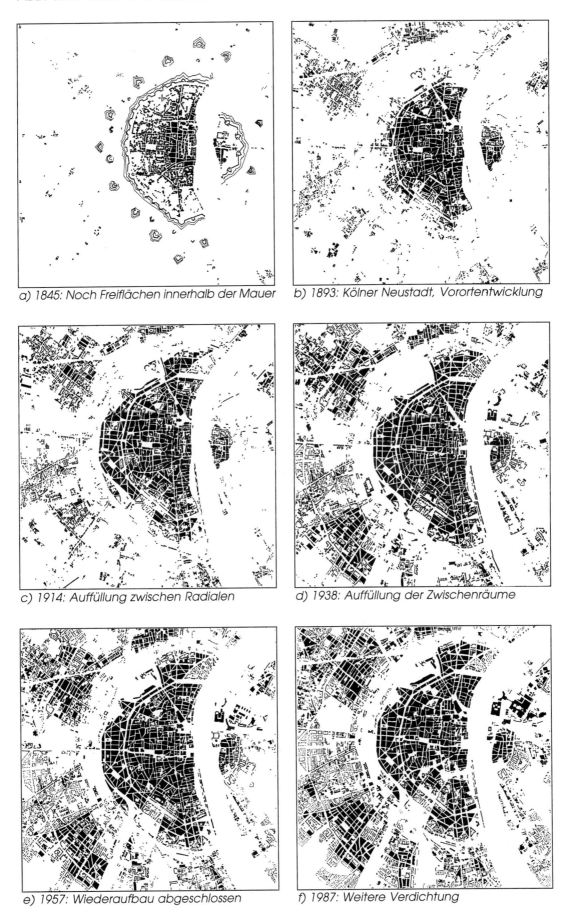

a) 1845: Noch Freiflächen innerhalb der Mauer

b) 1893: Kölner Neustadt, Vorortentwicklung

c) 1914: Auffüllung zwischen Radialen

d) 1938: Auffüllung der Zwischenräume

e) 1957: Wiederaufbau abgeschlossen

f) 1987: Weitere Verdichtung

ABB. 5.11 KÖLN: ENTWICKLUNG UND RÜCKENTWICKLUNG DER BAHNFLÄCHEN 1845 - 1987

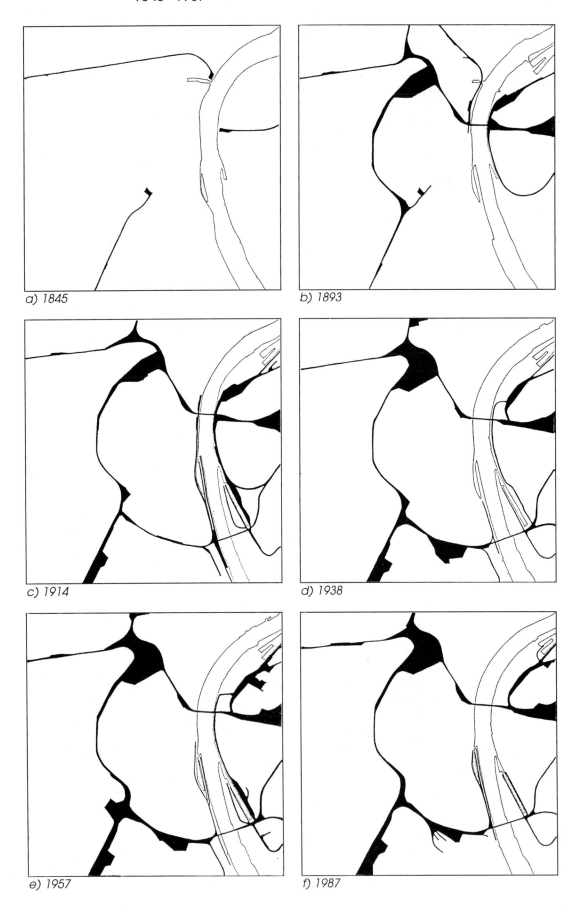

a) 1845

b) 1893

c) 1914

d) 1938

e) 1957

f) 1987

ABB. 5.12 AACHEN: RING-RADIAL-ENTWICKLUNG 1822/1910/1925/1955/1987
(Curdes/Haase/Pasternack: The Development of the Urban Structure and the Influence of Innovations. ISL Aachen 1988)

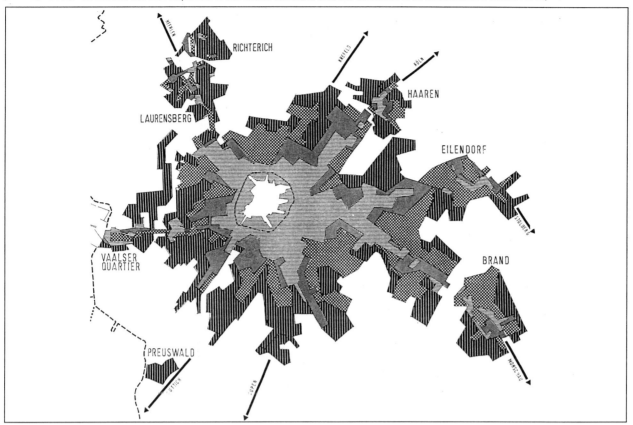

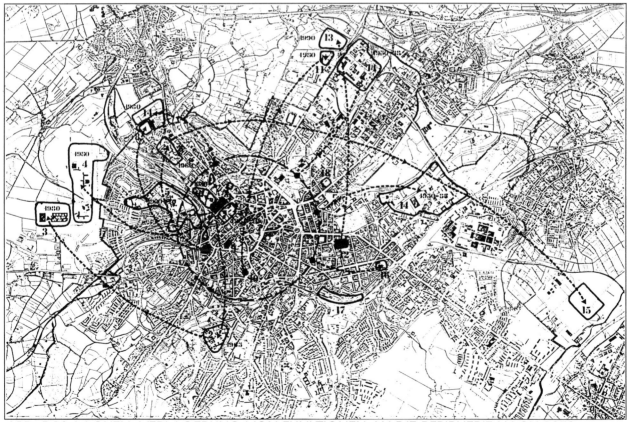

ABB. 5.13 AACHEN: VERLAGERUNG VON FUNKTIONEN AN DIE PERIPHERIE NACH 1970
(Quelle wie oben) 1-6 Universität. 7-9 Industrie. 10-13 Öffentliche Einrichtungen. 14-15 Gewerbe. 17-18 Nutzungswandel.

ABB. 5.15 AACHEN: ENTWICKLUNG DER BAUSTRUKTUR 1860 - 1980
(Quelle wie 5.12)

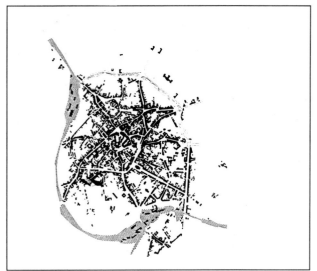

a) 1860: Noch Freiflächen vor der Mauer

b) 1910: Süd- und Ostausdehnung

c) 1945: 60% zerstörte Bausubstanz

d) 1950: Rekonstruierung der Bausubstanz

e) 1980: Verdichtung und Ausweitung

Engpässe in der großräumigen Verknüpfung der Stadtteile untereinander und des Stadtzentrums mit dem Umland. Spätestens an diesem Zeitpunkt müsssen entweder Ausweitungen der inneren Netze oder Ergänzungen durch neue Bedienungsysteme erfolgen. Dies waren um die Jahrhundertwende Ringbahnen und Ringstraßen. In Aachen ist eine Ringbahn (obwohl das Netz partiell vorhanden ist) noch nicht entwickelt. Dies wird bei steigenden Siedlungsaktivitäten am Rand nun bald eine unabweisbare Notwendigkeit werden. Hingegen ist das Netz von Ringstraßen sehr früh und vorbildlich entwickelt. Abb.5.14 zeigt die Ergänzungen des historischen Straßennetzes durch Ringstraßen und Bahnnetze seit dem Beginn der Industrialisierung.

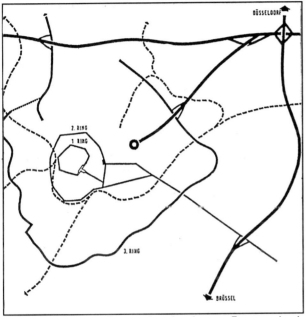

Abb. 5.14 Innovationen im Aachener Transportnetz 1785-1975

Die Entwicklung der Bebauung (Abb.5.15) zeigt die oben beschriebene Regel der zunehmenden Nutzung freier Flächen auf den Parzellen: Die Stadt ist im Kern am stärksten verdichtet, die Freiflächen nehmen zum Rand hin zu. Über alle Perioden ändert sich dieses Muster nicht. Selbst die Zerstörungen des Krieges werden innerhalb weniger Jahre wieder beseitigt. Der Zeitschnitt 1950 zeigt bereits eine schon weitgehend wieder gefüllte Struktur, die sich bis 1980 weiter verdichtet. Es kann davon ausgegangen werden, daß sich Aachen mit der vorhandenen Wohnungsnot erneut stärker verdichten wird. In einem zyklischen Prozeß werden steigende Anforderungen auch an Büro- und Handelsflächen vermehrt Flächen in die Bebauung einbeziehen, die nicht durch soziale oder ökologische Tabus oder durch rechtliche Grenzen dem Zugriff wirksam entzogen werden.

LITERATUR

Curdes, G.: The Influence of Innovations on Urban Development and Urban Form. A Comparison of Development Stages of Athens, Lisbon, Rome, Liverpool, Thessaloniki, Aachen, Bari, Kecskemet, Tromso. Assistance: A.Haase, F.Haneda, St. Pasternak, C.Schwan. Institute of Town and Country Planning. University of Technology Aachen, 1989

Curdes, G.: Veränderungen des europäischen Stadtsystems: Entwicklungslogik der Stadt. In: Kurzberichte aus der Forschung. Institut für Städtebau und Landesplanung der RWTH Aachen, 1991

Haggett, P.: Einführung in die kultur- und sozialgeographische Regionalanalyse. Berlin, New York 1973; Englisch: Locational Analysis in Human Geography 1965-1969 London (Arnold LTD)

Haneda, F.: Köln - Zur Entwicklung des Stadtkörpers. Städtebauliche Studienarbeit im Rahmen des Forschungsprojektes "Urbinno" am Institut für Städtebau und Landesplanung Aachen, 1989/90

6. NETZE UND BEREICHE

Städte sind räumlich verdichteter Ausdruck arbeitsteiliger gesellschaftlicher Organisation. Sie stellen ein hochvernetztes Geflecht von Interdependenzbeziehungen dar. Raum ist ein Träger sozioökonomischer Vorgänge. Er ist eine ebenso fundamentale Voraussetzung wie die Zeit. Raum kann sowohl als Erscheinungsebene wie auch als Rahmenbedingung für gesellschaftliche Prozesse verstanden werden. Die Organisationsstruktur des Raumes besteht aus Nutzungen, deren räumlicher Anordnung, der Dichte und der Art und Qualität der Verknüpfungselemente. Hinzu kommen Elastizitäten, Reserven, Engpässe, die Qualität der räumlichen Packungsdichte[1] und die Anordnungsgeometrie. Die Erreichbarkeit der Nutzungen ist bedingt durch die Geometrie der Netze, durch die Transporttechnik, durch die Orientierbarkeit im Raum und durch die Kapazität der Netze und Netzknoten. Während die Transporttechnik gewisse Veränderungen der Geschwindigkeit erlaubt, ist die Netzgeometrie i.w. unveränderbar, die Entfernungen bleiben konstant. Kapazitätsveränderungen sind in gewissen Grenzen innerhalb bestehender Netze durch bauliche und organisatorische Mittel möglich. Die Orientierbarkeit hat mit der Einprägsamkeit, der einfachen Erlernbarkeit einer urbanen Syntax und damit auch mit der geometrischen Form der Raumorganisation zu tun. Netze und Bereiche können als polare Systeme der Raumorganisation verstanden werden. Während Netze Flächen von außen zugänglich machen, entstehen Bereiche eher von innen aus örtlichen Bedürfnissen kleinräumiger Verbindungen. In diesem Abschnitt wollen wir uns auf die lineare Dimension der Raumerschließung und auf Bereiche konzentrieren. Die Bebauungssysteme, die damit eng, aber nicht immer zwangsläufig verbunden sind, werden im Teil D behandelt. Schwerpunkt sind die verschiedenen Formen von Netzen als prinzipiell verfügbare Optionen räumlicher Organisation. Dazu gehören die verschiedenen Formen geplanter und gewachsener Netze. Aus der Betrachtung ausgeklammert bleiben Netzstrukturen im regionalen oder nationalen Maßstab.

6.1 NETZE

A. DEFINITION

Netze bilden sich aus parallelen linearen Substanzsträngen (Schnüre, Linien, Straßen), die quer zur Hauptrichtung mit gleichen oder ähnlichen Strängen parallel verbunden werden. Netze sind kontinuierliche zweidimensionale Verbindungs- und Teilungssysteme, die im Vergleich zur Breite der Bänder einen bedeutend größeren Zwischenraum umschließen. Im Fall stofflicher Netze (Fischernetze), von denen der Begriff stammt, sind die Stränge materiell. Die zwischen den Strängen verbleibenden Zwischenräume sind materielos. Im Falle von Siedlungs- und Straßennetzen verhält es sich umgekehrt: Die Straßen sind oberhalb ihres Bettes materielos, die Zwischenräume mit Nutzungen und Gebäuden gefüllt oder zumindest füllbar. Netze sind in diesem Fall also Kommunikationskanäle. Es kommt bei Netzen topologisch nicht auf die Form, sondern auf die Eigenschaften der Verknüpfung an. Es kommt auch nicht darauf an, ob die Stränge parallel, gerade oder gekrümmt verlaufen. Diese Unterschiede sind zwar bedeutsam für die Wirkung von Straßen, nicht aber für die grundlegenden Eigenschaften. Prinzipiell beeinflussen in beiden Fällen die Abstände und die Dimensionen der Stränge die Eigenschaften der Netze in ähnlicher Weise: Dichte Anordnungen führen zu festen, stabilen und kaum noch verdichtbaren Netzen, größere, lockere Anordnungen definieren die Zwischenräume weniger stark und lassen Spielräume für zusätzliche Unterteilungen.

B. ZUR THEORIE VON NETZEN

Stadtstrukturen als interdependente Austauschsysteme

Die arbeitsteilig lokalisierten Standorte im urbanen und regionalen Raum kommunizieren miteinander durch Flüsse von Informationen, Personen und Material. Austauschbeziehungen spielen sich, abgesehen von den elektronischen Netzen, meistens auf den Verkehrswegen, in der Stadt zumeist auf den Straßen, ab. Das Erschließungssystem der Straßen und Wege ist daher das räumliche Organisationsgerüst für diese Beziehungen. Nutzungen ohne Anschluß sind letztlich nicht möglich. Auch noch so entlegene oder unbedeutende Nutzungen bedürfen eines Minimums - wenn auch noch so geringer - Verbindungsbrücken zu dem Kommunikationssystem der Stadt. Analogien mit den kapillaren Transportbahnen in Organismen sind zutreffend. Topologisch handelt es sich um ein lineares Verbindungssystem, an das das gesamte Nutzungsgefüge des städtischen Organismus angeschlossen ist. Betrachtet man die Funktion dieser linearen Systeme, so zerfällt sie in mehrere Dimensionen: die lineare Dimension, die Netzbildung, die Netzgeometrie und die Netzhierarchie.

Lineare Organisation

Die universale Dimension des Linearen ist die Zuordnung von Raumpunkten, Parzellen und Blöcken zu einer Verbindungslinie. Sämtliche Elemente, die an diese Linie angeschlossen sind, werden dadurch untereinander verbunden. Durch einen einzigen Bewegungsvorgang auf dieser Linie können alle diese Elemente erreicht werden. Die lineare Reihung ist daher ein System der rationellen Addition von Nutzungen und ihrer gleichzeitigen Verbindung. Die Addition kann kontinuierlich oder diskontinuierlich sein. Die mit der Linearität verbundenen Eigenschaften der Reihung sind unabhängig davon, ob es sich um gerade oder gekrümmte Linienformen handelt (Abb.6.1).

Linien können Teile größerer Linienzüge sein. Dadurch erhöht sich die Menge der mit einem Bewegungsvorgang erreichbaren Nutzungen. Es erhöht sich auch die Bedeutung des einzelnen Abschnittes, weil er Teil eines räumlich weiteren Zusammenhangs wird. Es gilt ferner, daß die Bewegung entlang einer Linie, an der Nutzungen gereiht sind, Informationen über die entlang der Verbindung aufgereihten Nutzungen vermittelt, soweit diese durch bestimmte charakteristische äußerliche Eigenschaften oder durch gerichtete Informationsangebote wahrnehmbar sind (Abb.5.2).

Netzorganisation

Obwohl viele Bewegungsvorgänge ohne Richtungseinschränkungen durchgeführt werden könnten, wie z.B. Gehen, Schwimmen, Fahren, Fliegen, bilden sich häufig bestimmte Kanäle aus, in denen diese bevorzugt stattfinden[2]. Der Verbund zwischend den Kanälen oder Strängen entsteht aber nur dann, wenn an den Kreuzungspunkten zweier Richtungen Beziehungen in mindestens eine andere Richtung aufgenommen werden können. Sind solche Kreuzungen ohne Verbindung ausgestattet, handelt es sich nur um eine Überlagerung, also um kein Netz. Nur durch Kreuzungen (Knoten) mehrerer linearer Elemente entstehen also Netze. Lage, Form und Kapazität der Knoten bestimmen - zusammen mit der Kapazität der Linien - die Eigenschaften der Netze.

Zusätzlich ergeben sich bei jeder Netzbildung besondere Zonen. Diese definieren sich durch die Grenzen des Netzes. Es entstehen Netzknoten und Flächen, die durch ihre Lage im Zentrum oder an der Peripherie des Netzes besondere Lageeigenschaften erhalten.

Hierarchien

Nachdem sich Netze über eine Mindestgröße entwickelt haben, erhalten auch bestimmte lineare Verbindungen hierarchische Eigenschaften. Es sind jene Elemente, die durch ihre Lage in der Netzgeometrie besonders viele andere lineare Elemente anbinden und die eine Verbindungsfunktion zu wichtigen Teilbereichen des inneren Raumgefüges oder des Umlandes herstellen. Dies sind die Durchgangsstraßen, Hauptstraßen, die Radialen oder Ausfallstraßen und die innerörtlichen Verbindungsstraßen. Mit der Zeit bildet sich eine abgestufte Hierarchie der linearen Systeme aus den Funktionen der Regions-, Stadt- und Quartiersverbindungen heraus. Hierarchisierung ist daher ein Merkmal des Differenzierungs- und Reifegrades vernetzter Systeme[3]. Hierarchien in Netzen können durch Lage, Führung und Breite der Straßen hergestellt werden. Die Netzbeispiele in Abbildung 6.3 b, c,d und f zeigen Mittel der Hierarchisierung durch Doppelstraßen. Hier wird das Mittel der Breite genutzt. In Abbildung 6.2 i wird das Mittel der Führung zur Hierarchisierung des Mittenfeldes genutzt.

Stabilität von Netzen

Netze sind, wenn sie sich einmal gebildet haben und durch Nutzungen an ihren Rändern und in den erschlossenen Zwischenflächen verfestigt sind, nahezu ultrastabil. Es ist für Gesellschaften nur in Sonderfällen und unter sehr großem organisatorischem und finanziellem Aufwand möglich, an den grundlegenden Eigenschaften vernetzter Strukturen etwas zu ändern. Ursache dieser Stabilität sind die Auswirkungen, die Änderungen auf die Netzstruktur selbst und auf die angrenzenden Nutzungen haben. Bei vollständigen regelmäßigen Netzen werden Veränderungen durch

Abb. 6.1 Prinzip der linearen Addition von Nutzungen am Beispiel von Łodz 1853

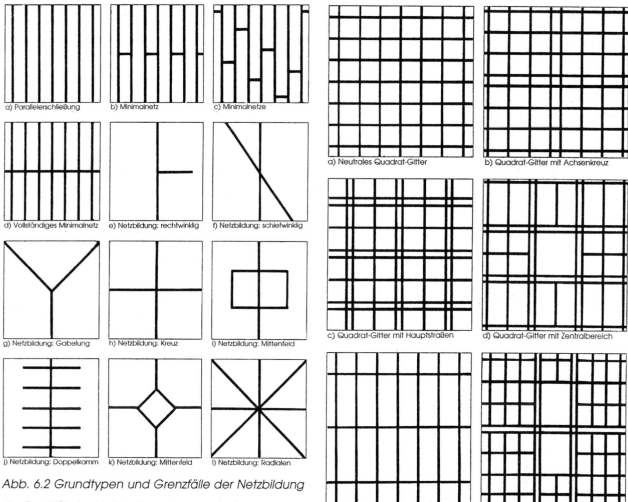

a) Parallelerschließung   b) Minimalnetz   c) Minimalnetze

d) Vollständiges Minimalnetz   e) Netzbildung: rechtwinklig   f) Netzbildung: schiefwinklig

g) Netzbildung: Gabelung   h) Netzbildung: Kreuz   i) Netzbildung: Mittenfeld

j) Netzbildung: Doppelkamm   k) Netzbildung: Mittenfeld   l) Netzbildung: Radialen

Abb. 6.2 Grundtypen und Grenzfälle der Netzbildung

a) Neutrales Quadrat-Gitter   b) Quadrat-Gitter mit Achsenkreuz

c) Quadrat-Gitter mit Hauptstraßen   d) Quadrat-Gitter mit Zentralbereich

e) Rechteck-Gitter   f) Rechteck-Gitter mit Zentralbereich

Abb. 6.3 Vollständige rechtwinklige Netze

die Qualität der Netzlogik und der Maßstäbe der Netze stark eingeschränkt. Häufig entstehen Änderungswünsche aus Gründen von Kapazitätsengpässen an Knoten. Auch Änderungen von Knoten wirken auf den Charakter und die Gestaltwirkung des Gefüges zurück. Dem - oft nur kurzfristigen - Gewinn an Kapazität stehen deshalb häufig dauernde Gestaltverluste gegenüber. Aus der Abwägung dieser Problematik unterbleiben daher häufig Korrekturen.

Umwegfaktoren in Netzen
Ein wesentlicher Aspekt ist die zeitsparende Verknüpfung der Nutzungen. Wir können daher in der Langzeitbeobachtung von Netzentwicklungen sehen, daß immer wieder Netzergänzungen entstehen, die Umwege vermindern, Engpässe umgehen oder neue Ziele an bestehende Netze anbinden. Für den Zeitaufwand zur Erreichung eines Zieles ist eine Kombination der im Netz zurückzulegenden Entfernung und der Bewegungsgeschwindigkeit im Netz bestimmend. Mit der Netzgeometrie sind die Wegelängen innerhalb der Netze praktisch festgelegt. Rechtwinklige Netze haben einen Umwegfaktor von 1,4. Durch die Einführung von Diagonalen in großen Netzen können daher bis zu 40% des Wegeaufwandes von der Peripherie zum Mittelpunkt eingespart werden. Die Umwegfaktoren in Dreiecks- oder Vielecksnetzen sind geringer. Dennoch haben sich reine Dreiecksnetze wegen der damit verbundenen Nachteile rationeller Flächenaufteilung nicht durchgesetzt. Neben der Erreichbarkeit haben

lokale Netze offenbar die zweite wichtige Funktion der Parzellenerschließung, und hier zeigen sie erkennbare Nachteile. Mischformen von rechtwinkligen oder unregelmäßigen Netzen mit einzelnen Diagonalen sind dagegen häufig. Ein prominentes Beispiel sind die Boulevards Haußmanns in Paris. Anders sieht es bei großräumigen Netzen (Flugnetze, Bahnnetze) aus, die häufiger aus Diagonal- und Dreiecksnetze bestehen.

C. TYPEN VON NETZEN

Wir können vollständige und unvollständige Netze unterscheiden. Vollständige Netze teilen den zu organisierenden Raum ohne Restflächen vollständig auf, unvollständige Netze belassen Teile ohne Anschluß. Zu den ersteren gehören die Netze geplanter Städte und Siedlungen, zu den letzteren gehören alle ohne Vorstellung eines Endzustandes gewachsenen Netze, wie zum Beispiel Gabelungsnetze.
Vollständige Netze bilden ähnliche oder gleiche, sich wiederholende Teilungen, die sich leicht einprägen und die Flächen ohne Restflächen aufteilen können. Durch die Kontinuität der Linien - oder Straßen - werden alle angeschlossenen Flächen mit allen anderen verbunden; es entsteht eine Struktur mit gleichförmigen Eigenschaften, sowohl was die Linienzüge der

Netze als auch die umschlossenen Flächen betrifft. In Siedlungsnetzen verbinden sich dadurch die Vorzüge der linearen Reihung mit den Vorteilen einer flächigen Anbindung von Nutzungen. Aufgrund der Durchgängigkeit des gesamten Systems kann auf jeder Straße ein ununterbrochener Bewegungsvorgang stattfinden: z.B. auf allen Straßen parallel zueinander. Die an den Flächen angeordneten Nutzungen sind mit einem immer ähnlichen Umwegfaktor zu erreichen, es gibt daher stets mehrere Wege, um einen bestimmten Quadranten zu erreichen.

Netze ohne Diagonalen besitzen keine geometrisch definierte Mittenzone. Sie sind, außer durch Lagebedingungen, die sich durch äußere Grenzen und innere Entfernungen ergeben, offen für die Anordnung von Nutzungen.

Zu unterscheiden sind großräumige und kleinräumige Netze. Bei großräumigen Netzen im regionalen und nationalen Maßstab kommt es vorwiegend auf die günstige Anbindung großer Territorien untereinander an. Hier spielen weniger Geometrien als günstige Linienzüge eine Rolle, mit denen ganz verschiedene Territorien erreichbar sein sollen. Wesentlich ist die Erschließung eines bestimmten Aktivitätspunktes des Territoriums. Es kommt nicht so sehr darauf an, wie die übrigen Flächen angeschlossen sind und ob unangeschlossene Restflächen verbleiben. Bei kleinräumigen Netzen hingegen geht es, zumindest bei zunehmender Ausnutzung, um eine möglichst vollständige Anbindung aller Teilflächen einer Stadt an die mit dem Netz gegebenen Austauschbeziehungen der Grundstücke untereinander.

Grundformen

Zur Verdeutlichung sollen am Anfang einige Grenzfälle stehen. Das in Abb.6.2 a gezeigte System besteht aus unverbundenen Parallelstraßen. Es handelt sich offensichtlich nicht um ein Netz. Erst wenn diese durch - noch so kleine - Querverbindungen in eine Beziehung zueinander gebracht werden, beginnt eine Vernetzung der Parallelen (6.2 b-d). Solche Parallelstraßennetze mit wenigen untergeordneten Querverbindungen kommen historisch in Städten auf Bergkuppen oder bei großen, linear ausgerichteten Industrieanlagen vor. Sie treten auch in Tallagen und bei Verbindungen zweier Siedlungsbereiche über Flüsse hinweg auf. Die kleinstmögliche Form eines Netzes sind Gabelungen, Abzweigungen und Kreuzungen. Die Abbildungen e-l zeigen Grundformen räumlicher Ansätze zur Netzbildung.

1. VOLLSTÄNDIGE NETZE

a. Vollständige rechtwinklige Netze

Rechtwinklige Raster haben den Vorzug einer richtungsneutralen Landaufteilung. Variationsmöglichkeiten bestehen in der Größe der Raster und in der Hierarchie der Straßenräume. Abb. 6.3 zeigt mehrere Formen rechtwinklicher Rasteraufteilungen. Das völlig neutrale Raster als Grenzfall wird im Beispiel b durch größere Straßen auf eine Mittenzone hin hierarchisiert (Beispiel: Römische Colonia mit Cardo und Decumanus). Beispiel c zeigt einen Wechsel breiterer und schmalerer Straßen, wodurch bereits eine "Produktion"

unterschiedlicher Standorte beginnt. Bei der Aussparung einer Fläche als Marktplatz oder für zentrale Gebäude erfolgt eine starke Zentrierung. Beispiel e zeigt ein Netz mit länglichen Rechtecken, die die Zahl der Kreuzungen in einer Richtung mindern und günstigere Blocktypen ergeben. Beispiel f schließlich zeigt die weitere Differenzierung eines Netzes in Straßen mit drei Hierarchiestufen und damit verbunden die Vorgabe von Bauzonen mit drei unterschiedlichen Graden von Öffentlichkeit. Abbildung 6.4 zeigt Beispiele regelmäßiger Netze mit Breiten- und Lagehierarchien. Vollständige rechtwinklige Netze wurden besonders häufig bei der Aufteilung landwirtschaftlicher Flächen angewandt, weil sie der Technik der linearen Bearbeitung entgegen kamen. Beispiele rationeller Bodenaufteilung dieser Form finden wir vor allem in den großen ebenen landwirtschaftlichen Produktionszonen, wie in Norddeutschland, entlang großer Flußtäler oder in der Po-Ebene Norditaliens (Abb. 6.5a).

Stärken regelmäßiger Netze

Das rechtwinklige Netz ist der häufigste Typ von Netzen geplanter Städte. Ursache ist die rationelle Teilung der Flächen, die sich addieren, zusammenlegen und wieder teilen lassen, ohne daß Restflächen übrig bleiben. Schon in den ältesten bekannten Städten (wie z.B. in Mohenjo Daro, in Ägypten und Mesopotamien) finden wir rechtwinklige Netze und die rechtwinklige Addition von Gebäuden. Die ägyptische Hieroglyphe für Stadt zeigt ein Kreuz in einem runden Kreis: go schlossener Bereich und Mittelachse. Das Kreuz verweist auf die innere Organisation und auf den Austausch mit der Umwelt. Für Hyppodamos kam im Gitternetz die "Rationalität zivilisierten Verhaltens zum Ausdruck" (Sennet, 1991, S. 70). Planstädte weisen fast immer rechtwinklige Netze auf, z.B. die Planstädte des Mittelalters, die Kolonialstädte in Nordamerika. In Südamerika galt über 300 Jahre der Erlaß des Königs von Spanien von 1573, wonach Städte regelmäßig anzulegen waren (Sennet, 1991, S. 72f). Aber auch moderne Stadtgründungen wie Brasilia, Milton Keynes in England oder die amerikanisch beeinflußte Planung für Rhiadh bauen auf dem Straßenraster als Grundprinzip der Raumorganisation auf. Ein großer Vorteil rechtwinkliger Netze besteht auch darin, daß spätere Erweiterungen durch Fortführung einfach möglich sind.

Schwächen regelmäßiger Netze

Das regelmäßige rechtwinklige Netz erscheint schlüssig für die Raumorganisation in einer Ebene ohne topographische Besonderheiten. Aber noch nicht einmal dann ist es nur vorteilhaft. Denn die gleichen Abstände erzeugen auch monotone Eigenschaften. Schon aus Gründen der unterschiedlichen Raumansprüche von verschiedenen Nutzungen und des Abwechslungsreichtums einer Struktur ist die gleichförmige Teilung nur scheinbar rational. Gibt es im Gelände Flüsse, Seen, erhaltenswerte Naturareale, eine bewegte Topographie, dann sind solche Netze wenig angebracht. Die scheinbare Logik der rationellen Bodenaufteilung scheint aber so stark zu sein, daß sie sich immer wieder über entgegenstehende "Störungen" hinwegsetzt. Bekannte Beispiele sind Netze, die ohne Rücksicht über die Topographie gelegt wurden, wie

ABB. 6.4 BEISPIELE REGELMÄSSIGER RECHTWINKLIGER NETZE

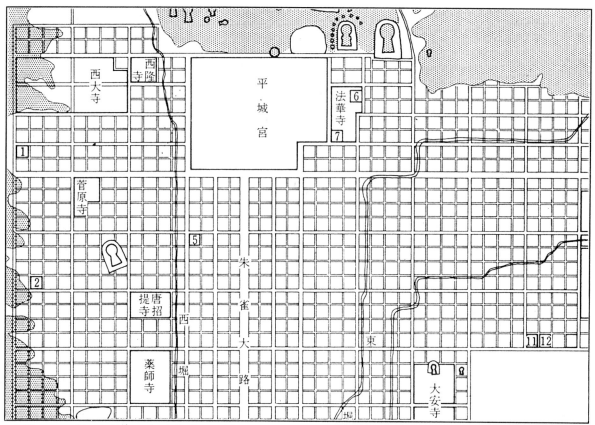

a) Plan von Nara (Japan), 6.-8. Jh. n. Chr.
(Benevolo 1975, S.81)

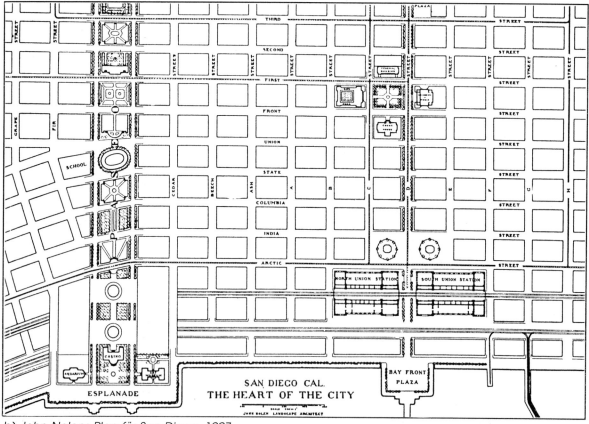

b) John Nolens Plan für San Diego, 1907
(Scott 1969, S.79)

ABB. 6.5 VOLLSTÄNDIGE RECHTWINKLIGE NETZE

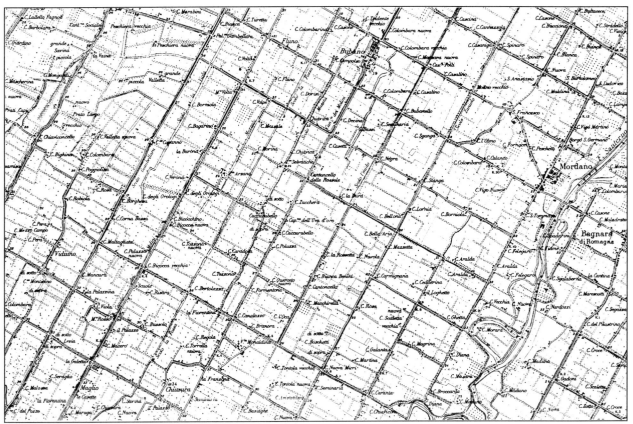

a) *Römisches Gitternetz in der Po-Ebene (bei Imola)*

(Benevolo 1983, S.251)

b) *Netz und Topographie: San Francisco*

(Moudon 1986, S. 2)

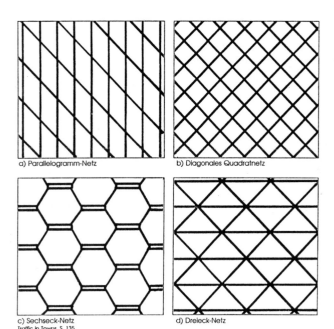

a) Parallelogramm-Netz

b) Diagonales Quadratnetz

c) Sechseck-Netz
Traffic in Towns, S. 135

d) Dreieck-Netz

Abb. 6.6 Vollständige schiefwinklige Netze

z.B. in San Francisco (Abb.6.5b), im Bairro Alto in Lissabon (hier ist die Erschließung der Gebäude an den "Hängen" teilweise nur über Treppen möglich, die die im Tal und auf dem Grat verlaufenden Straßen verbinden). Das Raster setzte sich bei vielen Planungen für Kolonialstädte und denen des 19. Jahrhunderts über Flüsse, Feuchtgebiete und über alle natürlichen Bedingungen hinweg, die natürlich unregelmäßig im Raum auftreten und die ihm Individualität verleihen. Hier gerät offensichtlich das ökonomische System der Bodenverwertung in einen grundlegenden Gegensatz zur Natur. Sennet (1991) hat dies in einer kritischen Auseinandersetzung mit den Folgen des Gitters so beschrieben: "In diesem Sinne kann das Gitter als eine Waffe begriffen werden, die sich gegen eine durch besondere Merkmale charakterisierte Umwelt anwenden läßt - zunächst einmal gegen die charakteristischen Besonderheiten der Geographie. In Städten wie Chicago wurde das Gitter über ein unregelmäßiges Terrain gelegt, die rechteckigen Blocks löschten die natürliche Umgebung aus und dehnten sich aus, ohne auf Erhebungen, Flüsse, Waldungen, die im Wege waren, Rücksicht zu nehmen.Die rücksichtslose Durchsetzung des Gitters machte es nicht selten erforderlich, vernünftige Erwägungen hintanzustellen" (S.76). Sennet bringt das Gitter, so wie es in Amerika rücksichtslos angewandt wurde, in einen Zusammenhang mit der protestantischen Ethik Max Webers. Er sieht aus der daraus resultierenden instrumentellen Beziehung zur Welt das Gitter als Werkzeug des ökonomischen Konkurrenzkampfes, "auf dem man spielen konnte, wie auf einem Schachbrett. Es bildete einen neutralisierten Raum und seine Neutralität wurde dadurch begründet, daß der Umwelt jeder Eigenwert abgesprochen wurde" (S. 80).

b. Vollständige schiefwinklige Netze

Regelmäßige schiefwinklige Netze kommen in der Realität wegen ihrer ungünstigen Ecken sehr selten vor. Parallelogrammnetze eignen sich für die Erschließung von Hängen (6.6a). Die Diagonalstellung eines

Rasternetzes zu erschließenden Randstraßen (Abb. 6.6b) führt zu unabgeschlossenen Kanten und wird daher vermieden. Die gleichen Nachteile haben Dreiecksnetze oder Netze aus noch komplizierteren geometrischen Figuren. Ein seltener Fall ist das Sechseck-Netz für Detroit im Plan von Woodward. Schiefwinklige Netze wurden nur in Sonderfällen als Füllstücke innerhalb anderer Ordnungen (z.B. bei Teilen der Kölner Neustadt) oder als zusätzliche Ordnung über das rechtwinklige Netz gelegt (Washington), oder aber als Überlagerung einer schon bestehenden Stadtstruktur (Paris) verwandt. In den 50er Jahren propagierte Reichow in seinem Buch "Autogerechte Stadt" den Ersatz der Kreuzung durch Gabelungen, was im Kern zu Dreieck-Netzen geführt hätte. In den 60er Jahren wurde im Zusammenhang mit der Suche nach einer für das Auto geeigneteren Netzgeometrie (Traffic in Towns, 1963) das Sechseck-Netz erneut vorgeschlagen (Abb.6.6c). Es wurde in Deutschland bei der Konzeption Eggelings für die Neue Stadt Wulfen als übergeordnetes Straßennetz angewandt. Auch für Canberra (Abb.6.7) wurde ein solches Netz angewandt. Obwohl Dreiecks- oder Sechsecksnetze das Umwegproblem günstiger als das Rechtecknetz lösen, werden sie wegen der Schwierigkeiten auf der Parzellenebene, auf der sich eine rechtwinklige Packungsgeometrie von Nutzflächen und Bauten durchgesetzt hat, wenig angewandt. Offenbar bestimmt also letztlich die Nutzungslogik der Parzelle die Geometrie der Netze mit.

c. Vollständige rechtwinklige Netze mit Diagonalen

Rechtwinklige und schiefwinklige Netze ohne Hierarchisierung haben den Nachteil einer unzureichenden Mittenausprägung. Zu viele gleichrangige Straßen verteilen zwar Verkehrsmengen gleichmäßig, erschweren aber auch die Orientierung und die Nutzungsordnung.

Deshalb begann schon im 18. und 19. Jahrhundert bei Gründungsstädten die Einführung von Diagonalen und Ringen, um räumlich privilegierte Mittenzonen zu erzeugen. Beispiele hierfür sind Karlsruhe, Barcelona und Philadelphia. Die in Abbildung 6.8 dargestellten Netzschemata zeigen einige Grundformen solcher Korrekturen: Das Beispiel a) mit einer einzigen Durchschneidung finden wir in New York; Beispiel d entspricht dem Plan für Indianapolis. Die Führung der Diagonalen durch die Mitte schafft dort eine absolute Verkehrskonzentration. Deshalb werden meist die in den Beispielen c und d gezeigten Lösungen eines um die Mitte herumgeleiteten Durchgangsverkehrs gewählt. Richtungsneutralere Lösungen entstehen bei der Einfügung eines Verteilerkreises um die Mittenzone (Beispiel e + f). Reale Beispiele zeigt Abbildung 6.9. Burnham und Bennet versuchten in Chicago, die Erreichbarkeitsmängel des orthogonalen Netzes durch den gezielten und formal anspruchsvollen Einbau eines Ringes und mehrerer Diagonalen zu lösen (6.10a). Während formal so anspruchsvolle Ringe wie in Chicago nachträglich selten realisierbar sind, können beim Verzicht auf geometrische Lösungen in wachsenden Netzen Diagonalen und Ringe, wie im Netz von Mailand (Abb. 6.10b) aus dem Jahre 1934, immerhin entwickelt werden. Dieses Beispiel zeigt gut, wie

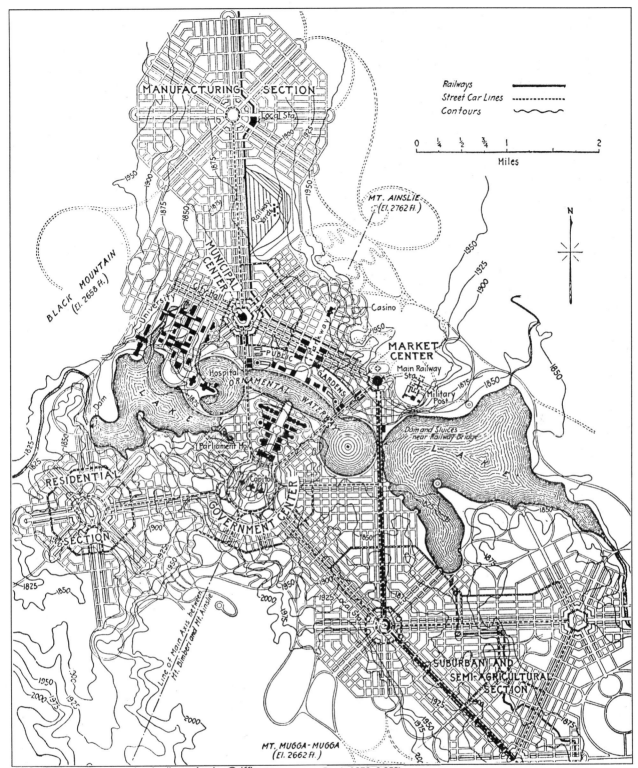

Abb. 6.7 Canberra - Australien. Arch. Griffin (Hegemann, Peets 1972, S.250)

kompliziert sich Netze aus gewachsenen und formal unterschiedlich konzipierten Teileinheiten gestalten.

d. Vollständige unregelmäßige Netze (Abb.6.11)

In der Rationalität der Flächenausnutzung stehen unregelmäßige Netze den regelmäßigen nur wenig nach. Zwar sind gekrümmte Straßen etwas schwieriger anzubauen, aber die Krümmung läßt sich in Abschnitte von Geraden zerlegen. Die Vorteile unregelmäßiger Netze liegen in der leichteren Anpaßbarkeit an Beson-

derheiten des Geländes, an Besitzgrenzen sowie an vorhandene Bebauungen.

Unregelmäßige Netze können etwas unübersichtlicher sein, sie bilden dafür aber abwechslungsreichere Stadtquartiere und Straßenräume. Dieser Netztyp kommt in zwei Grundformen vor: Unregelmäßigkeiten, die durchgehend vorkommen (echte unregelmäßige Netze) und Unregelmäßigkeiten, die in Kombination mit regelmäßigen Teilen vorkommen - wie beim Netz von Mailand (Abb. 6.10b). Ein Beispiel eines überwie-

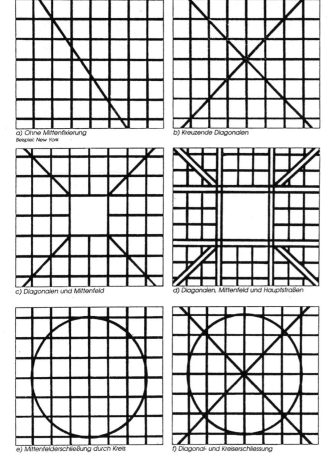

a) Ohne Mittenfixierung
Beispiel: New York

b) Kreuzende Diagonalen

c) Diagonalen und Mittenfeld

d) Diagonalen, Mittenfeld und Hauptstraßen

e) Mittenfelderschließung durch Kreis

f) Diagonal- und Kreiserschliessung

Abb. 6.8 Netze mit diagonaler Mittenfelderschließung

gend unregelmäßigen Netzes haben wir schon im vorigen Kapitel mit dem Kölner Stadtgrundriß gezeigt (Abb. 5.9 + 5-10).

2. UNVOLLSTÄNDIGE NETZE

Erschließungssysteme, die auf dem Prinzip der Verästelung, der Stichstraßen und des Kammprinzips aufbauen, sind von ihrer Anlage her nicht auf eine vollständige Raumausfüllung angelegt. Ihre Form entsteht aus der Verbindung schon vorhandener Nutzungen im Raum, die sich voneinander unabhängig und ohne geometrische Ordnungsvorgaben entwickeln (näheres hierzu im Abschnitt "Bereiche" dieses Kapitels). Aus dieser Situation heraus entstehen Netze, die nur soweit in den Raum vorstoßen, wie es die angebundenen Nutzungen erfordern. Genügt die Erschließung den Anforderungen, endet die Netzbildung. Solche Netze gehen also nicht davon aus, eine gegebene Gesamtfläche rational aufzuteilen und den verschiedenen Nutzungen eine bestimmte Flächenteilung vorzugeben - die für manche Nutzungen zu groß oder zu klein sein kann -, sondern von einer eher ungesteuerten, selbsttätigen Entwicklung der Nutzungen im Raum. Die Nutzungen entwickeln ihre Standorte, ihre Form und ihre Flächenausdehnung weitgehend autonom aus ihren Bedürfnissen heraus. Netze dienen nur der Verbindung dieser Nutzungen untereinander und unterliegen keinem geometrischen Formziel. Es kommt nicht auf eine restflächenfreie Aufteilung des Bodens, sondern nur auf eine hinreichende Aufschließung eines

Gebietes an. Die dahinter stehende Planungshaltung könnte lauten: "Für später in die Nutzung einzubeziehende Flächen, die vorerst nicht angeschlossen sind, werden sich zu gegebener Zeit schon angemessene Erschließungen finden lassen." Es ist eine Haltung der kleinen Schritte, der überschaubaren Veränderung, die sich mehr aus aktuellen Notwendigkeiten als aus einem langfristigen Plan herleitet. Unvollständige Netze sind zumindest in der Vergangenheit häufig aus Verknüpfungen isoliert entstandener Bereiche entstanden.

Netze dieser Art sind die häufigeren. Wir finden sie bei jeder Art von dörflicher und selbstbestimmter Ansiedlung, also auch in "Wilden Siedlungen" und bei Städten mit langsamer, über viele Jahrhunderte reichenden Entwicklung. Unregelmäßige und unvollständige Netze sind das logische Prinzip für Siedlungen in schwieriger Topographie, dort also, wo die Rationalität der Erschließung nicht in der Aufteilung einer ebenen Fläche, sondern in der Zuordnung schwierig zu besiedelnder kleinerer Teilflächen zueinander besteht, wo geometrische Prinzipien eher kontraproduktiv wären, weil die natürlichen Bedingungen primär nichtgeometrischer Natur sind. Deshalb finden wir viele solcher Netze bei Siedlungen auf Bergkuppen, in Tälern, in Sumpfgebieten, an Flußmündungen und bei Hafenstädten. Auch Städte, die sich auf der Grundlage von Bodenschätzen entwickelten, bilden Netze aus, die sich aus der zufälligen räumlichen Verteilung der Abbaugebiete ergeben. Das Ruhrgebiet ist hierfür ein markantes Beispiel. Abb. 6.12 zeigt Typen unvollständiger Netze: Verästelungsprinzip a, Sackgassenprinzip b, das Prinzip der arabischen Stadt, c + d unregelmäßiges Stichstraßennetz, Kamm- und Paralellstraßenprinzip. Abbildung 6.13 zeigt Beispiele unvollständiger Netze.

3. ANSCHLUSSPROBLEME VERSCHIEDENER NETZGEOMETRIEN UND NETZMASSTÄBE

Durch die räumliche Ausbreitung der besiedelten Flächen entstehen Anschlußprobleme der neu hinzu kommenden Gebiete an die vorhandenen Netze. Vollständige Netze haben dieses Problem bereits gelöst, weil die Erweiterungen das bestehende Netz lediglich fortzuführen brauchen. Allerdings entstehen bei immer weiterer Fortführung gleichförmiger Netze erhebliche Probleme der Monotonie und der Orientierbarkeit. Diese können zwar durch den Wechsel in der Höhe, der Form und der Architektur der Bebauungen gemildert, nicht aber grundsätzlich beseitigt werden. Lynchs Untersuchungen haben gezeigt, wie schwer die Orientierung in großen Stadträumen ist und wie wichtig einprägsame Bereiche und Elemente sind. Dazu gehören auch Wechsel in der Geometrie und ihrer Richtungen. Sollen Netze nicht unterbrochen werden, müssen also Korrespondenzen an den Grenzen, an denen verschiedene Netze aufeinandertreffen, hergestellt werden. Für Korrespondenzen gibt es folgende Mittel: a) Weiterführung aller oder einiger Straßen; b) Einfügung von Distanzflächen, über die hinweg die Korrespondenz hergestellt werden kann. Diese Funktion haben Gelenkplätze, breite Straßen, Dreiecksplätze oder weiche Distanzzonen. Abbildung 6.14 zeigt Prinzipbeispiele solcher Lösungen: a) Dreiecksplatz als Vermittler zwischen unterschiedlich ge-

ABB. 6.9 BEISPIELE RECHTWINKLIGER NETZE MIT DIAGONALEN

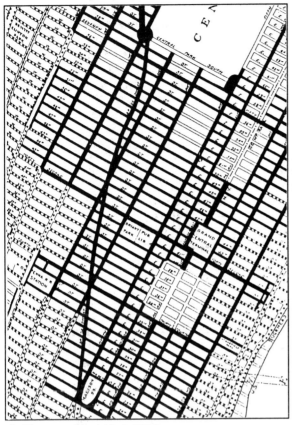

a) Plan von New York 1916
(Scott 1969, S. 157).

b) Plan von Washington (L' Enfant)
(Hegemann/Peets 1972, Abb. 1192)

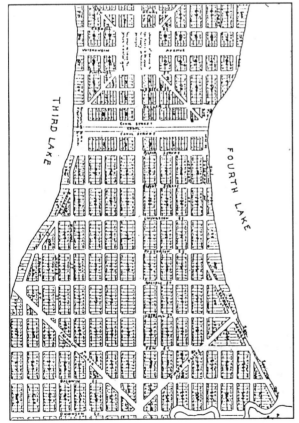

c) Plan von Madison
(Hegemann/Peets 1972, Abb. 252)

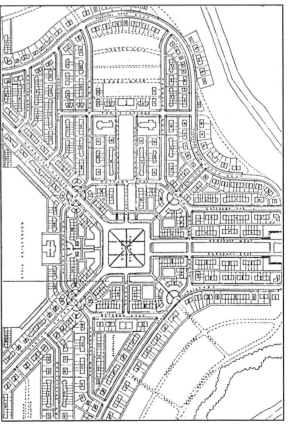

d) Plan von Yorkship Village
(Hegemann/Peets 1972, Abb. 1140)

ABB. 6.10 DIAGONALEN UND RINGE

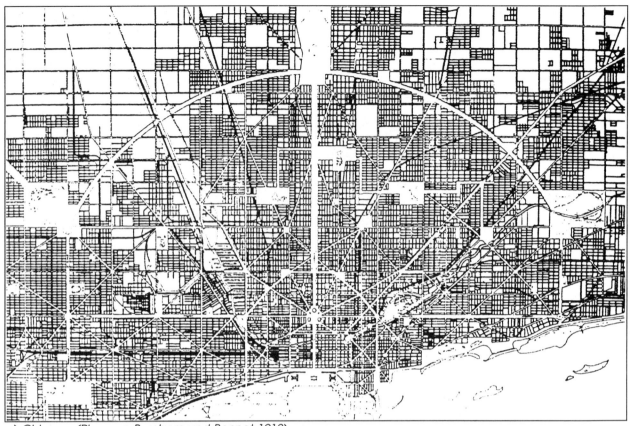

a) Chicago (Plan von Burnham und Bennet 1912)
(Benevolo 1975, Abb. 1305)

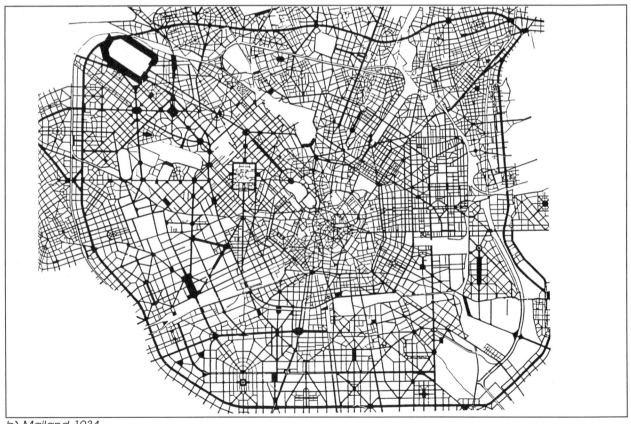

b) Mailand 1934
(Benevolo 1975, Abb. 1225)

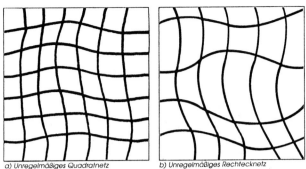

a) Unregelmäßiges Quadratnetz   b) Unregelmäßiges Rechtecknetz

Abb. 6.11 Vollständige unregelmäßige Netze

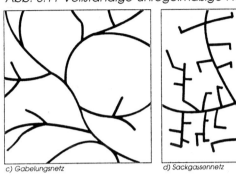

c) Gabelungsnetz   d) Sackgassennetz

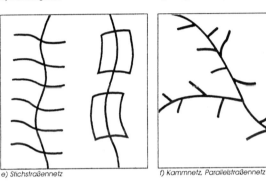

e) Stichstraßennetz   f) Kammnetz, Parallelstraßennetz

Abb. 6.12 Unvollständige unregelmäßige Netze

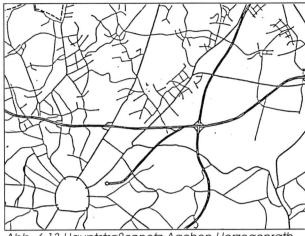

Abb. 6.13 Hauptstraßennetz Aachen-Herzogenrath

richteten und maßstäblichen Netzen, b) breite Straße als Vermittler, c) und d) Übernahme des vielfachen (in diesem Falle des doppelten) Maßstabes der Teilung des vorhandenen älteren Netzes; e) Anpassung an die unregelmäßige Außenform und Fortführung wichtiger Straßen; f) Bildung einer breiten Pufferzone (Boulevard, Grünzone, Wasserfläche) um einen Altstadtkern. Abb. 6.15 zeigt Übergangslösungen am Beispiel von San Francisco und New York, Abbildung 6.16 Lösungen auf einer anderen Maßstabsebene.

4. TRANSFORMATION VON NETZEN
Notwendige Anpassungen innerhalb eines Netztyps können durch kontinuierliche Maßstabs- oder Winkelveränderung, also durch die Beibehaltung des Grundcharakters gelöst werden. Abbildung 6.17 zeigt schematische Lösungen für Winkel-, Richtungs-, Maßstabs- und Formveränderungen.

5. ÜBERLAGERUNGEN VON NETZEN
Regelmäßige Netze bieten sehr viel mehr Möglichkeiten der rationellen Raumerschließung, wenn sie nicht schematisch, sondern differenziert angewendet werden. Viele Grundrisse älterer Städte zeigen, daß jede Zeit durchaus selbstbewußt das jeweils aktuelle Erschließungssystem anwandte und die Winkel- und

Maßstabsunterschiede durch entsprechende Übergänge löste. Für Gebiete mit Beschränkungen für eine gleichförmige Weiterführung eines bestehenden Netzes, aber auch zur Netzdifferenzierung liegt die Überlagerung und Durchdringung verschiedener Netze nahe. Abbildung 6.18 zeigt abstrakte Beispiele und, am Beispiel eines Ausschnittes von Islamabad, eine Einlagerung eines Sackgassennetzes von Wohngebieten in ein Quadratnetz der Autoerschließung.

6. FRAGMENTE
In Städten mit starken Veränderungen in den letzten hundert Jahren, insbesondere in kriegszerstörten Städten, sind oft homogene Netze mehrfach verändert oder durch andersartige Erschließung im Kontinuum unterbrochen worden. Sie zeigen anstelle weniger erkennbarerer Ordnungen eine Fülle ganz unterschiedlicher Netze. Diese kommen als größere Teile, aber auch als inselhafte Fragmente und als Reste früherer größerer Systeme vor. Besonders deutsche Städte bestehen durch die Kriegszerstörungen und durch zahlreiche und wechselnde planerische Eingriffe oft nur noch aus einem "Patchwork" verschiedener Systeme. Meistens gehen damit auch stark unterschiedliche Bebauungen einher. "Patchwork-Systeme" müssen nicht schlechter sein als homogene, weil sie mehr Flexibilität in der Umwandlung der Stadt zulassen. Es ist aber ein gefährlicher Weg, sich ohne Not von vorhandenen stabilen Ordnungen zu entfernen. Das Straßennetz der Stadt Jülich mit seinem Renaissance-Kern und den von verschiedenen Leitbildern beeinflußten äußeren Stadtteilen ist ein solches Beispiel oder die Zweiteilung der Netzcharakteristik, wie die der ältere nördliche und der jüngere südliche -, durch eine Bahnlinie getrennte Teil des Ortes Büttgen, westlich von Düsseldorf, zeigt (Abb. 6.19). Der Vergleich mit der Bebauung zeigt, daß häufig Netzunterschiede durch wechsel der Bauweisen bedingt sind.

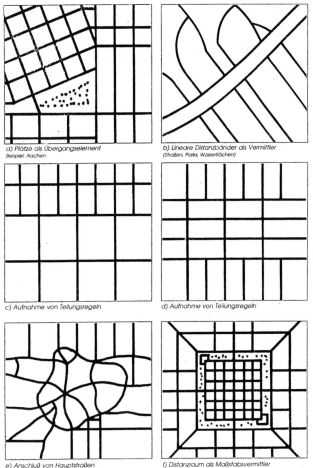

a) Plätze als Übergangselement
Beispiel: Aachen

b) Lineare Distanzbänder als Vermittler
(Straßen, Parks, Wasserflächen)

c) Aufnahme von Teilungsregeln

d) Aufnahme von Teilungsregeln

e) Anschluß von Hauptstraßen

f) Distanzraum als Maßstabsvermittler

Abb. 6.14 Lösung der Anschlußprobleme verschiedener Netzgeometrien

7. NETZE UND WACHSTUM

Weitsichtige Stadtplanung hat immer schon die künftige Erweiterung der Stadt mitbedacht. Heute werden an die Stadtränder formlose Quartiere angefügt. Langfristige Planungen, die auch dem Stadtrand Gestalt geben, sind selten. In der Langfristigkeit des Denkens können wir wieder aus der Geschichte lernen. Wie die Stadt einer Periode formal zu Ende gedacht wurde, die doch für eine spätere Erweiterung klare Vorgaben enthielt, sehen wir an dem Beispiel Krefeld. Vagedes hat mit dem Wallviereck einen äußeren Abschluß und damit zugleich einen Übergangsraum für eine spätere Stadterweiterung geschaffen. Klare Vorgaben gab es auch in vielen Städten der USA für Stadterweiterungen. Aber auch dort wurde es mit zunehmender Suburbanisierung immer schwieriger, dem Stadtrand eine klare Form zu geben. So wird bei weiterem Stadtwachstum, wenn der heutige Stadtrand weiter nach innen gerückt ist, wiederum eine Periode folgen, in der man versuchen wird, die lose verbunden Teile in eine bessere Beziehung zu bringen. Beispiele im Raum von Versailles mit isolierten geometrischen Figuren des 17. und 18. Jahrhunderts zeigt Abbildung 6.20. Wir erkennen deutlich die isolierten Ansätze, die von räumlich weit entfernten Territorien ausgehen und zu einem großen Teil die Anlage von Parks betreffen. Aber das Prinzip wird deutlich: Räumliche Distanz erlaubt individuelle Lösungen, die dem Prinzip der Bereichsbildung entstammen. Mit der Zeit

werden diese dezentralen Bereiche von der wachsenden Stadtregion überformt und integriert. In 6.21 sehen wir am Beispiel San Francisco, wie sich Netze ausbreiten, verbinden und allmählich das gesamte Territorium überdecken. Ein schönes Beispiel des Wachstums und der Inkorporation eines vorher isolierten Randbezirks ist Lima (Abb. 6.22).

6.2 BEREICHE UND TERRITORIEN

Während Netze eher das Nebeneinander und den Austausch von Nutzungen organisieren, sagen sie wenig aus über die Ansprüche der Nutzungen. Man könnte auch sagen, daß Netze den Nutzungen nahezu diktatorisch Räume zuweisen. Würde man stattdessen von den Bedürfnissen einzelner Nutzungen ausgehen, entständen Netze erst als Ergebnis zu einem späteren Zeitpunkt. Im Gegensatz zum Netz wollen wir den Organisationsanspruch aus einer Nutzung heraus mit dem Begriff "Bereich" belegen (Abb. 6.23).

A. DEFINITION

Bereiche bestehen aus einem Kernbereich stationärer Existenzformen, den dafür benötigten Mindestflächen und diesen zugeordneten notwendigen Ergänzungsflächen. Unter Territorien werden darüber hinausgehende Teile der räumlichen Umwelt verstanden, die zwar noch für den Nutzer bedeutsam sind, aber weniger intensiv genutzt werden. Die Grenzen von Territorien sind weniger eindeutig und variabler.

B. BEREICHE ALS PRODUKT INDIVIDUELLER RAUMORGANISATION

Bereiche bilden sich als Ergebnis von Organisationsvorgängen von Lebewesen in und um ihre Behausungen. Wir können beobachten, daß Bereiche aus einem engsten Binnenbereich (Kernbereich) bestehen (Wohnung, Haus, Nest, Höhle) und darum herum angeordneten, für den Behausungsvorgang notwendigen Ergänzungsbereichen (Aufenthaltsflächen, Abfallbereiche, Distanzflächen, Vorrats- und Lagerflächen usw.).

Bereiche bilden sich aufgrund der arten- und kulturspezifischen Organisation stationärer Lebensformen. Bei der räumlichen Ausprägung dieser Organisation spielen eine Fülle von Faktoren eine Rolle, wie z.B. kurze Wege, Abschirmung und Schutzbedürfnisse, Klimakontrolle, Sicherheit, zeitlicher und materieller Aufwand, Verfügbarkeit von Materialien und Techniken, Traditionen oder zeitliche Reihenfolgen, mit denen Umgebungen materiell geformt werden. Bereiche werden in der Regel von innen, von Bedürfnissen des Behausungsvorganges her strukturiert. Bei gleichen Existenzbedingungen besteht daher das zu erwartende Ergebnis in sich wiederholenden individuell geformten Bereichen mit häufig unregelmäßiger Form. Da an den Grenzen konkurrierende Raumansprüche aufeinander treffen, entsteht ein Zwang zu rationeller Raum-

ABB. 6.15 VERBINDUNG VERSCHIEDENER NETZGEOMETRIEN

a) San Francisco
(Moudon 1986, S.24)

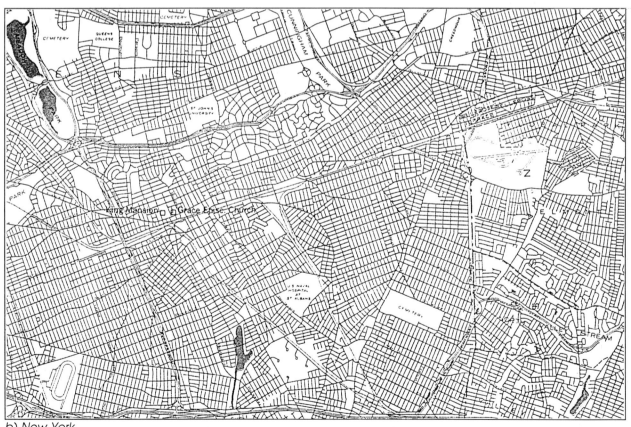

b) New York
(Plan für New York City 1989)

Plan von Forest Hills Gardens, New York, 1930
Scott 1969, S. 91

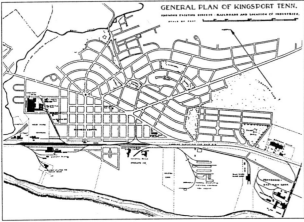

Plan von Kingsport, Tennessee (J. Nolen)
Scott 1969, S. 161

Abb. 6.16 Anschlußprobleme verschiedener Netzgeometrien (Scott 1969, S. 91, 161)

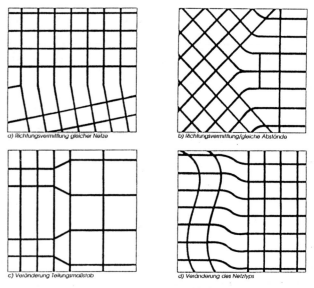

Abb. 6.17 Transformationen von Netzen

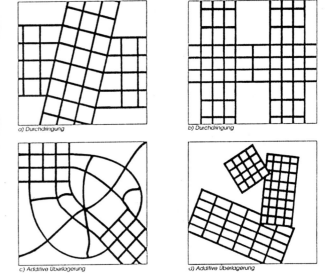

Abb. 6.18 Überlagerung und Durchdringung von Netzen

aufteilung, deren Ergebnis oft an Geraden oder Krümmungen angenäherte Grenzlinien sind. Mit zunehmender Packungsdichte der Bereiche im Raum entstehen daher mit der Zeit als Ergebnis knapper Raumausnutzung fast folgerichtig geometrisch eindeutigere Anordnungen, weil diese am wenigsten Restflächen hinterlassen. In solchen Endstadien können sich die Geometrien von Bereichen denen von Netzen annähern. Im Kern geht aber die Bildung von Bereichen eher von individuellen, nicht geometrisch vorgeformten Raumstrukturierungen aus. Der Normalfall der Bereichsbildung führt daher eher zu einer unregelmäßige Geometrie.

C. BEISPIELE VON BEREICHEN

In Abbildung 6.24 ist schematisch die zunehmende Einengung individueller Bereichsbildung dargestellt. Beispiel a) zeigt eine von Nachbarnutzungen unbehinderte Ausdehnungsmöglichkeit eines Bereichs, wie er für Einzelhöfe oder separierte Baukomplexe üblich ist. Beispiel b entspricht dem Typus einer lockeren Siedlung mit Höfen oder Hausgruppen. Die großen Abstände sind bei solchen Formen häufig durch die großen Parzellen bedingt. Mit zunehmend kleinteiliger Parzellierung rücken die Nutzungen dichter aneinander und haben nur noch geringen seitlichen, dafür

aber noch größeren hinteren Spielraum (c). Bebauungen auf tiefen Parzellen zeigen deshalb oft noch die typische Form individueller Bereichsbildung, die auf eine Richtung begrenzt ist. Werden die Parzellen auch in der Tiefe enger begrenzt, geht der Spielraum entsprechend zurück (d). Einheitliche Parzellen wie in diesem Beispiel schließen zugleich größere Nutzungen aus ganzen Gebieten aus, was bei unregelmäßigen Netzen schon durch die systembedingte Ungleichheit der Parzellengrößen nicht notwendig der Fall ist. Beispiel e zeigt die typischen Großparzellen, die an bestimmten Stellen ungleichmäßiger Netze entstehen und die sich für die Mischung verschiedener Nutzungen eignen. Am wenigsten Spielraum bleibt im Fall f, dem klassischen Block eines regelmäßigen Netzes, wo häufig enge Festlegungen für Bautiefe, Bauform und Nutzung bestehen.

In Abbildung 6.25 sind zwei Beispiele ausgewählt, bei denen das Prinzip der aus dem Zweck der einzelnen

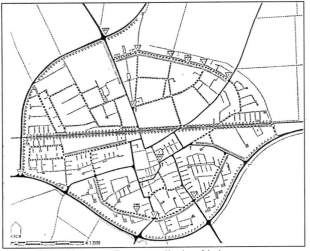

Abb. 6.19 Büttgen: Fragmentiertes Netz

Nutzung entstandenen Anordnung und Form deutlich wird. Dies gilt sowohl für Anordnungsformen in ländlichen Räumen (a). Abbildung 6.25 b zeigt die Anordnung der Baustruktur der Maya-Stadt Mayapan (Mexiko), Distanzbildungen zwischen Gebäuden, die nach dem Prinzip der Bereichsbildung entstanden. Dies gilt auch für Anordnungen, wie sie von griechischen Tempelbezirken, für die Verteilung der Monumente im kaiserlichen Rom oder auch als Organisationsform wilder Siedlungen in der "Dritten Welt" bekannt sind.

Die meisten unregelmäßigen und unvollständigen Netze mit großen Abständen zwischen den Elementen entstammen der Bereichsbildung, so auch die in Abb. 6.12 a-c dargestellten Prinzipien.

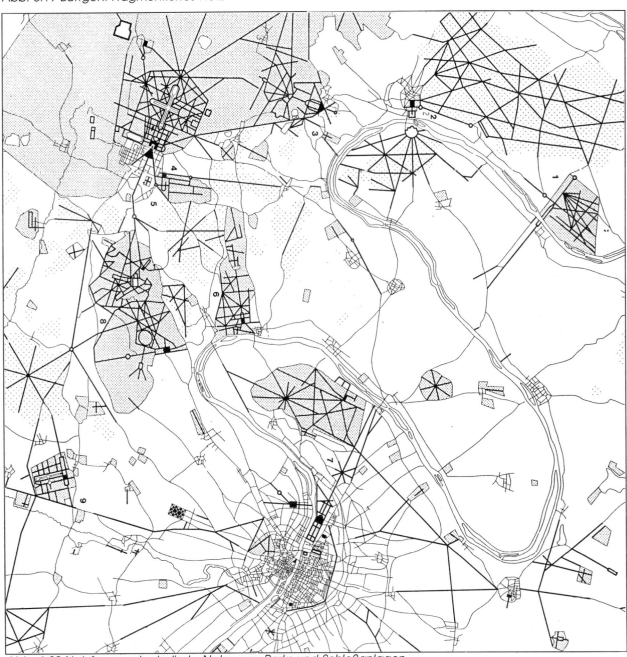

Abb. 6.20 Netzfragmente: isolierte Netze von Parks und Schloßanlagen
(Benevolo 1983, Abb. 1053)

ABB. 6.21 BEISPIELE FÜR NETZE UND WACHSTUM

a) 1853

b) 1870

c) 1900

d) 1920

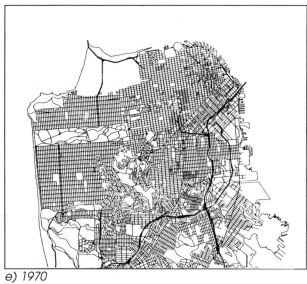

e) 1970

Plan von San Francisco
(Moudon 1986, S. 24)

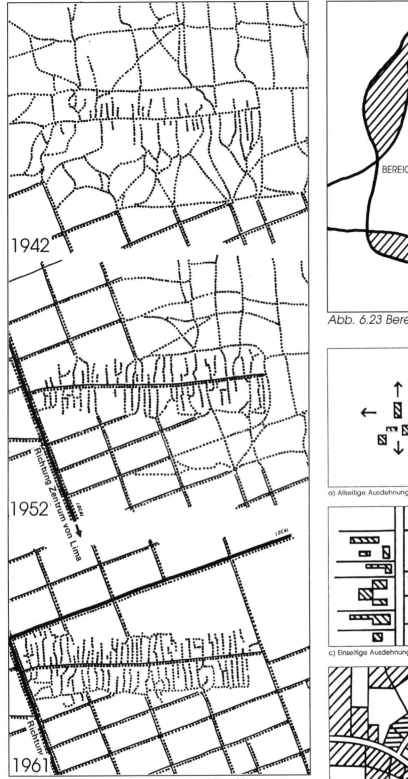

1942

1952

Richtung Zentrum von Lima

LOCAL

LOCAL

1961

Richtung

Abb. 6.22 Inkorporation eines Randbezirkes (Benevolo 1983, Abb. 1631)

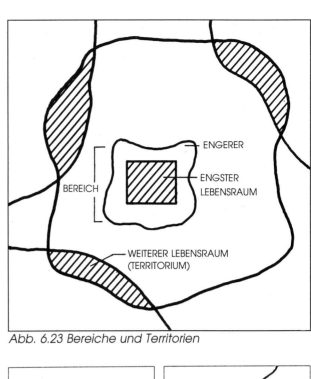

BEREICH

ENGERER

ENGSTER LEBENSRAUM

WEITERER LEBENSRAUM (TERRITORIUM)

Abb. 6.23 Bereiche und Territorien

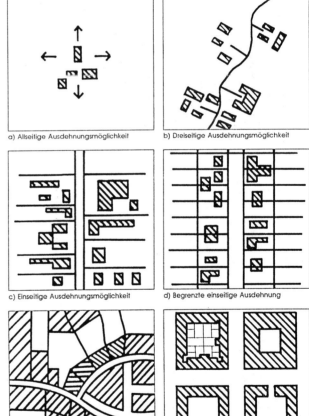

a) Allseitige Ausdehnungsmöglichkeit

b) Dreiseitige Ausdehnungsmöglichkeit

c) Einseitige Ausdehnungsmöglichkeit

d) Begrenzte einseitige Ausdehnung

e) Verschiedene Parzellengrößen + -formen

f) Baublocks mit versch. Spielräumen

Abb. 6.24 Freiheitsgrade der Baukörper in Netzen

D. ÜBERGANGSFORMEN ZWISCHEN BEREI-CHEN UND NETZEN

Wir können also festhalten, daß Netze und Bereiche zwei gegensätzliche Methoden in der Organisation von Raum darstellen. Während Netze, insbesondere regelmäßige, eine planende Instanz mit entsprechen-

den Durchsetzungsbefugnissen voraussetzen, bauen sich Siedlungsstrukturen, die mehr nach dem Prinzip der Bereichsbildung entstanden, aus einer Vielzahl von Vorentscheidungen einzelner, voneinander unabhängiger Akteure auf. Netze solcher Strukturen sind daher

ABB. 6.25 SIEDLUNGSSTRUKTUREN NACH DER BEREICHSBILDUNG

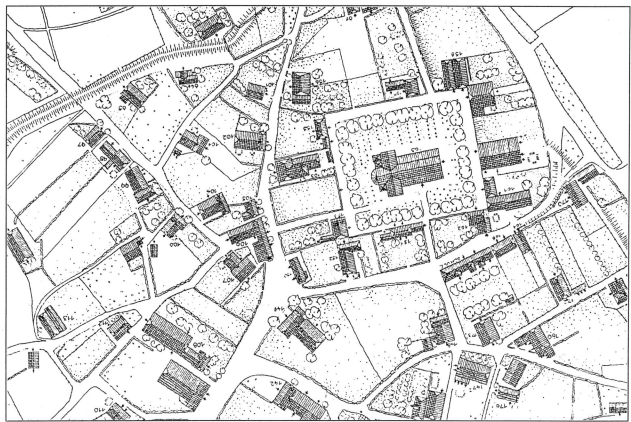

a) Dorfstruktur
(Bendermacher 1971, S.40)

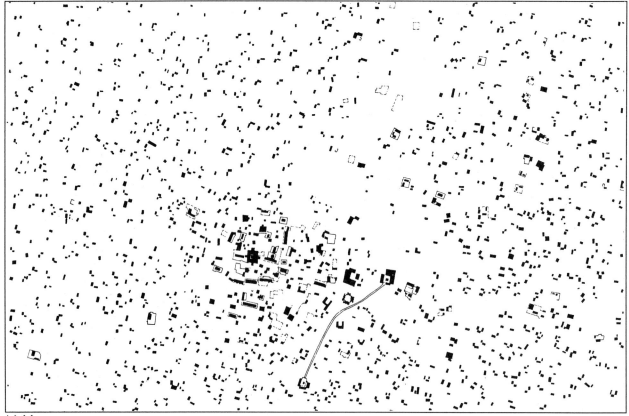

b) Mayapan
(Benevolo 1983, S.988)

ABB. 6.26 KAIRO: NETZ- UND BEBAUUNGSDICHTE
(Goethert 1986, S. 228)

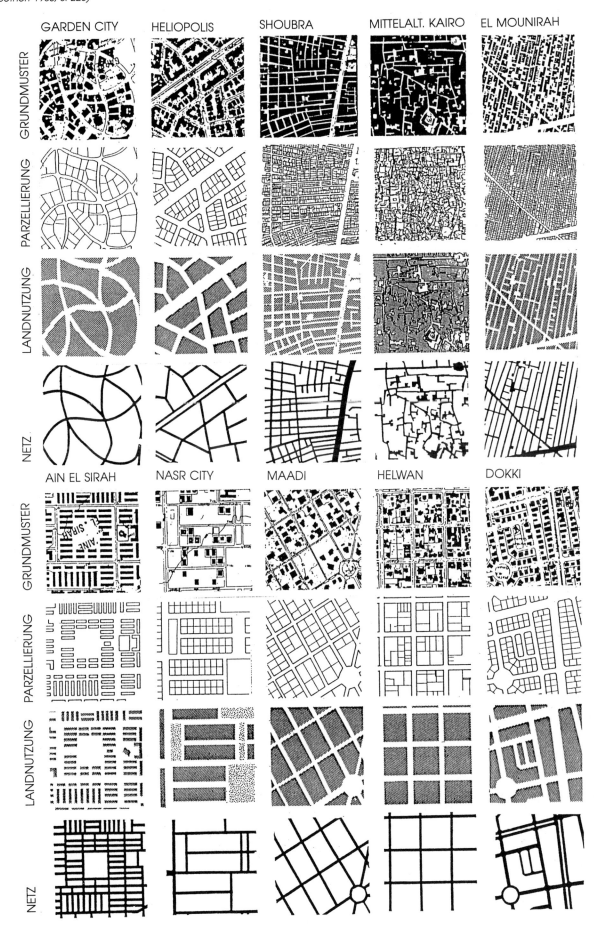

61

eher Ergebnis eines solchen Prozesses und dadurch mit mehr Zufallselementen behaftet als die Plannetze. Beide Methoden sind rational. Während reguläre Netze von einer planerischen Rationalität ausgehen, bilden sich Bereiche aufgrund individueller Rationalität oder aufgrund der Ziele kleinerer Gruppen oder Entscheidungseinheiten. Das Ergebnis kann zwar formal ungeordnet wirken, es entbehrt aber nicht einer deutlichen, stärker von individuellen Bedürfnissen ausgehenden Logik.

Da beide Systeme erkennbare Stärken und Schwächen besitzen, liegt es nahe, eine Verbindung zwischen beiden zu suchen. Diese Verbindung gibt es in der Tat schon lange bei der amerikanischen Gründungsstadt. Hier sind die Netze straff vorgegeben, die Bebauung aber nicht - insbesondere in der Höhe - so streng reglementiert. Ein anderes Prinzip ist die Einfüllung regulärer Netze in die Zwischenräume unregelmäßiger linearer Bereiche - oder umgekehrt, wie bei der Verbindung geplanter Estates und "wilder" Zwischenräume in London. Schließlich bleibt noch als weitere Möglichkeit die Vorgabe von Netzen und die Freigabe der Netzfelder für beliebige Ausfüllungen. Beispiele hiefür sind die Stadterweiterung West in Amsterdam und der Entwurf von Le Corbusier für Chandigarh. Anstelle der Autonomie der Parzelle wird hier eher eine Autonomie der gesamten Blockfläche erkennbar. Nach einer ähnlichen Logik wurden die meisten Wohnungsbauprojekte der Nachkriegszeit geplant, bei denen Erschließungssystem und Bebauungssystem voneinander abgekoppelt wurden. Eine produktive Verbindung beider Systeme wird in folgender Richtung zu suchen sein: Vorgabe großräumig weiterführbarer Netze, die auch den Stadtrand konzeptionell (wenn auch nicht allzu straff) einbeziehen, Regelung der straßenorientierten Bebauung mit dem altbewährten Mittel von Baugrenzen und Baulinien und grobe Regelung von Höhen und Bauweisen, um eine gewisse Ordnung der öffentlichen Räume der Stadt zu erreichen. Offener können dafür die Regelungen für die hinteren Teile der Parzellen und die Innenbereiche großer Blöcke bleiben, die erst nach Bedarf näher festgelegt werden brauchen. Dieses Modell gleicht deutlich den städtebaulichen Instrumenten zu Anfang dieses Jahrhunderts, die eine glücklichere Balance zwischen dem öffentlichen Ordnungsanspruch und der individuellen Verfügbarkeit über die Parzelle gefunden hatten, als unsere überinstrumentalisierten heutigen Verfahren, welche vor allem kleinräumige Bereiche erzeugten, Form und Organisation der Gesamtstadt dabei aber deutlich aus den Augen verloren.

E. NETZSTRUKTUR UND KOSTEN

Mit der Gestalt und dem Maßstab von Netzen sind bereits wesentliche Kosten von Siedlungsstrukturen verbunden. Je geringer die Netzdichte, um so größer sind die Blöcke, desto weniger Fächen sind angeschlossen und um so lockerer ist die Besiedlung. Die Länge der Wege und Straßen eines Netzes sind ein Indikator für den Aufwand der Raumerschließung. Mit der Länge der Straßen sind Anschlußkosten, wie Kosten des Straßenlandes, Baukosten (Leitungen) und Be-

triebskosten (wie Postzustellung, Müllentsorgung, Beleuchtung, Straßenbau- und Unterhaltungskosten) unmittelbar verbunden. Das Verhältnis von Netzlänge zu erschlossenem Bauland kann daher ein Indikator für die langfristige Wirtschaftlichkeit von Netzen sein. Dabei sind allerdings die Standards des Ausbaus mit zu berücksichtigen. Reinhard Goethert (1986) hat in einer Untersuchung für Kairo die Netzdichte unterschiedlicher Siedlungsstrukturen verglichen. Dabei kommt er zu dem Ergebnis, daß es einen engen Zusammenhang zwischen Netzdichte und Einwohnerdichte gibt. Da in dem Vergleich Strukturen aller Epochen und Bauweisen enthalten sind, sind die Ergebnisse bedingt auch auf europäische Netze übertragbar. Die folgenden Abbildungen zeigen, daß der Anteil der öffentlichen Erschließungsflächen in den dichten Vorort- und Altstadtquartieren 12-27%, in den nach westlichen Maßstäben gebauten Vororten jedoch 31-53% beträgt. Der Netzanteil je Hektar erschlossenen Baulandes reicht von 188-224 m in den besseren Vororten bis zu 296-550 m in den dichten Quartieren. Dementsprechend groß ist der Unterschied der angeschlossenen Parzellen. Er reicht von 6 Parzellen je ha in der Gartenstadt bis zu 85 Parzellen je ha in der auf schmalen Ackerparzellen ohne Planung errichteten informellen Siedlung "El Mounirah" (Abb. 6.26).

Der Aspekt der Wirtschaftlichkeit von Netzen kann hier nicht vertieft werden. Es wird aber deutlich, daß es einen Zusammenhang zwischen der Struktur und Dichte von Netzen und ihrer Wirtschaftlichkeit gibt.

LITERATUR

Benevolo, L.: Die Geschichte der Stadt. Frankfurt/New York (Campus) 1983

Bendermacher, J: Dorfformen im Rheinland. Hrsg: Rheinischer Verein für Denkmalpflege und Landschaftsschutz. Neuß 1971

Doxiadis, C. A.: Ecistics. London 1969

Goethert, R.: Kairo - Zur Leistungsfähigkeit inoffizieller Stadtrandentwicklung. Schriftenreihe Politik und Planung, Band 17. Köln 1986

Haggett, P.: Einführung in die kultur- und sozialgeographische Regionalanalyse. Berlin, New York 1973; Englisch: Locational Analysis in Human Geography. 1965-1969 London

Hegemann, W.; Peets, E.: Civic Art. New York 1972

Scott, M.: American City Planning. University of California Berkeley, Los Angeles, London 1969

Lehrstuhl für Städtebau und Landesplanung, RWTH Aachen: Rahmenplanung Büttgen. Verf. Lange, M.; Struppeck, E.; Zangs, R., Aachen 1985

Sennet, R.: Civitas. Die Großstadt und die Kultur des Unterschieds. Frankfurt 1991. (Originalausgabe: The Conscience of the Eye. The Design and Social Life of Cities". New York 1990)

Traffic in Towns. A study of the long term problems of traffic in urban areas. London (HMSO) 1963

7. MORPHOLOGISCHE THEORIEBILDUNG UND DISKUSSION

A. BEGRIFFE

"Morphe" bedeutet Gestalt, Form. Unter "morphogenetisch" werden in der Biologie gestaltbildende Zusammenhänge verstanden. Mit "Morphologie" wird ganz allgemein die Gestalt- und Formenlehre bezeichnet und mit "morphologisch" Sachverhalte, die die äußere Form, die Gestalt betreffen. Unter "Stadtmorphologie" wollen wir hier die zwei- und dreidimensionale Gestalt im Sinne der baulich-physischen Struktur der Stadt verstehen. Die Morphologie der Stadt bildet sich aus den Formen der Netze, den Formen der Blöcke und Gebäuden sowie aus der Integration sonstiger, den Raum formender Elemente: Dies sind z.B. Bahnlinien, Flüsse und Kanäle, große Sondergebäude, innerstädtische Freiflächen und Gebiete mit Sonderstrukturen (z.B. Industriegebiete). Zur Morphologie gehört auch die Topographie und die vertikale Ausprägung.

Im Begriff "Morphologie" eingeschlossen ist der spezifische Zusammenhang der Elemente. Sie bilden die Struktur und die dieser zugrundeliegenden Gesetzmäßigkeiten und ihre Logik. Während die städtischen Netze den Stadtboden für Bebauungen aufschließen, kann man die Bebauungen als Füllungen der von den Netzen belassenen Leerräume verstehen. Diese Füllungen sind einerseits auf die Netze bezogen, haben aber nach innen bestimmte Freiheiten. Wir können, wie schon früher erwähnt, die streng auf die Netze bezogenen Baustrukturen von solchen unterscheiden, die sich von ihnen absondern.

Stadtmorphologie unterscheidet sich vom Stadtbild, weil das Stadtbild nur die öffentlich sichtbaren Teile der Stadt umfaßt, die Stadtmorphologie hingegen aber die Bau- und Freiraumstruktur insgesamt. Gegenstand einer morphologischen Betrachtung von Stadtstrukturen (und der Sinn einer solchen Begrifflichkeit) ist die Betrachtung des gesamten Gefüges in seinem Zusammenhang und in seiner inneren Logik. Diese Logik interessiert hier aber nicht nur im Sinne einer archäologisch-stadthistorischen Forschung, die danach fragt, wie es genau zu einer bestimmten Form und Struktur kam, sondern hier geht es um die Eigenschaften (Qualitäten, Mängel, Stabilität, Homogenität, Heterogenität, Elastizitäten usw.), die ein Strukturgefüge hat. Im Mittelpunkt stehen also Makro- und Mikroeigenschaften der baulichen Struktur der Stadt in ihrem Spannungsverhältnis zur Gegenwart. Wenn man, wie Rodrigues-Lores (1991), das Phänomen Stadt begrifflich aufteilt in "Funktion" und "Gehäuse", dann handelt die Stadtmorphologie ausschließlich vom Gehäuse, und dies aus einem guten Grund: Die baulich verfestigten Teile menschlicher Raumnutzung setzen dynamischen Veränderungen Widerstand entgegen. Sie wandeln sich daher langsamer als der Gebrauch, der in ihnen stattfindet. Ein bauliches Gefüge läßt durch seine Eigenschaften bestimmte Gebrauchsweisen zu und schließt andere aus. Es hat also eine Eigenschaftsstruktur, mit der sich jede lokale Gesellschaft in einem bestimmten Maß abfinden muß, weil sie Änderungen nur bedingt oder zumeist nur in kleinen Schritten durchführen kann.

B. SITUATION

Offenbar fällt es uns allen schwer, zu erkennen und zu akzeptieren, daß der strahlende Mythos, den die Moderne der 20er Jahre für unsere Generation hatte, sich zu einem guten Teil auch aus der Ignoranz gegenüber einer urbanen Stadtkonzeption herleitete. Denn mit der "Moderne" entstand eine Entwicklung, die sich dem Gebäude als dem wesentlichen Träger von Funktionen, von Lebens- und Arbeitsformen zuwandte. Die relativ strengen Randbedingungen für Gebäude, wie sie aus den Vorgaben des Städtebaus des 19. Jahrhunderts folgten, wurden Zug um Zug zurückgedrängt zugunsten einer Optimierung der einzelnen Bauaufgaben. Das Konzept des fließenden - unbestimmten - Zwischenraumes übernahm die Vermittlung zwischen den einzelnen Bauten. Abstände und "Vermittlungsgrün" milderten auch die Brüche zur Umgebung. Die höhere Legitimation zum Bruch mit dem Kontext kam aus dem Modernitätsanspruch dieser Bewegung, die sich wiederum aus jenen Innovationen speiste, die in der Grundriß- und Baukörpergestaltung erreicht wurden. Schnell jedoch verschob sich die Debatte über die vermeintlichen und tatsächlichen Fortschritte der internen Gebäudeorganisation auf die Ästhetik der äußeren Form. Die ernsthaften und fortschrittlichen Anliegen der Moderne wurden, nachdem einige wesentliche Teilziele erreicht waren, zu kollektiven und eher unkritischen Leitbildern mehrerer Architektengenerationen. Flachdach oder Steildach, offener oder geschlossener Grundriß, Negativ- oder Positivräume waren Eckpunkte von Diskussionen, die entschieden, ob ein Bauwerk zur modernen Bewegung oder zum anspruchslosen Bauen gehörte. Dabei fällt auf, wie wenig Interesse die Vertreter der Moderne für den Ort ihrer Bauten und für Stadtkonzepte aufbrachten. Noch heute überwiegen in den Architekturzeitschriften Gebäudedarstellungen, bei denen in den Fotos sorgfältig die Nachbarbebauung ausgeblendet wird. Umgebungen scheinen so unwichtig - oder abstoßend - und für das Gebäude "herabsetzend" zu sein, daß sie besser nicht dargestellt werden. Ebenso wird in Berichten über bekannte Bauten kaum Langzeitbeobachtungen zu ihrer Gebrauchstauglichkeit. Es überwiegen Bautenberichte, die den Neuzustand zeigen. Gebrauchstauglichkeit über Jahre und Jahrzehnte hinweg ist für Nutzer wesentlicher als etwa die Form. Das Überwiegen von Berichten in der Fachpresse, in denen fast nur die formalen Aspekte behandelt werden, trägt zu einer den Berufsstand gefährdenden, einseitigen Bewertung des Formalen bei. Es scheint, als ob die Architekten ohne eine allgemeine Empirie über ihre Bauten, ohne ein profundes Wissen über Stärken und Schwächen bestimmter Lösungen glauben auskommen zu können. Weil negative Ergebnisse auch geschäfts- und rufschädigend sind, werden sie in einem Prozeß kollektiver Verdrängung verschwiegen. Es sei, so hört man entschuldigend, auf den Unverstand der Nutzer und nicht auf das Konzept zurückzuführen, wenn Gebäude nicht funktionierten. Es liege nicht an einem bestimmten ästhetischen Konzept, wie bei den Wohnhochhäusern von Mies van der Rohe am Lake Shore Drive in Chicago, sondern am Unverständnis der Bewohner, wenn einheitliche Vorhänge vorgeschrieben werden müssen, um die ästhetische Intention des Architekten bei der Außenwirkung seines Gebäudes zu bestätigen.

Obwohl Adolf Behne schon etwa 1928 (Behne 1977) alles Wesentliche zur Kritik des Zeilenbaues am Beispiel des Konzeptes von Gropius für Karlsruhe-Dammerstock publizierte, blieb solche Kritik seltsam folgenlos. Gleiches geschah mit der Kritik von Rappaport von 1952 (Rappaport 1952) an den mangelnden städtebaulichen Qualitäten der ersten großen Siedlungskonzepte

nach dem Zweiten Weltkrieg. Mit einer seltsamen Ignoranz wurde die jeweils existierende Stadt als überholt abgeschrieben. Le Corbusier postulierte 1920 den Tod der "Korridorstraße". Der klassische Grundtypus der multifunktionalen Stadtstraße, den es seit dem Beginn der Stadtbaugeschichte gab, wurde zugunsten einer am Auto orientierten anbaufreien Straße infrage gestellt. Zugleich wurde von ihm der gefaßte Raum zugunsten des fließenden Raumes aufgegeben. Aber nicht nur er, eine ganze Reihe von Architekten suchten nach einem anderen Konzept der Stadt. Die sozialen und hygienischen Probleme der Großstadt des ausgehenden neunzehnten Jahrhunderts wurden überwiegend mit den städtebaulichen Strukturen in Verbindung gebracht. Diese Stadt als Kern des Übels galt es als ganzes abzuschaffen. Es schien nahezu nichts zu geben, was sich als weiterverwendbar lohnte. Diese Grundauffassung einte die Avantgarde rund um den Globus. Dabei kommt es hier weniger auf einzelne Projekte, sondern auf eine sich verstärkende Grundströmung an. Es bedurfte offenbar zweier Architektengenerationen und der bestürzenden Erfahrungen in den neuen Trabantenstädten und Großsiedlungen, um den Blick für die Konstruktionsfehler des neu entstandenen Stadtverständnisses zu schärfen. Der Fehler reicht, so sehen wir es heute, bis in die Gartenstadtvision Ebenezer Howards zurück und bis in die geltende Baunutzungsordnung hinein: Es ist ein Stadtverständnis, welches die städtische Dynamik und Unübersichtlichkeit durch ein eher statisches Verständnis harmonisierter Nutzungsordnungen ablöst, welches die Stadt in eine kleinstädtisch ländliche Idylle rückverwandeln will und die Stadt, wie seit der Renaissance, als finites Endprodukt planen möchte. Alle Zufälle, Brüche, das großstädtische "Chaos", das Unbeherrschte sind für diese Auffassung ein Greuel. Folgerichtig war das Leitbild der "Modernen Stadt" von 1920 bis etwa 1975 das Bild einer Mittelstadt, einer Parkstadt, einer in die Landschaft komponierten Wohnstadt, von der alles Störende weit entfernt war. Die Großstadt war nicht das Ziel jener Avantgarde, obwohl ihre Leistungen gerade im Spannungsverhältnis zur existierenden Großstadt entstanden[1].

Ergebnis davon war der Zerfall der Morphologie der Stadt - die bisher aus in sich jeweils ähnlichen Maßstäben der Baustrukturen und Freiräume bestand - in unzusammenhängende Einzelteile. Neue Großprojekte wurden ohne Rücksicht auf Maßstäbe der Umgebung in die Strukturen implantiert. Es ging nicht mehr um eine Harmonisierung von Übergängen und um die Vermittlung zwischen unterschiedlichen Ordnungen. Der schroffe Bruch, das Setzen komplett neuer Maßstäbe und Themen waren von den 60er bis zum Ende der 70er Jahre weitgehend Programm. Man wollte vom Anfang des Jahrhunderts bis in die 70er Jahre jeweils eine komplette neue Stadt, in der das Bestehende nur noch übergangsweise geduldet war. Die Vorstellung von der Überlegenheit des Neuen entsprach einer geradezu hybriden Naivität und einem überzogenen Sendungsbewußtsein. Aus diesem Dilemma einer orts- und geschichtslosen Position hilft der morphologische Ansatz, der sich einerseits mit dem urbanen Gefüge und der darin eingeschriebenen

Stadt- und Kulturgeschichte, andererseits mit entwerferischen Positionen gegenüber einem stadt- oder siedlungshistorischen Kontext befaßt.

Ab etwa 1975 beginnt eine stärkere Rückbesinnung auf die Stadt als urbanes Gefüge. Mit der Wiederentdeckung der Straßen und Plätze und dem Bekenntnis der modernen Gesellschaft zur Stadt als Lebensform wächst auch die Einsicht, die konstitutiven Bedingungen für lebendige öffentliche Räume zu akzeptieren: die Nutzungsmischung, die Brüche und Widersprüche, die kompakte Struktur als Voraussetzung für Vielfalt.

Mit zunehmender zeitlicher Distanz zur Stadtauffassung der "Moderne" entstand eine Bewegung, die unvoreingenommener die Stadt des 19. Jahrhunderts und die der früheren Perioden studierte. Die Großstadt wurde als adäquate Stadtform der industriellen Gesellschaft wiederentdeckt und akzeptiert. Mit der Hinwendung zur Stadt war auch die Hinwendung zur Stadtgeschichte verbunden. Geschichtlichkeit, so wurde erkannt, verleiht der einzelnen Stadt ihre Individualität und den daraus resultierenden Mängeln Würde. Im Gegensatz zur Stadtvorstellung der "Moderne", in der Zeit und Vergänglichkeit keine Rolle spielten, wurden nun die Prozesse der Stadtbildung und Stadtveränderung bedeutsam. Wenn man die Beiträge zur Stadtstruktur vergangener Generationen als eigenständige Leistungen der jeweiligen Periode anerkennt und sich der Begrenztheit der Leistungen der eigenen Zeit bewußt ist, dann entsteht notwendig eine Grundhaltung des Respekts vor dem, was an qualitätsvollen Strukturen aus der Vergangenheit verblieb. Für das Entwerfen heißt dies, Lösungen in eine Beziehung zu einem historischen Kontext zu setzen. Diesen zu ignorieren, ist dann als kulturlose und rücksichtslose Position nicht mehr möglich.

Eine andere, grundlegende Strömung unserer Zeit kommt hinzu. Die große Geschwindigkeit der äußeren Veränderungen unserer Zivilisation fordert hohe Anpassungs- und Verarbeitungsleistungen von der lebenden Generation. Die Städte und die regionale Umwelt der großen und mittleren Städte haben sich in den letzten 40 Jahren in einem Ausmaß verändert, wie nie zuvor in der Menschheitsgeschichte. Dies führte zum Verlust wiedererkennbarer Strukturen. Eine Generation, welche die Orte ihrer Kindheit und Jugend nicht mehr erkennt, nimmt mental Schaden. "Wenn die jährliche Veränderungsrate in Städten über 2-5 % hinausgeht, verlieren sie jene Vertrautheit, die die Menschen für ihr Zeitgefühl brauchen."[2] Städte, die ihre bauliche Geschichte vernichten, verlieren ihre Wiedererkennbarkeit, ihre Persönlichkeit, zu der zumindest einige markante, die Gegenwart mit der Vergangenheit verbindenden, Merkmale gehören. Der Wiederaufbau der Frauenkirche in Dresden und die Bebauung der Ostseite des Römerbergs in Frankfurt sind solche - umstrittenen - Versuche, eine vernichtete Stadtpersönlichkeit zurückzugewinnen. Mit dieser Geschwindigkeit der Veränderung hängt das Phänomen der hohen Bedeutung des Historischen zusammen. "In einer dynamischen Gesellschaft altert das

Alte weniger schnell als das weniger alte. Wenn die Geschwindigkeit des Veraltens von Strukturen in einer Gesellschaft sehr hoch ist, gewinnen die stabilen Strukturen der Vergangenheit erhöhte Bedeutung, weil sie Träger von Kontinuität werden."[3] Aus dieser Auseinandersetzung heraus entstand eine Richtung - das stadtmorphologische Stadtverständnis -, die auf der einen Seite Respekt vor der Stadtgeschichte, eingeschrieben in Gebäuden, Stadtgrundriß und Stadtmorphologie hat - die Städte als kulturelle Produkte begreift - und die auf der anderen Seite in der historisch geprägten Stadt auch Raum für bauliche Äußerungen der Gegenwart für notwendig hält, die sich zwar in einen historischen Kontext einfügen, aber sich darin ebenso selbstbewußt wie Bauten früherer Perioden behaupten.

C. ÜBERBLICK ÜBER DEN DISKUSSIONSSTAND

Die stadtmorphologische Forschung ist ein neues Feld, welches durch die Arbeiten Saverio Muratoris über die historische Entwicklung Venedigs und durch Arbeiten von Gianfranco Canniggia, Gianlughi Maffei, Carlo Aymonino und Sylvian Malfroy entwickelt wurde. In Deutschland wurden die Arbeiten durch zwei Hefte von "Arch+" (Nr. 50 + 85) bekannt. Mit "Stadtstruktur: Stabilität und Wandel" (1990) haben wir diese Diskussion aufgegriffen. Mehrere wichtige Beiträge in den letzten Jahren lieferte Hoffman-Axthelm in der "Bauwelt". Klaus Wittkau hat sich in einer neueren Veröffentlichung mit Planungsfragen der Stadtstruktur auseinandergesetzt. Klaus Humpert verfolgt am städtebaulichen Institut Stuttgart ebenfalls Fragestellungen der Stadtstruktur und der städtebaulichen Ordnung, um nur einige Beispiele zu nennen. Die Diskussion beginnt nun auch in Deutschland auf einer breiteren Basis. Der hiermit vorgelegte Band ist ein Versuch, die Lücke in der Diskussion um die Stadtmorphologie und um die generellen Fragen der Raumorganisation auf der einen Seite und die Bausteine der Stadtstruktur auf der anderen Seite zu schließen.

1. DIE "ITALIENISCHE SCHULE"
Die "Italienische Schule" der Stadtmorphologie leitet ihr Verständnis der Morphologie überwiegend historisch aus der Langzeituntersuchung alter Städte ab. Ihr Ansatz war eine Kritik an der behaupteten "Ortneutralität" der "Moderne" der 20er Jahre. Sie hält dieser Position entgegen, daß sich aus der Geschichte und Logik der vorhandenen morphologischen Strukturen durchaus Antworten auf Gegenwartsfragen ableiten lassen und umgekehrt lassen sich, daß sich aktuelle Aufgaben der Erneuerung und des Umbaus von Städten auf die Maßstäbe und Sprache der Morphologie vorhandener Städte beziehen lassen.

Muratori hat den Kern des morphologischen Ansatzes am Beispiel der Entstehung der historischen Struktur von Venedig entwickelt. Bei diesen Untersuchungen stellte er fest, daß sich frühere Festlegungen (Straßen, Parzellen, Bauten) in späteren Lösungen spiegeln und diese beeinflussen. Nachfolgend wird ein Extrakt der Position vermittelt, der sich auf den Zusammenhang der verschiedenen Betrachtungsebenen konzentriert.

Die städtische Morphologie wird als ein Gewebe (Tissu Urbain) verstanden. Das Gewebe aggregiert sich aus Elementen, die miteinander durch Interdependenzen verbunden sind. Vier Dimensionen werden vorgeschlagen: Maßstabsebene Gebäude, Quartier, Stadt, Region. Jedes Ensemble auf diesen Ebenen verfügt über eine relative Autonomie. Die Ebenen sind dialektisch miteinander verbunden. Jedes Teil enthält Elemente unterer Ebenen und ist selbst als Element in einem Organismus höherer Ebene eingefügt. Diese Dialektik von Teil und Ganzem erfordert von jedem bestimmte kombinatorische Möglichkeiten.

Das Stadtgefüge hat eine große Trägheit. Wandel setzt sich auf den kleinen Maßstabsebenen leichter durch als bei den großen. Wandel vollzieht sich in der Regel kleinräumig, im Rahmen der jeweils gegebenen Spielräume in den Gebäuden, auf dem Grundstück. Sie werden als "Kapillarveränderungen", als punktuelle Eingriffe bezeichnet, die die Flexibilität der bestehenden Strukturen ausnützen. Dabei geben die vorhandenen modularen Systeme den Spielraum vor. Dies sind die Parzellenformen und die Hausformen. Veränderungen können durch Aufstockung, Überbauung unbebauter Parzellenteile oder durch Zusammenlegung von Parzellen erfolgen. In allen Fällen finden die Eingriffe im Rahmen des vorbestimmten modularen Systems statt und üben auf diese Merkmale eine bewahrende Wirkung aus. Dieser Wandel geht nicht kontinuierlich, sondern diskontinuierlich an verschiedenen Stellen vor sich. Die Trägheit des Stadtgefüges übt daher einen Anpassungszwang der Veränderungsschritte bei der Aktualisierung der Bausubstanz aus. Die Veränderung der Gebäude darf einen gewissen Spielraum, den die morphologischen Merkmale des Gefüges definieren, nicht überschreiten. Diesen kleinräumigen Wandlungen stehen in bestimmten Phasen komplementär Wandlungen im größeren Gefüge gegenüber, die nicht durch einzelne Entscheider, sondern durch hoheitliche Planungen herbeigeführt werden. Diese Art von Wandlung wirkt in langen Zeiträumen. Beide Prozesse sind nicht als voneinander unabhängig anzusehen. Im Gegenteil, der Formationsprozeß der Siedlungsstrukturen ist ein Alternierungsvorgang, in dem individuelle Praxis und kollektive Eingriffe Komplementärbezüge eingehen.

Zusammenfassend kann gesagt werden, daß die Art, wie sich die Siedlungsstrukturen im Verlaufe der Geschichte verändern, zwischen dem Pol der absoluten Flexibilität und demjenigen des totalen Widerstandes gegen den Wandel zu situieren ist. Es gibt auf der einen Seite Konstellationen, die während Jahrhunderten unverändert (und unveränderbar) bleiben, ohne dabei die Erneuerung anderer Elemente auf anderen Maßstabsebenen zu paralysieren, und auf der anderen Seite vollzieht sich ständig ein Gewirr von punktuellen Modifikationen, ohne daß dabei sämtliche Strukturen ständig umgekrempelt würden. Mit dem Begriff des typologischen Prozesses kann gezeigt werden, daß nicht nur die Aggregation der verschiedenen Siedlungskomponenten im Raum aufgrund einer rational analysierbaren Ordnung abläuft, sondern daß sich auch der Strukturwandel in der Zeit und die Integration neuer Elemente in den bereits bestehenden Kontext gemäß

einer bestimmten Logik und in einer Kontinuität von Bezügen vollziehen. Der prozeßhafte Charakter der Evolution der Typen ergibt sich aus der Verbindung von drei zwingenden Faktoren:
- Die Tatsache der Verschachtelung der verschiedenen Maßstabsebenen beeinflußt die verschiedenen Merkmale und die Variation der verschiedenen Objekte.
- Die bei jeder Maßstabsebene unterschiedliche Flexibilität gegenüber dem Wandel widersetzt sich bei der kleinsten Veränderung einer homogenen Angleichung des Systemganzen.
- Die Tatsache, daß die Siedlungsstrukturen das Produkt einer Vielzahl handelnder Individuen sind, begrenzt die Möglichkeitern, nach denen sich der Wandel vollziehen könnte" (Malfroy, 1986).

Der Ansatz geht deutlich von der hohen kulturellen Bedeutung und Homogenität der alten italienischen Städte aus und leitet daraus im Sinne von Analyse- und Entwurfsanleitungen ab:

- Die vier Maßstabsebenen (Gebäude, Quartier, Stadt, Region) der Stadt und des Bauens und Planens, die je eine eigene Autonomie haben und dennoch miteinander verbunden sind.
- Interdependenzbeziehungen zwischen diesen Ebenen, die Dialektik zwischen den Teilen und dem Ganzen: Die Gruppierung der Häuser untereinander erfordert von diesen bestimmte kombinatorische Möglichkeiten. Gebäude werden zu Teilen des Quartiers und der Straße, Quartiere zu Teilen der Stadtstruktur, deren rückwirkenden Einflüssen sie ausgesetzt sind. Desgleichen ist durch die Verzahnung der Maßstabsebenen (Haus, Parzelle, Quartier, Stadt, Territorium) jeder Organismus gleichzeitig Ausgangspunkt und Abschluß eines Formationsprozesses. Jeder Organismus enthält Elemente unterer Ebenen und ist selbst in einen Organismus höherer Ebenen eingefügt (Malfroy, 1986 S.191f).

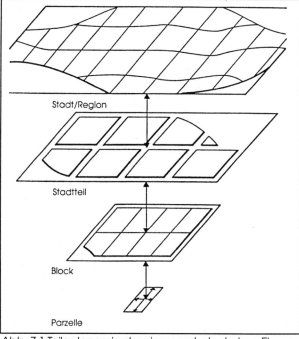

Abb. 7.1 Teilautonomie der vier morphologischen Ebenen

- Die typologische Analyse. Wesentlich ist, daß sich in den einzelnen Perioden des Städtebaus über einen Ausfilterungsprozeß bestimmte besonders geeignete Formen für bestimmte Bauaufgaben herausbilden, die sich mit leichten Variationen wiederholen. Diese Typen sind so etwas wie das Kondensat einer bestimmten Periode. Auf solche Typen sollten sich (dies ist besonders der Ansatz Canniggias) Entwürfe beziehen.

Folgerungen:

Die Beobachtung einer beschränkten Teilautonomie der einzelnen Maßstabsebenen aus der morphologischen Forschung ist insofern relevant für das Verständnis von Stadt, als sie mit systemtheoretischen Erkenntnissen über die Organisation komplexer Systeme übereinstimmt. Jedes komplexe System würde zusammenbrechen, wenn es vollständig und auf allen Ebenen determiniert wäre. Deshalb haben sich sowohl in natürlichen als auch in künstlichen Systemen Elastizitäten auf verschiedenen Ebenen entwickelt, die ein teilautonomes Reagieren und selbstständige Aktionen des Teilsystems innerhalb bestimmter Systemgrenzen

Blocks, Stadtvierteln als auch auf Stadt- bzw. Regionalstrukturen zu. Der Vergleich mit lebenden Systemen ist auch deshalb berechtigt, weil es auf jeder Ebene lebendigen Gestaltungswillen gibt, der Veränderungen betreibt: den Grundstückseigentümer, die Bewohner eines Viertels, den Rat einer Stadt oder die Körperschaften einer Region. Anpassungs-, Erhaltungs- und Veränderungsvorgänge finden daher auf allen Ebenen teilweise autonom, teilweise beeinflußt durch die Zwänge und Ziele oberer und unterer Ebenen statt. Dabei sind jeder Ebene durch die Begrenzung der territorialen Zuständigkeit, durch ökonomische, rechtliche und zeitliche Restriktionen Grenzen gesetzt. Obwohl es Durchlässigkeiten und Abhängigkeiten gibt, besteht auf jeder Teilebene ein eigenes Maß der Komplexität, welches ihre Existenz auf Dauer begründet.

2. COLLAGE CITY

Wir wollen einen zweiten Ansatz behandeln, der sich parallel, aber von einer stärker ideengeschichtlichen Seite her mit den Brüchen und der längst entstandenen "Collage-City" auseinandersetzt: dem gleichnamigen Buch von Rowe/Koetter. Während Muratori/Canniggia

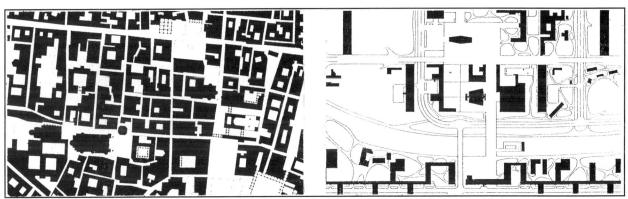

Abb. 7.2 Parma und St. Die: Die Stadt des Gefüges oder der isolierten Körper (Rowe/Koetter 1988, S.88f)

erlauben. Die vier Ebenen von der Parzelle bis zur Region sind daher als voneinander abhängige multiple Komponenten eines interdependenten urbanen Systems zu verstehen, deren Gemeinsamkeit darin besteht, daß sie den gleichen grundlegenden Organisationsprinzipien unterworfen sind. Gemeinsamkeiten mit natürlichen Systemen (Lebewesen, Pflanzen) bestehen auch in der relativen Autonomie der Selbstorganisation. Die wichtigsten dynamischen Phänome der Selbstorganisation und Selbsterneuerung sind (nach Capra, 1984, S. 298) "die Fähigkeit lebender Systeme, ihre Komponenten ständig zu erneuern, wieder in Gang zu bringen und dabei die Integrität der Gesamtstruktur zu bewahren - und Selbst-Transzendenz, also die Fähigkeit, durch die Vorgänge des Lernens, der Entwicklung und der Evolution kreativ über die eigenen physischen und geistigen Grenzen hinaus(zu)greifen." Übertragen auf die Stadtmorphologie können wir daher folgern, daß die festgestellte Teilautonomie der einzelnen Ebenen erforderlich ist, damit diese sich an veränderte Umgebungsbedingungen anpassen können, sich erneuern und auf veränderte Anforderungen reagieren können. Alles dies trifft sowohl auf die in der Regel vorhandenen Elastizitäten von Parzellen,

von der pfleglichen Weiterführung der historisch entstandenen städtischen Morphologie ausgehen und dies bis hin zur Ableitung zeitgemäßer Bautypen fortführen, konstatieren Rowe/Koetter zunächst einmal den Dissens der "Moderne" mit der gewachsenen Stadt und setzten sich zunächst mit dem auseinander, was in der jüngeren Entwicklung "falsch gelaufen" ist. Im Kern kommen sie zu folgenden Ergebnissen:

- Mit der Aufgabe der Straßenfluchtlinie und der auf Straßen orientierten Gebäude entfielen auch die durch Straßen definierten öffentlichen Räume. Nun konnten sich die Gebäude von innen entwickeln und waren äußerem Druck nicht mehr ausgesetzt. "Es geht einfach darum, daß um 1930 die Zersetzung der Straße und jedes stark definierten öffentlichen Raumes unvermeidlich geworden war, und zwar wegen zweier hauptsächlicher Gründe: der neuen und vernunftgemäßen Art des Wohnbaues und der neuen Anforderungen des Fahrverkehrs. Denn weil sich nun innerer Aufbau und äußere Form von Wohnbauten von innen nach außen entwickelten, aus den logischen Bedürfnissen der individuellen Wohneinheit, konnten sie nicht mehr äußerem Druck nachgeben; und wenn der

67

öffentliche Außenraum von seiner Zweckbestimmung her noch so unbestimmt geworden war, daß ihm jede wirkliche Bedeutung abging, dann gab es - in jedem Fall - keinen begründeten Druck, den er weiterhin hätte ausüben können" (S.80).

- Konstatiert wird eine Fehlentwicklung in der Architektur und in der Architekturausbildung, die dahin tendiere, alle Bauten zu Werken der Architektur machen zu wollen, und damit die Aufgaben und die Beteiligten überfordere: "Denn abgesehen vom beruflichen Herrschaftsanspruch ist nämlich die Forderung, daß alle Gebäude Werke der Architektur werden sollen (oder die Umkehrung), genaugenommen eine Beleidigung des gesunden Menschenverstandes" (S.147).

- Die Stadtauffassung der Moderne habe Erlösungscharakter (S.12), die Moderne Architektur könne als Evangelium - als frohe Botschaft - gedeutet werden, die in ihrer Sprache die Tugenden eines "gleichsam franziskanischen Existenzminimums" vermittle. Unter ihrer kühlen "Oberfläche der Sachlichkeit und des Rationalismus" befände sich eine höchst explosive Sorte psychologischer Lava als Untergrund der Modernen Stadt (S.18f).

- Aus dieser höheren Rechtfertigung heraus habe sich die moderne Architektur aus dem urbanen Kontext gelöst und Ort und Geschichte negiert. Ihrer "Objektfixierung" nach sei die "Stadt der Modernen Architektur ebenso problematisch wie die traditionelle Stadt, die sie zu ersetzen suchte" (S.82).

- Die Objektfixierung habe zu einer Überbewertung des Gebäudes und zu einer Unterbewertung der Bedeutung des städtischen Gefüges, der Textur geführt. Die Gegenüberstellung des Massenplanes von Parma und dem Entwurf Le Corbusiers für St. Die lasse das eine Beispiel fast wie das Gegenteil des anderen erscheinen: Raum und Objekt. In dieser Form der Modernen Stadt sei der öffentliche Raum zu einem "kleinlauten Gespenst" geschrumpft (S.87ff).

- Im Gegensatz zur Stadt der Leere, die den Gebäuden völlige Freiheit läßt und nichts abverlangt, verlange die Stadt der dichten Textur von den Gebäuden eine Anpassungsleistung an den Kontext. Die Gebäude müssen etwas von ihrer "Makellosigkeit" aufgeben. Um sich als eigenständiger Verteter eines Typus zu behaupten, müssen sie einerseits die wesentlichen Merkmale des Typus tragen, sich andererseits auf den Kontext einlassen. Dies geschehe mit dem Mittel der "Zweideutigkeit", mit der sich das Objekt in eine "vorherrschende Textur" einordnet. Die Debatte zwischen "Bauwerken" und "Räumen" - die "Voll-Hohl-Dialektik" - müsse gleichberechtigt und so geführt werden, daß keine Seite unterliege. Für den Dialog werden Mischformen wie "Angleichung, Verzerrung, Herausforderung, Erwiderung, Aufpfropfen, Überlagern, Vermittlung" als Strategien vorgeschlagen (S. 106-119).

- Raumkörper und Baukörper - Zweideutige Archety-

pen: Vielleicht am wichtigsten ist ihre Auseinandersetzung mit dem Gebäude als isoliertem Objekt und dem Gebäude als Teil eines geschlossenen Gebäudeverbandes. Demonstriert wird die Antinomie beider Entwurfsauffassungen einerseits an der Bedeutungslosigkeit allseitiger Freiräume, wie sie in Le Corbusiers Ville Radieuse oder in der Unite d'Habitation zugrundeliegen. Am Beispiel der Unite' und der Uffizien in Florenz, deren Fassaden vertauscht werden, wird der Unterschied zwischen einer ortlosen und ortsbezogenen Moderne demonstriert. Während es einer ortlosen Moderne offenbar mehr um ein Phönixsymbol (S.102), um ein Manifest gehe, müßten Lösungen, die weder auf die notwendige Sprache der modernen Zeit noch auf eine Reaktion auf den Ort verzichten wollten, "zweideutig" sein. Die Methode der Zweideutigkeit verbinde "örtliche Zugeständnisse mit einer Unabhängigkeitserklärung von allem Örtlichen und Besonderem" (S. 111). Und diese Kombination, die an eindrucksvollen Beispielen belegt wird, erlaubt sowohl die Aufrechterhaltung der traditionellen und bewährten dichten Stadttextur, als auch den Einzug der jeweiligen Moderne in eben diese Strukturen der Städte. Hier liegt der produktive Teil des Weges, den die Moderne, oder wie immer sie uminterpretiert wurde, noch zu gehen hat.

3. FOLGERUNGEN

Beide Ansätze, der von Muratori/Canniggia ebenso wie der von Rowe/Koetter, beziehen sich auf das gleiche Phänomen: den Verlust der urbanen Stadt mit ihrer dichten Textur und der dadurch erst bedingten Ausgleichsfunktion der öffentlichen Räume. Die Botschaft ist klar: Stadt lebt von einer klaren Trennung von öffentlichen und privaten Räumen. Deshalb war der Versuch einer Integration von Park und Stadt - wie sie mit der Gartenstadt und ihren Nachkommen angestrebt wurde - untauglich, weil damit die Dichte der Textur und zugleich die Differenzierung zwischen öffentlichen, halböffentlichen und privaten Räumen aufgegeben wurde. Mit der ortsunabhängigen Entwicklung von Bauformen für bestimmte Aufgaben (Sozialer Wohnbau, Schulbau usw.) entstanden Lösungen, die sich nicht nur nicht auf die Bautradition eines Ortes bezogen, sondern die noch nicht einmal in Maßstab, Anordnung und Feineinpassung auf Standorte reagieren konnten (am deutlichsten wird dies an präfabrizierten Bauten, die Winkel an Anschlußbauten einfach offen lassen). Hinsichtlich der Bauaufgaben kommen beide Richtungen zu etwas unterschiedlichen Folgerungen: Während die "Italienische Schule" zeitgemäße Bautypen aus der Untersuchung der Typologie am Ort und in der Region ableiten will und damit leicht zu historisierenden oder auch vordergründigen Lösungen kommt (insbesondere Canniggia), enthält der Ansatz von Rowe/Koetter einen weiterführenden Gedanken. Sie wollen weder auf die zeitgemäße Architektursprache noch auf die Antwort eines Gebäudes auf seinen Standort verzichten. Sie fordern daher eine "Zweideutigkeit" der Lösung, durch die ein etablierter Typus sich auf eine Situation bezieht. Damit ist die Einpassung im Maßstab, in den Anschlüssen und im Grundriß gemeint, ohne daß die Klarheit eines architektonischen Typus' aufgegeben wird.

Beiden hier dargestellten Ansätzen ist gemeinsam, daß sie sich zur urbanen Stadt und zur Geschichtlichkeit des Stadtgrundrisses bekennen. Über die in der Morphologie enthaltenen Erinnerungen an die Geschichte des Ortes läßt sich aus der Beliebigkeit jeweils aktueller Entwurfsauffassungen ein lokaler Anker finden, der die Architektursprache einer Zeit sinnvoll mit dem Ort verbindet. So entsteht zugleich Selbstständigkeit einer Zeit in der Bindung an den Ort. Umgekehrt bedeutet dies auch, daß mangelnde Prägnanz von Orten größere Freiheiten für die Objekte läßt. Ein nicht existenter "genius loci" kann durch Neues eben auch geschaffen werden. Mit Blick auf die städtische Morphologie heißt dies für bauliches und städtebauliches Entwerfen, die Chance eines örtlichen Kontextes, wie ihn die morphologische Betrachtung liefert, als Angebot zur Auseinandersetzung zu begreifen.

4. POSITIONEN ZU CHAOS- UND PATCHWORK-STRUKTUREN

Chaos-Theorie: Durch die Chaos-Theorie haben auch im Städtebau Brüche in Ordnungen und Zufallsstrukturen eine etwas andere Bewertung bekommen. Die Chaos-Theorie besagt im Kern, daß auch in chaotisch erscheinenden Strukturen Ordnungen enthalten sind. Diese Einsicht ist freilich keineswegs neu. Schon in der Zeit der Frühindustrialisierung war bekannt, daß scheinbar chaotisch im Raum angeordnete Produktionsanlagen und Bauten Regeln der internen Organisation von Arbeitsabläufen, Einflüssen der Bebaubarkeit des Bodens und zufälliger Besitzgrenzen unterlagen. Die standörtliche Logik und die Logik des individuellen Entscheidungsprozesses sind, wenn sie die vertrauten Ordnungen verlassen, allerdings nicht mehr ohne weiteres dechiffrierbar. Mangels einer erklärenden Information werden solche Strukturen daher häufig nur ästhetisch bewertet, wobei sie den etablierten ästhetischen Leitvorstellungen häufig nicht standhalten.

Chaos und Ordnung: Ordnung ist der sinnvolle Zusammenhang von Elementen, die selbstständige Größen sind. Chaos ist dagegen eine ungeordnete Masse, Wirrwar (Brockhaus). Der Begriff der selbständigen Elemente trifft sowohl auf die menschlichen Individuen als auch auf Bauten und Parzellen zu. Ab einer bestimmten Menge von im Raum nahe beieinander lokalisierten Personen und Bauten gibt es die Notwendigkeit der Entwicklung sozialer Regeln des Zusammenlebens und Zusammenbauens. Seit es seßhafte Menschen in gemeinsamen Siedlungen gibt, setzen sie sich deshalb zwangsläufig mit der räumlichen Organisation ihrer Umwelt auseinander. Seitdem gibt es auch das Problem der räumlichen Ordnung. Offensichtlich haben Ordnungen bestimmte Funktionen in unserem Leben. Sie erleichtern und rationalisieren den Alltag, die Wahrnehmung, die Abstimmung von Bedürfnissen. Räumliche Ordnungen haben aber auch die Aufgabe der Eindämmung von Egoismen. Von daher erleichtern egalitäre Rahmenvorgaben für den Städtebau, wie sie z.B. bei rasterähnlichen Planstrukturen zugrundeliegen, die Abwehr egoistischer Einzelinteressen durch die Vorgabe eines für alle verbindlichen Spielraumes. Sie regeln damit auch Konflikte. Der Kern des Ordnungsbegriffs liegt in der Wiederholung gleichartiger Elemen-

te und der Etablierung von Regeln, die die Beziehungen zwischen den Elementen betreffen. Je dichter die räumliche Packung der Elemente ausfällt, umso höher wird der Ordnungsanspruch, weil räumliche Nähe Störungen nicht mehr durch Distanz mildern kann. Folglich besteht ein Zusammenhang zwischen Regelungsumfang und räumlicher Besiedlungsdichte.

Ordnungen haben neben den angesprochenen lebenspraktischen aber noch ökonomische und ästhetische Bedeutung. Eine nach klaren Regeln organisierte räumliche Ordnung erleichtert eine ökonomische Flächenaufteilung, weil sie einen Kompromiß zwischen Einzelinteressen und dem Gesamtinteresse durch die Festlegung von Grundstücksgrößen, Bauweisen und Straßenführungen schließt. Die Eingrenzung der Spielräume für die Elemente macht diese untereinander ähnlicher, sie verbinden sich additiv zu Großstrukturen wie Straßenzügen, Blöcken, Stadt- und Dorffiguren. Der aus der Wiederholung der Formen entstehende größere Zusammenhang wird als Einheit höherer Ordnung und als Symbol der Gemeinschaft wahrgenommen. Geordnete äußere Verhältnisse lassen - manchmal fälschlich - auf geordnete innere Verhältnisse schließen.

Chaos

Das Problem der heutigen Stadt entsteht aus dem Alter der Netze und Baubestände, aus dem Wachstum der Besiedlung in das Umland und der dadurch bedingten Umwertung des gesamten standörtlichen Systems. Der Bruch mit der vorhandenen Struktur wurde daher oft als einzige Möglichkeit gesehen, auf zufällig verfügbaren Arealen neue Nutzungen mit neuen architektonisch - städtebauliche Botschaften der Erneuerung zu verbinden. Die immer kürzere Geltungsdauer der dabei verwandten formalen Mittel entwertet allerdings diese neuen Elemente. Wenn sie nicht Typologien einer neuen Ordnung sind, bleiben sie als Strukturfragmente isoliert. Dies ist das Problem der Gegenwart, die sich erst allmählich tragfähigen Konventionen wieder zuzuwenden beginnt. Zur Zeit beenden wir offenbar jene Periode der Entropie im Städtebau, in der die Ordnung immer mehr abnahm.

Theorie des Durchwurstelns

Eine Hilfe zum Verständnis solcher Strukturen geben Handlungstheorien. Sie stellen statt einer kollektiven die individuelle Rationalität handelnder Akteure in den Vordergrund. Popularisiert wurde diese Position durch Vertreter der sogenannten "Neuen politischen Ökonomie", die sich aus Untersuchungen über das Entscheidungsverhalten von Politikern und Verwaltungen zu einer Wissenschaft über Rationalität des Handelns von Akteuren in definierten Rollen entwickelt hat. Als prominente Verteter sind im deutschen Sprachraum insbesondere Anthony Downs und Niklas Luhmann zu nennen. Für die Stadtplanung war Lindbloms Begriff des "mouddling through" und die daraus abgeleitete Strategie der "Kleinen Schritte" bedeutsam[4]. Theorie und Praxis des "Durchwurstelns" sind nichts anderes als Methoden der Verarbeitung konfligierender Interessen. Maßstabs- und Gestaltbrüche in der Stadtstruktur sind daher Hinweise darauf, daß der gegebene historische Kontext (oder die vom Plan beabsichtigte Ausnutzung) zugunsten anderer Ziele durchbrochen wird. Dies kann der Bau eines Krankenhauses auf einem dafür ungeeigneten Grundstück oder aber auch ein Spekulationsprojekt sein.

Patchwork- und Collage City: Bruchhafte morphologische Strukturen sind daher logischer Ausdruck der oben dargestellten Antinomie. Sie werden von vielen als konsequentes Produkt dieser Zeit angesehen. Wie kann in einer so dynamischen Zeit eine Grundstruktur durchgehalten werden? Nicht die Ordnung, das Chaos ist das Normale! Brüche zeigen, daß es Engpässe gibt, daß die gegebene Struktur den Bedarf nicht mehr deckt oder zugunsten einer anderen aufgegeben werden soll. Die in Mitteleuropa in den letzten drei Jahrzehnten entwickelte betonte Pflege der historischen Stadtbereiche setzt voraus, daß das Wachstum auf andere Orte umlenkbar ist. In Ländern mit extrem hohen Wachstumsraten sind solche Bereiche häufig in ihrer historischen Prägung nicht haltbar. Dies ist die eine Position. Dagegen steht die andere, die annimmt, daß es mittels einiger weniger Anordnungsregeln immer wieder gelingt, über Jahrhunderte und chaotische Zeiten hinweg Gemeinsamkeiten der Stadtgefüge ganz unterschiedlicher Zeiten zu sichern. Als Gegenbeispiel hierfür wiederum läßt sich die Politik der Stadt Paris aufführen, die das "Patchwork-Erbe" der Nachkriegszeit durch eine konsequente Rückkehr zur Straßenrandbebauung korrigiert, nicht zu Ende geführte Durchbrüche Haußmanns fertigstellt und dabei durchaus moderne Architektur integriert.[5]

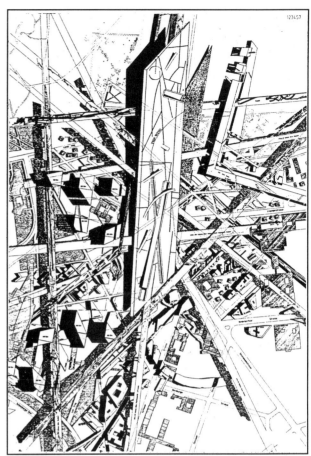

Abb.7.3 Potsdamer Platz Berlin. Wettbewerbsentwurf von D. Libeskind. (Bauwelt 1991, Heft 41, S. 2220)

D. FOLGERUNGEN FÜR DAS ENTWERFEN

In der Tat fehlte in der architektonischen und urbanistischen Diskussion lange eine Theorie, die den Bruch thematisierte. Brüche wurden und werden verdeckt, harmonisiert, wie etwas Anstößiges behandelt. Bei den Entwerfern können wir für dieses Problem mehrere deutliche Lager unterscheiden:

"Ignoranten": Der Bruch wird ignoriert und als Thema nicht zur Kenntnis genommen.

"Harmonisierer": Der Bruch wird überdeckt oder in eine angrenzende Ordnung einbezogen.

"Totalitäre": Der Bruch wird als Ausgangspunkt einer weitreichenden Neuordnung genommen. Der Bruch und alles darum Vorhandene wird zugunsten einer zumeist ästhetisch motivierten völligen Neuordnung beseitigt. Ihm wird kein Existenzwert mehr beigemessen.

"Historiker": Der Bruch wird in seiner historischen Bedingtheit hergeleitet. Er steht als Symbol bestimmter Konflikte und Prozesse und wird positiv interpretiert (ggf. auch erhalten). Beseitigung von Brüchen wird als falsche Einebnung tatsächlich vorhandener Gegensätze und der Geschichte gesehen. Städte, die ihre Brüche kaschierten, verleugneten ihre Bewegungsgesetze zugunsten einer "Ästhetik der Oberflächen". Der Bruch sei Ausdruck des Wandels und daher eine normale Erscheinung.

"Pragmatiker": Der Bruch wird weder ignoriert noch überhöht, sondern in seinen Problemen und Chancen untersucht. Die Lösung orientiert sich am "Machbaren".

"Dekonstruktivisten": Der Bruch wird zum zentralen Thema gemacht. Während die "Totalitären" den Bruch durch eine komplette Neuordnung beseitigen wollen, gehen Dekonstruktivisten den umgekehrten Weg: Sie überdehnen den Bruch und ordnen von dort aus das übrige neu. Beide Positionen sind in erkennbarer Weise ignorant gegenüber dem Bestehenden und leiten ihre Eingriffe aus jeweils gegensätzlichen Ordnungsversprechen ab - die, nach aller Erfahrung, auch nicht "bruchlos" realisiert werden!

Die dargestellten Positionen sind natürlich überzeichnet. Je nach gegebener Situation kann jede dieser Positionen legitim sein. Wie schwierig es aber ist, aus der Abkehr von der traditionellen "Gehäuse-Zwischenraum"-Logik - die zugleich mit der Aufgabe des bewährten Prinzips sparsamer Packungsgeometrien verbunden ist - zu einer grundlegend neuen, in der Geschichte bisher nicht aufgetretenen baulich-städtebaulichen Ordnungskonzeption zu kommen, zeigen z.B. der Entwurf von Daniel Libeskind für die Bebauung um den Potsdamer Platz in Berlin (Abb.7.3), aber auch seine früheren, in Daidalos Nr. 1 publizierten Versuche.

E. ZUSAMMENFASSUNG

Aus den dargestellten Positionen läßt sich keine generelle, überall gültige Regel ableiten. Wohl aber wird deutlich, daß die Stadt mit der dichten Textur die besseren Voraussetzungen zur Vernetzung und Mischung der Funktionen besitzt. Die bauliche und funktionelle Dichte und Durchdringung ist aber der Kern dessen, was wir Europäer unter städtisch und urban verstehen und schätzen. Immer wenn also dieses Ziel verfolgt werden soll, ist die klare Trennung von öffentlichen und privaten Räumen unverzichtbar. Das bedeutet geschlossene oder offene, jedenfalls aber in der Tendenz kontinuierliche Baufluchten zur Begrenzung der öffentlichen Räume und damit zwangsläufig verbunden eine dichte räumliche Packung der Bauten. Immer dann spielt die Additionsfähigkeit der Elemente, das Thema Wiederholung, Variation, Typus und Abweichung eine Rolle. In dieser Umgebung hat auch die von Rowe/Koetter postulierte "Zweideutigkeit" der Bauten eine Bedeutung.

Bei der Chaos- und Patchwork-Struktur hingegen wird dieser Zusammenhang aufgegeben. Es entstehen größere Freiheiten und damit auch Zufälliges und Willkürliches. In monotonen Umgebungen können Störungen der Regel notwendige Kontrapunkte sein. Patchwork-Strukturen können auch Symbol geringer öffentlicher Regelungen, Bekenntnis zur Freiheit der einzelnen sein (Beispiel Brüssel, Tokio). Eine höhere oder niedrigere Bewertung des einen oder anderen Prinzips ist daher nur im Zusammenhang mit dem historischen, kulturellen und räumlichen Kontext möglich.

LITERATUR

Arch+ Nr. 37: Focus: Zur Rolle der Typologie S. 39-49. Aachen 1978

Arch+ Nr. 85: Schwerpunktheft zur Typologie in Architektur und Städtebau. Aachen 1986

Behne, A.: Dammerstock. In: Tendenzen der 20er Jahre. Berlin 1977

Caniggia, G.; Maffei, G.: Composizione architettonica e tipologia ediliza. Venezia 1979

Caniggia, G.: Der typologische Prozeß in Forschung und Entwurf. In:Arch+ 85, 1986, S. 43-46

Capra, F.: Wendezeit. Bausteine für ein neues Weltbild. 7. Auflage, Bern, München, Wien 1984

Curdes, G.: Bürgerbeteiligung, Stadtraum, Umwelt. Inhaltliche und methodische Schwachstellen der teilräumlichen Planung. Köln 1985

Curdes, G.: Stadtmorphologie als neuer Forschungs- und Politikbereich. In: Gesellschaft für Regionalforschung. Seminarbericht 24, 1988, S. 37-66

Curdes, G.; Haase, A.; Pasternack, St.: Die Entwicklung der morphologischen Struktur und der Einfluß von Innovationen: Fallbeispiel Aachen. Institut für Städtebau und Landesplanung der RWTH Aachen Schriftenreihe Städtebauliche Arbeitsberichte Bd.3/5 1988

Curdes, G.; Haase, A.; Rodriguez-Lores, J.: Stadtstruktur: Stabilität und Wandel. Köln 1989

Hoffmann-Axthelm, D.: Warum Stadtplanung in Parzellen vor sich gehen muß. In: Bauwelt 48, 1990, S. 2488ff

Malfroy, S.: Kleines Glossar zu Saverio Muratoris Stadtmorphologie. In: Arch+ 85, 1986, S. 66-73

Malfroy, S.; Caniggia, G.: Die morphologische Betrachtungsweise von Stadt und Territorium. ETH Zürich, Lehrstuhl für Städtebaugeschichte, 1986

Moudon, A.V.: Built for Change. Neighborhood Architecture in San Francisco. MIT Press. Cambridge, Mass. 1986

Muratori, S.: Studi per una Operanta Storia di Venezia. Roma 1960

Norberg-Schulz, Ch.: Genius Loci, Stuttgart 1982

Rappaport, Ph.: Städtebau und ECA. In: Wandersleb, H. (Hrsg.).: Neuer Wohnbau. Bd.1, Ravensburg (1952), 1958, S. 47.

Rodrigues-Lores, J.: Grundlagen des Städtebaues, Teil B. Lehrstuhl für Planungstheorie, Werkberichte S. 1. Aachen 1991

Panerai, Ph.: Typologien. In: Arch+ 50, 1980, S.7-16.

Rowe, C., Koetter, F.: Collage City. Basel, Boston, Berlin 1984. Nachdruck 1988

Whitehand, J.W.R.: The Changing Face of Cities. Oxford 1987

Wittkau, K.: Stadtstrukturplanung. Analysen und Synthesen zur Steuerung der Entwicklung baulicher Gefüge und sozialräumlicher Verbände. Düsseldorf 1992

8. MORPHOLOGISCHE STRUKTUREN

Nach dem Überblick über Diskussionslinien wollen wir die Stadtmorphologie in einigen ihrer wichtigsten Ausprägungen behandeln. Dieses Kapitel soll am Beispiel unterschiedlicher morphologischer Strukturen die schon im Kapitel 3 erläuterten Begriffe verdeutlichen und die Eigenschaften der Strukturen behandeln.

A. MASSTÄBE

Je nach der Größe und dem Betrachtungsmaßstab bedeutet Morphologie Verschiedenes. Auf der Ebene eines Blocks sind Parzellengrenzen, Gebäude und Nebengebäude, die Bepflanzung und Oberflächengestalt darstellbar, auf der Ebene des Stadtteils jedoch nur noch Gebäude und Straßen, auf der Ebene einer gesamten Stadt sogar nur noch vereinfacht die Baustruktur oder die Netze. Es kommt daher auf die Zielsetzung an. Sie bestimmt, welcher Maßstab mit welcher Aussageschärfe in Frage kommt. Die unterschiedliche Genauigkeit und Informationsdichte dieser Ebenen zeigt Abbildung 8.1.

B. FORMEN MORPHOLOGISCHER ORDNUNGEN

Es gibt im Kern nur zwei Prinzipien, nach denen sich morphologische Strukturen bilden: das Prinzip der Addition durch Vervielfachung von ähnlichen Grundelementen - wie Parzellen, Blöcken, Stadtteilen - oder das Prinzip der Unterteilung ganzer Areale mittels einer bestimmten Teilungsgeometrie. Alle anderen Formen sind Mischungen aus beiden (Abb. 8.2). In beiden Prinzipien bilden die Baukörper die Grundelemente und je nachdem, wie gleichförmig diese Körper selbst ausgebildet und wie sie gruppiert werden, ergeben sich homogene oder heterogene Strukturen. Homogenität entsteht, wenn die Körper und ihre Abstände gleichförmig sind, Heterogenität, wenn die Körper oder die Abstände - oder beides - variieren. Am einfachsten kann dies an einem nichträumlichen Beispiel prinzipiell verdeutlichet werden (Abb. 8.3)

1. ADDITIV ENTSTANDENE ORDNUNGEN
Jeder Körper benötigt Raum. Werden Körper für sich

Abb. 8.1 Stadtmorphologie: Maßstab und Detaillierungsgrad

	HOMOGEN	HOMOG/HETEROG	HETEROGEN
ADDITIV	+	+	+
GEMISCHT		+	+
TEILUNG	+	+	

Abb. 8.2 Entstehungsprinzipien morphologischer Strukturen

1	2	3	4
0000000000	1010101010	O o ü u p l	0 0000
0000000000	0101010101	ä v b e c i	00 0000
0000000000	1010101010	a s d e r z	0 00 00
0000000000	0101010101	s ö s 0 u w	0 0 000 0

1) Gleiche Elemente, regelmäßige Abstände: homogen
2) Verschiedene Elemente, regelmässig wiederkehrend, regelmäßige Abstände: homogen
3) Verschiedene Elemente ähnlicher Größe, gleiche Abstände: Noch homogen
4) Gleiche Elemente, verschiedene Abstände: heterogen.

5	6	7	8
000●000000	0000000000	: 00 00 00:	:0000pppp:
000●0000●●●	0000●●●000	: 000 000 :	:0000pppp:
00000●0●000	0000●●●000	:0 00 00 0:	:xxxxx-----:
0000●●●000	0000000000	: 00 000 :	:xxxxx-----:

5) Homogene Struktur mit Betonung eines Bereichs
6) Homogene Struktur mit Mittenbereich
7) Heterogene Struktur mit zusammenfassendem linearem Rand
8) Vier homogene Teilstrukturen mit zusammenfassendem linearen Rand

Abb. 8.3 Bildungsprinzipien homogener und heterogener Strukturen

entwickelt, benötigen sie zu den Nachbarkörpern Distanzflächen, die im Grenzfall bis zu Null gehen. Je geringer die Distanz zum Nachbarkörper ist, umso eher werden Auswirkungen auf die Körperform zu erwarten sein. Zunehmende Distanzen erlauben daher größere

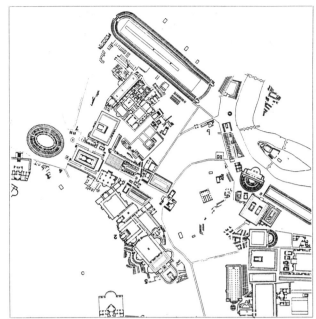

Abb. 8.4 Rom: Additive heterogene Struktur (Benevolo 1983, S.194)

Freiheiten in der Ausformung der Körper. Das additive Prinzip der Strukturbildung ist das älteste Prinzip der Besiedlung. Offene additive Strukturen gehen vom Gebäude als dem strukturbildenden Element aus. Die Geometrie der Anordnung ist dabei relativ offen. Sie kann regel- oder unregelmäßig ausfallen, ohne daß dies auf die Konzeption des Gebäudes eine besondere Rückwirkung haben müßte. Die additive Form geht also nicht von einer bestimmten Gesamtordnung aus. Es besteht eine eher lockere Beziehung der Parzellen untereinander und dem Erschließungssystem. Am deutlichsten zeigt sich das Prinzip bei lockeren dörflichen Strukturen. Die Bedürfnisse der Gebäudeanordnung und des Gebäudeumfeldes führen zu einer gegenseitigen Balance. Die Anordnung der Bauten geschieht nach einer individuellen Logik der Parzellen-

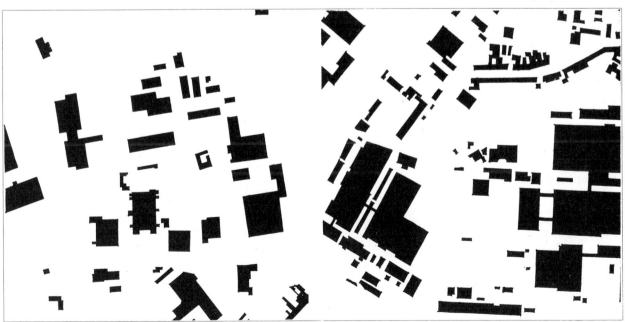

Abb. 8.5 Heterogene Strukturen von Gewerbegebieten in Aachen

Abb. 8.6 ADDITIVE HOMOGENE STRUKTUREN

a) Algier

b) Venedig (Doxiadis 1968, S.192)

c) AD Dira - Riyadh (Urban Land Utilization. MIT 1975)

d) Kyllburg (ISL Aachen Stud. Arb.10.1)

und Gebäudennutzung und weniger nach einem formalen Konzept. Vorteil dieses Prinzips ist der geringe Einfluß der Umgebung auf das Gebäude. Das Einzelelement kann in Größe, Stellung und Richtung auf Besonderheiten des Untergrundes und der Umgebung reagieren. Die Siedlungsstruktur kann sich auf Grund einer gewissen Autonomie der Einzelvorhaben additiv entwickeln. Die durch die Distanz gegebenen Abstände erlauben den Bauten bestimmte Freiheiten. Wenn für die Bauten eine zeitgemäße und stabile Form gefunden wurde, addieren sich diese zu mehr oder weniger dichten Siedlungsmustern.

Die meisten Dörfer und mittelalterlichen unregelmäßi-

gen Städte entstanden nach diesem Prinzip, aber auch die frühen Industrieansiedlungen im Ruhrgebiet. Aufgrund seiner geringen Bestimmtheit und der relativen Autonomie für das Einzelvorhaben ist es ein "liberales" Prinzip. Die Unbestimmheit in der großräumigen Organisation, geometrische Unverträglichkeiten durch verbleibende Restflächen und ein hoher Flächenverbrauch sind Nachteile.

Abb. 8.6 zeigt additiv entstandene homogene morphologische Strukturen.

Heterogene additive Strukturen entstehen durch den zufälligen Wechsel der Größe, Form und Abstände der

ABB.8.7 MORPHOLOGISCHE ORDNUNGEN NACH DEM TEILUNGSPRINZIP

ABB. 8.9
(Kampffmey

a) Entwurf

c) Parzellie

ABB. 8.1C

a) Bürosta

a) New York (Stübben 1890)

b) Manfoha - Riyadh (Urban Land Utilization MIT 1975)

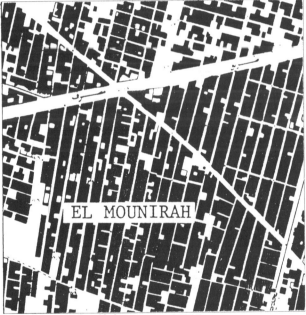

c) El Mounirah - Kairo (Goethert 1986)

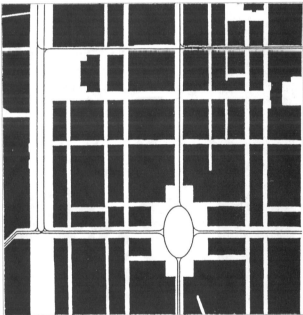

d) Krefeld vor der Zerstörung

Elemente. Bekanntestes historisches Beispiel ist die Morphologie des kaiserlichen Roms (Abb. 8.4). In Piranesis Phantasieprojekt wird das Prinzip noch deutlicher. Schinkel vertrat die Auffassung, die Gebäude vollendet auszubilden und die Vermittlung dem Zwischenraum zu übertragen, anstatt Kompromisse einzugehen. Das Beispiel Rom zeigt auch, daß urbane Zusammenhänge nur entstehen, wenn die Zwischenräume zwischen den Solitären durch Füllstrukturen (rechts) besetzt werden. Additive Heterogenität entsteht heute zumeist, wenn sehr unterschiedliche Anforderungen an einem Ort realisiert werden mußten. Daraus können formale und funktionale Spannungen entstehen. Eher positiv sind Spannungen zu werten, die

aus einer funktionalen Ergänzung einer Grundstruktur durch Großelemente wie etwa öffentliche Gebäude entstehen; eher negative Spannungen sind zu erwarten, wenn die Unterschiede durch sehr heterogene Funktionen entstehen. Neuere Gewerbegebiete tendieren zu heterogenen additiven Strukturen (Abb. 8.5).

2. DURCH TEILUNG ENTSTANDENE ORDNUNGEN

Das Prinzip der Flächenteilung setzt einen zentralen Willen voraus. Es muß rechtlich die faktische Verfügungsmacht über die zu aufzuteilenden Flächen bestehen. Die ältesten bekannten Städte in Zentralasien und im Nahen Osten sowie die römischen Militärstädte in Europa, aber auch die Gründungsstädte des Mittel-

der klassischen Anordnung entlang den Straßen ab, findet offensichtlich zunächst ein konzeptioneller Formungsvorgang statt, dem nachträglich erst eine Flächenaufteilung folgt. Wir finden diesen Vorgang seit den 1920er Jahren bei sehr vielen Wohnbauprojekten, wie bei Bruno Tauts Siedlung Brilz, in Karlsruhe Dammerstock, aber auch bei fast allen neuen Großsiedlungen ab 1950. Dem Layout der Gebäudeanordnung folgen erst die Straßen, bestenfalls geschieht beides zugleich. Die Straßenführung geht dabei nicht nach der einfachen Teilungsregel vor, sondern ordnet sich den städtebaulichen Leitgedanken unter. Le Corbusiers Kampf gegen die Korridorstraße, aber auch die Absicht, eine weichere Gebäudemodulierung, fließende Räume, eine optimale Sonnenorientierung der Gebäude zu verwirklichen, unterstützen die hier zu beobachtende Umkehrung des Entwurfsvorgangs. Auf den gewonnenen größeren Verfügungsflächen findet nun eine vom Entwurfsgedanken ausgehende Konzeption der Nutzungen und Gebäudeanordnungen statt, die Elemente der Flächenaufteilung und der additiven Füllung der Flächen in einem Vorgang vereint.

Die Abkehr von den beiden klassischen Prinzipien - der Addition entlang von Verkehrswegen einerseits und von der Flächenteilung durch Vorgabe von Straßen andererseits - hat zwar zu mehr Beweglichkeit in der Formung der Gebäudekörper, aber bei einer Abkehr der Straßenorientierung auch zu Verlusten an Urbanität und klaren öffentlichen Räumen geführt. Die massenhafte Einführung von Anordnungsformen, die sich von Erschließungsvorgaben unabhäng machen, hat mit dem Bedeutungszuwachs großer Investoren im Städtebau zu tun, wie er seit den 20er Jahren durch Wohnbaugesellschaften, staatliche Behörden, Immobilienfirmen, Verwaltungen, Banken und Versicherungen zu verzeichnen ist. War in der Vergangenheit die Autonomie der Entscheidung über abweichende Anordnungen auf Sonderinstitutionen wie Fürsten oder Kirchen beschränkt, hat die Pluralisierung der Macht zu einer - für die Lesbarkeit der Städte nicht immer positiven - Pluralität der Ordnungsprinzipien geführt. Abbildung 8.9 zeigt am Beispiel der Nordweststadt in Frankfurt (1959-1968) die Transformation der Bodenaufteilung von Agrarparzellen zu Großparzellen für ganze Baugruppen der Baugesellschaften und für Infrastrukturgebäude.

4. CHAOS-STRUKTUREN UND COLLAGEN

Ein Sonderfall des gemischten Prinzips sind, wie schon in Kapitel 7 dargestellt, Ordnungen, bei denen die Maßstäbe der Objekte und der Erschließung so stark wechseln, daß keine dominante Strukturordnung mehr erkennbar ist (Abb. 8.10). Hierfür werden zunehmend die Ausdrücke "fragmentarische Strukturen", "Collage-Ordnung", "Chaos-Struktur" oder "Patchwork-Struktur" gebraucht. Auch dekonstruktivistische Versuche, Brüche und Fragmente als eigenständiges Thema der Struktur auszuformulieren, gehören in diese Kategorie. Allen diesen Ansätzen ist gemeinsam, daß sie sich dem bisher vernachlässigten Thema des Bruchs in der Struktur annehmen. Während beim Planen und Entwerfen in der Regel das "Ordnen", das Herstellen in sich sinnvoller Zusammenhänge im Vordergrund steht

Abb. 8.8 Gemis...

BEGRIFFE: BESTAND
ELEMENTE
AUSDEHNUNG
MAßSTAB
MITTENORIENTIERUNG
GRENZEN/RÄNDER
BRÜCHE
AKZENTE
ÜBERLAGERUNG
DURCHDRINGUNG

STRUKTURBEGRIFFE: VERÄNDERUNG
WANDEL
STABILITÄT
TRANSFORMATION
VERDICHTUNG/ENTDICHTUNG
ERGÄNZUNG/ZUSAMMENFASSUNG
ORDNUNG/HOMOGENISIERUNG

Abb.8.11 Begriffe zur Morphologie

und dabei Abweichungen, Brüche und Ränder eher als unbewältigter und lästiger Strukturrest erscheinen, hat eine neue Generation von Theoretikern (Zaha Hadid, Libeskind - vergl. Abb.7.2 im vorherigen Kapitel) ihr Thema gerade in diesen Störungen gefunden.

C. BEGRIFFE ZUR MORPHOLOGIE UND ZUM STRUKTURELLEN ENTWERFEN UND PLANEN

Die morphologische Denkweise findet auf einer strukturellen Ebene räumlicher Organisation statt. Sie ist präziser als die Flächennutzungsebene und allgemeiner als die architektonische. Durch die Konzentration auf die äußere - in manchen Fällen auch auf die innere - Form von Bauten und Anlagen bleibt das für den Städtebau essentielle Thema von Baustruktur und Zwischenraum als Ebene der Auseinandersetzung erhalten. Planerisches Denken findet daher in struktureller Form statt, was den Vorteil einer frühen Erkennung von Maßstabsveränderungen, von Brüchen, von maßstäblichen Entsprechungen hat. Je nachdem, ob es sich eher um eine bestandsorientierte oder veränderungsorientierte Aufgabe handelt, werden unterschiedliche Aspekte wichtig, die mit dem Begriffstableau in Abbildung 8.11 umrissen werden können. Die Begriffe verweisen auf strukturelle Situationen und mögliche Haltungen, Strukturen zu respektieren oder zu verändern. Wie im Kapitel 7 besprochen, hat das vorherrschende "pattern", die "Ordnung" oder "Unordnung" der Struktur, für die Bewertung große Bedeutung. Der Begriff der Ordnung wird von jeder Kultur und Zeit neu interpretiert und bestimmt. Waren noch Ende des 19. Jahrhunderts unsymmetrisch aufgebaute Fassaden in manchen Bauordnungen als "gegen die Sitten verstoßend" verboten, hat unser Jahrhundert labile Spannungsverhälnisse in Fassaden, in Siedlungsgrundrissen und im Massenaufbau der Bauten als neues Ordnungsprinzip eingeführt. Auch wenn dieses Prinzip zu einigen hervorragenden Einzelergebnissen geführt hat, hat es nicht die gleiche universale Bedeutung wie die klassischen räumlichen Prinzipien Addition und Teilung erlangt. Der Zerfall vieler Stadtgrundrisse in ein "Patchwork" unverbundener Fragmente und die dadurch bedingte Rückbesinnung auf die stadtbildende Bedeutung der Straßenrandbebauung weisen darauf hin. Die folgenden Thesen verdeutlichen diesen Zusammenhang und die ökonomische Bedeutung geordneter Baubestände.

D. THESEN ZUR MORPHOLOGIE

- Gute Ordnungen liegen vor, wenn sich wenige Grundelemente ohne allzu große Abwandlung wiederholen und durch ähnliche Anordnungsformen ein erkennbares Grundmuster ausbilden. Solche Grundmuster bilden den "Charakter" eines Gebietes. Das Grundmuster wird am stärksten durch den Gebäudetyp und seine Beziehung zu Nachbargebäuden bestimmt. Danach durch die Art der Netzgeometrie, durch das Verhältnis von Höhe der Bebauung zur Breite der Straßen und durch die Form der Straßen (gerade/ungerade).

- Gut strukturierte Morphologien setzen Umwandlungsabsichten den Widerstand der vorhandenen Strukturlogik entgegen. Diese kann aufgehoben werden in Fällen geringer Restwerte oder bei durchsetzungsfähigen Interessen. Im Prinzip gilt aber, daß geometrisch gut geordnete, homogen aufgefüllte Strukturen sehr stabil gegen Veränderungsabsichten sind, die mit der Logik der Struktur nicht übereinstimmen.

- Ordnungen, die durch die Wiederholung gleicher Elemente gebildet sind und die keine großen Lücken aufweisen, vertragen in einem bestimmten Maß Störungen durch abweichende Bau- und Nutzungsformen. Ab einem bestimmten Umfang, nämlich dann, wenn die vorhandene Ordnung dauernd durchbrochen oder wenn sie ohne klare Abgrenzung durch eine oder mehrere konträre Muster überlagert wird, verliert die ursprüngliche Ordnung ihre strukturbildende Kraft.

- Strukturen, die dauernd das Grundmuster wechseln, wo Geometrien, Gebäudetypen, Höhen, Fluchten, Architekturen, Farben und Materialien dauernd und ohne erkennbare Regel wechseln, werden als strukturlos, als chaotisch empfunden. Erst wenn Strukturlosigkeit als generelle Umgebung existiert, können Gewöhnungseffekte dies etwas mildern. Diese auf die Wahrnehmung abgestellte Bewertung setzt sich ökonomisch fort, da bei Bereichen geringer Ordnung auch gestörte Zusammenhänge vermutet werden. Gestörte Ordnungen sind daher auch Symbol einer ungesicherten Zukunft.

- Transformationen sind Umformungen einer Ordnung in eine andere. Transformationen der Stadt finden in für die Gesamtfunktion überlebenswichtigen Bereichen regelmäßig, in überalterten Bereichen und in wenig strukturierten Bereichen sowie in Freiräumen dagegen häufig statt.

- Ränder, "graue Zonen", der "urban fringe" und Transformationsbereiche haben eine wichtige Aufgabe für die Stadt. Sie stellen Pufferräume dar, wirken als Ansatzpunkte für neue Entwicklungen. Wo sollen sich in einer weitgehend bebauten Stadt neue Nutzungen anlagern? Solche untergenutzten oder ungeordneten Bereiche sind dafür günstige Areale. Sie sind bereits erschlossen, liegen oft noch nahe zu Versorgungseinrichtungen, haben geringe Bodenwerte und liegen außerhalb des aktuellen Interesses. Sie haben keine starke politische Lobby, es gibt stillen Konsens, daß sich solche Bereiche verändern müssen. Eine günstige Ausgangssituation also für Neuentwicklungen.

E. FOLGERUNGEN FÜR DAS ENTWERFEN

1. STRUKTURHARMONISIERUNG
Beim Entwerfen in gestörten Strukturen sollte zunächst untersucht werden, um welche Art von Störungen es sich handelt. Dies kann geschehen, indem man die strukturbildenden Elemente und jene Eigenschaften identifiziert, die die gegebene Struktur am stärksten bestimmen. Man kann die Mittelmaße der Elemente und Abstände ermitteln und die "Normalverteilung" bestimmen. Danach könnte man die größeren Abweichungen und deren Charakteristik untersuchen. Schließlich wären jene Bereiche zu markieren, die als gestört erscheinen.In einem zweiten Schritt kann nun bestimmt werden, welche Größe und Abstände neu einzufügender Elemente den größten Beitrag zu einer Strukturharmonisierung leisten würden. Diese wären durch Testentwürfe bzw. durch die Prüfung versuchsweise angeordneter Konfigurationen zu überprüfen.

2. STRUKTURENTWICKLUNG
Ansätze zu noch nicht klar ausgeprägten Strukturen können durch die Wiederholung vorhandener oder durch neue Elemente verfestigt werden. Stoßen mehrere Maßstäbe oder Ordnungen auf kleinem Raum aneinander, bilden Abrundungen der jeweiligen Ordnung klare Grenzen. Die deutlichsten Ordnungsergebnisse werden bei fragmentarischen Strukturen durch zusammenfassende Ränder erzielt. Abbildung 8.12 zeigt solche Ordnungsversuche am Beispiel eines fragmentierten Stadtrandgebietes in Aachen. Die Ordnung eines chaotischen Gefüges in Paris zeigt Abbildung 8.13. In den nächsten Jahren werden vermehrt Aufgaben zur Verdichtung und Wiedereinbindung der Zeilenbauten der 50er und 60er Jahre anstehen. Eine interessante Studie dazu, wie isolierte Bauten wieder zu einem normalen Teil einer an Blöcken orientierten Stadtstruktur werden könnten, wurde am Beispiel einer Reurbanisierung von Neu-Belgrad durchgeführt (Abb. 8.15).

3. STRUKTURAKZENTUIERUNG (Abb. 8.14)
Homogene oder ungenügend ausgeprägte Strukturen können durch bewußte Abweichungen akzentuiert werden. Akzentuierungen können in Abweichungen der Detailausgestaltung gleicher Elemente (Farben,

ABB. 8.12 ORDNUNG VON FRAGMENTEN: AACHEN-WEST
(Studienarbeiten zum Aachener Westen. Lehrstuhl für Städtebau und Landesplanung, Aachen 1985)

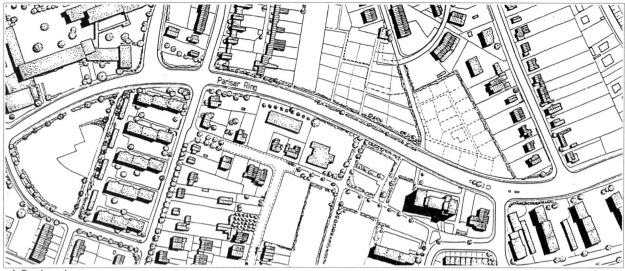

a) Bestand

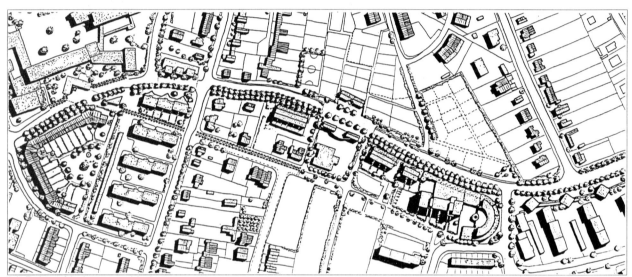

b) Entwurf Lohmann / Lehmann

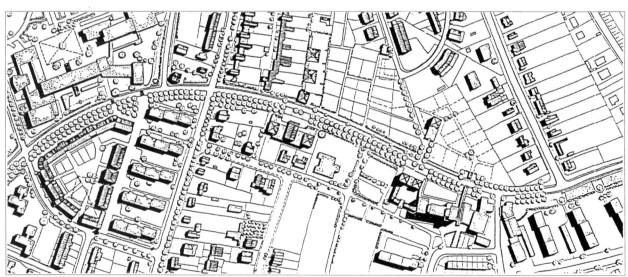

c) Entwurf Niebuhr

ABB. 8.13 NEUORDNUNG FRAGMENTARISCHER BEREICHE: GARE REULLY, PARIS
(Paris Projet 27-28. L'Amenagement L'Est de Paris)

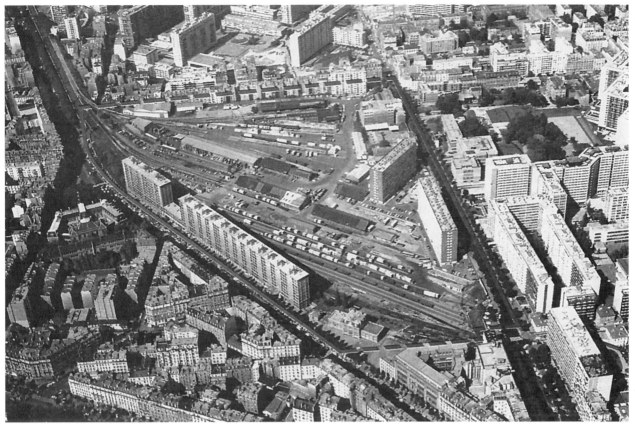

a) Luftbild des Bestandes

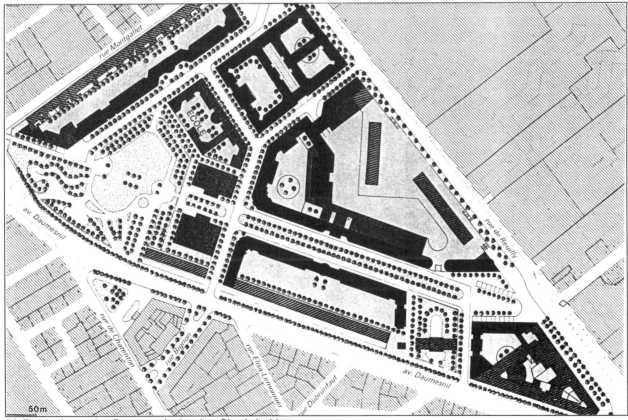

b) Einbindung der Fragmente in eine Blockstruktur

Materialien), in der Veränderung der Form oder in Abweichungen des Volumens - insbesondere der Höhe - bestehen. Deutliche Höhenabweichungen, verbunden mit einem eigenen architektonischen Ausdruck, sind eines der ältesten und wirksamsten Mittel der Akzentuierung. Eine Akzentuierung kann ferner durch sekundäre Mittel bewirkt oder verstärkt werden: größere oder kleinere Zwischenräume, Veränderung in der geometrischen Ausrichtung, Ausnutzung topographischer Besonderheiten. Eine Akzentuierung kann schließlich durch bewußte Störungen oder durch eine Durchdringung mit einem anderen Struktursystem geschehen. Die oben dargestellte Kultivierung des Bruchs gehört ebenso in diese Kategorie wie die klassische Strukturakzentuierung durch Mittenbildung, Merkzeichen und fernwirksame Vertikalsymbole.

GEBÄUDEVOLUMEN
GEBÄUDEHÖHE
GEBÄUDEFORM
GEBÄUDESTELLUNG
ZWISCHENRÄUME
GESTALTUNG DES VORBEREICHES
FASSADENSTRUKTUR
MATERIAL
FARBE

Abb. 8.14 Mittel der Strukturakzentuierung

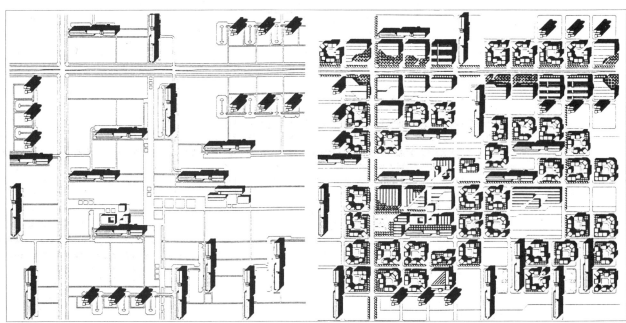

Abb. 8.15 Studie zur Re-Urbanisierung von Neu-Belgrad (Bauwelt 1989, Heft 5, S.172, 173)

9. LOGIK MORPHOLOGISCHER VERÄNDERUNGEN

Jede Struktur altert. So unterliegen auch gut strukturierte Ordnungen der Alterung der Gebäude, der Versorgungsanlagen. Deshalb ist die Erneuerungsfähigkeit der Strukturen und ihre Anpassungsfähigkeit an veränderte Bedürfnisse wichtig. Dabei können wir einige Faktoren unterscheiden, die Veränderungen verursachen:
- Lage des Gebietes,
- Funktion des Gebietes,
- Baualter und Bauqualität,
- Strukturdichte,
- Strukturqualität,
- Lage- und Bodenwerte.

Häufige Veränderungen ergeben sich naturgemäß in Gebieten, die sich aufgrund ihrer Lage und Funktion für neue Aufgaben der Stadt oder Region verändern müssen. Dies sind häufig der Stadtkern, weiche Übergangszonen, ältere Gewerbegebiete und der Stadtrand.

A. STADTRAND UND WEICHE ZONEN

Der Stadtrand dient traditionell der Ausweitung des Siedlungssystems. Die freien Flächen setzen im Regelfall der Ausdehnung den geringsten Widerstand entgegen. Bevor innere Verdichtungen beginnen und die vorhandene Struktur ersetzt wird, können wir daher Ausweitungen an der Peripherie und in wenig genutzte Zonen beobachten. Während in den überwiegend bebauten Bereichen - mit Ausnahme alter Industrie-, Bahn- und Hafenflächen - die Erweiterung und Verdichtung häufig punktuell und kleinflächig erfolgt, erweitern sich Zonen an der Peripherie häufig großflächig um ganze Siedlungseinheiten. Die geringe Vorprägung dieser Bereiche läßt große Freiheiten für die Formen der Erschließung und Bebauung. Dementsprechend haben sich die Stadtränder unter stadt-ökonomischen Gesichtspunkten teilweise zu Problemzonen entwickelt.

B. PERMANENTE ERNEUERUNG UND VERDICHTUNG IM STADTKERN

Die wachsenden und wechselnden Anforderungen an Standorte und Nutzraum in den Kernzonen der Städte führen zur zunehmenden Ausnutzung bisher freier oder mindergenutzter Bauflächen. Es finden punktuelle Veränderungen statt, die das umliegende Gefüge nicht wesentlich verändern, ihm aber neue Impulse hinzufügen. Im engeren Stadtkern sind die Einheiten zumeist auf Parzellen beschränkt. In noch freien Innenstadtrandbereichen kommen Einheiten in der Größe von Blöcken hinzu. Für die älteren bebauten Bereiche sind die weitgehend autonomen Erneuerungen auf kleinster Ebene, die Kapillarveränderungen, besonders wichtig. Sie ergänzen die Nutzungen, differenzieren das Sozial- und Altersgefüge und sind wegen ihrer geringen Größe zugleich strukturschonend. Eine lebendige Struktur wird dauernd von solch kleinen, fast unmerklichen Veränderungen verjüngt. Abbildung 9.1 zeigt solche Mikroveränderungen im Aachener Stadtkern und den umliegenden Vierteln von 1910 bis 1980. Hier wird einerseits die kleinteilige Kapillarveränderung sichtbar, andererseits die enorme Ersatz- und Neubautätigkeit nach 1945 in Form größerer Einheiten - deren Veränderung, nach ihrem Neubau, ebenfalls wieder kapillar erfolgt.

Nach dem Zweiten Weltkrieg erleichterten die starken Zerstörungen deutscher Städte größere Korrekturen im Stadtgefüge. Es war eine Gelegenheit, schon lange vorhandene Engpässe in der Zugänglichkeit der meist noch mittelalterlich geprägten Altstädte zu verbessern. Solche Operationen erfordern, auch in Sondersi-

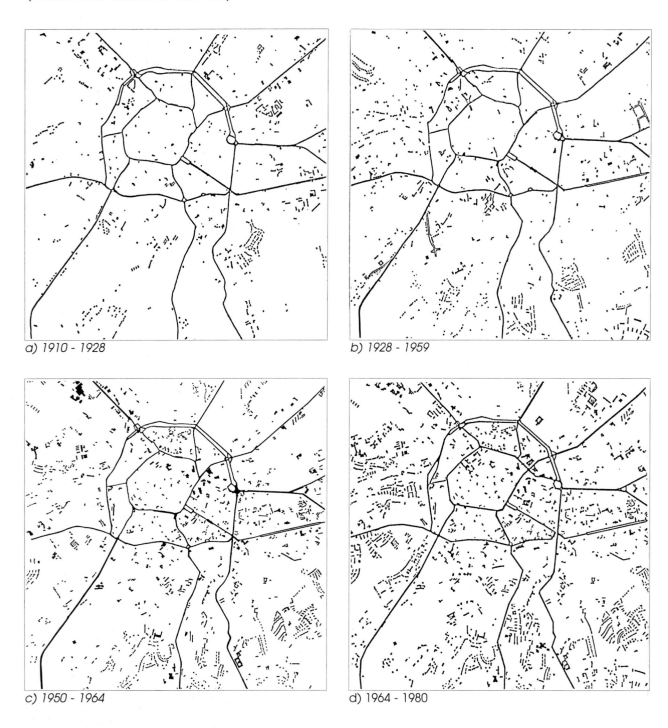

a) 1910 - 1928

b) 1928 - 1959

c) 1950 - 1964

d) 1964 - 1980

tuationen wie nach dem Kriege, einen langen Atem, und waren nur deshalb möglich, weil der Wiederaufbau entlang der alten Fluchtlinien in den übrigen Bereichen ohne besondere Planung vor sich ging. Änderungen von Fluchtlinien sind kosten- und zeitintensive Prozeduren. Insofern war die Entscheidung vieler Städte, den Aufbau auf den alten Grundmauern und Parzellen durchzuführen, ökonomisch und geschichtlich weise. An einem Beispiel soll der Aufwand und der begrenzte Nutzen einer Fluchtlinienveränderung aufgezeigt werden. Abbildung 9.2a zeigt den Neuordnungsplan für den Stadtkern von Aachen

von 1950. Die darüber gelegte Grafik mit Schraffuren und Pfeilen macht die Straßenverbreiterungen in Verbindung mit den das Umland anbindenden Radialen deutlich. Der Stadtkern sollte durchlässiger für die Verknüpfung der inneren mit den äußeren Stadtteilen gemacht werden. Die Folgen dieser Operation wollen wir am Beispiel eines Ausschnittes (östlicher Teil der Innenstadt) zeigen: Die im Querschnitt noch aus dem Mittelalter stammende schmale Peterstraße erschwerte den Zugang zum Stadtkern von Osten her. Für den Haupteinzugsbereich der Aachener Innenstadt, den Südosten, fehlte ebenfalls eine leistungsfähige Ver-

ABB. 9.2 AACHEN: STRASSENVERBREITERUNG UND STRUKTURELLE FOLGEN
(Curdes,Haase,Pasternack. ISL Aachen 1987)

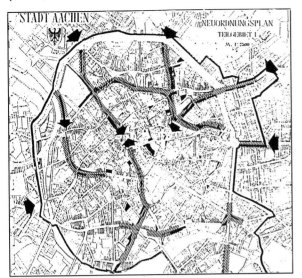

a) Plan der Fluchtlinienänderungen im Stadtkern

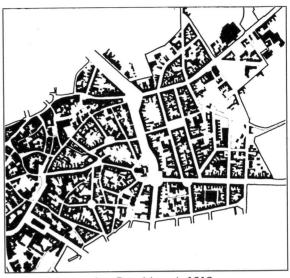

b) Bereich um den Durchbruch 1910

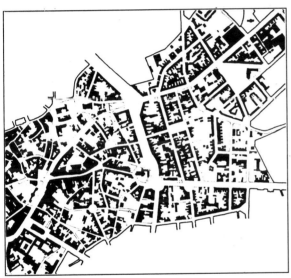

c) Bereich um den Durchbruch 1950

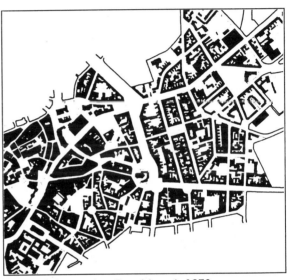

d) Bereich um den Durchbruch 1978

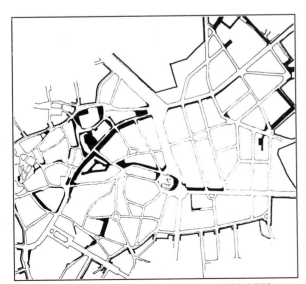

e) Veränderungen von Fluchtlinien 1910-1978

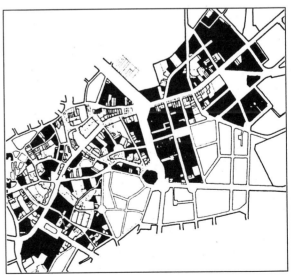

f) Veränderungen von Parzellen 1950-1978

bindung. Auf der Abbildung 9.2a sind diese beiden Problemzonen rechts außen erkennbar. Die Abb.9.2d zeigt die beiden Durchbrüche Mitte links und Mitte unten. Abb.9.2e zeigt die rückzuversetzenden Baufluchten und 9.2f die Veränderungen in der Parzellenstruktur (helle Flächen). Daraus wird erkennbar, daß die Veränderung der Baufluchten zugleich weitreichende Veränderungen der Parzellengröße und der Eigentümerstruktur zur Folge hatte. Anstelle der Kleineigentümer traten nun Handelskonzerne auf, die Parzellen zusammenlegten und Großstrukturen entwickelten. Damit erfolgte eine Erneuerung und Modernisierung der Nutzungsstruktur. Die mit hohem ökonomischnen und zeitlichem Aufwand durchgeführte Ausweitung genügte aber nur etwa 20-30 Jahre den Anforderungen. Seit Mitte der 80er Jahre entsprach der Querschnitt dem gestiegenen PKW-Verkehr schon nicht mehr. Anfang der 90er Jahre beginnt die Zurückdrängung des PKW-Verkehrs durch Busspuren. Der südöstliche Durchbruch wurde 1992 in eine Fußgängerzone umgewandelt, für die vierspurige Peterstraße wird ein Rückbau auf zwei Spuren oder eine Sperrung für den Individualverkehr diskutiert. Die ganze Operation, bei der nach einem Zeitraum von 30 Jahren noch immer einige Baulücken bestehen und die zu einem der problematischsten Stadträume Aachens geführt hat, war also nicht besonders erfolgreich. Das Beispiel lehrt, wie lange es dauert, bis ein gestörtes Gefüge baulich, sozial und ökonomisch wieder geschlossen ist.

C. VERÄNDERUNGEN AUF PARZELLENEBENE

Wir haben gesehen, daß eine Stadt auch in ihren immobilen Strukturen dauernd in Bewegung ist. Wenn man sich die Frage stellt, wodurch diese permanenten Anpassungen bewältigt und wie zugleich Stabilität und Wandel in der gleichen Zeit und im gleichen Bereich bewerkstelligt werden, dann stößt man unweigerlich auf die Parzelle und den Block.

1. NATUR DER PARZELLE

Die kleinste Einheit der Stadt ist die Parzelle. Parzellen sind Teile des städtischen Baubodens, über die ein Eigentümer mit einer relativen Autonomie verfügen kann. Einschränkungen werden durch den rechtlichen und nachbarschaftlichen Rahmen gegeben. Innerhalb dieses Rahmens aber, den Eigentümer oft auch zu dehnen wissen, finden dynamische Veränderungen im Mikromaßstab statt, wie der Wechsel von Nutzern und Nutzungen, Veränderungen des Inneren und Äußeren der Bauten. Bei Parzellen können wir beobachten, daß sie in Phasen städtischen Wachstums und steigender Bodenwerte in der Tendenz dichter bebaut werden. Es findet also eine zunehmende Ausnutzung statt. Diese hängt auch mit der Lage in der Stadt zusammen. Mit zunehmender Nähe zum Kern werden Parzellen häufig dichter und höher bebaut. Es gibt Ausnahmen bei öffentlichen Bauten und bei Transformationen des Stadtkernes für großflächige Nutzungen. Der Verdichtungsvorgang kann damit erklärt werden, daß offenbar vorher noch für erforderlich gehaltene Freiflächen, Abstände usw. schließlich soweit reduziert werden, bis ein gewisses Minimum an für

das Leben erforderliche Bedingungen erreicht ist. Dieses Minimum finden wir in islamischen Stadtgrundrissen ebenso wie in Stadtgrundrissen des späten Mittelalters wie auch am Ende des 19. Jahrhunderts.

Da sich die Anforderungen an die Größe von Parzellen und Gebäuden mit der Zeit ändern können, insbesondere wenn die Nutzungsart wechselt, oder wenn ein zuvor am Rand liegendes Areal durch das Stadtwachstum später in eine mehr zentrale Lage gerät, ist neben der geometrischen Form und dem Zuschnitt die Größe der Parzellen und die Größe und Form der Gebäude von entscheidender Bedeutung für die Nutzbarkeit in einem sich ändernden Kontext. Als besonders geeignet haben sich schmale tiefe Parzellen erwiesen, weil sie am Anfang einer Stadtentwicklung eine schnelle Schließung der Straßenräume durch nicht zu breite - und damit teure - Gebäude erlaubten. Ihre hinteren Reserveflächen konnten in späteren Phasen aber durch zusätzliche Anbauten ohne Veränderungen der Parzellenzuschnitte genutzt werden. Reichten auch diese Verdichtungen nicht mehr aus, konnten durch das Zusammenlegen mehrerer schmaler Parzellen Grundstücke für Großstrukturen im Rahmen der modularen Ordnung entwickelt werden.

In einem der besten Beiträge der letzten Jahre zu diesem Thema hat Hoffmann-Axthelm (1990) zur Logik der Parzelle ausgeführt: "Die Parzellenstadt ist ein Netz, das die Inhalte der Stadt trägt und in Beziehung setzt. Die einzelne Parzelle ist dabei die kleinste städtebauliche Einheit, - die Häuser, Gebäudeformen, Höfe usw. sind konkrete architektonische Inneneinrichtung. Die Grundeinheiten können größer oder kleiner, sogar sehr groß und sehr klein sein. Entscheidend ist, wie in der Biologie, daß es diese Behälter überhaupt gibt, mit ihren Grenzen zwischen innen und außen, ihren Durchlässen und Innen-Außenwirkungen. Von der Ausdehnung und Differenziertheit des Netzes hängt die Belastbarkeit einer Stadt ab. Die moderne Stadtplanung glaubte, es reiche aus, ringsum belüftete und belichtete Gebäude in die Gegend zu stellen. Sie sah die Parzellenteilung als einen alten Zopf an, den es abzuschneiden galt, ohne sich klarzumachen, welche Leistungen das System erbrachte...". Nach Hoffmann - Axthelm ist die Parzelle ein Verteilungsraster von unterschiedlichen Eigentümern, welches den Zugriff großer Konzerne und Bauträger auf die Stadt und die daraus folgende Monotonie vermeidet, ein Element, auf dem Funktionsmischung stattfinden kann, ein Kontrollinstrument der Stadtökologie, soziale Grundeinheit, Träger typologischer Überlieferung, aber auch eine historische Speichereinheit und schließlich eine Wahrnehmungseinheit. Denn "die Wahrnehmung braucht, um beschäftigt zu sein, wirkliche Trennungen, die Neueinstellungen und Überraschungen einbegreifen.." (S.2491).

Die Parzelle ist daher auf der einen Seite eine Verfügungseinheit, auf der anderen Seite kann sie auch wie ein Korsett wirken. Deshalb werden Reserven in Bauten und auf den Parzellen bei steigenden Anforderungen zuerst ausgenutzt. Am häufigsten kann man folgende Veränderungen beobachten:

- Vergrößerung der Bebauung durch Ausnutzung bisher nicht überbauter Parzellenteile,
- Erhöhung der Zahl der Geschosse,
- Teilung von Parzellen,
- Zusammenfassung mehrerer Parzellen zu einer größeren Nutzungseinheit.

Während Veränderungen benachbarter Parzellen durch Übereinkunft der Eigentümer noch relativ leicht möglich sind, ist es sehr viel schwieriger, eine Veränderung der äußeren Grenzen von Blöcken herbeizuführen, weil damit in der Regel auch Veränderungen der benachbarten Blöcke und des Erschließungsnetzes erforderlich werden. Dies ist meist nur in besonderen Situationen, zum Beispiel nach Katastrophen oder bei besonderen Funktionsengpässen möglich. Mit zunehmender Aggregatgröße nimmt daher die Wahrscheinlichkeit von Veränderungen proportional mit den zu tragenden Folgekosten ab. Greift allerdings die Planung in den Nutzungsprozeß ein, können, wie das Beispiel oben zeigte, sehr große Veränderungen stattfinden.

2. FORM- UND GRÖSSENEIGENSCHAFTEN VON PARZELLEN

Die Größen und Formen der Parzellen beeinflussen den Anpasssungsprozeß. Zwar kann es theoretisch so viele Formen von Parzellen geben wie es geometrische Konfigurationen der Parzellierung gibt. In der Praxis haben sich aber einige Hauptformen herausgebildet, die Erfahrungen und Zweckmäßigkeiten spiegeln. Diese Formen sind, in der Reihenfolge ihrer Häufigkeit: a) rechteckig-tiefe, b) schmal-tiefe, c) quadratische, d) schräg-rechteckig-tiefe, e) rechteckig-lange, f) dreieckige, g) vieleckige und h) gekrümmte

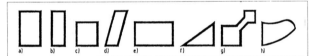

Abb. 9.3 Parzellenformen

Formen.Die Formen und Größen der Parzellen unterscheiden sich teilweise nach historischen Perioden und Kulturen. So wurden in der gewachsenen mittelalterlichen Stadt in Mitteleuropa meistens schmale (oftmals sehr schmale) tiefe Parzellen verwandt. Die Breiten differieren von 5-10 m bei Städten mit Fachwerkbau und Holzdecken. In südlichen Ländern mit Steinbau- und Gewölbetradition waren die Parzellen breiter und die Haustypen größer. Noch größere Parzellen sind erforderlich bei der mediterranen Bauweise mit einem inneren Hof (Patio). Rechteckig-tiefe und quadratische Parzellen finden sich in den meisten Gründungsstädten. Schmale tiefe Parzellen haben mit dem knappen Baugrund zu tun und treten auf, wenn möglichst viele Gebäude auf einer gegebenen Linie (z.B. Markplatz, Hafen) aufgereiht werden mußten. Die Größen differieren weniger als die Formen. Der Grundmodul der Parzellen bestimmt die Größe der kapillaren Veränderungen und den Maßstab von Vergrößerungen des Grundmoduls.

D. VERÄNDERUNGEN AUF DER BLOCKEBENE

So wie die Parzelle sich nur verändern kann, wenn sich die Grenzen der Nachbarparzelle verändern lassen, setzt die Veränderbarkeit der äußeren Blockgrenzen entweder Reserven in den angrenzenden Erschließungsflächen - Straßen und Wegen - voraus oder eine Veränderung der anschließenden Nachbarblöcke. Sehr viel schwieriger ist die Veränderung der äußeren Grenzen der Blöcke deshalb, weil die Veränderungen in den benachbarten Blöcken die Zahl der Beteiligten und damit den Widerstand erhöhen. Deshalb sind urbane Systeme auf der Blockebene bereits sehr stabil. Änderungen erfolgen zumeist nur bei besonderen Anlässen, bei niedrigen Bau- und Bodenwerten in "weichen Zonen" oder bei besonderen Funktionsengpässen, die für das "Überleben" des Gesamtsystems beseitigt werden müssen, wie zum Beispiel durch Straßendurchbrüche. Was für die Parzelle gilt, gilt auch für die nächstgrößere Einheit, den Baublock, oder für Quartiere. Auch hier können wir die Tendenz beobachten, daß mit zunehmender Raumknappheit im Siedlungssystem Verdichtungen im Inneren stattfinden. So ist z.B. die Diskussion über die Nachverdichtung der Zeilenbauten der 50er und 60er Jahre ein solcher Vorgang. Dies bedeutet, daß offenbar in der Bebauungsstruktur Reserven vorhanden sind, die bei Bedarf in Anspruch genommen werden. In dem flächensparenden Vorhalten solcher Reserven liegt ein wesentliches Merkmal guter Parzellen- und Baustrukturen. Bewährt haben sich dafür der klassische Baublock mit einer klaren Ausprägung von "Vorne und Hinten", tiefe Parzellen, Block-Hofbebauungen, Bebauungen mit einem Reservoir unterschiedlicher Räume (Souterrain, Hintergebäude, Reserven in Dachgeschossen). Am wenigsten Pufferflächen bieten die "modernen Bebauungen" ab den 20er Jahren. Abbildung 9.4 zeigt einen solchen Vorgang am Beispiel der ungarischen Stadt Kecskemet: Horizontal ist die Verdichtung und Transformation gleicher Ausschnitte aus der Innenstadt dargestellt. Die ehemaligen Bauernhöfe werden verdichtet und allmählich zu größeren Einheiten zusammengelegt. Deutlich ist, daß der Maßstab dieser Veränderungen sich aus dem Mikromaßstab der Parzellen und ihrer Bebauung ableitet. Interventionen haben nur jene Reichweite, die für den Zweck der Veränderung erforderlich ist. Die Abbildung unten rechts z.B. zeigt, daß die Veränderung entlang der begradigten Hauptstraße nur die vorderen Parzellen erfaßt. Die Parzellen dahinter bleiben zunächst geringfügig verändert in ihrer schon 1832 vorhandenen Struktur. Erst äußere Veränderungen durch Straßendurchbrüche und breite Bautypen führen schließlich zu einer Zusammenlegung der Parzellen, die weniger morphologische, umso mehr aber architektonische Konsequenzen für das Ortsbild hat.

Abbildung 9.5 und 9.6 zeigen Veränderungen von Blöcken im Aachener Altstadtbereich. Es handelt sich um Blöcke mit ehemals gewerblicher Nutzung, die seit den 70er Jahren verlagert wurde. Die Abbildungen zeigen die relativ hohe Stabilität der Parzellenstruktur und die Veränderungen der Bebauung. Die Neunutzung ersetzt Gewerbe durch verdichtetes Wohnen in

1832

1880/1950

1980

1832

1950

1980

1832/1880

1905

1950

1980

1832

1880

1950

1980

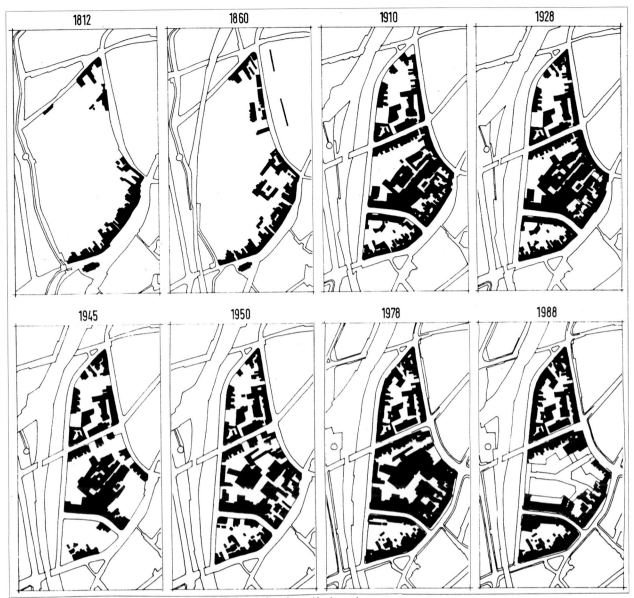

Abb. 9.5 Langzeitveränderung von Blöcken. Aachen Karlsgraben
(Curdes, Haase, Pasternack, Urbinno-Studie. ISL Aachen 1988)

2-4 geschossigen Bauten. Ein besonders einprägsames Beispiel für die spätere Ausnutzung von "Entwurfsreserven" in einem Stadtgrundriß (der geometrisch so schön ist wie die Villa Rotonda und ebenso unpraktisch), ist die Veränderung der Ortsmitte der amerikanischen Stadt "Circleville" (Abb. 9.7). Das große Bild zeigt den Zustand um 1810. Von 1837-1856 - praktisch in 20 Jahren - verliert die Stadt ihren namensgebenden radialen Kern. Bemerkenswert ist, daß schon vor 1837 eine Veränderung der ursprünglich frei gehaltenen "Zwickel" zwischen Kreisform und Quadratform stattgefunden hatte. Dieses eher karikaturhafte Beispiel zeigt überdeutlich die sich durchsetzende Logik der Nutzung der "nächsterreichbaren Flächen", die wir im Kapitel 5 dargestellt haben.

E. RESISTENZ VON STRUKTUREN

Baublöcke haben, wie die Beispiele zeigen, eine Doppelnatur: Sie sind Aggregate von Parzellen und Gebäuden und zugleich kleinste Teile von Netzen. Sie stehen daher unter einem doppelten Formungsprinzip: der Anpassung an die von "innen" entstehenden Ansprüche und der Einfügung in die Dimension der sie von "außen" umgebenden Netze.

Daraus folgt eine hohe Resistenz verfestigter und halbwegs intakter Stadtstrukturen gegen grundlegende Veränderungen. Deshalb bilden sich anstelle grundlegender Änderungen häufig temporäre Gleichgewichte zwischen den Anforderungen der Gesellschaft an die baulich-räumliche Struktur und dem Aufwand heraus, diese in Richtung dieser Anforderungen zu transformieren. Die Nutzer arrangieren sich mit den Bedingungen, die die Struktureigenschaften zulassen

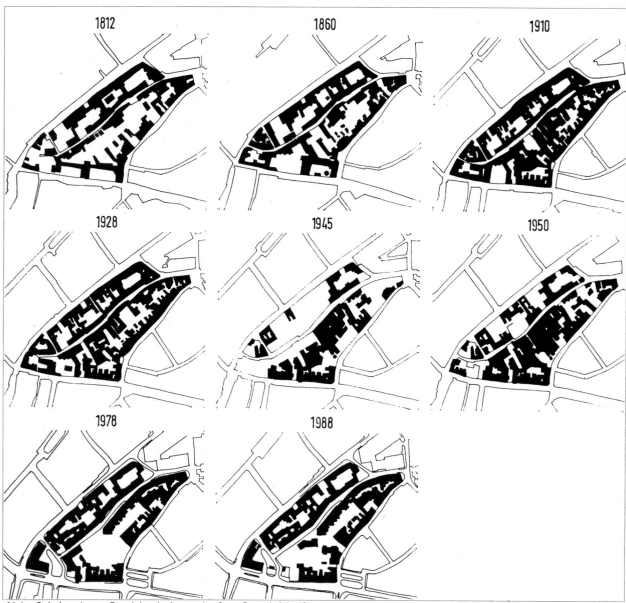

Abb. 9.6 Aachen: Baublock Annastraße - Bendelstraße
(Curdes, Haase, Pasternack, Urbinno-Studie. ISL Aachen 1988)

und ändern das Mögliche und Notwendige. Die Regel ist daher ein Kompromiß zwischen den aktuellen Anforderungen und dem Gesamtaufwand, diese in der gegebenen Struktur zu realisieren. Diesen Prozeß kann man am Beispiel der Bebauung um den "Alamo-Square" in San Francisco über einen Zeitraum von 75 Jahren gut verfolgen (Abb. 9.8).

Lassen sich Strukturen trotz solcher Kompromisse immer wieder auf ein brauchbares Niveau erneuern, haben sie offenbar langfristig tragfähige Eigenschaften. Sie sind damit stabile Elemente der Stadt, weil sie durch eine günstige Form der Anordnung, der Parzellen- oder Gebäudegröße und durch interne Flexibilitäten eine ständige Anpassung an neue Bedürfnisse erlauben. Umgekehrt werden sich zu groß oder zu klein geschnittene Parzellen und Blocks oder ungünstige geometrische Zuschnitte auf Dauer nicht halten, weil

sie diese Eigenschaftskombination nicht in gleicher Weise haben.

Die europäische Stadt mit ihrer dichten Textur setzt Transformationen, insbesondere solchen, die sich stark von der Logik der Struktur entfernen, starke Widerstände individueller, ökonomischer, rechtlicher, zeitlicher und kultureller Art entgegen. Wir können beobachten, daß die Logik der Raumorganisation die folgenden Zusammenhänge aufweist:

- Schmale tiefe Parzellen erlauben das ökonomischste Verhältnis von Erschließungsstraßen und angeschlossenen Parzellen und erlauben kurze Wege zwischen den Parzellen.
- Die in der Tiefe vorhandenen Pufferflächen sind wichtig für die Aufnahme unterschiedlicher Nutzungen und für Nachverdichtungen in späteren Phasen der Stadtentwicklung.

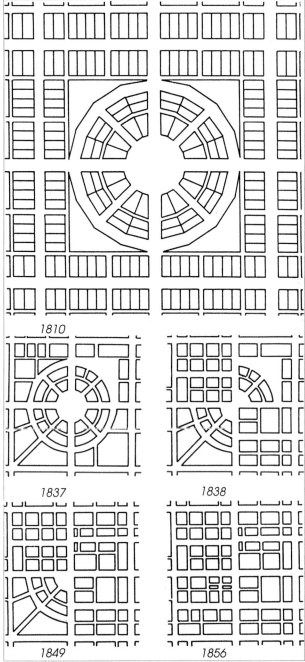

Abb. 9.5 Veränderung der Ortsmitte von Circleville 1810-1856 (Carter 1980, S.195f)

- Die Bildung der Erschließungsnetze folgt dem Prinzip, letztlich alle Flächen in eine gegenseitige Austauschbeziehung zu bringen. Zu Anfang isolierte Teilnetze ergänzen sich daher mit der Zeit zu vollständigen Netzen.
- Der Faktor Zeit hat deutliche Auswirkungen auf Netzbildung: Durch Diagonalen, Ringe oder Tangenten werden Randgebiete untereinander verknüpft und Umwege im Stadtkörper minimiert. Mit zunehmender Belastung der Netze erfolgen funktionale und hierarchische Differenzierungen wie Haupt- und Nebenstraßen, Einbahnstraßen, schnell und langsam befahrbare Straßen. Reichen die vorhandenen Transportsysteme zur zeitsparenden Verknüpfung der einzelnen Teile untereinander und mit dem Umland nicht mehr aus, werden Innovationen der Transportmittel oder des Verkehrsverhaltens erforderlich.
- Die morphologische Struktur der Stadt wird in zyklischen Phasen neuen Anforderungen angepaßt. Änderungen erfolgen dabei zumeist schrittweise, indem die strukturellen Elastizitäten und Maßstäbe ausgenutzt werden.
- Grundlegende Veränderungen und Ergänzungen erfolgen zumeist in "weichen", wenig geordneten oder unbebauten Zonen und in Zonen geringer Boden- oder Restnutzungswerte. Der "urban fringe" und weiche Stellen an und zwischen den Radialen sind wichtige Pufferflächen für erforderliche Funktions- und Netzergänzungen.
Es findet eine permanente Modernisierung und Veränderung der Strukturen statt. Bedingt durch Baualter und neue Funktionsanforderungen verlagern sich Funktionen vom Kern an die Peripherie und umgekehrt. Dadurch werden Flächen für funktionelle Ergänzungen und zur ökonomischen Erneuerung frei.
- Durch technische, soziale und ökonomische Innovationen und durch Veränderungen in der nationalen und kontinentalen Raumstruktur stehen Städte immer wieder vor den Aufgaben des Strukturwandels. Je weniger Zeit und Mittel für diesen Wandel vorhanden sind, umso wichtiger ist die Inanspruchnahme des lokal vorhandenen Wissens und die Entwicklung eines "urbanen Milieus", welches Entscheidungen kritisch begleitet, absichert und mitträgt. Große Veränderungsleistungen sind in allen Zeiten nur durch Bündelung der Kräfte und durch "Bürgersinn" möglich gewesen.

F. TRANSFORMATIONSLOGIK DER STRUKTUR

Die Eigenschaften der unteren Einheiten bestimmen in bedeutendem Umfang die Eigenschaften ihrer größeren Aggregate, wie umgekehrt die großräumige morphologische Ordnung Einfluß auf die Funktion und Qualität der Einzelelemente hat. Der hohe Widerstand baulicher Strukturen gegen Veränderungen führt demnach dazu, daß sich Veränderungen innnerhalb von Parzellen und Blocks noch relativ leicht und auf einer eher individuellen, dezentralen Ebene (inkremental) durchführen lassen. Sie sind daher die Regel in der Anpassung von Strukturen. Anpassungen finden oft in

- Die Ökonomie der Raumnutzung führt mit der Zeit alle in den zentralen Zonen der Städte liegenden Flächen einer baulichen Nutzung zu, soweit diese Flächen nicht als öffentliche oder geschützte Flächen dem Bodenverwertungsprozeß entzogen sind.
- Mit zunehmender Stadtgröße werden die Reserveflächen auf den Parzellen immer stärker baulich genutzt. Die Strukturreserven werden bis zu einer Grenze genutzt, die hygienisch und funktional gerade noch verträglich ist. Frei gehaltene Flächen oder mit geringer Dichte bebaute Areale fallen daher tendenziell in späteren Phasen der Verdichtung wieder zum Opfer.

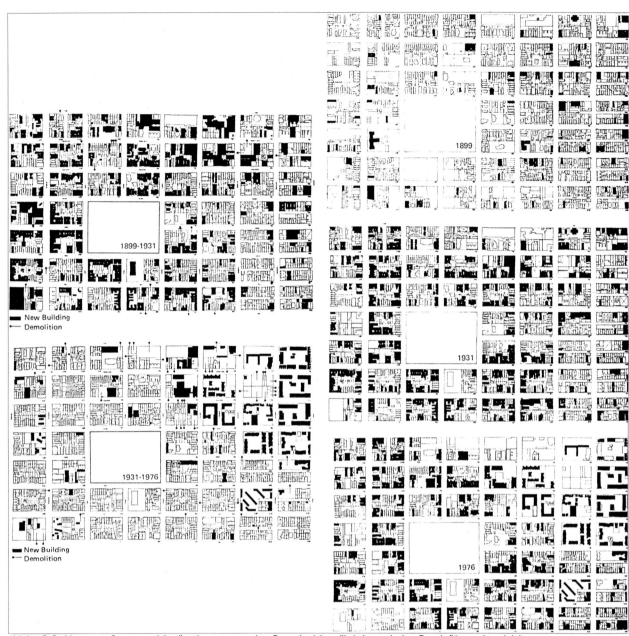

Abb. 9.8 Alamo - Square. Veränderungen der Baustruktur (links) und der Bauhöhen (rechts) (Moudon 1986, S.96,17)

aufeinanderfolgenden hierarchischen Schritten statt, wobei manchmal mehrere Schritte gebündelt werden (Abb. 9.9). Es kann also festgestellt werden, daß es eine Art Mechanik der Anpassung von Bebauungsstrukturen an neue Anforderungen gibt, die sich der am wenigsten Widerstand bietenden Strukturteile bedient. Dabei dienen unbebaute oder mit geringem Wert versehene Flächen als Puffer. Der Stadtkörper wird nach Reserven und ihrem Widerstandspotential abgetastet, es werden weiche Stellen und graue Zonen für Ergänzungen gesucht und auf diese Weise die alte Struktur ergänzt oder transformiert. Dies gilt allerdings nicht immer bei strategisch bedeutsamen Eingriffen.

Muratoris Studien zur Logik von Veränderungen kommen zu den gleichen Schlüssen, wenn festgestellt wird (Abb. 9.10): "Die städtische Morphologie kann also als ein Netz verstanden werden, welches sich aus Elementen aggregiert, die miteinander durch Interdependenzbeziehungen verbunden sind. Vier Ebenen von Elementen wirken zusammen: Parzelle/Gebäude, Block/Quartier, Stadtteil/Stadt, Territorium/Region. Jedes Ensemble auf diesen Ebenen verfügt über eine relative Autonomie, wobei die Ebenen dialektisch miteinander derart verbunden sind, daß jedes Teil Elemente der unteren Ebenen enthält und selbst als Element in einen Organismus höherer Ebene eingefügt ist. Wandel innerhalb einer Ebene vollzieht sich derart, daß die Flexibilität der bestehenden Strukturen ausgenutzt wird" (Curdes u.a. 1989, S.143).

Dem Zustand der morphologischen Struktur zu einem bestimmten Zeitpunkt, wie er etwa auf Karten festgehalten ist und der Produkt autonomer und gesteuerter Einflußnahme ist, stehen die Strategien der einzelnen

1.	Veränderung von Nutzungen auf Grundstücken und in Gebäuden
2.	Innere Umorganisation in Gebäuden
3.	Nutzungsverdichtung durch Ausbau freier Grundstücksteile auf Parzellen und in Blocks
4.	Erhöhung der Geschoßzahl
5.	Zusammenfassung von Parzellen
6.	Veränderung eines gesamten oder erheblichen Teiles eines Blocks
7.	Veränderung der Größe von Blocks (durch Veränderungen der Straßennetze)
8.	Veränderung eines größeren Areals mehrerer Blöcke
9.	Veränderung ganzer Quartiere und Stadtteile

Abb. 9.9 Hierarchie morphologischer Transformationen

Akteure gegenüber, die ihre Bedürfnisse mit den gegebenen Umständen in Einklang bringen müssen. Und hier tritt ein wichtiges neues Phänomen auf, welches Veränderungen erklären kann. Das Phänomen hängt mit dem Alterungsprozeß der Einzelstruktur zusammen. Bauliche Anlagen veralten. Mit zunehmendem Alter wird oft das Verhältnis von Veränderungs- und Erhaltungsaufwand im Vergleich zu einem Neubau ungünstig. Kann eine Transformation der Struktur daher elementare Notwendigkeiten einer Funktion nicht mehr befriedigen, wird entweder ein vollständiger Ersatz am bestehenden Standort, eine Standortsplittung oder aber eine Verlagerung an einen neuen Standort notwendig. Da die Aufrechterhaltung des laufenden Betriebes bei Unternehmen bei einem weitgehenden oder vollständigen Ersatz am alten Standort nicht möglich ist, nutzen viele Institutionen einen solchen Zeitpunkt für einen kompletten Neubau an einem anderen Standort. Damit entsteht zugleich die Chance, alle notwendigen baulichen und apparativen Innovationen zeitgleich realisieren zu können. Neubauten sind daher ein Mittel zur Durchführung einer gebündel-

ten Innovation in einem einzigen Sprung. Die neuen Standorte werden oft in weichen Zonen der morphologischen Struktur oder am Stadtrand gesucht. Hier hat insbesondere die "fringe belt" genannte unregelmäßige Randzone der Besiedlung eine wichtige Funktion der zyklischen Ergänzung der Struktur. Abbildung 5.13 zeigte am Beispiel Aachens solche sprunghaften Verlagerungen von Funktionen.

Veränderungen der Morphologie zwischen zwei Betrachtungszeitpunkten bilden daher in einem Teil solche institutionellen Vorgänge der Expansion und Raumformung durch Innovationen ab. Eine Untersuchung wichtiger institutioneller Verlagerungen öffnet somit ein Fenster zu den Ursachen der Veränderung im Stadtkörper und in den einzelnen Raumelementen.

G. ZUSAMMENFASSUNG

Wir können festhalten, daß größere Siedlungssysteme außerordentlich träge und trotz fortlaufender Mikroveränderungen die zu Beginn festgelegten Eigenschaften der Netze und Blöcke kaum zu verändern sind. Jede neue, systemkonforme Investition verfestigt die Struktur erneut. Politiker, Architekten und Stadtplaner tun daher gut daran, mit Eingriffen vorsichtig zu sein. Was bei allen langfristigen Vergleichen von Veränderungen und Bewegungen in Siedlungskörpern immer wieder herauskommt, sind grundlegende Eigenschaften, die die untersten Einheiten aufweisen müssen, wenn sie sich für den Erneuerungsprozeß eignen sollen:

- Addierbarkeit
- Teilbarkeit
- Seitliche und hintere Reserve- oder Pufferflächen
- Vermeidung von Grenzen mit ungünstigen spitzen Winkeln und starken Krümmungen
- Tendenzen zu stärkerer Verdichtung in der Nähe der Siedlungskerne und der Hauptstraßen
- Individuelle Verfügbarkeit über die Parzellen als Voraussetzung für teilautonome Mikroerneuerungen und Mikroanpassungen der Struktur.

Diese Kategorien schließen keineswegs eine soziale Gestaltung des Bodenbesitzes im Sinne einer Begrenzung der Ausnutzungen durch Zonungsregelungen und Bebauungspläne aus, ebensowenig Einschränkungen des spekulativen Umgangs mit dem Boden. Einzig und allein entscheidend ist, daß der Stadtboden nicht einer alles reglementierenden Zentralgewalt unterliegt, die nämlich genau jene schnellen Mikroanpassungen durch Verwaltungs- und Genehmigungsvorgänge weitgehend ausschließen würde. Ähnlich schädlich wie eine zentrale Regelung ist die Bündelung des Parzellenbesitzes in der Hand weniger Großbesitzer. Solche Bodenmonopolisten wirken auf ihre Weise stadtzerstörerisch, indem sie Kontrolle nicht nur auf ihren Parzellen, sondern bis weit hinein in die Stadtpolitik ausüben. Hier liegen die Ursachen für zahlreiche strukturzerstörerische Vorgänge in ehemals intakten Strukturen überall auf der Welt. Dabei können Boden-

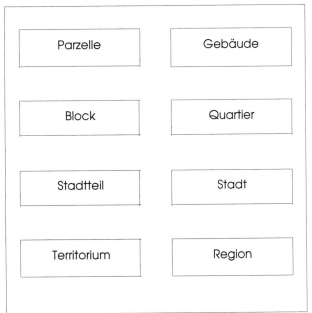

Parzelle	Gebäude
Block	Quartier
Stadtteil	Stadt
Territorium	Region

Abb. 9.10 Interdependenz morphologischer Ebenen

monopolisten durchaus auch große staatliche oder kommunale Stellen - etwa kommunale Baugesellschaften - sein. Eine gute Stadtstrukturpolitik wird daher darauf zu achten haben, daß die räumliche und politische Balance zwischen den wichtigen vielen Klein- und den für die Erneuerung großer Areale oft unverzichtbaren Großinvestoren gewahrt bleibt.

LITERATUR

Carter, H.: Einführung in die Stadtgeographie. Berlin, Stuttgart 1980

Curdes, G.: The Influence of Innovations on Urban Development and Urban Form. A Comparison of Development Stages of Athens, Lisbon, Rome, Liverpool, Thessaloniki, Aachen, Bari, Kecskemet, Tromsö. Assistance: A.Haase, F.Haneda, St. Pasternak, C.Schwan. Institute of Town and Countryplanning, Aachen University of Technology. Aachen 1989

Curdes, G.; Haase, A.; Rodriguez-Lores, J.: Stadtstruktur: Stabilität und Wandel. Beiträge zur stadtmorphologischen Diskussion. Köln 1989

Graff, R.; Walters, M.: Mischung ist mehr. In: Bauwelt 48/1990

Hoffmann-Axthelm, D.: Warum Städtebau in Parzellen vor sich gehen muß. In: Stadtbauwelt 108/1990

Hörcher,N.; Korompay,K.: A Case Study of Kecskemet Hungary. Budapest 1988/1989 (Urbinno-Manuskript)

Koch, Ch.: Biedermann und Brandwände. Parzellen, Einzelhaus und Bautypen als Elemente der Stadtentwicklung. In: Bauwelt 32/1992

Moudon, A.V.: Built for Change. Neighborhood Architecture in San Francisco. MIT Press. Cambridge, Mass. 1986

Norberg-Schulz, Ch.: Genius Loci. Stuttgart 1982

Novy, K.:Kondratieff killt Städtebau. In: Stadtbauwelt 108/1990

Whitehand, J.W.R.: The Changing Face of Cities: A Study of Development Cycles and Urban Form. Oxford (UK) 1987

10. INNOVATIONEN UND STADTENTWICKLUNG

Bisher haben wir eher von der Nutzung der strukturtypischen Elastizitäten gesprochen und von der dadurch gegebenen inneren Strukturlogik. Diese Logik der Strukturentwicklung stößt, wenn sich wesentliche Bedingungen verändert haben, an ihre eingebauten Grenzen. In diesem Kapitel soll daher behandelt werden, wie die Funktionsfähigkeit von Stadtstrukturen über bestimmte Entfernungs- und Dichtegrenzen hinweg erhalten werden kann. Mittel hierzu sind in der Regel Innovationen, die Kapazitätsengpässe überwinden oder dem System neue Möglichkeiten eröffnen. Innovationen prägen auf der einen Seite die Formen der Stadtentwicklung, auf der anderen Seite beeinflussen sie die Entwicklung bestimmter Regionen und Standorte. Wir stellen zunächst den allgemeinen Rahmen dar, um dann auf Wirkungen von Innovationen für die Entwicklung einzelner Stadttypen zu kommen.

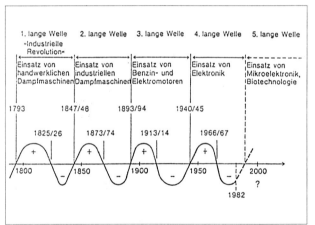

Abb. 10.1 Innovationszyklen (E.Mandel nach Gschwind/ Henckel 1984, S. 135)

A. INNOVATIONSZYKLEN

Von etwa 1780 bis zur Gegenwart wurde die sekundäre und in geringerem Umfange die tertiäre Basis der Stadtentwicklung von den großen industriellen und technischen Innovationen bestimmt. Sternberg u.a. (1986) konstatieren fünf große Innovationsschübe: handwerklich eingesetzte Dampfmaschine; industriell eingesetzte Dampfmaschine; Motoren; Elektronik; Mikroelektronik / Biotechnologie (Abb.10.1). Für jede dieser Leittechnologien haben sich deutlich unterscheidbare Standortsysteme in der nationalen und internationalen Arbeitsteilung entwickelt. Jede schaffte wenigstens teilweise eigene Kreisläufe und Verbundsysteme. Die abnehmende Bedeutung der älteren Technologien läßt auch die davon geprägten Räume stagnieren oder zurückfallen. Die Innovationszyklen wirken sich auf jene Städte besonders negativ aus, die große Anteile einer dieser Branchen hatten: die Kohle- und Stahlstandorte im Ruhrgebiet, Saargebiet, Aachener Raum. Betroffen sind weltweit ebenfalls Hafen-und Werftstandorte (in Deutschland u.a. Emden, Bremen, Hamburg, Lübeck, Duisburg, Düsseldorf, Köln, Ludwigshafen) durch Verlagerung der Transportströme auf LKW, Flugzeuge. Durch die "just in time" Produktion und durch die abnehmende Bedeutung von Gütertransporten auf der Bahn werden Bahnhöfe und Verschiebebahnhöfe, Lagerstandorte frei. Der Prozeß ergreift aber noch weitere Bereiche. Neuerdings kommen die ersten Chemiestandorte (Köln-Kalk), Lebensmittelindustrie, aber auch schon Standorte der neueren Hochtechnologien hinzu. Die militärische Abrüstung in Europa führt nicht nur zur Aufgabe von Garnisionen und Truppenübungsplätzen, sondern auch zu Einbußen bei der Rüstungsindustrie.

Dies wird sich in der BRD auch auf Standorte wie München, Augsburg, Nürnberg und Stuttgart auswirken. Ebenso zeigt die Öffnung Osteuropas schon erste Konsequenzen für einige Standorte. Nach der Theorie der "Langen Wellen" (Gerster, 1988) und der räumlichen Zyklen (van den Berg u.a., 1987) handelt es sich um wirtschaftliche und räumliche Entwicklungszyklen, die immer wieder auftreten. Es kann dabei beobachtet werden, daß neue Technologien nicht gleichmäßig in den schon vorhandenen Agglomerationen entstehen und sich dort erneuernd auswirken, sondern daß auffallend häufig in weniger entwickelten, oft auch jüngeren Agglomerationen Neuerungen früher einsetzen. Es hängt daher ganz wesentlich von der ständigen Erneuerung der ökonomischen Grundlagen, von der Erneuerung der physischen Struktur ab, ob Städte solche Zyklen rechtzeitig abfangen können.

B. REORGANISATION DER GROSSTADT-STRUKTUR

1. Dynamische Nutzungsänderungen

Großstädte sind Orte hochgradiger lokaler, regionaler und nationaler Arbeitsteilung. Die Verknüpfung der räumlich getrennten Standorte (international, national, regional, lokal) durch effiziente Kommunikationsnetze ist lebenswichtig. Weitere Faktoren, die Städte aller Größen betreffen, sind die abnehmende Bedeutung des Produktionssektors, die Zunahme der im tertiären Sektor Beschäftigten und die stetig zunehmende Nachfrage nach Wohnflächen. Die überschaubaren Trends zeigen, daß der Bereich der Fertigungen und der sekundäre Sektor, gemessen am Anteil der Erwerbstätigen, weiter sinken wird. Demgegenüber dehnen sich tertiärer Sektor und Dienstleistungen weiter aus. Dies hat weitreichende Folgen für die Standortsysteme der Städte und Regionen, sofern nicht die expandierenden Sektoren nahezu zeitgleich die Nachfolgenutzungen auf den Standorten der schrumpfenden Sektoren werden. Fallen diese Bewegungen zeitlich wesentlich auseinander, treten Probleme der Verwendung der freiwerdenden Flächen, insbesondere die der Verteilung der hohen Kosten für deren Wiedernutzbarmachung, auf. Die Entwicklung zu weniger störenden Produktionstechniken und die Renaissance kleiner innovativer Betriebe erlauben die Vision von Städten, in denen die Produktion auf geringeren Flächen und weniger belastend vor sich geht und wo Produktionsanlagen wieder in gemischte Baustrukturen integriert werden können. Bei dem schnellen Szenenwechsel politischer Veränderungen müssen die großen Städte, insbesondere die Metropolen, sehr viel flexibler als bisher reagieren. Daraus folgen andere Formen des städtischen Managements und politischer Reaktionsformen. Wenn nämlich regelmäßig Betriebe und Branchen ihre Bedeutung verlieren, müssen rechtzeitig Wege gefunden werden, wie die aufzugebenden Areale schneller wieder in den Kreislauf der Nutzung re-integriert werden können. Gelingt dies nicht, wird immer weiter unbesiedelte Fläche umgewandelt werden müssen, was wiederum langfristige Folgen für die Lebensqualität der Städte haben wird.

Die Steuerung des Wandlungsprozesses ist deshalb zur Zeit besonders wichtig geworden. Komplexität und Schnelligkeit der Umstrukturierung stellen daher neue Ansprüche an das städtische Management.

2. Bedeutung der Zeit

Das absolut knappste Gut der Industriegesellschaft ist die Zeit. Dies gilt besonders für die handelnden Akteure. Für sie, aber letztlich für jeden Menschen, ist "das wertvollste, weil unvermehrbare und unersetzliche Gut im Leben (...) die Zeit" (Gorynski, 1988, S. 25). Neben der strukturellen und räumlichen Qualität, mit der der Wandlungsprozeß gestaltet wird, hat die Zeit daher eine erhebliche Bedeutung. Zeit ist zu einem wesentlichen Produktionsfaktor geworden. Dies hat Folgen für die Konkurrenz der Verkehrssysteme, für die Gestaltung des Raumes und für die räumliche Umstrukturierung. Mit steigendem Tempo von Veränderungen wird dieses Gut noch knapper. Denn "alle wirtschaftliche Entwicklung erfordert Zeit, weil alle Entwicklungsprozesse mit Anpassungen oder Umstellungen einhergehen, welche unterschiedlich lange dauern und mit Kosten verbunden sind (..). Dabei spielt die Zeit in Form von zeitabhängigen Diffusionsprozessen, besonders aber Alterungsprozessen eine wichtige Rolle (..). Solche Alterungsprozesse führen zu Zyklen, welche 'seitlich' oder 'quer' zu anderen Prozessen verlaufen" (von Böventer, 1987, S. 10f.). Besonders zeitaufwendig ist die Modernisierung der Infrastruktur, der Umbau der Wirtschaftsstruktur, die Reorganisation des Verkehrssystems und die Aufbereitung von alten Gewerbe- und Industriearealen. Da altindustrialisierte und ökonomisch schwache Regionen einen hohen Stock veralteter Wirtschafts- und Infrastruktur mit wenig Mitteln in kurzer Zeit erneuern müssen, ist sowohl die Ausnutzung kurzfristig günstiger Konstellationen im politischen Umfeld bedeutsam als auch die Verkürzung des Umstrukturierungszeitraumes durch Verkürzung von Entscheidungsprozessen.

Unter diesem Gesichtspunkt erhält die bauliche Morphologie der Stadt eine neue Bedeutung: Je umnutzungsfreundlicher und gebrauchstauglicher bestehende Strukturen sind, umso eher können Eneuerungsprozesse durch Weiternutzung dieser Strukturen stattfinden und kann daher Zeit gespart werden. Die in den Kapiteln 6 und 9 behandelte Transformation von Netzen und Strukturen zeigt die Langfristigkeit solcher Vorgänge. Die Kenntnis der Eigenschaften, Kapazitäten und Elastizitäten der Strukturen wird deshalb für die Steuerung von Wandlungsprozessen immer wichtiger.

C. BALANCE ZWISCHEN NETZEN UND NUTZUNGEN

Im Optimum der jeweiligen Entwicklungsphase besteht für einen (manchmal nur kurzen) Zeitraum ein Gleichgewicht zwischen der Kapazität der Netze und dem Verkehrsaufkommen der Nutzungen. Jede Ausweitung der Nutzung und Besiedlung und größere Veränderungen im System der Stadt erfordern neue Anpassungen. Aus der im folgenden nur skizzenhaft darstellbaren Entwicklung wird deutlich werden, für welch kurze Zeit manche Lösungen nur greifen und wie stark das Beharrungsvermögen der Siedlungsstruktur gegen grundlegende Änderungen ist.

1. Innovationen für den Massentransport

Nachdem sich Siedlungssysteme wesentlich über die ursprünglich geplante Ausdehnung hinaus entwickelt haben, entstehen zwangsläufig Engpässe in den Netzen, die nun ein wesentlich größeres Gebiet, größere Verkehrsmengen und veränderte Tranportmittel nicht mehr in Übereinstimmung bringen können. Wir haben schon im Kapitel 6 über die Korrekturen gesprochen, die in solchen Stadien in Netzen stattfinden: die Entwicklung von Ringen und Tangenten. Neben solchen Netzinnovationen sind deshalb bei wachsenden Systemen periodisch besondere Innovationen erforderlich, um eine adäquate Erreichbarkeit der Struktur aufrecht zu erhalten. Die Städte konnten sich erst weiter ausdehnen, nachdem Transportmittel entwickelt wurden, die die über den Fußgängerradius hinausgehenden Erweiterungen an den Kern anschlossen. Die erste Transportinnovation für den innerstädtischen Transport war die Pferdebahn, die in Deutschland etwa ab 1880 eingesetzt wurde. Ihr folgte die Dampf- und wenig später die elektrische Straßenbahn. In den Hauptstädten entstanden um die Jahrhundertwende die ersten U-Bahnen (London, Paris, Berlin), wenig später die Ringbahnen (Berlin, Wien). Die Ringbahn übernahm als Mittel des öffentlichen Transportes die Aufgabe, die die Ringstraßen für den allgemeinen Transport wahrnehmen: die Verbindung der äußeren Stadtteile untereinander. Erst gegen Mitte dieses Jahrhunderts entstehen Eisenbahn- (Berlin) und Autobahnringe (Berlin um 1940, Köln 1960-70), um die Großstädte von Durchfahrtsverkehr zu entlasten. Die Entwicklung der Innovationen für den städtischen Transport vollzieht sich in aufeinanderfolgenden Intervallen. Dabei kann beobachtet werden, daß die grundlegenden technischen Lösungen zumeist schon länger vorher existierten (wie z.B. die Dampfmaschine als Fahrzeugantrieb), aber erst der Problemdruck diese zur Anwendung brachte. Wenn wir auf die ersten 100 Jahre des städtischen Massentransports zurückblicken, zeigt sich, daß Transportmittel und Transportinfrastrukturen in Abständen von etwa 25-50 Jahren erneuert oder durch andere Innovationen ersetzt oder ergänzt werden. Eine Untersuchung über das Auftreten von Transport-Innovationen in verschiedenen europäischen Städten zeigte, daß erstens Innovationen phasenverschoben mit dem Wachstum der Städte auftraten und daß zweitens einige Innovationen im Durchschnitt der Vergleichsstädte zum Teil eine nur relativ kurze Lebensdauer hatten: die Pferdebahn 38 und die Straßenbahn 59 Jahre.

Die Stadt des ausgehenden 19. Jahrhunderts war ÖPNV-orientiert und ÖPNV-geeignet. Den Hauptverkehrsstraßen waren dicht bebaute Quartiere zugeordnet, die kurze Wege und eine gute Nachfrage nach Verkehrsmitteln sicherstellten. Alle Strukturen, die aus dieser Zeit noch existieren, sind daher gerade unter dem Gesichtspunkt der Umsteuerung der Siedlungsstruktur auf den ÖPNV besonders erhaltenswürdig. Die Phase des ÖPNV wurde seit dem Zweiten Weltkrieg abgelöst durch den Umbau der Städte für den Individualverkehr. Hier war, wie wir später sehen werden, die Lebensdauer bestimmter lokaler Veränderungen in den Netzen noch kurzlebiger als für den Massentransport.

2. Innovationen für den Individualtransport (Abb. 10.2)

Ausbau für den PKW: Die Periode des Ausbaues der öffentlichen Stadtverkehrsnetze wurde zunächst durch das Aufkommen des Individualverkehrs verlangsamt, dann allmählich wegen zurückgehender Nachfrage unterbrochen. Es folgen nun Innovationen auf einer anderen Ebene: In den Städten werden in den 50er und 60er Jahren Straßen verbreitert, Knoten ausgebaut, Parkhäuser errichtet. Das gesamte innerstädtische System der Erreichbarkeit wurde auf das Auto umgedacht und schrittweise realisiert. In einer zweiten Phase, die etwa von 1965-1980 reichte, wurden die den Verkehrsfluß des Autos störenden Straßenbahnen in Unterpflasterstraßenbahnen oder U-Bahnen umgewandelt oder zugunsten von Bussen völlig abgeschafft (Aachen). U-Bahnnetze entstanden z.B. in München, Frankfurt, Köln, Düsseldorf. Nur etwa zwei Jahrzehnte nach diesen Planungen, noch nicht alle waren bis dahin realisiert, stießen die Städte wegen der gesteigerten Motorisierung und der vermehrten Verlagerung von Wohnsitzen in das städtische Umland erneut an Entwicklungsschwellen: Das gesamte innerstädtische Straßen- und Parkplatzangebot erwies sich erneut als Engpaß. Nun waren die Stadtkerne aber schon bis an die Grenze des Erträglichen umgebaut worden, erneute Kapzitätsangebote wären in kürze schon wieder zu gering bemessen, von den noch mühsam geretteten oder wiederhergestellten räumlichen Qualitäten würde dann kaum noch etwas bleiben. Die Innenstadt wäre mit noch mehr Verkehr, Lärm und Abgasen nicht nur als Einkaufs-, sondern auch als Arbeits- und Wohnort kaum noch attraktiv gewesen. Damit geriet das gesamte Gefüge in Gefahr.

Verkehrsregelung:
- Verkehrsampeln
- Grüne Wellen
- Verkehrsleitsysteme
- Verkehrsfunk

Straßennetz:
- Einbahnstraßen
- Stadtautobahnen
- Unter- und Überfahrungen von Knoten
- kreuzungsfreie Knoten
- Abbiegespuren

Ruhender Verkehr:
- Parkuhren
- Umwandlung öffentlicher Flächen in Stellplätze
- Parkhäuser
- Einwohnerparkbereiche
- P&R Plätze

Abb. 10.2 IV-Innovationen

Standortkonflikte des tertiären Sektors: Schon in den 60er Jahren hatten sich, nach amerikanischen Vorbild, an großen Autobahnknoten reine Einkaufszentren (Main-Taunus-Zentrum bei Frankfurt, Ruhr-Park-Zentrum bei Bochum) als erste Alternativen entwickelt. Mit den autoorientierten Einkaufs- und Fachmärkten waren bis Mitte der 80er Jahre bereits wesentliche Handelsfunktionen an den Stadträndern neu, konkurrierend zum ortsansässigen Handel, aufgebaut worden. Die sich abzeichnenden Zugänglichkeitsprobleme und die Konkurrenz am Stadtrand zwang dann Teile des örtlichen Handels zu einer Standortsplittung, um den von außen kommenden Ketten nicht den Markt zu überlassen. In diese erst beginnende Diversifizierung der Standortsysteme kam nun die Phase neuer Verkehrsengpässe und der Zwang zu einer grundlegenden Umorientierung zumindest mental zu früh.

3. Renaissance des öffentlichen Verkehrs

Die Städte stehen, unübersehbar überall in Europa, vor der Aufgabe einer erneuten Verkehrsinnovation. Diese wird aber im Schwerpunkt nicht eine technische, sondern eine Verhaltensinnovation sein müssen. Nun wird nach Standorten für Park & Ride-Parkplätze an den Radialen und BAB-Knoten gesucht, von denen aus die Pendler und Stadtnutzer auf den ÖPNV umsteigen sollen. Lübeck und Aachen führen seit einiger Zeit (ab 90/91) Versuche durch, die Innenstadt für den Individualverkehr Samstags zu sperren. Andere Städte diskutieren über Zugangsgebühren, den Besitz der ÖV-Monatskarte als Eintrittsticket für den Zugang mit dem Auto und andere Möglichkeiten. Wieder andere (schon in den 60ern London, später Rom) erlaubten im Wechsel nur Pkws mit gerader bzw. ungerader Endnummer an bestimmten Tagen Zugang. Alle diese Versuche setzen am gleichen Problem an: dem Ungleichgewicht zwischen Verkehrsraumnachfrage und Verkehrsraumangebot.

D. ROLLE DER STADTKERNE

Der in vielen Orten erbitterte Streit zwischem dem innerstädtischen Handel, der vielfach gerne noch weitere MIV-Kapazitäten schaffen möchte, und den politisch Verantwortlichen ist im Kern ein Streit um die primären Stadtfunktionen. Während der Handel seine Funktion ziemlich zentral sieht, sehen andere, daß die Kultur- und Freizeitqualität der Stadtkerne eine größere Bedeutung bekommen hat und bekommen soll. Die symbolische Bedeutung der Stadtkerne ist immer wichtiger geworden. Die oft noch aus dem Mittelalter stammenden Raumgefüge mit ihren intimen Maßstäben eignen sich hervorragend für Freizeitbedürfnisse. Die von Verkehr befreiten Plätze und Gassen wurden für den Aufenthalt hergerichtet. Heute sind die europäischen Altstädte beliebte Treffpunkte aller Alters- und Sozialschichten. "Stadt" in der Form der angenehm nutzbaren Freizeitstadt ist gefragt.

Die historischen Stadträume prägen zusammen mit den frühesten Bauwerken wesentlich das Bild und damit die Identität der Stadt. Nur so kann der Wiederaufbau der Ostzeile des Römerbergs in Frankfurt oder

des Knochenhauer Amtshauses in Hildesheim erklärt werden. Solche Identitätsareale sind die Zentren für den seit einigen Jahren entstandenen Städtetourismus. Mit Weihnachtsmärkten, Kulturveranstaltungen in öffentlichen Räumen (z.B. Konzerten) wandelt sich Schritt für Schritt die Funktion das Stadtzentrums. Für die historisch wertvollen Areale ist die Entscheidung längst zugunsten der kulturellen Funktion gefallen. Die europäischen Städte wollen, soweit sie noch bedeutende Restbestände ihrer frühen Blütephasen besitzen, diese ganz offensichtlich für die Zukunft bewahren. Daraus ergeben sich Beschränkungen und Ausgleichsaufgaben. Damit diese Teile der Städte nicht als Museumsinseln zurückbleiben, ist die Kontrolle der richtigen Nutzungsmischung eine der wichtigsten Aufgaben geworden. Es scheint nicht mehr das Ziel zu sein, die Innenstadt als Ansammlung von homogenen Funktionsinseln (Historie, Handel, Vergnügen, Kultur) zu sehen, sondern eher als ein dynamisches und insbesondere vernetztes Gefüge mit einigen Widersprüchen und Unbestimmtheiten, die Entwicklungen zulassen, aber auch mit einigen Fixpunkten, die dem Veränderungsprozeß einen stabilen Rahmen setzen. Die öffentlichen Räume, insbesondere die Plätze, erhalten zunehmend die Aufgabe, solche Fixpunkte zu bilden. Insofern haben sich die Städte für die fragile Balance einer bestimmten Nutzungsmischung entschieden und gegen die Dominanz einiger weniger, insbesondere verkehrsbelastender Funktionen. Bestimmte Teile des Handels und andere, für die internationale Konkurrenz der Städte nicht so wesentliche Funktionen werden sich deshalb teilweise umorientieren müssen.

Letztliche Ursache dieses Dilemmas, welches sich in dem Konflikt zwischen Zugänglichkeit und historischer Struktur spiegelt, ist wieder die schon in den Kapiteln 5-6 angesprochene Trägheit des Gefüges der Stadt gegen verändernde Eingriffe. Diese manifestiert sich in der langen Beständigkeit der Parzellenzuschnitte und der Straßenfluchtlinien. Diese Trägheit wirkt, wie wir gesehen haben, kulturell bewahrend und identitätsbildend. Sie setzt in dem historisch bedeutsamen Bereich dem Prozeß der baulichen Ökonomisierung der zentralen Räume sinnvolle Grenzen, auch wenn innerhalb dieser wiederum ökonomische Nutzungen des Freizeitbereichs (Gaststätten) dominieren.

E. KLEINTEILIGE ERNEUERUNG

Die Erhaltung einer am kulturellen Austauschprozeß teilnehmenden Stadt erfordert laufend kleinteilige Änderungen und Anpassungen. Diese sind die Voraussetzung ständiger Erneuerung. Ein erheblicher Teil davon geschieht in den Gebäuden selbst. Immer werden aber auch Neubauten eingefügt, Bereiche neu geordnet werden müssen. Damit die Innenstädte nicht zu musealen Arealen erstarren, sind deshalb auch bauliche und städtebauliche Erneuerungen immer wieder wichtig. Diese führen regelmäßig zu einer moderneren Flächenorganisation in den Gebäuden, zur Modernisierung des Baubestandes und zu einer Erneuerung (Verjüngung) der Bewohner- und

Nutzerstruktur. Jedes lebendige Gefüge benötigt diese Impulse und es scheint günstiger zu sein, wenn Erneuerungen kleinteilig erfolgen, weil sich so eine verträglichere Transformation der älteren in neuere Strukturen durchführen läßt. Kleinteilig meint hier, daß Neuerungen nicht die umgebende ältere Struktur in Masse und Funktion dominieren sollen. Zur Erneuerung gehören deshalb durchaus moderne städtebauliche und bauliche Lösungen, die kontextgerecht eingefügt werden. Die Kunst der Gestaltung der Stadtstruktur in den Innenstädte besteht daher darin, einerseits die typologisch und historisch bedeutsamen Elemente zu erhalten und zu pflegen und zugleich durch Erneuerungen der Nutzung, der Bauten und des städtebaulichen Gefüges den Kern der Stadt aktiv an den Wandlungen der Gesellschaft und ihrer Bedürfnisse teilnehmen zu lassen.

F. INNOVATIONEN UND WANDLUNGEN ALS MITTEL DER STRUKTURANPASSUNG

Dabei setzen die Trägheit und die in das Stadtgefüge investierten realen und ideellen Werte dem Innovationsprozeß Grenzen, ja führen ihn, wie zur Zeit beim Individualverkehr zu beobachten, auf verträgliche Dimensionen zurück. Verallgemeinert lässt sich eine Entwicklung und Differenzierung urbaner Straßennetze feststellen, wie sie in Abbildung 10.3 im Zeitraffer dargestellt wurde.

Wie diese nur skizzenhaften und keineswegs vollständigen Aspekte zeigen, finden auf allen Ebenen kleinere und größere Neuerungen und Veränderungen des Strukturgefüges statt. Betrachtet man das Langzeitverhalten urbaner Systeme, zeigen sich eine Reihe grundlegender Phänomene, wie sie bei komplexen Entscheidungen und Entscheidungen unter Unsicherheit zu erwarten sind: Phasen des laisser-faire wechseln mit Phasen deutlicher Planungseingriffe; es finden ständig Anpassungen und Transformationen der Strukturen an neue Bedingungen statt, die in bestimmten zyklischen Momenten zu neuen Kapazitäten, oft zu einer Leistungssteigerung des Gesamtsystems führen.
Nachdem das urbane Gefüge eine bestimmte Ausdehung, Dichte und innere Komplexität überschritten hat, werden neue grundlegende Anpassungen und/oder neue Versorgungsnetze erforderlich. Es hängt von der Verfügbarkeit geeigneter, schnell implementierbarer Neuerungen ab, ob Lösungen erfolgen können und welche Transformationen deren Einführung erfordert. Aus der Kurzlebigkeit neuerer Lösungskonzepte läßt sich ableiten, daß künftig sehr viel vorsichtiger mit Eingriffen in intakte Stadtstrukturen umgegangen werden sollte. Entscheidungen sollten vor allem an ihrer Dauerhaftigkeit und Strukturverträglichkeit gemessen werden.

Insgesamt scheinen urbane Systeme, wie andere komplexe Systeme auch, zwischen Zuständen und Phasen des Chaotischen, Zufälligen, des Zerfalls und dem Aufbau neuer Ordnungs- und Gleichgewichtszustände zu pendeln. Räumliche Differenzierung, Wandel, Transformationen und Innovationen sind nichts anderes als Mittel zur Lösung dieser Balanceprobleme.

G. TRANSPORTINNOVATIONEN AN FALL-BEISPIELEN

Die folgenden Beispiele entstanden im Rahmen eines internationalen Forschungsprojektes (Curdes 1989). Es wurden die Raumentwicklung unterschiedlicher Stadttypen und der Einfluß von Innovationen untersucht. Die nachstehenden sechs Hypothesen sind ein Ergebnis des Vergleichs:

1. Thesen
- Wenn die Organisation der Raumstruktur von Städten sich nach den Prinzipien der zunehmenden Vernetzung und Spezialisierung richtet und bei räumlichen Austauschprozessen Zeitvorteile schon immer bedeutsam waren, dann müssen sich in Städten unterschiedlichen Alters, Größe, Funktion und Lage allmählich ähnliche strukturelle Prinzipien der Raumorganisation und der Raumerschließung herausbilden.

- Städtische Transportnetze haben eine hohe Stabilität über die Zeit. Die Netze ändern sich daher in ihrer Grundform kaum. Korrekturen erfolgen eher durch Kapazitätserweiterungen an zentralen Engpässen, durch Netzergänzungen im Rahmen der räumlichen Logik der vorhandenen Netzgeometrien, durch Veränderungen singulärer Engpässe und Knoten und, in bestimmten Perioden zyklischer Systemengpässe, durch die Überlagerung mit neuen Netzen und/oder neuen Transporttechnologien.

- Innovationen in der Transporttechnik werden eingeführt, wenn sich aufgrund der Größe des besiedelten Stadtgebietes der arbeitsteilige Austausch zwischen den einzelnen Teilgebieten mit der bisherigen Technik nicht mehr zureichend aufrechterhalten läßt und wenn die finanziellen Möglichkeiten und die Nachfrage die Einführung neuer Techniken erlauben. Zeitliche Unterschiede in der Einführung neuer Transportsysteme erklären sich durch Entwicklungsunterschiede in der Größe und der ökonomischen Situation der Städte (bzw. der Länder und Regionen).

- Die vorhandene Siedlungsstruktur setzt der Einführung neuer Transporttechniken Widerstand entgegen. Deshalb verbreiten sich jene Techniken leichter, die sich in die vorhandene Struktur einfügen. Größere Korrekturen der Siedlungsstruktur erfolgen nur insoweit, als sie für die Funktion eines wichtigen neuen Transportsystems unverzichtbar sind. Neue lineare Systeme werden bevorzugt an Rändern und durch weiche Zonen geführt.

- Von den Radialen gehen größere Entwicklungsimpulse für die Besiedlung als von den Ringen aus. Die Radialen sind primäre, Ringe und Tangenten sekundäre raumerschließende Netzelemente. Deshalb sind Transportsysteme häufig an Radialen orientiert.

1. Wenig differenziertes Netz
2. Hierarchisierung mittels Haupt- und Durchgangsstraßen
3. Lösung von Engpässen im Kern durch Einbahnstraßen
4. Einführung von Kernumgehungen (Tangenten)
5. Entwicklung eines ersten Ringes
6. Entwicklung mehrerer Ringe
7. Entlastung durch zusätzliche Autobahnringe, Tangenten
8. Entwicklung von Zugangserschwernissen für zentrale Bereiche, Ausdifferenzierung und Funktionalisierung bestimmter Netzelemente (Fußgängerzonen, Flächenrestriktionen, Mischflächen, Wiederentdeckung der Qualität multifunktionaler Straßen)
9. Reorganisation des öffentlichen Verkehrs.
10. Entstehen einer neuen Schwellensituation, die neue organisatorische und technische Innovationen erfordert.

Abb. 10.3 Differenzierung urbaner Straßennetze

	Funktion	Einwohner	Form des hist.Kerns
ATHEN	Kapitale	885.000	Irreguläres Netz
LISSABON	Kapitale	1.000.000	Reguläres Netz
ROM	Kapitale	2.000.000	Irreguläres Netz
LIVERPL.	NR.Zentr.	550.000	Irreguläres Netz
THESSAL.	NR.Zentr.	410.000	Reguläres Netz
BARI	NR.Zentr.	370.000	Reguläres Netz
AACHEN	Reg.Zentr.	250.000	Irreguläres Netz
KECSKEM.	Reg.Zentr.	100.000	Irreguläres Netz
TROMSÖ	Reg.Zentr.	40.000	Reguläres Netz
NR= Nationales Regionalzentrum, Reg.= Regionalzentrum			

Abb. 10.4 Stadttypen der Fallbeispiele

- Ist der Bau notwendiger neuer Transportsysteme oder wichtiger Verbindungen auf der Erdoberfläche nicht möglich, weil vorhandene Nutzungen eine zu starke Resistenz gegen Veränderungen entwickeln oder weil topographische Barrieren die Entwicklung behindern, werden durch die Schaffung neuer Ebenen (Hochbahnen, Hochstraßen, U-Bahnen oder durch Brücken und Tunnels) Lösungen entwickelt, die dem System neue Kapazitäten eröffnen.

2. Charakteristik der Städte (Abb. 10.4)

Nachfolgend soll am Beispiel von 8 Städten einigen dieser Hypothesen nachgegangen werden. In den Vergleich wurden Städte mit drei unterschiedlichen nationalen Funktionen und dementsprechenden Größenunterschieden aufgenommen. Die Städte unterscheiden sich sowohl in ihrem Alter (sehr alte, sehr junge Städte), in der geographischen Lage (5 sind Hafenstädte, einige liegen am Rande, andere im Kern der Länder), in der Geometrie der Netzform der Kernstadt (5 haben irreguläre, 4 reguläre Netze), als auch in ihrer "Modernität": einige gehören zu früh industrialisierten Regionen (Liverpool, Aachen), andere zu spät von der neueren Entwicklung geprägten Räumen (Lissabon, Thessaloniki, Kescskemet und Tromsö). Dem Vergleich liegen Fallstudien über die unten genannten Städte und über mehrere räumliche Maßstabsebenen für jede Stadt nach einer ähnlichen Methodik zugrunde. Die Fallstudien entstanden im Rahmen des internationalen Forschungsprojektes "Urbinno".

3. Entwicklung der Netze

In Abb. 10.5 ist die Entwicklung der Straßennetze seit dem letzten Jahrhundert in vier Zeitschnitten dargestellt. Die meisten Städte entwickeln in der letzten Periode, manche (Aachen, Liverpool, Lissabon) auch schon früher deutliche Tangenten oder Ringe zur

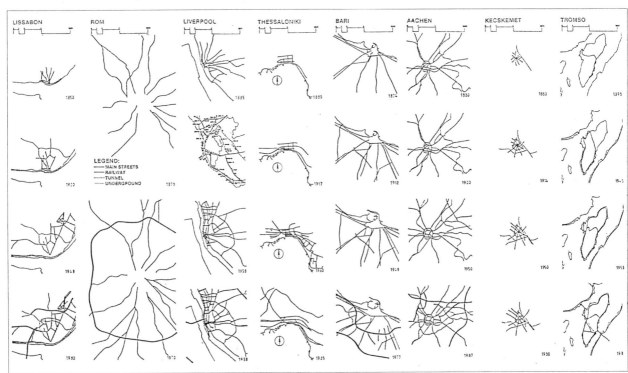

Abb. 10.5 Entwicklung der Haupstraßennetze von Athen, Lissabon, Rom, Liverpool, Thessaloniki, Bari, Aachen, Kecskemet, Tromsö. (Curdes 1989)

Verbindung der Radialen. In Städten wie Athen und Thessaloniki, die von Bergen eingekreist sind, entstehen solche Verbindungen weniger deutlich; Tromsö als Stadt auf einer Insel ist ein Sonderfall. Hier folgt eine Entwicklung in die Fläche erst nach dem Bau von Brücken und Tunnels. Besonders klar prägt sich die äußere Quervernetzung der Radialen in Lissabon, Liverpool, Bari und Aachen aus. Die deutlichste Hierarchisierung von Netzen findet sich in Aachen mit einem fast geschlossenen 3. Ring als reiner Autostraße und zwei Autobahntangenten. Im Verhältnis zur Stadtgröße wenig entwickelt sind die Straßennetze von Athen, Thessaloniki und Lissabon. In der Tendenz zeigen aber alle Beispiele - hier können nur die Hauptstraßennetze und nicht die Entwicklungen im Stadtkern in der Detaillierung der Studien selbst dargestellt werden - eine zunehmende Vernetzung und Differenzierung der urbanen Transportsysteme. Das späte Auftreten von Ringen oder Tangenten bei den südeuropäischen Städten verweist auf deutliche Entwicklungsunterschiede. Verallgemeinert lassen sich - nicht nur aus diesen Beispielen - die in Abb. 10.3 dargestellten Schritte der Differenzierung urbaner Straßennetze feststellen. Diese Schritte sind in einigen Städten (Aachen) etwa in dieser zeitlichen Reihenfolge erfolgt, es gibt aber, selbst in der gleichen Stadt, Ungleichzeitigkeiten und Brüche. Einige Städte haben die Phasen 5-8 nur rudimentär erreicht (Athen, Bari, Lissabon), andere befinden sich in einem fortgeschrittenen Stadium der Neuorgansiation (Aachen, Liverpool).

4. Zeitliche Unterschiede der Einführung von Transportinnovationen

Was die verallgemeinerten Netzstrukturen nicht zeigen, wird aus dem zeitlichen Auftreten von Innovationen deutlich, die entstehen, um die vorhandenen Querschnittskapazitäten besser zu nutzen oder um die steigenden Entfernungen in den wachsenden Netzen zu überwinden. Dabei zeigt sich ein deutlicher Zusammenhang zwischen der Flächengröße einer Stadt, ihrem ökonomischen Entwicklungsstand und dem Zeitpunkt der Einführung von Transportinnovationen. Liverpool, als eine der früh in die Fläche wachsenden Städte und Teil der Nation, in der die Industrialisierung begann, führt von den Vergleichsstädten als erste alle innerstädtischen Transportinnovationen ein. Die südeuropäischen Städte zeigen eine deutliche Phasenverschiebung - teilweise von einem halben Jahrhundert - sowohl bei der Pferdebahn wie der Straßenbahn. Dies kann mit dem erst später einsetzenden Flächenwachstum und jenes wiederum mit Entwicklungsunterschieden zwischen Nord- und Südeuropa zusammenhängen. Die Abbildung 10.6 zeigt die zeitliche Abfolge der Einführung der Transportinnovationen. In Liverpool ist die Einführung von jeweils einer Transportinnovation etwa alle 30 Jahre erkennbar. Die anderen Städte zeigen deutlich längere Phasen des Gebrauchs der Innovationen, was wiederum auf langsame Wachstumsphasen und/oder auf geringe ökonomische Möglichkeiten schließen läßt. Zwischen Nord- und Südeuropa zeigt sich auch ein deutlicher "time-lag" der Einführung von Innovationen (Abb. 10.8).

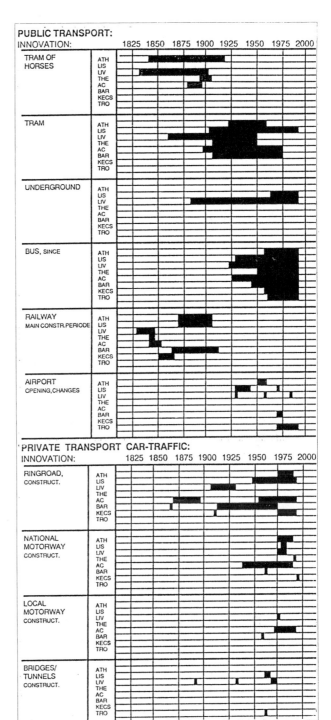

Abb. 10.6 Zeitliches Auftreten von Transport-Innovationen (Curdes 1989)

5. Dauer der Einführung und Funktion von Transportinnovationen

Die zeitlichen Unterschiede in den 8 Vergleichsstädten bei der Einführung von Transportinnovationen in Jahren zeigt Abb. 10.8. Die Reihenfolge entspricht etwa der historischen Abfolge. Betrachtet man in Abb. 10.7 wie kurz oft die Nutzungsdauer der Transportinnovationen war, wird deutlich, daß die Nutzungsdauer oft die Dauer der Aufbauphase nicht übersteigt. Dies verweist darauf, daß die hohe Trägheit der Erschließungsnetze und ihre vorgegebenen Kapazitäten sich weitgehend für jene Transporttechniken eignen, die sich diesen Bedingungen relativ flexibel anpassen

	ATHEN	LISB	LIVERP	THESSAL	AACHEN	MITTEL
Pferdebus			40			
Pferdebahn	85		38	14	14	38
Elektrische	41	82*	50	43	80	59
Straßenbahn						
* in Betrieb						

Abb. 10.7 Nutzungsdauer von Transportinnovationen
(Curdes 1989)

können. Daraus resultiert die lange Phase der Pferde- und der Straßenbahn, des Busses und letztlich auch der Erfolg des individuellen Automobils. Auch dies verweist auf die Grenzen, die der Einführung neuer Techniken entgegenstehen, wenn sie zu weitgehende Eingriffe in die Stadtstrukturen erfordern. Zugleich stehen aber nahezu alle Städte mit engmaschigen Kerngebieten (Athen, Rom, Bari, Aachen) vor einer Schwelle, in der organisatorische, soziale und technische Innovationen zur Lösung der Probleme des Individualverkehrs unabweisbar werden. Inzwischen werden in einigen Städten (Aachen, Liverpool) teilweise große Areale und ganze Linienzüge früherer Industriebahnen und Nebenstrecken der Eisenbahn sowie zahlreiche Bahnhöfe frei, ohne daß Konzepte und Technologien für eine Folgenutzung dieser nahezu unwiederbringli-

Pferdebahn	58
Eisenbahn	69
Tram	26
Bus	40
Flughäfen	34
Ringstraßen	77
Autostraßen	20
Autobahn	42

Abb.10.8 Time-lag der Innovation

chen Trassen beständen. Einige sind inzwischen zugebaut, in Radwege umgewandelt oder stehen unter Biotopschutz (Aachen). Hier geht ein Linienpotential verloren, welches vielleicht für eine nächste Innovationsphase benötigt würde, aber wegen der sehr kurzfristigen Politikorientierung nicht gesichert worden ist. In Abbildung 5.14 wurden am Beispiel Aachens bereits die Innovationen in den Transportinfrastrukturen der letzten 150 Jahre dargestellt. Dort wird deutlich, wie durch große Sprünge und neue Netzsysteme jeweils die Erschließung des Stadtkörpers weiter entwickelt wird.

6. Der Einfluss von Innovationen auf die Stadtmorphologie

Die Eisenbahn hatte mit ihren Dämmen und Einschnitten weitreichende Folgen für die Morphologie vieler Städte. Gleiches gilt für reine Autostraßen. Beide Systeme entwickelten lineare Barrieren, trennten ganze Siedlungsbereiche voneinander. Die Eisenbahnen schufen dadurch großflächige negativ bewertete "Rückseiten" in den Städten, die erst neuerdings durch das Freiwerden von Bahnarealen oder durch zusätzliche Durchbrüche teilweise überwunden werden. Mit der Zeit arrangierten sich aber die "Stadtkörper" mit diesen sperrigen Elementen, füllten die Zwischenräume auf und integrierten sie schließlich in das Strukturgefüge. Folgenreichwar auch das Leitbild der Nutzungstrennung, der durchgrünten und aufgelockerten Stadt und schließlich die massenhafte Ausbreitung des Einzelhauses in den peripheren Bereichen. Auf diese Aspekte kann hier aber nicht weiter eingegangen

werden. Nicht eine Innovation formte die städtische Morphologie insgesamt. Es wirken vielmehr viele Einflüsse gleichzeitig und ungleichzeitig. Von besonderer Bedeutung für Entwicklung und Veränderung der urbanen Morphologie waren die folgenden Innovationen:

INNOVATIONEN IM TRANSPORT
- Eisenbahn (Linien, Bahnareale, Barrieren)
- Straßenbahn, regionale Eisenbahnlinien, U-Bahnen (Aufsiedlung an den Strecken und Haltepunkten)
- Auto (Ringstraßen, suburbane flächenhafte Aufsiedlung der Peripherie, lokale Autostraßen und Autobahnanschlüsse und deren Zubringer, Transformation des innerstädtischen Straßennetzes durch Ausweitungen, Nutzungsdominanz, Parkflächenbedarf im Kern und an den Rändern).

INNOVATIONEN IN DER STADTPLANUNG
- Das Konzept der Gartenstadt und des fließenden Raumes
- Das Konzept der Nutzungstrennung und der Zusammenfassung ähnlicher Nutzungen in eigenen Gebieten (Zonung)
- Das Konzept der Störungsminimierung durch Distanzzonen
- Das Konzept von Grünringen und grünen "Fingersystemen"
- Das Konzept der Trabanten, der räumlich getrennten Siedlungseinheiten und Versorgungszentren

H. ZUSAMMENFASSUNG

Der Vergleich zeigt, bei allen Vorbehalten die wegen der geringen Zahl und des unterschiedlichen Stadiums der Vergleichsstädte und wegen der Meta-Ebene der Betrachtung notwendig sind, einige prinzipielle Ergebnisse:

- Die Ausdehnung der Erschließung und Besiedlung erfolgt weitgehend nach dem Prinzip der "nächsterreichbaren Flächen". Dieses Prinzip gilt dreifach: für die geographisch und für die vom Zeitaufwand für Transport und Entscheidung her nächsten Flächen.

- Die urbanen und regionalen Straßennetze differenzieren sich mit steigender Größe. Fehlende Funktionsdifferenzierung und fehlende Innovationen der Netzstruktur (Ringe, Tangenten) sind Hinweise auf Entwicklungsrückstände.

- In den frühen Phasen der Entwicklung sind die Netze, besonders in der jeweiligen Peripherie, noch weich. Es können Netzergänzungen leichter durcheführt werden als in späteren Perioden.

- Die hohe Trägheit der urbanen Morphologie setzt der Einführung von neuen Technologien deutliche Grenzen, soweit sie sich nicht in die Maßstäbe und in die räumliche Logik der konkreten urbanen Morphologie einzufügen in der Lage sind.

- Die deutlichsten Spuren im urbanen Gefüge hinter-

ließen Innovationen in den Transporttechniken, stadt-
planerische Leitbilder und die zunehmenden Selbstver-
wirklichungstendenzen des Individuums.

- Es finden ständig Anpassungen und Transformationen der Strukturen an neue Bedingungen statt, die in
bestimmten zyklischen Momenten zu neuen Kapazitäten, oft zu einer Leistungssteigerung des Gesamtsystems führen, die sich, zumindest in dem be-
trachteten Zeitraum, in einigen Städten für 30 Jahre
als ausreichend erwies.

- Nachdem das urbane Gefüge eine bestimmte Ausdehnung, Dichte und innere Komplexität überschritten
hat, werden neue grund- legende Anpassungen
und/oder neue Versor-gungsnetze erforderlich. Es
hängt von der Verfüg-barkeit geeigneter, schnell implementierbarer Neuerungen ab, ob Lösungen erfolgen können und welche Transformationen deren Einführung erfordert.

- Insgesamt scheinen urbane Systeme, wie andere
komplexe Systeme auch, zu pendeln zwischen Zuständen und Phasen des Chaotischen, Zufälligen, des
Zerfalls und dem Aufbau neuer Ordnungs- und Gleichgewichtszustände. Räumliche Differenzierung, Wandel,
Transformationen und Innovationen sind nichts anderes als Mittel zur Lösung dieser Balanceprobleme.

LITERATUR

van den Berg/Burns/Klaassen (Edit.): Spatial Cycles. Aldershot
(UK) 1987

van den Berg u.a.: Urban Europe. A study of Growth and
Decline. Oxford, New York, Toronto, Sydney, Paris, Frankfurt
1982

von Böventer, E.: Städtische Agglomerationen und regionale
Wachstumszyklen: Vertikale und quer verlaufende Wellen. In:
von Böventer (Hrsg): Stadtentwicklung und Strukturwandel.
Berlin 1987

Curdes, G.: The Influence of Innovations on Urban
Development and Urban Form. A Comparison of Develop-
ment Stages of Athens, Lisbon, Rome, Liverpool, Thessaloniki,
Aachen, Bari, Kecskemet, Tromsö. Assistance: A.Haase,
F.Haneda, St. Pasternak, C.Schwan. Institute of Town and
Countryplanning, Aachen University of Technology. Aachen
1989

Curdes, G.: Entwicklungslogik städtischer Raumsysteme und
der Einfluß von Innovationen auf die Raumstruktur
europäischer Städte. In: Seminarberichte 29/1991. Hrsg.
Gesellschaft für Regionalforschung, S. 27-50

Giannopolous, G.A.; Curdes, G: Innovations in urban
transport and the influence on urban form. An historical
review. In: Transport Reviews, 1992, Vol. 12. No. 1 (S.15-32)

Gschwind, F.; Henckel, D.: Innovationszyklen der Industrie -
Lebenzyklen der Städte. In: Stadtbauwelt 82/1984, S. 134-139

Gorynski, Juliusz: Auf der Suche nach einer humanistischen
(wohn- und dienstleistungsorientierten) Variante der Prognose
des Siedlungsnetzes. In: Curdes/Langkau (Hrsg.): Probleme
der Raum- und Regionalplanung in Polen und in der
Bundesrepublik Deutschland. Schriftenreihe Politik und
Planung Bd.15. Köln 1981

Henckel, F. u.a.: Produktionstechnologien und Raumentwicklung. Stuttgart; Berlin; Köln; Mainz 1986

Montanari, A.; Curdes, G.; Forsyth, L. (Edit.): Urban Landscape
Dynamics. A Multi-Level Innovation Process. Aldershot (UK)
1993

11. ENERGIESPARENDE SIEDLUNGSSTRUKTUREN

A. SITUATION

Die Städte müssen einen erheblichen Beitrag bei der CO_2-Reduktion zur Entlastung der Atmosphäre leisten. Zwei wesentliche Bereiche, bei denen Einsparungen notwendig sind, sind der Verkehr und die Raumheizung. Ich habe diesen Abschnitt mit aufgenommen, weil diese Aufgabe ganz wesentlich mit der Stadtstruktur zusammenhängt. In der Fachdiskussion stehen dabei vor allem die Wärmedämmung von Gebäuden und der motorisierte Individualverkehr im Vordergrund. Wie wir sehen werden, kann auch der Beitrag einer guten Stadtstruktur zur CO_2-Minderung bedeutsam sein. Wie so oft bei politischen Handlungszwängen geraten andere Felder leicht aus dem Blick, wird ein komplexes Wirkungsgefüge auf Hauptfaktoren verengt, um Handlungsprogramme wenigstens für diese zu bewältigen. Dabei kann es vorkommen, daß sogar die ausgewählten Hauptfaktoren nur vereinfacht behandelt werden[1]. Zum Gelingen einer umweltverträglicheren Wirtschaftsweise muß aber das gesamte Siedlungssystem mit seiner hohen Trägheit und den kurzfristig nicht veränderbaren Strukturmerkmalen zum Gegenstand einer Umsteuerung der Siedlungs- und Wirtschaftspolitik gemacht werden.

Dazu ist es sinnvoll, sich einiger Tatbestände zu erinnern, die den Rahmen der Beeinflussungsmöglichkeiten deutlich machen:
- Der größte Teil der im Zieljahr 2005 existierenden Siedlungsstrukturen besteht bereits.
- Wir können nicht alle alten Baubestände mit einer Thermohaut überziehen, weil damit auch deren spezifische architektonische Gliederung verloren ginge, ihr "Gesicht" - und damit ihr Kulturbeitrag und ihre Geschichte aus unseren Städten verschwinden würde.

- Auch der Ersatz alter Baustruktur kostet Energie durch den Abbruch, die Ablagerung (von den knappen Deponieflächen zu schweigen), durch Recycling, durch die Neuproduktion von Baumaterial und Bauerstellung. Wenn für das Erreichen einer vielleicht 20%igen Verminderung der Wärmeverluste ein Vielfaches des eingesparten CO_2 durch den Veränderungsprozeß neu produziert wird, leisten alle noch langzeittauglichen Baustrukturen einen Beitrag zur CO_2-Minderung allein durch das Hinausschieben ihres Abbruchs.
- Die hohe Eigenträgheit der vorhandenen Bau- und Siedlungsstrukturen gegen Veränderung läßt daher nicht die erwünschten und erforderlichen schnellen Ergebnisse zu. Deshalb sollten verstärkt auch andere Bereiche systematisch nach Einsparpotentialen abgesucht werden.

Ziel dieses kurzen Abschnittes ist es, einen Überblick über die Dimensionen zu geben, an die bei einem umfassenden Ansatz der CO_2 - Minderung zu denken sein wird.

B. DIMENSIONEN ENERGIESPARENDER BAU- UND SIEDLUNGSSTRUKTUREN

Die nachfolgend angedeuteten Dimensionen verweisen auf groß- und kleinräumige Handlungsfelder. Städte und angewandte Wissenschaft sind gehalten, durch geeignete Modelle von Siedlungsystemen, Kennwerten von Bauten, Verhaltensbeeinflussung im Verkehr jene strategischen Varianten und Pfade zu suchen, die mit dem geringsten Neuaufwand von Energie die größten künftigen Einsparungen erbringen. Dabei ist ein kompaktes Strukturgefüge einer der wesentlichen Beiträge.

Besiedlung
- Energetische Bewertung der Siedlungsformen
- Energetische Bewertung der städtebaulichen Anordnungsformen (Kompaktheit, Dichte)
- Schutz der Bebauung vor Auskühlung durch Wind (rauhe Umgebung, Tal-Lagen, Schutzpflanzungen, Schutz durch andere Bauten)

Transformation und Entwicklung der Besiedlung
- Trägheit der Siedlungsstrukturen
- Erhaltung kompakter Strukturen
- Siedlungsverdichtung an ÖPNV-Knoten
- Zurückhaltung bei großen Eingriffen
- Prüfung der Energiebilanz bei Veränderung/Neustrukturierung
- Nachverdichtung solitärer Siedlungsbereiche
- Nachverdichtung auf großen Parzellen
- Wiederaufgreifen des gemischten Baublocks
- Problem der Stadtrandzersiedlung
- Problem der neuen Gewerbegebiete mit häufig auto-orientierten Standorten, dispersen Bebauungen, großen Abkühlungsflächen

Nutzungsordnung
- Gemischte Nutzungen mit reduzierten Wegen
- Synergetische Effekte der Nutzungsmischung: z.B. Abwärmeverwendung, Wegeverminderung, mehr Urbanität
- Entwicklung wege- und energiesparender Nutzungsordnungen
- Kopplungsfreundlichere Standortsysteme für den Tages- und Wochenbedarf
- Abbau von notwendigen räumlichen Distanzen störender Nutzungen durch technische Minderung der Emmissionen

Produktionsweisen
- Lokale und regionale Produktionsverflechtungen anstelle räumlich stark arbeitsteiliger Produktion mit hohem Transportaufwand
- Reduzierung der just-in-time-Produktion
- Abfallminimierte Produktionskreisläufe statt Einwegproduktion

Infrastruktur und Service-Systeme
- Nachfragenahe Standorte
- Anordnung an Hauptrouten anstatt dazwischen
- Kopplung der Infrastruktur mit anderen Nutzungen, Mehrfachnutzung von Infrastrukturen

Transportsysteme und Energiekosten des Transports
- Kurze kompakte Netze (Erstellung, Betrieb, Unterhaltung)
- Knotenorientierte Netze
- Einsatz emmissionsarmer Transportsysteme
- Siedlungsverdichtung an ÖPNV-Korridoren, Siedlungsbänder
- Verstärkter Einsatz von Stadt- und Hochbahnen / Querschnittsverminderung für den IV

Verhaltensbeeinflussung im Individualverkehr
- Vorrangnetze und Vorrangsteuerungen für energiesparende Transportmittel (ÖPNV, Fahrrad, Fußgänger)
- Verhaltensbeeinflussung durch Tempo-Dreißig-Zonen, Anwohnerparken
- Autofreie Innenstädte
- Verzicht auf Stellplatznachweis in überlasteten Gebieten, Abbau von Parkplätzen, Bewirtschaftung und Kostenbelastung aller Parkplätze
- Emmissions- und belastungsabhängige Ampelschaltungen
- Zugangsgebühren für überlastete Räume

Bauformen und Baukonstruktion
- Kompaktheit der Baukörper
- Speichermasse der Bauten
- Dauerhaftigkeit, Lebensdauer der Bauten und Infrastrukturen (Ersatzzeiträume)
- Reparaturanfälligkeit von Bauten (Energieaufwand durch Ersatzprodukte, Reparaturfahrten, Nutzungsunterbrechung)
- Eignung für Nutzungswandel ohne wesentliche Umbauten
- Energieaufwand zur Erstellung der Bauten
- Energieaufwand zur Erstellung der Baustoffe
- Energieaufwand zum Ersatz der Bauten
- Energie, die in noch länger tauglichen Bauten bereits investiert und gebunden ist
- Energiemanagement in Bauten: Einsatz intelligenter Steuerungssysteme[2]

Energiegewinnung
- Passive Energiegewinnung durch wärmedurchlässige Wand- und Glasflächen
- Aktive Energiegewinnung durch Kollektoren, Photovoltaik
- Energierückgewinnung (Wärmetauscher, Abwärmenutzung)
- Dezentrale Blockheizwerke

Innere Gebäudeorganisation/Raumklima
- Südorientierung Nutzräume, Nordorientierung Nebenräume
- Wärmetransport von Südräumen zu Nordräumen
- Offene / geschlossene Grundrisse
- Wärmeverluste durch vertikale Offenheit der Grundrisse
- Größere Variabilität der Orte von Nutzungen in Gebäuden in Abhängigkeit von der Außentemperatur

Weniger Mobilität ohne Qualitätsverlust
- Weniger Wochenendverkehr durch Umfeldaufwertung
- Angebote von Aufgaben und Freizeitbeschäftigungen in den Quartieren
- Mehr wohnortnahe Angebote durch Nutzungsmischung
- Kleinere wohnortnahe Infrastrukturen

Die Dimensionen zeigen, daß die Ansatzpunkte sehr zahlreich sind. Einige sind kurzfristig, andere nur langfristig beeinflußbar. Wesentlich ist die Einsparungsleistung kompakter Bauweisen vorhandener Baustrukturen, die gleichzeitig Energieverluste an Gebäuden und beim Verkehr vermindern. Abb. 11.2 zeigt die Bedeutung der Packungsgeometrie und Dichte der Oberflächen für den Wärmebedarf. Je kleiner die Außenfläche (A) und je größer das zugehörige Volumen (V), umso geringer - bei gleicher Dämmung - der Wärmeverlust. Betrachtet man nun das A/V-Verhältnis unterschiedlicher Siedlungsstrukturen (Abb. 11.1), so schneiden die kompakten Blöcke des Mittelalters und des 19. Jahrhunderts am besten ab. Schon die Verdichtung der offenen Bauweisen des Zeilenbaues würde daher mehrfachen Nutzen haben: Minderung der Oberflächen, Minderung der Abkühlung durch Wind, Minderung von Transportwegen, Minderung des Aufwandes für neue Infrastruktur, um nur einige zu nennen.

C. PHASEN DER STADTENTWICKLUNG NACH 1945 UND DEREN ENERGETISCHE EIGENSCHAFTEN

In grober Annäherung können die verschiedenen Baubestände, die seit dem Kriege errichtet wurden, wie folgt energetisch bewertet werden:
- Wiederaufbau 1945 bis ca. 1955 auf altem Grundriß. Energetisch günstig.
- 1950 bis 1960 massenhafter Bau von durchgrünten Wohnquartieren in Reihen- und Zeilenbauweise. Energetisch eher ungünstig
- 1960 bis zur Gegenwart: Umorganisation der Städte und Stadterweiterungen nach dem Leitbild der "Gegliederten und aufgelockerten Stadt". Entmischung der Nutzungen. Ausweisung großer homogener Wohn- und Gewerbegebiete. Energetisch sehr ungünstig.
- 1960-1975: Urbanität durch Verdichtung. Solitäre Wohnhochhäuser in Städten, Wohnhochhäuser und Wohngroßgebäude in Trabantenstädten (Märkisches Viertel, München Perlach). Energetisch ungünstig durch große Oberflächen, zerklüftete Strukturen, geringe Lebensdauer.
- 1955-1980: Große Stadterweiterungen/Trabantenstädte. Wegen peripherer Lage, ungünstigen solitären Bauformen und einseitiger Nutzung energetisch ungünstig.
- Erneuerung innerstädtischer Altbauquartiere von 1950-1990. Bei kompakter Bauweise (Reihen, Blocks) energetisch günstig.
- 1973 bis heute: Behutsame (erhaltende) Stadterneuerung. Suche nach kontextuellen Antworten bei der Einfügung und Ergänzung von Bauständen. Aufgreifen regionaler Bautraditionen und Bautypen.

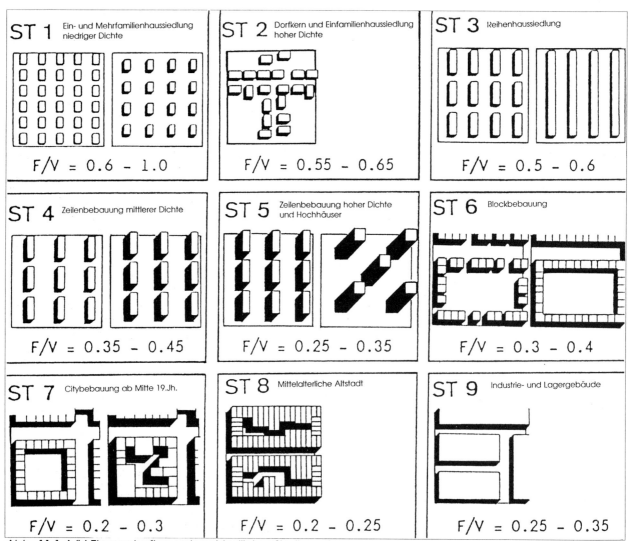

Abb. 11.1 A/V-Eigenschaften unterschiedlicher Siedlungsformen (Roth)

Energetisch wegen Erhaltung der alten Bausubstanz und deren Ergänzung eher günstig.

- Ab ca. 1975: Neue Urbanität. Rückbesinnung auf die Stadt als Lebensform. Ausbau von Plätzen, Verkehrsberuhigung, Wohnumfeldverbesserung, Verbesserung der Aufenthaltsqualität in den öffentlichen Räumen und den stadtnahen Grünflächen. Wiederaufgreifen des Baublocks und urbaner Gebäude- und Wohnformen. Energetisch günstig wegen hoher Dichten, kompakter Bauweisen, Verminderung von Freizeitverkehr durch besseres Umfeld. Energetisch günstig.

- Ab ca. 1980: Stadtmorphologische Diskussion. Angestoßen durch den Strukturzerfall der Städte, das stadtstrukturelle Ende der "Moderne" und durch die morphologische Diskussion in Italien und Frankreich (Kap.7-8), wird die stadtbildende Rolle der kleinen Einzelparzelle, die Bedeutung der Vernetzung, der gemischten Nutzung und des Baublocks als Basiselement der Stadt neu diskutiert. Energetisch positive Richtung.

- Ab ca. 1985: Dekonstruktivismus. Entwicklung neuer, nichtgeometrischer Bau- und Stadtbaukonzepte auf der Grundlage zerfallender, explodierender oder fragmentarischer Ordnungen. Bisher kaum Realisierungen. Die Richtung wird keine Zukunft haben. Energetisch sehr ungünstig.

D. WO KANN IM STÄDTEBAU ANGESESETZT WERDEN, UM DEN CO_2-AUSSTOSS ZU VERRINGERN?

Thesen:

1. Es gibt nicht nur einen, sondern zahlreiche Bereiche, die zusammen einen beachtlichen Beitrag erbringen können.

2. Besonders schnelle Wirkungen können durch eine Verminderung des PKW- und LKW-Verkehrs erreicht werden, weil dieser Bereich sehr viel schneller auf veränderte Rahmenbedingungen zu reagieren vermag als die träge Siedlungsmasse.

3. Der größte Teil der inneren Stadtbereiche (teilweise auch der Mittelstädte der Peripherie) besitzen noch eine Grundorientierung auf den ÖPNV. Auf diese kann nun bei einer verstärkten Umorientierung auf den ÖPNV zurückgeriffen werden. Entlang von ÖPNV-Knoten und Haltestellen sollten daher verstärkt Arbeitsplätze mit geringem Flächenanspruch angesiedelt werden.

4. Ein Hauptbereich liegt im Energieverbrauch der Raumbeheizung und Raumkühlung. Hier schneiden die älteren Bauten vor 1920 häufig besser ab als die Bauten danach. Ab etwa 1975 sind die Bestände energetisch wieder günstiger einzustufen. Eine der wirkungsvollsten und preiswertesten Strategien bei verputzten Bauten ist die nachträgliche äußere Wärmedämmung (Thermohaut).

5. Die Erhaltung der soliden Bauten der Zeit zwischen 1860 - 1914 mit 50cm Mauerwerk und kompakter städtebaulicher Anordnung ist unter diesem Blickwinkel besonders wichtig.

6. Die Stadt des 19.Jahrhunderts mit ihren verdichte-

A/V [m^{-1}]	Heizwärmebedarf Q'$_H$ [kWh/(m² · a)]	
	ohne WRG [1]	mit WRG [1]
$\leq$ 0,25	49	41
0,3	51,8	43,8
0,4	57,4	49,4
0,5	63,0	55,0
0,6	68,5	60,5
0,7	74,2	66,2
0,8	79,8	71,8
0,9	85,4	77,4
1,0	91,0	83,0
$\geq$ 1,1	96,6	88,6

[1] WRG = mechanische Lüftungsanlagen mit Wärmerückgewinnung

Abb. 11.2 Anforderungen an den spezifischen Heizwärmebedarf in Abhängigkeit von Außenfläche und Volumen (A/V) (DAB 10/92)

ten Bebauungen und gemischten Nutzungen entlang der Boulevards war die bisher günstigste Lösung hinsichtlich Raumorganisation und Transportbedienung mit ÖPNV. Diese Stadtstruktur besteht noch in erheblichen Teilen. Es ist daher naheliegend, sie zu erhalten und weiterzuführen (Beispiel Paris).

7. Seit den 20er Jahren ging der Weg weg von der linearen Verdichtung hin zu offenen, niedrigen, gering verdichteten Strukturen. Diese sind zu erhalten, wenn sie gestalterische und soziale Qualitäten besitzen. In Fällen geringer baulicher Qualität und unwirtschaftlich hohen Unterhaltungs- oder Nachrüstungskosten bilden diese Bestände eine Reserve für Nach- oder Neuverdichtung.

8. Bisher nicht diskutiert wurden die erheblichen Energiekosten durch den Abbruch und den Ersatz existierenden Bauvolumens. Alle Bauten und Anlagen, die mit sinnvollem Aufwand auf gegenwärtige Ansprüche nachrüstbar sind, ersparen Energiekosten, die durch den Abriß, die Lagerung, die Neuproduktion von Baustoffen und durch den Bau selbst entstehen.

9. Eine andere Einsparungsquelle ist der Verzicht auf zu häufige Eingriffe und Änderungen. Während in anderen Ländern oft noch die gleichen Bauten und Straßenoberflächen wie vor 70 Jahren existieren, wurden bei uns z.B. die Straßenoberflächen und die Straßenaufteilung bereits mehrfach geändert (Ausbau für den PKW, Rückbau, Änderung des Rückbaues).

10. Dem Problem würde man nicht gerecht, wenn nicht ein umfassender und auf vielen Ebenen wirksamer Ansatz entwickelt würde. Einige der genannten Bereiche bedeuten eine Minderung von Aktivitäten und damit einen Verzicht auf den bisherigen Umfang der (häufig auch übertriebenen) Mobilität.

E. BEISPIELE ENERGETISCH GÜNSTIGER GEMISCHTER BAUBLÖCKE

Die folgenden Abbildungen zeigen Versuche aus einem im Jahre 1993 durchgeführten Seminar an der

RWTH Aachen, einerseits durch günstige Volumen - Oberflächenverhältnisse und durch gemischte Nutzungen zu energetisch günstigen Blockformen zu kommen, andererseits auch die Auswirkungen gemischter Nutzungen auf den Energieverbrauch durch verminderte Verkehrsbewegungen einzubeziehen. Dabei ergab sich, daß das Oberflächen- Volumenverhältnis nur als äußerst grober Urteilsmaßstab geeignet ist. Faktoren wie Durchlüftung, Freiflächenausstattung, Verschattung der Umgebung und die Verkehrserzeugung bestimmter Bauweisen müssen hinzutreten. Es sind für eine solide Beurteilung des energiemindernden Beitrages vorhandener und zu planender Baustrukturen Simulationsmodelle eines neuen Typs erforderlich, die auch den Transport, das Klima und die Kosten erfassen.

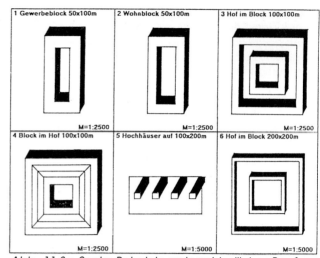

Abb. 11.3a Sechs Beispiele unterschiedlicher Bauformen

F. ZUSAMMENFASSUNG

Trotz der nur grob angesprochenen Zusammenhänge wird aber deutlich, daß die in diesem Buch verteidigte urbane Strukturdichte und Strukturmischung auch unter dem Aspekt der Energieeinsparung zweckmäßig ist. Die Erhaltung funktionstüchtiger Strukturelemente der Städte wird unter dem Gesichtspunkt der in ihnen schon gebundenen Energie besonders wichtig.

LITERATUR

Bundesminister für Raumordnung, Bauwesen und Städtebau (Hrsg.) : Wechselwirkungen zwischen der Siedlungsstruktur und Wärmeversorgungssystemen. Schriftenreihe Raumordnung Nr. 06.044, Bonn 1980
Curdes, G.: Energiesparende Siedlungsstrukturen. Stichworte zum Vortrag vor dem Arbeitskreis Energie der Deutschen Physikalischen Gesellschaft am 15.10.92 in Bad Honnef.
Meyer, G.; Niebuhr, B.: Wärmeschutzverordnung 1992. Konsequenzen für die Praxis. Deutsches Architektenblatt 10/1992
Roth, U.: Energie- und Klimabewußtes Planen und Bauen. Manuskript. In: Bundesforschungsanstalt für Landeskunde und Raumordnung. Institut für Städtebau, Berlin. Seminarunterlage, Heft 1

Messgrößen zur Bewertung der Stadtblöcke und Bauweisen wichtigste Werte im Überblick	1	2	3	4	5	6
Qualität Freiräume	o	o	o	+	o	+
Abstandsflächen	o	o	+	+	+	+
Verkehr (ruhend)	+	o	o	o	+	o
A/V	0,27	0,29	0,34	0,23	0,25	0,33
Grundflächenzahl (GRZ)	0,72	0,64	0,6	0,84	0,07	0,3
Geschoßflächenzahl (GFZ)	2,9	3,2	2,6	3,0	1,37	1,5
Einwohner (40qm /EW)	0	322	450	0	162 × 4	1.250
Beschäftigte (25qm /B)	(572)	128	320	1.200	0	400
Nutzungsmischung (Gewerbeanteil)	100%	20%	31%	100%	0%	17%
Stellplätze (0.25 / EW+B)	(143)	113	193	300	40 × 4	410
Verkehrsbewegungen (3/ (EW+B))	(1716)	1.350	2.310	3.600	486 × 4	4.950
Brutto-Siedlungsfläche /EW qm	-	24,8	29,8	-	30,9	39,0

Abb. 11.3b AV-Verhältnis und städtebauliche Kennwerte der sechs Beispiele *(Seminarbeitrag Müller, Krumm, Kanzow)*

TEIL C STADTRAUM UND STADTGESTALT

Die überwiegende Mehrheit der Bevölkerung in den industrialisierten Ländern lebt in Städten und verdichteten Regionen. Es werden daher Ansprüche an die Funktionsfähigkeit und an die Gestalt dieser Umwelten gestellt. Die Gestalt bildet den ästhetischen Rahmen und an ihr läßt sich das kulturelle Niveau einer Zeit erkennen. Sie kann als die äußerlich wahrnehmbare Kontur der physischen Stadtstruktur verstanden werden. Die sinnlich wahrnehmbare Gestalt ist nichts anderes als die Oberfläche der Strukturen. Sie vermittelt Informationen und Botschaften über das, was in den Strukturen passiert und über die Werte, die diese ausdrücken sollen. Wir können zwischen der Makrogestalt ganzer Stadtbereiche und der Mikrogestalt von Ausschnitten und Gebäude- teilen unterscheiden.

Von der Stadtstruktur nehmen wir nur Ausschnitte war. Wir kennen die Stadt nur entlang der häufig benutzten Transportwege und in den Bereichen, die wir intensiver nutzen, genauer. Zur Orientierung bilden wir uns mentale Landkarten, die das räumliche Erinnerungsvermögen an bestimmten Merkmalen festmacht. Deshalb kann das gleiche stadtmorphologische System durch deutliche oder durch mangelnde Akzentuierung Orientierung erleichtern oder erschweren. Wesentliche Mittel der Akzentuierung sind die Verdeutlichung der Topographie, Hierarchien in der morphologischen Struktur, Form und Abfolge öffentlicher Räume, einprägsame Gestaltung von Übergängen und Grenzen zwischen den Teilen der Stadt. Dafür steht ein reiches Repertoire zur Verfügung, mit dem den Strukturen durch Akzente und Variationen individuelle Eigenschaften gegeben werden können. Einen weiteren Aspekt stellt das "Leben" in der Stadt dar, welches Räume zur Aneignung, zum Aufenthalt, zur Kommunikation benötigt. Straßen und Plätze sind Mittel gesellschaftlicher Integration und Differenzierung, sie vermitteln "das Bild der Stadt". Überspitzt könnte man sagen, Städte sind so gut wie ihre öffentlichen Räume - welche wiederum durch die Qualität der die Räume bildenden Struktur bestimmt werden. Dieser Zusammen- hang von Raum und Struktur, von Kontinuität und Wandel, von Gebrauch und Form wird im folgenden unter sieben miteinander verbundenen Aspekten behandelt.

12. AKZENTUIERUNG DER MORPHOLOGIE

Wir haben im Teil B die Stadtmorphologie in ihrem Ma-kromaßstab behandelt. Die dritte Dimension, die Beziehung zwischen Stadtstruktur und Topographie und die Akzentuierung von Strukturen wurde zurückgestellt, ebenso die Hauptelemente der Negativstruktur - lineare Räume und Plätze. In diesem Abschnitt werden grundlegende Prinzipien behandelt, die für die Unterscheidbarkeit morphologischer Strukturen bedeutsam sind.

A. HIERARCHIEN

Hierarchien sind Bedeutungsträger in zusammenhängend bebauten Bereichen. Große Plätze, breite Straßen, große oder hohe Gebäude sind Träger von Botschaften. Sie wirken auf die Wahrnehmung, indem sie von vorherrschenden Maßstäben abweichen. Als Besonderheiten ziehen sie Aufmerksamkeit auf sich, prägen sich in den "mentalen Karten" räumlicher Erinnerung als Orientierungsmarken ein. Deshalb sollte die morphologische Struktur von Städten, Dörfern, Stadtteilen und Siedlungen eine klare Akzentuierung haben: Große Plätze, bedeutende Gebäude, breite Straßen sollten in den Mittenbereichen und Hauptachsen angeordnet werden. Unklarheiten in der Entsprechung von Bedeutung, Maßstab und Lage führen zu diffusen Strukturen und zu problematischen Widersprüchen in der Wahrnehmung und Orientierung.

B. MITTENAUSBILDUNG

Am stärksten wirkt immer noch eine vertikale Überhöhung zentraler Zonen durch als Mittensymbol geeignete einzelne oder als Gruppe wirkende Bauwerke. Bei mehrpoligen Stadträumen erweisen sich prägnante Einzelbauwerke zur großräumigen Orientierung als günstiger. Ein gutes Beispiel ist Paris mit seinen einzelne Bereiche symbolisierenden Solitären Sacré Coeur, Eiffelturm, Notre Dame, La Defense. Für Teilbereiche gibt es dann weitere kleinere Vertikalsymbole wie das Pantheon, Tour de Montparnasse, Arc de Triomphe. So entstand über die Zeit eine spannungsvolle Silhouette, die durch eine kluge Politik der Begrenzung der Bauhöhen - im Gegensatz zu London - ihre orientierende und historische Bedeutung behielt.

Die durch Netzgeometrien (Kapitel 6) und durch sich steigernde Platzgrößen und Gebäudehöhen unterstützte Mittenausbildung von Städten und Siedlungsstrukturen ist eine wichtige Voraussetzung zur Orientierung und zur Ausbildung sinnvoller Nutzungshierarchien. In der horizontalen Raumorganisation erleichtern ausgeprägte Mittenbereiche die Identifikation mit Städten und Stadtbereichen. Dies wird besonders deutlich an der unterschiedlichen Qualität von Mittenbereichen von auf rechtwinkligen Rastern gegründeten Städten und von solchen mit schiefwinkligen Geometrien. Rechtwinklige Geometrien führen zu einer nur geringen Bevorzugung und Hinführung zur Mitte. Schiefwinklige Geometrien hingegen sind meistens aus Verknüpfungen unterschiedlicher Außenbeziehungen entstanden. Hier bildet sich also in der inneren Geometrie und Straßenführung die Verknüpfung von Innenbereichen mit dem Umland und mit angrenzenden bebauten Bereichen ab. Deshalb ist die Lage des Zentrums in radial-konzentrischen Netzgeometrien (Beispiele Aachen, Köln) so stabil. Die damit angelegte Organisationskraft für die Standorte von Versorgungseinrichtungen wirkt auch bei Veränderungen der Außenverknüpfungen - Umleitung von Durchgangsverkehren - allein durch die günstige Netzgeometrie noch stabilisierend.

C. GRENZEN

Grenzen sind fundamentale Mittel zur Unterscheidung. Grenzen bilden sich durch deutliche Unterschiede der strukturbildenden Merkmale, wie etwa durch den Wechsel der Bebauung oder der Nutzung. Grenzen können schwach und stark ausgeprägt sein. Die folgenden fünf Gruppen enthalten in abnehmender Bedeutung Merkmale der Ausbildung von Grenzen. Je mehr dieser Merkmale zusammen auftreten, um so stärker ist die Wirkung der Grenze.

Merkmale der Grenzbildung:
1. Barrieren (Flüsse, Bahndämme, Böschungen, Wände, hohe Hecken), an Bebauungen angrenzende Landschaft, deutliche topographische Zäsuren.
2. Zwischenräume, insbesondere lineare Freiräume, Straßen.
3. Wechsel in der baulichen Anordnung, in der Höhe, in der Größe oder im Typus der Gebäude.
4. Wechsel der Architekturen, der Materialien, Farben und Texturen baulicher Oberflächen.
5. Wechsel der Textur oder der Pflanzen der Bodenoberfläche, Einfriedigungen, Zäune, Mauern.

Grenzen können trennen, jedoch auch verbinden. Eine in der Mitte liegende Grünzone trennt zwar angrenzende Bebauungen voneinander, verbindet diese aber auch um eine gemeinsame Mitte. Grenzen haben Bedeutung für die Gliederung und Unterscheidung von verschiedenen Bereichen. Ohne deutliche Grenzen haben es Stadtteile, Siedlungen, aber auch Hausgruppen schwer, eine eigene Individualität zu gewinnen. Überspitzt könnte man sagen, ohne deutliche Grenzen keine Individualität, da diese physiognomische Unterscheidbarkeit voraussetzt. Umgekehrt verweisen zu häufige Grenzen auf eine zerklüftete Struktur, sind Folge eines dichten Wechsels von unterschiedlichen Strukturen und Nutzungen. Grenzen haben Bedeutung beim Entwurf von Flächennutzungs- und Bebauungsplänen, aber auch bei der Stadt- und Dorferneuerung und bei der Objektplanung. Sollen unzusammenhängend wirkende Bereiche zu einer Einheit zusammengefügt werden, ist die Aufhebung oder Milderung der Grenzen wichtig; sollen zusammenhängende, aber höchst unterschiedliche Bau- und Nutzungsstrukturen deutlicher separiert werden, sind die Ansätze von Grenzen zu suchen und gestalterisch zu verstärken. Die Abbildung 12.1 zeigt am Beispiel Düsseldorf-Wehrhahn den Versuch, die bisherigen Hinterzonen an der trennenden Bahntrasse durch eine Neubebauung in Vorderzonen umzuwandeln, die sich der Trasse positiv zuwenden.

D. ÜBERGANGSBEREICHE, SCHWELLEN, EINGANGSSITUATIONEN

Um punktuelle Grenzen handelt es sich bei Übergängen von Straßen in Plätze, bei Übergängen von bebauten Bereichen in Freibereiche, bei linearen Verbindungen zwischen zwei baulichen Bereichen. Übergangsbereiche sind städtebauliche Schwellen, ähnlich der Schwellensituation bei Hauseingängen, Einfahrten, Hofzugängen. Sie bilden zwischen zwei unterscheidbaren Bereichen eine Verknüpfung an dem Punkt, wo zwei oder mehrere lineare Verbindungssysteme (Straßen, Wege, Grünbänder) zusammentreffen. Übergangsbereiche können durch eine besondere - oft

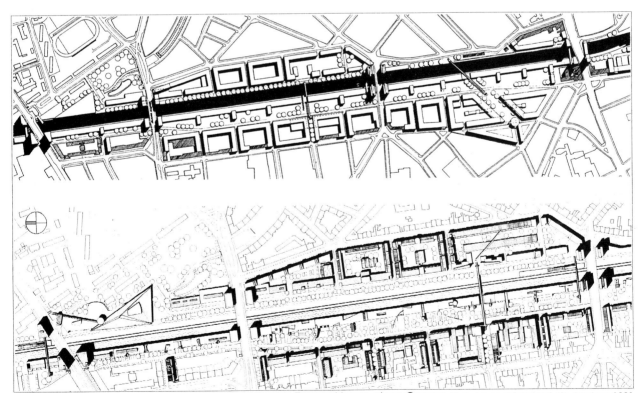

Abb. 12.1 Düsseldorf: Konzept zur Milderung der Trennwirkung einer Grenze (Bahntrasse Düsseldorf. ISL Aachen 1993. Entwurf Koch/Borucki)

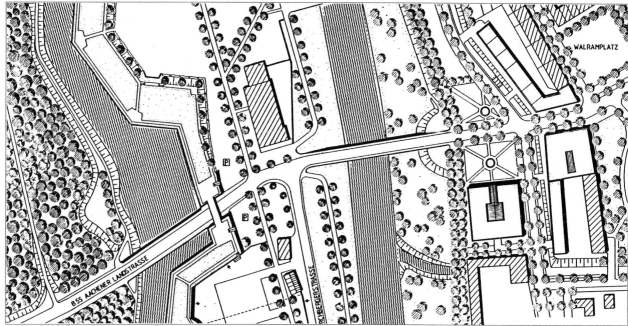

Abb. 12.2 Stadteingang Jülich (Gestaltungskonzept Jülich. ISL, Städtebauliche Arbeitsberichte, Heft 7.1. Aachen 1987)

vertikale - Akzentuierung die Situation verdeutlichen und damit die einzelnen Bereiche deutlicher ablesbar machen. Von besonderer Bedeutung sind Ein- und Ausgangssituationen: Der Eintritt in einen neuen Bereich oder in besonders schützenswerte Nutzungen wird besonders verdeutlicht durch Verengungen, die die dahinter liegenden Bereiche teilweise verbergen. Damit wird der Übergangsbereich zum "Tor", der stärksten Form der Markierung von Übergängen. Übergangsbereiche und Schwellensituationen kommen auf allen Maßstabsebenen des Raumes und der Baustruktur vor. Beispiele: Grünflächen, Wasserflächen, Distanzzonen, niedrig oder locker bebaute Zwischenzonen, Plätze, breite Straßen, Übergänge Straße - Platz, Stadteingänge, Kreuzungen, große Vorbereiche von Gebäuden. Abbildung 12.2 zeigt einen Vorschlag zur Neugestaltung des Stadteinganges von Jülich.

E. TOPOGRAPHISCHE AKZENTUIERUNG

Topographische Veränderungen der Erdoberfläche sind für die Stadt- und Siedlungsplanung von besonderer Bedeutung. Sie führen zu Unterscheidungen des Raumes, die in der Regel deutlicher sind als andere Merkmale. Dies zeigt sich in Bezeichnungen wie "Ober- und Unterstadt". Für Fußgänger und Radfahrer, sogar noch für Autofahrer sind Höhenveränderungen durch die Veränderung des Kraftaufwandes spürbar. Die optische Wahrnehmung höher oder tiefer liegender Siedlungs- und Landschaftsteile ist sehr verschieden. Deshalb sollten topographische Unterschiede nicht nivelliert, sondern eher akzentuiert werden, um den Stadt- und Siedlungslandschaften einen größeren Reichtum unterschiedlicher Situationen zu geben.

1. Grundlegende Aspekte

Es haben sich in der Stadtbaugeschichte Lösungen herausgebildet, die auch heute noch Beachtung verdienen. Allerdings sind bei den hier notwendigen Verallgemeinerungen die örtlichen Voraussetzungen jeweils auf die Übertragbarkeit hin zu prüfen. Jede Landschaft und Klimazone kann bestimmte Eigenarten in der Reaktion auf die Topographie aufweisen, die zu typischen Lösungen geführt haben und die es bei Veränderungen zu beachten gilt. Unter diesem Vorbehalt stehen die folgenden Hinweise.

a. Kuppen (Abb. 12.3)

Kuppen wurden in südlichen Ländern oft besiedelt (Klima, Schutz). In unseren Breiten sind Kuppen seltener bebaut (extreme Windbelastung). Bei Bebauung flacher Kuppen können Überhöhungen die Topographie akzentuieren. Eine in der Höhe gleichbleibende Bebauung führt zur Nivellierung. Überhöhungen können auch durch Baumbewuchs erreicht werden. An der Kuppenkante stehende Gebäude haben eine große Fernwirkung. Deshalb können Kuppenbebauungen problematisch sein, wenn sie in der Wirkung der Baumassen und der Bauformen nicht auf Dauer kontrolliert werden können. Bei einer weiträumigen Besiedlung (Streusiedlung) wirken Einzelgebäude auf Kuppen als Steigerung der Topographie.

b. Hänge

Weniger problematisch als die Kuppen- ist die Hangbebauung. Sie ist klimatisch weniger exponiert und in ihrer Fernwirkung nicht so signifikant. Hangbebauungen sollten bei steileren Hängen die Kuppen möglichst nicht verdecken. Gleichförmige Hangbebauungen (ähnliche Gebäudetypen, ähnliche Gebäudehöhen) sind günstiger als ungleichförmige, da sie die Struktur der Topographie nachbilden und nicht verwischen.

c. Täler

Die Bebauung von Tälern ist klimatisch fast immer problematisch wegen möglicher Störungen des Kalt-

112

Abb. 12.3 Überhöhung von Kuppen (Zeichn.Th.Bösl)

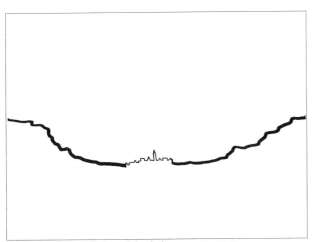

Abb. 12.4 Das Tal verbindet (Zeichn.Th.Bösl)

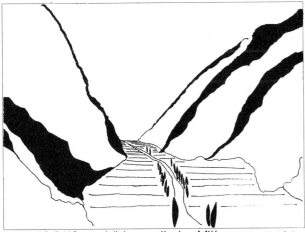

Abb. 12.5 Hänge bilden optische Mitte (Zeichn.Th.Bösl)

luftabzuges. Bei weiten Tälern entschärft sich dieses Problem. Stadtgestalterisch verstärkt eine vertikale Akzentuierung in der Nähe der Talmitte die topographische Situation (Abb. 12.4). Weite Täler sollten daher an den Rändern eher flach und in der Mitte höher bebaut werden, wobei Barrierebildungen zu vermeiden sind. Die Talränder erzeugen einen visuell abgeschlossenen Binnenraum, der durch Siedlungs- und Landschaftsgestaltung individuell geformt werden kann (Abb. 12.5).

2. Wirkung von Grat und Mulde

Auf Wetzel geht die Beobachtung der Wirkung der folgenden topographischen Phänomene zurück: Der Grat (bei Wetzel Schwelle) trennt, die Mulde (Senke, bei Wetzel Einschlag) verbindet (Wetzel 1962).

a. Grat

Topologisch sind diese Beobachtungen gut belegbar: Ein Grat bildet die Mitte zwischen zwei Seiten, die sich von dieser Mitte weg zu tieferen Zonen, zu Tälern orientieren. Eine Siedlung auf einer Kuppe wird durch den Grat getrennt. Die Gebäude auf den Hängen orientieren sich zu verschiedenen Tälern nach außen und nicht nach innen. Es ist deshalb schwer, Siedlungszentren auf Graten anzulegen, es sei denn, es existiert eine genügend breite, flache Kuppenzone. Der Schwierigkeit hinreichender Innenorientierung kann durch eine geschlossene Bebauung der Innenzone und durch eine Überhöhung dieser Zone gegenüber der Hangbebauung entgegengewirkt werden. Die Außenorientierung der Kuppenlage wird durch eine Innenorientierung kompensiert (Beispiel Aachen-Markt). Die Wirkung gilt auch bei kleinmaßstäblichen

Abb. 12.6 Die Wölbung trennt (Zeichn.Th.Bösl)

113

topographischen Situationen: In der Mitte überhöhte Plätze, Straßen, Wege trennen (Abb. 12.6).

Abb. 12.7 Die Mittelrinne verbindet (Zeichn.Th.Bösl)

b. Mulde

Eine Mulde (Einschlag) verbindet. Tallagen wirken umschließend, auch leichte Mulden wirken wie ein sammelndes Gefäß. Durch Blickbegrenzungen bilden Täler einen Binnenraum. Die optische Begrenzung der Tallage durch die seitlichen Hänge führt zur Bildung einer Mittenzone in der Talmitte. In der Mitte von Tälern liegende Gebäude, Siedlungen und Städte (Innsbruck, Wuppertal, Aachen) wirken geschützt, umschlossen. Dies gilt auch für Tallagen in der Stadt selbst. Straßen, die an einem Tiefpunkt zusammentreffen, beziehen die umgebenden Steigungsbereiche auf diesen Tiefpunkt. Überhöhungen der Tiefpunkte markieren diese deutlich als topographische Besonderheit (Beispiel Aachen Kaiserplatz: Überhöhung durch Adalbertfelsen und Kirche, früher zusätzlich durch Denkmal am Tiefpunkt). Die Wirkung tritt auch bei kleinteiligen topographischen Situationen auf: Ein in der Mitte vertiefter Platz verbindet - Campo in Siena

Abb. 12.8 Campo von Siena (Zeichn.Th.Bösl)

(Abb. 12.8) - und ebenso verbinden in der Mitte vertiefte Straßen und Gassen stärker als ebene Flächen oder die übliche Wölbung (Abb. 12.7).

F. FÜHRUNG VON STRASSEN IN DER TOPOGRAPHIE

Wetzel schlägt eine Kombination von Neigungs- und Richtungswechsel bei Straßen im Gefälle vor (Wetzel: "horizontaler und vertikaler Visierbruch"). Hat ein geneigtes Gelände deutliche Neigungsunterschiede oder eine Kuppe, sollten diese Eigenschaften bei der Führung von Straßen - und bei der vertikalen Akzentuierung - beachtet werden: Eine gerade Straße, die über eine Kuppe geführt wird, ist in ihrem weiteren Verlauf hinter der Kuppe verborgen (Abb. 12.9). Erhält die Straße hingegen auf der Kuppe einen Knick, entsteht Orientierungssicherheit über den weiteren Verlauf (Abb. 12.10). In neuerer Zeit haben diese Prinzipien auch für den KFZ-Verkehr Bedeutung gewonnen. Eine Trennung von topographischem Neigungswechsel und dem Wechsel der Straßenrichtung führt zu diffusen Situationen.

G. SEQUENZEN, VISUELLE GLIEDERUNG UND FÜHRUNG

Orientierungsmöglichkeiten sind ein wichtiges Kriterium für die Gestaltung der Stadt. Orientierung wird erleichtert durch folgende Eigenschaften von Stadtraum und Struktur:
- vertikal dominante Merkzeichen,

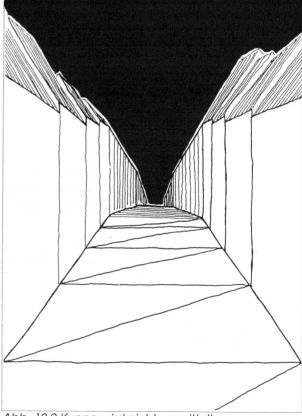

Abb. 12.9 Kuppe wird nicht vermittelt

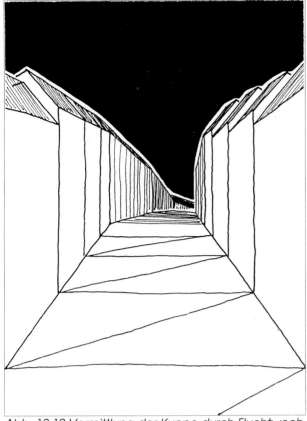

Abb. 12.10 Vermittlung der Kuppe durch Fluchtwechsel

- markante Einzelgebäude oder markante räumliche Situationen,
- in ihrer baulichen Charakteristik deutlich unterscheidbare Bereiche der Stadt,
- ausgeprägte Topographie (oben, unten),
- Hierarchie von Plätzen und Straßen,
- gliedernde Sequenzen für Hauptstraßen,
- Eingangs- und Ausgangsakzentuierung von Haupteinfallstraßen (vgl. hierzu Aminde u.a. 1986, S.121 f),
- Übergänge zwischen einzelnen Bereichen,
- deutlich ausgebildete Knoten und Raumgelenke,
- gliedernde Grünflächen und Zwischenräume.

Im Entwurf werden Akzente oft überbetont. Die Wirkung ist meist schon bei kleinen Abweichungen hinreichend. Bei der Wiederentdeckung des Repertoires der Raumbildung, insbesondere durch Unwin und andere Vertreter des künstlerischen Städtebaus, wurden gliedernde Merkmale auch übertrieben kleinteilig angewandt. Es genügen meist kleine Abweichungen, um Bereiche unterscheidbar zu machen, weil zusätzlich zu den städtebaulichen in der Regel architektonische Unterschiede hinzutreten. Abbildung 12.11 zeigt eine schematische Darstellung mit Akzenten zur Grobgliederung eines Stadtraumes. Die vertikalen Symbole stehen für vertikale Merkzeichen oder Landmarken, die Knoten, Stadteingänge, Mittenbereiche von Stadtteilen und die Stadtmitte selbst kennzeichnen sollen.

LITERATUR

Aminde, H.J. u.a.: Stadteingänge - Wege in die Stadt. In Mitteilungen der Deutschen Akademie für Städtebau und Landesplanung Bd.30 1986
Wetzel, H.: Stadt Bau Kunst. Stuttgart 1962

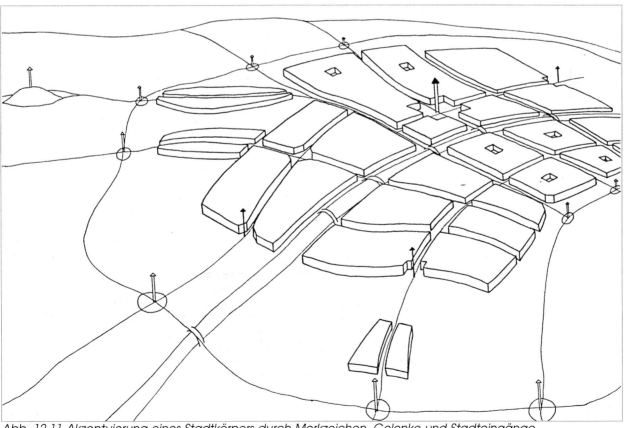

Abb. 12.11 Akzentuierung eines Stadtkörpers durch Merkzeichen, Gelenke und Stadteingänge

13. STADTRAUM

A. DEFINITION

Raum ist definitorisch der von den Volumen von Körpern freigelassene Zwischenraum in der städtischen und dörflichen Besiedlung und der Hohlraum im Inneren von Gebäuden. Während der innere Raum in Gebäuden Hauptziel der Bauplanung ist und das Gebäude lediglich die notwendige Hülle dieser Räume darstellt, ist der freigelassene äußere Raum häufig nur ein Nebenprodukt von Baukörperanordnungen, also Erschließungs- und Abstandsraum. Nur bei Hofhäusern und Höfen ist der durch Gebäude umfaßte, nach oben offene Binnenraum ein eigenständiger äußerer Raum.

Mit dem Begriff Stadtraum werden in der weitesten Fassung des Begriffs alle durch Bauten gebildeten Hohlräume in Siedlungsstrukturen, also auch solche in Dörfern beschrieben. In dieser Definition fällt der Begriff zusammen mit dem "Negativraum", also dem von den Baukörpern und Anlagen freigelassenen Flächen. Stadtraum im engeren Sinn ist der Raum in Städten und Dörfern, der zum allgemeinen Gebrauch vorgesehen ist, der "öffentliche Raum". Er wird im folgenden mit Stadtraum bezeichnet. Stadtraum ist also eine soziale Kategorie. Wir können neben den öffentlichen "halböffentliche" und "private" Stadträume unterscheiden.

Stadtraum kann auf der einen Seite also ein zufälliges, mit keinen oder nur geringen Gestaltzielen entstandenes Restprodukt der Gebäudeplanung sein oder durch bewußte Dimensionierung, Führung, Raumfolgen und Gestaltung eigene Qualität erhalten.

B. TYPEN VON STADTRÄUMEN

1. GEFASSTER RAUM
Als gefaßten Raum bezeichnen wir Stadträume, die durch durchgehende, zumeist regelmäßige vertikale seitliche Begrenzungen gebildet werden. Solche Grenzen können durch Gebäude, durch Hecken oder durch dichte Baumpflanzungen gebildet werden. Auch Mauern und steile Böschungen können in Sonderfällen als Grenzen von gefaßten Stadträumen fungieren.

a. Geschlossene Begrenzung
Die durchgehende vertikale Begrenzung hat die stärkste Wirkung. Sie definiert die seitliche Raumbegrenzung eindeutig und nahezu undurchdringlich. Sie verweist das Individuum in seinen Bewegungsmöglichkeiten auf den durch die Wände definierten Binnenraum und bewirkt eine klare Raumführung. Die seitliche Begrenzung führt, weil die hinter den Raumgrenzen verborgenen Bereiche der optischen Wahrnehmung entzogen sind, zu einer Konzentration der Aufmerksamkeit auf den Binnenraum. Der Ausschluß der übrigen "Welt" schafft die Bühne für eine abgesonderte eigene Welt, die durch Maßstäbe, Architektur, Formen, Material, Farben und durch ein eigenes Binnenklima und Milieu geprägt sein kann.

Öffnungen in den seitlichen Begrenzungen erlauben Durchblicke auf die Wirklichkeit hinter den Raumgrenzen. Geschlossene Wände führen zu einer eindeutigen Abgrenzung von "vorne" und "hinten". Türen oder andere Öffnungen sind die optischen und physischen Verbindungen zur "hinteren Welt". Sie grenzen in der Regel den privaten vom öffentlichen Raum ab. Durch ein differenziertes Repertoire der Gestaltung von Zugängen (Durchgänge, Arkaden, gemeinschaftliche

ABB.13.1 WIRKUNGEN GEFASSTER UND FLIESSENDER RÄUME

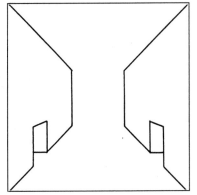

a) Gefaßter Raum, geschlossene Bebauung

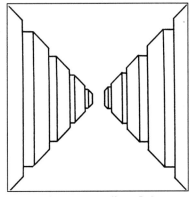

b) Gefaßter Raum, offene Bebauung

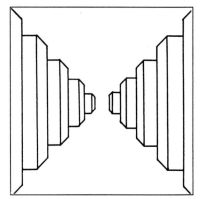

c) Gefaßter Raum, offene Bebauung

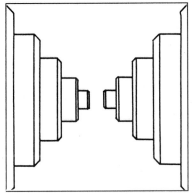

d) Gefaßter Raum, offene Bebauung

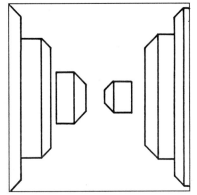

e) Raum nicht mehr gefaßt

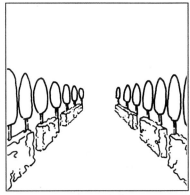

f) Gefaßter linearer Grünraum

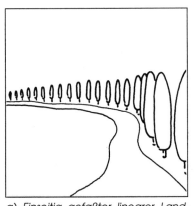

g) Einseitig gefaßter linearer Landschaftsraum

h) Fließender Raum

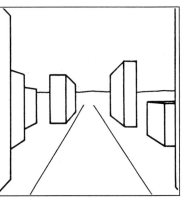

i) Diffuser Raum

j) Fließender Raum

k) Fließender Raum

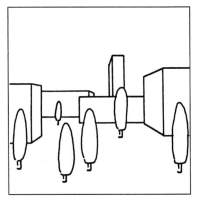

l) Fließender Raum

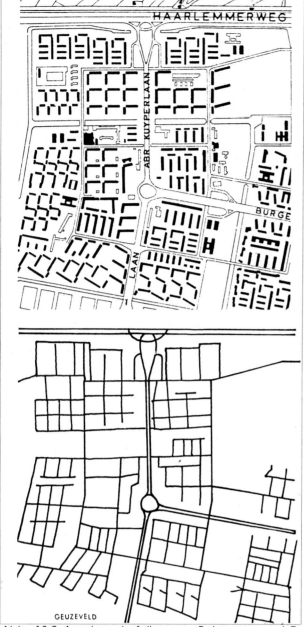

Abb. 13.2 Auseinanderfallen von Bebauung und Erschließung: Amsterdam - West (Grenzenveld).
(Benevolo 1991, Abb. 1465, 1467)

Raumstrukturen erzeugen. Die Abbildungen 13.1a und
f zeigen einfache Beispiele gefaßter und geschlossener linearer Räume.

b. Offene oder durchbrochene Begrenzung
Aber auch Raumbegrenzungen mit Unterbrechungen
schaffen gefaßte Räume, sofern die raumbegrenzen-
den Wände oder Elemente eine ähnliche Flucht aufweisen und gleich oder größer als die Lücken sind. Die
abschließenden Elemente müssen gegenüber den
Lücken überwiegen. Die Beispiele zeigen die zunehmende Auflösung der Grenzwirkung. Durch sekundäre
Elemente der Führung und Schließung (z.B. durch
Zäune, Hecken, Mauern, Nebengebäude, Bäume)
kann der auflösenden Wirkung begegnet werden. Bei
offenen Bebauungen tritt eine fundamentale Änderung der Grenzwirkung ein. Soweit sie Einblicke in Zwi-
schen- und Hinterbereiche gestatten, wird die Privatheit dieser Bereiche aufgehoben oder beeinträchtigt.
Die optische Abschließung der hinter den Fluchten
liegenden "Welt" ist weniger stark. Der Nutzer erhält
Mitteilungen über das "Dahinter". Öffentliche und private Lebensräume sind stärker verflochten und damit
ergeben sich leichter gegenseitige Beeinträchtigun-
gen. Je nach der Art der Grenzausbildung kann der
Raum durch unklare Grenzen diffus werden, mit zunehmender Offenheit der Grenze verliert er seine
Geschlossenheit, der gefaßte Raum wird zum fließenden Raum. Beispiele: Straßen in Vierteln mit offener
Bebauung, Plätze mit Zwischenräumen in der Bebauung, Dorfstraßen, Alleen, Wegebegrenzungen durch
wechselnde Elemente und Lücken. Die Abbildungen
13.1 b-d und f zeigen Beispiele linearer Räume mit
durchbrochenen Begrenzungen.

2. FLIESSENDER RAUM
Der fließende Raum ist das Gegenteil des gefaßten: Es
fehlen eindeutige, Raumgrenzen markierende Kanten.
Positiv- und Negativvolumen sind annähernd gleich-
wertig. Strukturbildend sind andere Anordnungsregeln
als die lineare Reihung. Während bei den gefaßten
Räumen grenzbildende Elemente überwiegen und
Zwischenräume eher untergeordnet sind, dominiert
bei den fließenden Räumen die Bebauung nicht. Es
gibt bestenfalls eine Gleichgewichtigkeit von Volumen
und Zwischenräumen, beispielsweise bei innerstädtischen Zeilenbauten. Oft dominieren die Zwischenräume, so etwa bei Streusiedlungen, ungeordneten
Stadtrandbesiedlungen, Gewerbegebieten. In der
Landschaftsplanung entspricht der fließende Raum in
etwa dem Konzept des englischen Gartens und jenen
Konzepten, die eher einer dynamisch-komplexen als
einer linearen Ordnung folgen. Optische Führung und
Orientierung im fließenden Raum geschehen über die
Straßen- und Wegeführung. Ohne diese linearen Elemente würde eine Nutzung kompliziert, da die Elemente durch ihre freie Anordnung, deren Logik nicht
immer erkennbar ist, wenig Hilfestellung für denjenigen
Nutzer geben, der die Struktur nicht durch längeren
Gebrauch zu verstehen gelernt hat. Abbildung 13.1 e,
h - l zeigen Beispiele fließender und diffuser Räume.

3. DIFFUSER RAUM
Während beim gefaßten und beim fließenden Raum

Eingänge, Treppen, Tore, Schwellen, Mauern, Hecken)
werden optische Symbole für den erlaubten oder
unerwünschten Zugang gesetzt. Durch solche Symbole, durch die Sprache der Architektur, durch Material und sonstige optische Informationen werden infor-
melle Mitteilungen über das hinter den Wänden Ver-
borgene gegeben. Je nach der Ausbildung der
Raumbegrenzungen wirken diese abweisend, abgeschlossen oder offen, einladend. Beispiele: Korridorstraße, gerade und geschwungene Straßen in Dörfern
und Städten mit überwiegend geschlossener Bebauung, geschlossene Plätze, Wege zwischen Hecken,
Mauern, Böschungen. In der Landschaftsplanung entspricht dem gefaßten Raum das Konzept des französischen Gartens, strengen Gestaltungskonzepten also,
die durch Hecken, Alleen und Pflanzen eindeutige

jeweils Raumtypen mit deutlichen Qualitäten existieren, bezeichnen wir als diffuse Räumen jene, die sich in einem Zwischenstadium befinden: Ihnen fehlen die Qualitäten des gefaßten und die des fließenden Raumes. Sie haben Elemente von beiden, diese sind aber nicht ausgeprägt oder sie haben durch eine unglückliche Mischung und Konkurrenz keine raumprägende Kraft. Für den Nutzer lösen sie wegen des Fehlens eines vorherrschenden räumlichen Ordnungsprinzips Irritationen oder latentes Unbehagen aus. Diffuse Räume sind nur in Relation zu ihren Umgebungen erkennbar. Es hängt von vielen zusätzlichen Faktoren ab, wie diffuse Räume wirken, etwa vom Erhaltungszustand, von der "Geordnetheit" der Umgebung, von den sozialen und ästhetischen Maßstäben. Diffuse Räume können auch eine Funktion als Übergangszonen haben oder, bei einer Überdominanz streng gefaßter Räume, eine willkommene Abwechslung darstellen. Beispiele: Ungeordnete Vorstadtzonen, Gewerbegebiete, Umbruchzonen, transitorische Gebiete, nicht zu Ende geführte, fragmentarische Reste gefaßter oder fließender Räume. Welche Bedeutung lineare Erschließungen als Orientierungsmittel haben, erkennt man, wenn diese plötzlich zurücktreten, etwa bei Schneefall, Nebel oder Dunkelheit, oder wenn man eine solche Baustruktur ohne ihr Erschließungssystem darstellt (Abb.13.2). Erschließung und bauliche Anordnungslogik fallen oft auseinander; dies führt zu einer uneindeutigen Raumwahrnehmung.

C. ELEMENTE DER RAUMBILDUNG

Jedes mittlere Dorf kann schon eine komplexe Raumstruktur besitzen. In der städtischen Umwelt haben wir es in noch höherem Maße mit zusammengesetzten, aus vielen Teilen bestehenden Raumgefügen, mit komplexen Räumen zu tun. Stadträume haben drei dominante Aufgaben zu erfüllen: Erschließung der angrenzenden Nutzungen, Orientierung innerhalb des kleineren und größeren Raumgefüges, symbolische Vermittlung von Bedeutungen. Raumstrukturen bauen sich aus vielen, zum Teil nicht immer klar erkennbaren Elementen und Teilen auf. Das Schema in Abbildung 13.4 zeigt vereinfacht einen Aufbau aus den Grundelementen Straße und Platz. Hier wurden bereits die Straßenformen und die Formen der Einmündungen variiert. Dennoch ist es ein sehr einfacher Raum. Die

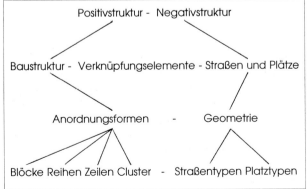

Abb. 13.3 Basiselemente von Raumstrukturen

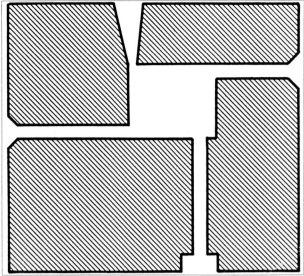

Abb. 13.4 Einfaches Schema einer Raumstruktur aus Platz und Straßen

Komplexität erhöht sich durch Abweichungen, Störungen, Wechsel von Anordnungsformen und der Geomtrie sowie durch besondere Verknüpfungselemente (Abb. 13.3). Raumstrukturen sind aber in Wirklichkeit durch Zwischenformen viel differenzierter. In der Stadtbaugeschichte finden wir immer wieder zwei Formen und Möglichkeiten der Raumbildung: Raumbildung durch die Addition der kleinsten Elemente (der Gebäude) oder aber durch vorgegebene Fluchtlinien und Raumformen. Die erste Form ist eher die des wenig geplanten, allmählichen Wachstums der Kleinstädte und der Dorfstrukturen. Die zweite ist eher die des planmäßigen, gestalterisch bewußten Vorgehens bei großen Stadterweiterungen und bei Stadtgründungen. Die erste führt über das Additionsprinzip vieler kleiner Teilmaßnahmen zu oft differenzierten, an Topographie, lokale Gegebenheiten und persönliche Bedürfnisse angepaßten Bau- und Raumformen. Die zweite hat ihre Stärke in der Organisation großräumiger Zusammenhänge, bau- und raumstruktureller Großformen. Hier taucht aber das Problem auf, eine solche Großform gestalterisch zu füllen und über die Jahrhunderte sinnvoll politisch "durchzuhalten".

Bezüglich der Wertigkeit des Stadtraumes treffen wir in der Stadtbaugeschichte und auch bei den Entwurfshaltungen auf zwei unterschiedliche Herangehensweisen: Die eine betrachtet mehr die morphologische Struktur, bei der der Stadtraum mit definiert wird - etwa bei der Anwendung der Blockbauweise. Der Stadtraum ist hier weniger eigenes Formziel als Ergebnis. Umgekehrt geht die andere Haltung eher vom Stadtraum und seiner Komposition aus. Die Struktur ist dabei eher Mittel zur Fassung der Räume. Diese Haltung finden wir beim künstlerischen Städtebau, im Barock, aber auch in der gegenwärtigen Diskussion. Es handelt sich offensichtlich um zwei Sichtweisen der gleichen Sache, nur mit unterschiedlichen Präferenzen. Die eine Sichtweise legt den Schwerpunkt auf den Stadtraum, auf räumliche Sequenzen - also auf den Hohlraum, die andere mehr auf die rationale Nutzung der Bauflächen, also auf die Baustruktur.

D. VERHÄLTNIS VON BEBAUTER FLÄCHE UND ZWISCHEN-(STADT-)RAUM

Der Begriff des Stadtraumes setzt voraus, daß es überhaupt eine erkennbare und zusammenhängende Raumstruktur gibt. Dies wird am leichtesten klar, wenn man sich in einer kontinuierlichen Veränderung um einzelne Bauten oder Baublöcke einen immer größer werdenden Zwischenraum vorstellt. Bis etwa zum Verhältnis von 50% überbauter Fläche und 50% Freiflächenanteil der Straßen und Plätze (Abb. 13.5) besteht noch so etwas wie eine durch Bauten bestimmte Beziehung der Freiräume untereinander. Dann zerfällt der Zusammenhang zusehends, die Bauten geraten in eine Insellage, der umgebende Raum dominiert, von gefaßtem Raum oder Stadtraum kann nicht mehr die Rede sein.

Gute Raumstrukturen entstehen daher immer aus einem Wechselspiel von Baustruktur und Zwischenraum. Wienands hat die These aufgestellt, daß gute Strukturen ein solches Verhältnis der Massenaufteilung von Bauvolumen und Zwischenraum aufweisen, daß die graphische Hervorhebung sowohl der Baustruktur als auch umgekehrt der Freiraumstruktur jeweils ein spannungsvolles Strukturbild ergibt. Das Beispiel der nach dem Kriege zu stark "entkernten" Kölner Innenstadt (Abb. 13.6) zeigt, wie sich in einigen Zonen der Verbund von Baumasse und Freiraum zu stark lockert. Deutlich wird, daß mit dieser Methode immerhin grobe Kontrollen möglich sind. Da aber bei den zweidimensionalen Darstellungen die Gebäudehöhe als wesentliche Komponente fehlt, ist die Aussagekraft naturgemäß begrenzt. Krasse Unterschiede werden allerdings deutlich.

E. VIELFALT DER RAUMELEMENTE

Gute Stadträume zeichnen sich auch dadurch aus, daß ein größeres Repertoire raumbildender Prinzipien zur Anwendung kommt. Es leuchtet ein, daß die Verwendung ganz weniger Mittel zu sich wiederholenden, leicht monoton wirkenden Räumen führt - so etwa, wenn lediglich rechte Winkel, Straßen immer gleicher Breite, Plätze immer gleicher Größe verwendet werden. Zrinka Rudez hat in einer Untersuchung der Arbeiten wichtiger Theoretiker und Praktiker des Städtebaues von 1880-1930 einen Überblick über die verwendeten Prinzipien jener Zeit herausgearbeitet, denen es noch um gefaßte Räume und klare Strukturen ging (Abb.13.7).

F. TYPEN VON STADTRÄUMEN

In den folgenden Kapiteln wollen wir auf einer mittleren Ebene, auf der Maßstabsebene von Straßen und Plätzen, aufzeigen, welche großen Möglichkeiten bereits auf einer solchen Ebene in der Konzeption und Variation von Räumen bestehen. Dabei sind Aussagen über die Baustruktur bewußt weggelassen, da sich die dargestellten Grundformen in ganz verschiedenen Bauweisen realisieren lassen.

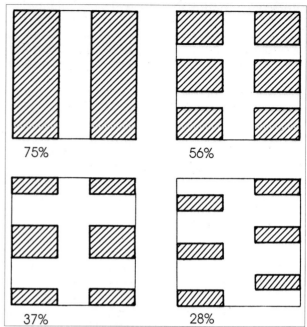

Abb. 13. 5 Zunehmende Auflösung des gefaßten Raumes

Abb. 13.6 Bebauungsdichte und Staatraum am Beispiel der Kölner Innenstadt

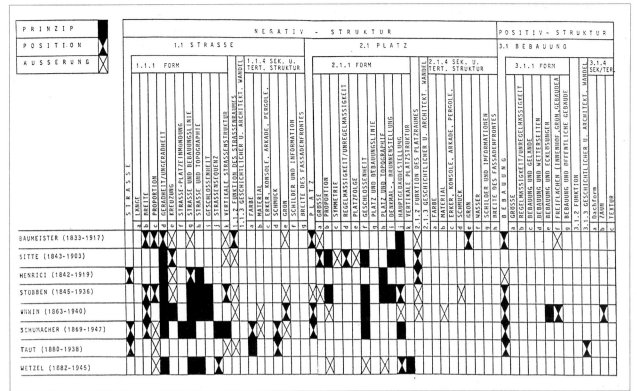

Abb. 13.7 Prinzipien und Positionen zur städtebaulichen Raumbildung von 1880-1930 (Rudez 1988)

LITERATUR

LODERER, B.: Stadtwanderers Merkbuch. Begriffsbestimmung "Stadtraum" am Beispiel Fabriano. München 1987

RUDEZ, Z.: Stadtraum. Prinzipien städtebaulicher Raumbildung. Köln 1988

121

14. LINEARE RÄUME

A. BEDEUTUNG LINEARER RÄUME

1. DEFINITION

Der Begriff des linearen Raumes wird hier als formaler Oberbegriff einer großen Zahl linearer Raumtypen benutzt (siehe Abschnitt B), weil kein anderer neutraler Begriff verfügbar ist. Lineare Räume entstehen durch die Addition von Baukörpern oder von anderen vertikalen Elementen der Reihung. Die Aussagen zur Wirkung von linearen Räumen gelten auch für solche, in denen die Wandungen nicht völlig geschlossen sind, die aber durch Zwischenglieder (Mauern, Hecken, Bäume) eine ähnliche Wirkung wie geschlossene Straßen haben. Lineare Räume vereinigen folgende Prinzipien:

a) Sie sind topologisch auf keine Begrenzung ausgelegt und bilden daher ein offenes, nicht begrenztes System der Reihung.

b) Sie verlieren diese Eigenschaft nicht durch Formänderungen (Krümmungen, Knick, Gabelung, Ausweitung, Einengung).

c) Sie sind Durchgangsraum zu entfernteren Zielen und zugleich Erschließungsraum für die in einem Teilabschnitt vorhandenen Nutzungen.

d) Zusätzlich haben sie die Aufgabe der Tiefenanbindung untergeordneter Bereiche an die linearen Haupterschließungen.

Lineare Räume sind der häufigste Raumtyp. Vermutlich sind 90-95% aller gefaßten Räume lineare Räume. Eine Besiedlung kann wohl ohne Platz, nicht aber ohne Straße existieren. Insofern sind sie eine unerläßliche Voraussetzung der Erschließung.

2. ÄSTHETISCHE BEDEUTUNG

Straßen sind die "Lebenslinien" der Stadt. Straßen prägen das Bild der Städte und Dörfer. An ihnen reihen sich die Nutzungen, sie sind dynamische und sehr komplexe Gebilde mit einer Fülle von Funktionen, unter anderem ästhetischen. "Was kommt einem, wenn man an eine Stadt denkt, als erstes in den Sinn? Ihre Straßen. Wenn die Straßen einer Großstadt uninteressant sind, ist die ganze Stadt uninteressant; wenn sie langweilig sind, ist die ganze Stadt langweilig. Die Straßen in den Großstädten haben noch viele andere Funktionen außer der einen, Platz für die Fahrzeuge zu bieten, und die Bürgersteige - die dem Fußgänger vorbehaltenen Teile der Straße - haben noch viele andere Funktionen, außer Platz für die Fußgänger zu bieten. Die Straßen und ihre Bürgersteige sind die wichtigsten öffentlichen Orte einer Stadt, sind ihre lebenskräftigsten Organe" (Jacobs, 1963, S. 27).

3. SOZIALE BEDEUTUNG

Auch die Unterschiede innerhalb der Städte offenbaren sich auf den Straßen. Straßen verbinden die verschiedensten Viertel, ändern ihren baulichen und sozialen Charakter fortwährend. In jeder größeren Stadt gibt es die Straßen der armen und der reichen Viertel, schmale intime und breite öffentliche, schöne und häßliche, sichere und beängstigende Straßen. Das ästhetische Bild ist oft Abbild der sozialen Wirklichkeit. Da die Straßen als öffentliche Räume jedermann zugänglich sind, verbinden sie die verschiedenen Lebenswelten einer Stadt - und seien sie noch so konträr - in einem gemeinsamen öffentlichen Bewegungsnetz. Die Wahrnehmung der Unterschiede beeinflußt das Denken und Fühlen der Menschen einer Stadt. Sennet hat sich in einer grundlegenden und lesenswerten Untersuchung mit der Veränderung der Rolle der Öffentlichkeit und der öffentlichen Räume befaßt. "Die Kraft, die die Stadt zu entfalten vermag.., erwächst aus ihrer Mannigfaltigkeit; im Angesicht der Unterschiede haben die Menschen jedenfalls die Möglichkeit, aus sich heraus zu treten" (Sennet 1991,

S.161). Und diese Unterschiede werden über die Straßen vermittelt: Die "Zurschaustellung des Unterschieds auf den Straßen gehorcht derselben visuellen Logik, welche die Gliederung des modernen visuellen Interieurs bestimmte. Die Unterschiede werden gleichsam linear vorgeführt"(ebenda S.170). "Die Vermischung wird noch deutlicher, wenn man auf der Vierzehnten Straße (in New York, G. C.) in Richtung des Zentrums geht. Die noch vorhandenen osteuropäischen Läden verkaufen Waren an alte Leute, die noch in den nahegelegenen Slums wohnen, aber die spanisch-sprachigen Menschen in den Läden, in denen Stoff für Kleider und Röcke vom Ballen, Billighemden und gebrauchte Nähmaschinen verkauft werden, sind aus der ganzen Stadt hierhergekommen... Dort wo die Vierzehnte Straße die Third Avenue kreuzt, erkennt man sehr deutlich, worin sich diese Straße von der unterscheidet, die zu den französischen Restaurants in Midtown führt. Wenn man in Richtung des Kraftwerks zurückblickt, sieht man weniger dramatische Unterschiede, als wenn man die Third Avenue hinaufblickt. Man sieht nur verschiedene Arten von armen Leuten. Aber die Unterschiede entlang der Third Avenue sind linear angesiedelt, sie betreffen das Nacheinander der verschiedenen Abschnitte der Straße; hier hingegen überlagern sich die Unterschiede an einem Ort.. Diese Überlagerung von Unterschieden schafft das eigentliche humane Zentrum der Vierzehnten Straße" (ebenda S. 213f).

Straßen haben daher neben ihren technischen Funktionen eminente Bedeutung in der Vermittlung der komplexen Wirklichkeit einer Stadt. Vielleicht war der Versuch der Abkehr von der "Korridorstraße" seit den 20er Jahren auch ein Versuch, die komplexe und widersprüchliche Wirklichkeit der Städte durch die Schaffung privater, von den Straßen weg nach innen orientierter Inseln des Wohnens zu leugnen. Das Aufgeben der oben angedeuteten sozialen Funktion der Straßen durch deren Degradierung zu anbaufreien Transportadern zerstört im Kern alles das, was die sozial differenzierende und die sozial integrative Bedeutung der klassischen Straße ausmacht. Es zerstört damit auch die Kultur des Lebens in der Großstadt, die aus diesen Widersprüchen erst entstehen kann. Darüber hinaus sind diese linearen Räume aber auch eigenständige Formelemente der Stadt. Da die bauliche Struktur den Rahmen für soziale und ökonomische Nutzungen setzt, ist die Strukturdiskussion zunächst die wesentlichere. Gute, umnutzungsfähige Strukturen werden je nach Lage und Entwicklungsperiode von den jeweils geeigneten Nutzungen besetzt werden. Dieser Prozeß regelt sich weitgehend ohne Planung. Die Planung hat aber die strukturellen Voraussetzungen dafür zu schaffen. Von diesen, insbesondere vom formalen Repertoire, handelt dieses Kapitel.

B. FUNKTIONEN UND BEZEICHNUNGEN LINEARER RÄUME

Der lineare Raum reicht von Wandung zu Wandung. Der Begriff Straße umfaßt häufig, aber nicht immer

diese Abgrenzung. Mit Straße wird aber auch die engere Fahrbahn bezeichnet. Wenn nachfolgend der Begriff Straße Verwendung findet, dann stets im Sinne des gesamten Raumes bis zu seinen seitlichen Begrenzungen.

Für die unterschiedlichen Formen, Maßstäbe und Funktionen linearer Räume haben sich differenzierte Begriffe gebildet:

Struktur- und Funktionsbegriffe
- Korridor
- Magistrale
- Haupt- und Nebenstraße
- Ring
- Radiale
- Tangente
- Erschließungs- und Sammelstraße
- Rückwärtige Erschließungsstraße
- Gasse, Treppenstraße
- Weg, Rundweg, Randweg, Torweg, Arkade, Gewölbegasse, Tunnelstraße
- Stichstraße, Sackgasse
- Trampelpfad, Saumpfad, Treidelpfad usw.

Nutzungsbegriffe
- Geschäftsstraße
- Wohnstraße
- Gewerbestraße
- Fahrstraße
- Fußgängerstraße
- Spielstraße
- Radweg

Gestaltbegriffe
- Boulevard, Prachtstraße
- Achse
- Grünachse
- Stadt-, Dorfstraße
- schmale, breite Straße
- gerade, diagonale, krumme Straße
- lange, kurze Straße
- übersichtliche, unübersichtliche Straße
- schöne, häßliche Straße

Topographische und topologische Lagebezeichnungen
- Bergstraße, Hangstraße, Talstraße
- Kammstraße
- Hohlweg
- vordere, hintere Straße

C. TYPOLOGIE VON LINEAREN RÄUMEN UND STRASSEN

Hauptsächlich wollen wir uns hier mit der Form der linearen Räume befassen. Die Form ist das Beständigere im Stadtgrundriß und wird deshalb hier als Hauptmerkmal behandelt, welches durch sekundäre Merkmale wie Funktion, Nutzung, Gestalt der Ränder und der Oberflächen gefüllt und überlagert wird.

1. BREITENDIFFERENZIERUNG

Unabhängig von der Form des linearen Raumes wirkt die Proportion von Höhe (H) zu Breite (B) bei allen Typen in gleicher Weise. Die Breite als Differenzierungsmittel wird daher hier zusammenfassend behandelt. Um den funktionalen Ansprüchen der Erschließung zu genügen, reichen häufig relativ geringe Breiten linearer Räume aus. Gassen funktionieren schon ab 2-3 Meter Breite. Straßen mit zwei Fahrbahnen und zwei Bürgersteigen kommen bereits mit 9-10 Metern aus. Breitendifferenzierung ist daher ein erstes wichtiges Merkmal der Unterscheidung der Rolle lineare Räume. Breite korreliert in unserem Wertesystem unmittelbar mit Bedeutung. Je breiter, umso bedeutender! Dies hat mit den Kosten zu tun. Da die Straßenbaukosten weitgehend auf die Anlieger umgelegt werden, spiegelt die Breite auch den Boden- und Nutzungswert der Grundstücke (durch hohe Verkehrsbelastungen kann dieser neuerdings auch vermindert sein).

Mittelalterliche Straßen waren schmal, häufig war eine Proportion von Höhe (H) zu Breite (B) von 0,5H. Renaissance- und Barockstädte hatten 2-3 geschossige Bebauungen und Straßenbreiten von 1:1 - 1:2. Im 19. Jahrhundert wurde in vielen Städten ein Breiten-Höhenverhältnis von 1:1 festgelegt. Die zulässige Gebäudehöhe entsprach der Straßenbreite. Prachtstraßen waren zu allen Zeiten breiter. Die Landesbauordnungen sehen heute Regelabstände von 1,6H in Wohn-, 1,0H in Kern- und 0,5H in Industriegebieten vor. Aus städtebaulichen Gründen können diese Werte aber unterschritten werden.

Beispiele für die Breiten linearer Räume:
Gassen 1-4 Meter, enge Straßen 4-8 Meter, normale Straßen 9-15 Meter, breite Straßen über 20 Meter, Prachtstraßen über 40 Meter - Champs Elysees 80, Ringstraße Wien 57, Monheimsallee Aachen 72 (nach Stübben, Reprint 1980) -, Dresdner Altstadtring (Nachkriegserweiterung) bis 190 Meter.

2. LÄNGENDIFFERENZIERUNG

Wegen der großen Häufigkeit linearer Räume und wegen der durch Wiederholung auftretenden Monotonie hat sich neben der Breitendifferenzierung schon im barocken Städtebau und dann im 19. Jahrhundert ein reiches Repertoire der Längendifferenzierung entwickelt. Dieses ist seit den 20er Jahren stark in den Hintergrund getreten. Es kann aber gerade in monotonen Vorortsiedlungen und beim Rückbau überbreiter Straßen eine neue Bedeutung gewinnen. Deshalb sollen hier einige der wichtigsten Differenzierungsmittel dargestellt werden.

Die hier aufgeführten Möglichkeiten stellen nur Grundtypen dar. Sie können natürlich nicht als Ersatz notwendig durchgehender großer Linearverbindungen angesehen werden, wohl aber als Differenzierungsmittel in untergeordneten Teilen oder bei sehr langen Straßenzügen.

3. GERADE LINEARE RÄUME

Die gerade Straße weist in den unbegrenzten Raum. Sie hat den Charakter des Fortführens. Gerade Straßen erleichtern die Fernorientierung im Stadtraum, wenn sie Sicht auf vertikale Merkzeichen freigeben. Durchgehende Straßen sind auch zur großräumigen Verknüpfung städtischer Teilbereiche und zur Anbindung an das Umland erforderlich. Große gerade Straßen können je nach dem Maßstab der Baustruktur auf den Menschen befreiend oder beängstigend wirken. Für Bewohner sehr langer, gerader und ungegliederter Straßen ist es oft schwer, sich dieser Straße zugehörig zu fühlen, wenn sie keine auf den menschlichen Maßstab bezogenen Teilräume anbietet, sondern lediglich Ausschnitt eines Kontinuums ist. Wir können durch einen Versatz oder durch ein geschlossenes Ende in der Länge begrenzte lineare Räume unterscheiden. Durch die Bildung von Abschnitten, Sequenzen und durch Individualisierung von Teilbereichen werden Aneignungen erleichtert.

Der gerade lineare Raum ist typisch für die geplante Stadt. Besonders in der Form des baumbestandenen Boulevards haben große gerade Straßen eine wichtige Funktion zur Gliederung des Stadtkörpers. Gut gestaltete Boulevards sind Stadträume hoher Qualität. Mit ihren breiten Bürgersteigen und, bei entsprechender Lage, mit einem vielfältigen Angebot von Nutzungen an ihren Rändern vermögen sie wie kein anderer Stadtraum eine großstädtische Öffentlichkeit, ein Ambiente der Großzügigkeit zu erzeugen. Hohe gestalterische und klimatische Qualität haben auch breite gerade Stadtstraßen und Wohnstraßen mit begrüntem Mittelstreifen.

Grundtyp A : Parallele Wandung.
Die gerade Straße mit parallelen Wandungen ist der häufigste Typ der parallelen Straße. Sie ist praktisch der Normalfall und kommt in allen Breiten, Längen und Bedeutungen vor (Abb. 14.1). Ab einer bestimm-

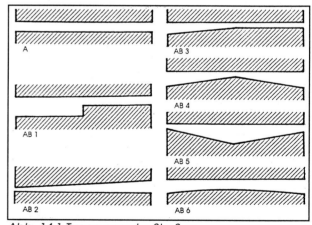

Abb. 14.1 Typen gerader Straßen

ten Länge wirkt dieser Typ jedoch monoton, besonders wenn die Straßenwände wenig abwechslungsreich gestaltet sind. Henrici hat um die Jahrhundertwende an diesem Typ kritisiert, daß der Bildausschnitt sich nicht verändere, das Ziel stets sichtbar sei und deshalb der Gebrauch dieser Straße für den Fußgänger ermüdend sei. Hier konkurrieren die Prinzipien der Rationalität der Flächenaufteilung mit dem Bedürfnis nach visueller Abwechslung. Den damaligen Vorschlag, daß gekrümmte Straßen vorzuziehen seien, hat eine teilweise heftige Diskussion schnell in Frage gestellt: Es komme auf die Situation und nicht auf das Prinzip an. Dem ist auch heute nichts Neues hinzuzufügen. Gerade Straßen haben in der Ebene, zur Durchlüftung und bei wenig differenzierten Topographien, etwa bei flach geneigten Hängen, Vorzüge. Die gekrümmte Straße hat ihre Stärke bei unebenem Gelände, Restriktionen durch Eigentumsgrenzen, natürlichen Hindernissen, wie Flüssen oder Morast. Über den Einsatz dieser Grundformen muß in jedem Fall neu entschieden werden. Was aber in der damaligen Debatte und auch seither zu kurz kam, sind die gestalterischen Mittel einer Differenzierung in der Breite und in der Länge. Diese sollen hier in einem keineswegs erschöpfenden Überblick angesprochen werden. Dabei wird deutlich, daß es weniger um die Alternative "gerade = langweilig, krumm = kurzweilig" geht, sondern daß für jeden Typus hinreichende Möglichkeiten einer Differenzierung bestehen. Nachfolgend werden Möglichkeiten der Breiten- und Längendifferenzierung gerader Straßen behandelt.

- Differenzierung der Breite (AB)

Die Differenzierung der Breite kann kontinuierlich und diskontinuierlich erfolgen.

Typ AB 1: Parallele Wandung, Breitensprung

Mit einer Abkehr von der durchgehend parallelen Wandung bilden sich Abschnitte linearer Räume. Damit wechselt die Wirkung der Straße außerordentlich stark. Straßen können durch wechselnde Breite auf unterschiedliche Anforderungen von Nutzungen reagieren, sie können einen Bedeutungswechsel ausdrücken. Verengungen können das Ende der Erschließung oder die Einmündung in einen Platz anzeigen, sie können aber aus gestalterischen Gründen auch für unterschiedliche Raumtypen gewählt werden. Bei einem Breitensprung der gleich oder größer als der Querschnitt des linearen Raumes ist, kann der breitere Teil der Straße als Längenplatz oder als Vorplatz für öffentliche Gebäude genutzt werden.

Typ AB 2: Nichtparallele Wandung

In der Raumwirkung unterscheidet sich dieser Typ fundamental von der Straße mit parallelen Wandungen. Mit der Bewegung eines Nutzers in der Längsrichtung wechselt die Wirkung durch die sich ändernde Proportion. Die Breite ändert sich kontinuierlich und damit auch der Raumeindruck. Es handelt sich um einen sehr einfachen, unprätentiösen, aber markanten linearen Raum. Der Raum öffnet sich zur breiteren Seite und schließt sich zur schmäleren ab. Dieser Raumtyp wird genutzt als Vermittlung zwischen unterschiedlichen Blockgeometrien, zur Ankündigung eines Straßenendes oder eines Einganges.

Typ AB 3,4,5: Mittelknick mit Mittenverengung oder Mittenerweiterung

Hier wird das Mittel des Trichters nur auf einen Teil der Länge angewandt. Die Wirkung ist je nach Kombination sehr unterschiedlich: AB 3 hebt einen bedeutenderen und einen unbedeutenderen Teilraum hervor, AB 4 öffnet durch die Mittenverengung die Teilräume

zu beiden Außenseiten, AB 5 schließt umgekehrt die "Außenwelt" von dem gebildeten Binnenraum deutlich aus.

Typ AB 6: Kombination einer geraden und einer gekrümmten Bauflucht. Sie wirkt ähnlich wie AB 4, die Übergänge sind aber fließender.

Nichtparallele gerade Wandungen können über die hier gezeigten Beispiele hinaus auch durch eine Abfolge von Geraden erzeugt werden. Diese Form der Krümmung kommt der kontinuierlich gekrümmten Straße sehr nahe.

- Differenzierung der Länge (AL) (Abb. 14.2)

Die "Mittenverengung" (AL 1) schafft einerseits einen Mittelpunkt, andererseits orientiert sie die Straßenseiten nach außen. Das umgekehrte erreicht die "Mittenerweiterung" (AL 2, AL 3), die kleinere und größere Binnenräume bildet. Bei AL 3 bildet die Straße ein nach außen abgeschlossenes Quartier. Bei AL 4, "Eingangs-

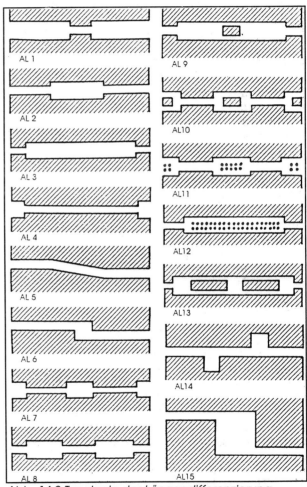

Abb. 14.2 Typologie der Längendifferenzierung

erweiterung", werden die Eingänge und Ausgänge der Straße betont. Dies ist vorteilhaft als Sichtdreieck für den Verkehr oder als Akzentuierung des Anfangs einer wichtigen Straße. Die Länge kann auch ganz unprätentiös - zumal wenn sich dies aus örtlichen Verhältnissen heraus anbietet - durch "Richtungswechsel" (AL 5) oder durch einen "Richtungsversatz" (AL 6) differenziert werden. Die Mittel lassen sich natürlich bei größeren Längen kombinieren. AL 7 besteht aus einer Kombination von AL 2 und AL 4, AL 8 besteht aus einer Kombination von AL 1 und AL 3.

Je nach der Ausstattung der breiteren Flächen lassen sich nochmals deutliche Differenzierungen erzeugen: Die Beispiele AL 9, 10 und 13 zeigen Möglichkeiten mit öffentlichen Gebäuden auf diesen Flächen, die Versorgungsfunktionen, Sondernutzungen oder symbolische Bedeutung enthalten können. In den Beispielen AL 11 und 12 ist der Raum durch eine Allee oder einen linear geformten Park aufgewertet. In den Beispielen AL 14 und 15 sind Plätze in den Straßenverlauf integriert. Im ersten Fall handelt es sich um seitliche Platzausweitungen, "Nischenplätze", "Höfe", im zweiten Fall um einen von den Straßen umfahrenen Mittenplatz.

Fraglos sind einige der Lösungen nur bei großen und langen linearen Räumen anwendbar und auch nur in geeigneten Situationen. Es sollte aber deutlich geworden sein, daß es weit mehr Möglichkeiten gibt, als sie üblicherweise genutzt werden.

D. GEKRÜMMTE LINEARE RÄUME (Abb. 14.3)

Der gekrümmte Raum ist der lineare Raum der ungeplanten Stadt und des Dorfes. Er ist in diesen Strukturen der Normalfall und ist deshalb ein ebenso grundlegender Typus wie die gerade Straße. Gekrümmte Räume haben eine völlig andere Wirkung als gerade. Sie erlauben keinen Blick in die Ferne, dienen also nicht wie die geraden der großräumigen Orientierung. Statt in die Ferne leiten sie den Blick in die Nähe auf die jeweils in das Blickfeld kommenden Teile der Straßenwandung. Gekrümmte Räume erzeugen durch ihre Geschlossenheit den Eindruck eines Binnenraumes. Die konkave Seite hat vor der konvexen Vorteile der Belichtung und des Ausblicks. Hinsichtlich der Wahrnehmung im Straßenraum tritt dagegen die konkave Seite stärker in das Sichtfeld als die konvexe. Die Fassaden drehen sich stärker in die Blickachse und treten dadurch deutlicher hervor.

Der gekrümmte Raum kann Zufälligkeiten der Stadtstruktur, Einmündungen von Straßen und topographische Probleme leichter in einem durchgehenden Linienzug aufnehmen als der gerade. Wenn Krümmungen variiert werden, bekommen die Teilabschnitte eine eigenständige Raumindividualität.

Grundtyp B: Gekrümmter Raum mit parallelen Wandungen

Exakt gekrümmte und parallel geführte Wandungen sind ein Produkt von Planung. Dieser Typ des linearen Raumes entsteht zuerst im Barock, insbesondere aber im 19. Jahrhundert als Element des geometrischen Städtebaues. Bei geometrisch bestimmten Siedlungsentwürfen wird er auch heute noch gern angewandt. Er kommt als Halb- und Viertelkreis, als geometrischer Verbindungsbogen oder als Reaktion auf die Topographie vor. Wegen seiner exakten Führung wirkt der Typus wenig spannungsreich.

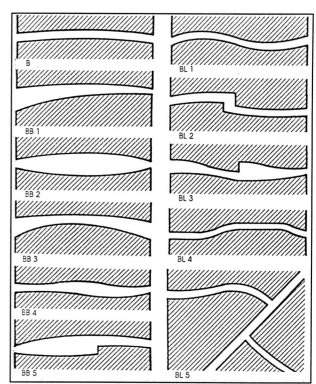

Abb. 14.3 Typologie gekrümmter linearer Räume

- Differenzierung der Breite (BB):

BB 1 - BB 3: Die Wirkung ist ähnlich wie oben bei Typ B beschrieben, allerdings weniger starr. Die Krümmung verleiht diesen Räumen eine starke Dynamik und eine spannungsreiche, stark wechselnde Wirkung.

BB 4: Mit der Abkehr von einer gleichförmigen Veränderung des Profils nimmt die Spannung des Raumes zu. Die Wirkung wird komplexer und weniger vorhersehbar, die Benachteiligung einer Seite entfällt, weil beide Seiten konkav und konvex gekrümmt sind. Von diesem Typ schreibt Henrici, daß er besonders positiv auf die Wahrnehmung wirke. Tests bestätigen dies. Er kommt häufig in mittelalterlichen Städten, Dörfern und in Orten mit hügeligem Gelände vor.

BB 5: Hier handelt es sich um Möglichkeiten der Breitendifferenzierung durch Bildung von Abschnitten, die besonders in schwierigen topographischen Situationen und bei sehr eng bebauten Orten anzutreffen sind. Dieser Raumtyp erhält damit zugleich eine Längendifferenzierung.

- Differenzierung der Länge (BL)

Gegenkrümmungen (BL 1) sind ein sehr gutes und unprätentiöses Mittel der Längendifferenzierung bei gleicher Breite. Auf topographische Wendepunkte oder Sättel kann durch einen Versatz (BL 2) verstärkend reagiert werden. Typ BL 3, Versatz und Breitendifferenzierung, ist eine Kombination aus BB 4 und BB 5. Ein Einschnitt eignet sich zur Anbindung einer Gasse, einer Treppe oder für die Plazierung einer besonderen Fassade eines Gebäudes. BL 4 entstand aus einer Kombination von BL 1 und Grundtyp A (Addition von gekrümmten und geraden Elementen). Typ BL 5

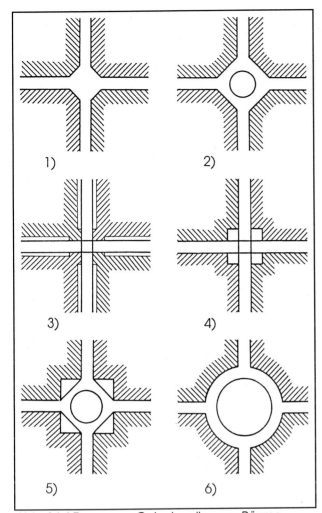

1)

2)

3)

4)

5)

6)

Abb. 14.4 Typen von Gelenken linearer Räume

F. RAUMKNOTEN UND RAUMGELENKE

Ein ganz anderes Mittel als die Längen- und Breitendifferenzierung längerer Linienzüge und linearer Binnenräume sind Richtungswechsel und Akzentuierungen an den Enden eines linearen Raumes. Der geometrische Städtebau des 19. Jahrhunderts hat hierfür ein reiches Repertoire entwickelt. Solche Akzente konzentrieren sich auf den Kreuzungsbereich und können aus diagonalen Ecken (1) (Barcelona), eingezogenen Ecken (2), betonten Eckgebäuden (3), Rundplätzen verschiedener Form (4-6), Monumenten auf Mittelinseln in Sichtachsen (7) bestehen (Abb. 14.4). Einen Überblick über typologische Möglichkeiten der Verbindung von 3-6 Straßen an einem Punkt in Verbindung mit unterschiedlichen Winkeln der Blockecken gibt Abbildung 14.5.

Bei Gabelungen hat sich eine Akzentsetzung durch betonte, zumeist schmale hohe Eckgebäude zur Betonung der Gabelung über Jahrhunderte bewährt. Neuerdings sind die häufig als "Bügeleisen" apostrophierten Gebäude mit einer sehr schmalen Ecke wieder sehr beliebt. Als weiteres Mittel war bei Gabelungen die Einfügung eines kleinen Platzes als Raumgelenk üblich. Dieser vermeidet das schmale Eckgebäude und gibt der Platzfläche und höheren Bauten hinter dem Platz die Funktion des Raumgelenkes. Dieser Raumtyp eignet sich besonders zur Vermittlung von Gabelungen am Hang und zur Anbindung schräg auf

schließlich zeigt die Begrenzung der Länge durch den Versatz gekrümmter Straßen, die dadurch immer nur kurze Raumabschnitte bilden.

Im übrigen sind bei bedeutsamen großen Straßen (z.B. Ringstraßen) zusätzlich ähnliche Mittel der Längendifferenzierung einsetzbar wie bei den geraden Typen AL.

E. DIFFERENZIERUNG DER HÖHE

Außer durch die dargestellten Mittel können lineare Räume auch durch eine Variation in der Höhe der raumbildenden Wände gegliedert werden. Die einfachsten Mittel sind (Abb. 14. 6):
- Höhere Eingangs- und Ausgangszonen,
- höhere Mittelzone,
- Höhenakzente im Zusammenhang längerer Straßenverläufe an topographisch markanten Punkten, an Richtungsänderungen und Kreuzungen (vgl. hierzu den Abschnitt 3 A).

Die Höhenakzentuierung kann sowohl regelmäßig als auch unregelmäßig erfolgen. Entsprechend deutlich oder weniger deutlich ist die Wirkung der Abschnitte. Zu bedenken ist aber, daß die Höhe oft weniger streng steuerbar ist als die Baufrucht.

		RECHT-WINKLIG	STUMPF-WINKLIG	SPITZ-WINKLIG	GEBROCHEN
GRUND-FORMEN					
REGEL-MÄSSIG					
UNREGEL-MÄSSIG					
HERAUS-GEBAUTE ECKE					
EINGEFAL-TETE ECKE					
OFFENE ECKE					

Abb. 14.5 Typologie der Zusammenführung linearer Räume

die Hauptstraße treffender Nebenstraßen. Den Variantenreichtum linearer Räume kann man am besten am Beispiel gewachsener Städte untersuchen. Im Kern von Aachen überlagern sich römische, karolingische, mittelalterliche und moderne Formen von Straßen und Plätzen. Gekrümmte Straßen vermittelten zwischen der Topographie und schlossen die Stadttore an das Gitter an. Ehemals gerade Straßen erhielten leichte Krümmungen, an Gabelungen entstanden dreieckige Gabelungsplätze. Sie sind ein Typus von Übergangselementen (Abb. 14.7).

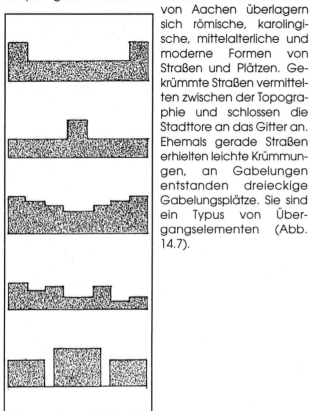

Abb. 14.6 Höhendifferenzierung

LITERATUR

Amman, K.: Ästhetische Gestaltung des Straßenraumes. Dissertation, Berlin 1978

Curdes, G.; Oehmichen, R. : Künstlerischer Städtebau um die Jahrhundertwende. Der Beitrag von Karl Henrici. Köln 1981

Füsser, K. u.a.: Gestaltungskriterien für Straßenquerschnitte unter Berücksichtigung der Maßstäblichkeit zum Umfeld und einer umweltfreundlichen Einbindung der Straßen. Forschungsauftrag des Bundesministers für Verkehr, Institut für Stadtbauwesen. Aachen 1980

Kossak, A.: Bewertung von Straßenplanungen nach Gesichtspunkten der Stadtgestaltung. Diss. TH Darmstadt, 2. Auflage, Darmstadt 1985

Moudon, A.; Laconte, P. Ed.: Streets as Public Property. Opportunities for Public/Private Interaction in Planning and Design. University of Washington, Seattle. Washington 1983

Moser, F.: Charakteristik der Stadtgestalt Wien. Forschungsbericht , Wien 1985

Jacobs, J. : Tod und Leben großer amerikanischer Städte. Frankfurt/Berlin 1963

Sennet, R.: Civitas. Die Großstadt und die Kultur des Unterschieds. Frankfurt 1991

Stübben J.: Der Städtebau. Darmstadt 1890

Wetzel,H.: Stadt Bau Kunst. Stuttgart 1962

Abb. 14.7 Beispiel eines differenzierten Netzes linearer Räume, Plätze und Raumgelenke (Aachen)

15. PLÄTZE

A. DEFINITION

Platea (lat.) bedeutete ursprünglich "breiter Raum" zwischen den Häuserreihen. Ebenfalls im lateinischen bedeutet "placo" ebene Fläche und nichts anderes ist mit "piazza" gemeint. Umgangssprachlich bedeutet Platz bei uns sowohl "von Bebauung ausgesparter Raum" als auch einfach "verfügbarer Raum". In diesen Umschreibungen sind zwei wesentliche Eigenschaften angesprochen: Verfügbarkeit und Aussparung. Plätze sind offenbar etwas ganz Besonderes und Wichtiges gewesen. Sie waren komplementäre Pufferräume zur Bebauung: Sozialraum als notwendige Ergänzung des Individualraumes. Von Anfang an ist mit "platea" also auch die enge Beziehung zwischen umgrenzenden Gebäuden und dem breiteren Raum dazwischen strukturell gemeint. Breiter Raum bedeutet wiederum, daß es über die täglichen Notwendigkeiten der Erschließung hinaus ein "Mehr" an freiem Raum gegeben haben muß, eine für verschiedene Zwecke nutzbare Verfügungsfläche.

B. ZUR ROLLE VON PLÄTZEN IN DEN WICHTIGSTEN PERIODEN DES STÄDTEBAUES

Plätze können nicht isoliert gesehen werden. Sie sind Teil städtischer Raumsysteme und in ihrer Form und Funktion eng mit den Bildungsprinzipien dieser Raumsysteme verbunden. Bei ihrer Erneuerung sollten die Entwerfer daher die jeweilige Entstehungszeit angemessen respektieren.

1. MITTELALTER
a. Unregelmäßige Plätze
Plätze waren kein eigenes Formziel, sondern Produkt langer Prozesse. Es gibt eine Reihe von Eigenschaften, die die besondere Qualität der unregelmäßigen Plätze ausmachen:

- Unregelmäßigkeit
Sie führt zu dynamischen Raumeindrücken und ständig wechselnder Perspektive. Während regelmäßige Plätze sich in ihrer Formstruktur sofort erschließen und danach keine Aufmerksamkeit mehr erfordern, macht die Einordnung des eigenen Körperstandortes in eine komplexere Geometrie eine ständige Orientierung im Raum notwendig. Die wechselnden Wirkungen des Raumes führen zu einer intensiveren Wahrnehmung und zu höheren Umweltreizen.

- Geschlossenheit
Die Plätze des Mittelalters wirken oft geschlossen, weil meist nur eine schmale Straße herausführt und Gabelungen hinter der Platzecke liegen.

- Proportion
Die Plätze nähern sich im Verhältnis von Ausdehnung zu umgebender Bebauung meistens der idealen Proportion 3:1 an. Diese läßt das Gefühl, in einem umschlossenen Binnenraum zu sein, sehr stark werden.

- Klima
Durch die Faktoren Geschlossenheit, wenige oder keine durchgehende Straßen, wird ein eigenes, wärmeres Binnenklima erzeugt, das den Aufenthalt begünstigt.

- Schmale Gebäude
Wie die Wände den Charakter eines Raumes beeinflussen die Hausfassaden die Wirkung von Plätzen. Durch schmale hohe Gebäude wird die Entwicklung architektonischer Variationen eines Grundtypus be-

günstigt. Die Beibehaltung der schmalen Parzellen führt auch nach Jahrhunderten noch immer zu abwechslungsreichen und dennoch ähnlich aufgebauten Fassaden - weil die geringe Breite keine allzu großen Spielräume der architektonischen Gliederung zuläßt. Diese Einschränkungen sichern die Kontinuität der Wirkung, trotz des Wechsels der architektonischen Sprache.

- Großgebäude als Teile der Platzwand

Kirchen, Rathäuser und andere besondere Gebäude wurden in die Platzwände und Straßenwände einbezogen. Sie waren Teil der durchgehenden Struktur von Hausfluchten, akzentuierten aber durch ihre abweichende Größe und Architektur die Struktur. Architektonische Steigerungen überhöhten Plätze zu Gestaltkernen.

- Keine abgetrennte Straße

Die gesamte Platzfläche war befahrbar und benutzbar. Es existierte keine Abtrennung einer Fahrgasse. Dadurch konnten sich Nutzungen in den Gebäuden (Geschäfte, Handwerker, Wohnen) auf die angrenzenden Platzflächen ausbreiten und den sozialen Gebrauch von Plätzen verstärken.

- Gemischte Nutzungen

Die Einheit von Wohnen und Arbeiten in einem Gebäude und die additive Reihung unterschiedlicher Nutzungen bedeutet, daß ein Platz für eine Fülle von Zwecken Raum bietet.

- Öffentliche Nutzung

Durch Mischung der Nutzungen in den Gebäuden, durch zentrale Lage und gute Aufenthaltsqualitäten wurden die Plätze öffentliche Räume der lokalen Gesellschaft. Sie hatten die Aufgabe, Treffpunkte, "Bühnen" der Selbstdarstellung und Orte besonders wichtiger kollektiver Ereignisse zu sein: Ort des Gerichtes, der Urteilsvollstreckung, des Marktes, von Festen. Sie waren (und sind oft noch) der "Wohnraum" der Stadt.

b. Regelmäßige Plätze

Regelmäßige Plätze des Mittelalters sind fast immer Plätze in "Planstädten". Regelmäßige Plätze in der unregelmäßigen Stadt stammen meist aus späterer Zeit. Die Plätze sind entweder ohne mittlere Bebauung oder mit Rathaus und anderen bedeutsamen Bauten -etwa mit Tuchhallen - bebaut. Die Gebäude, die die Platzwand bilden, sind oft mit Arkaden versehen und sehr einheitlich. Die Plätze sind mit ihren Außenkanten Teil des Straßennetzes und werden von den Rändern her erschlossen, die Platzfläche bleibt frei verfügbar. Von den Platzecken gehen oft in zwei Richtungen Straßen ab, die Plätze wirken daher an den Ecken geöffnet; es kann dadurch zugig sein. Mit der Mittelstellung des Rathauses wird der Platz in mehrere Plätze oder in Vorbereiche des Zentralgebäudes umgewandelt. Es handelt sich um einen Platztyp, dessen Fläche in der Regel zu groß zum Höhenverhältnis der umgebenden, oft nur zweigeschossigen Gebäude ist. Die Nutzungsqualitäten für Märkte und ähnliche großflächige Nutzungen sind gut. Die Aufenthaltsqualität ist an den Rändern durch die Arkaden (Sonnen- und Regenschutz) gut, der Aufenthalt auf der Platzfläche durch die Randerschließungsstraßen schwierig. Topologisch handelt es sich bereits um Plätze mit abgetrennter Mittenzone. Städte mit regelmäßigen Plätzen: Dresden-Altmarkt, Bad-Schandau, Strehlen, Neu-Brandenburg, Thorn, Krakau, Warschau,

2. DER WANDEL DES ÖFFENTLICHEN RAUMES IM ABSOLUTISMUS

Mit der Aushöhlung der mittelalterlichen Stadtrechte durch den Absolutismus geht auch eine Wandlung der Bedeutung und Form öffentlicher Räume einher. War der Stadtraum bisher erweiterter Nutzraum der Bürger und Ort gemeinschaftlicher Entscheidungen, verkehrt der Absolutismus diesen Raum zur Bühne höfischen Zeremoniells und der Darstellung absoluter Macht. Anstelle des zentralen Stadtplatzes als gemeinschaftlichem Stadtmittelpunkt rücken Schloß und Gebäude mit Kultur- oder Herrschaftsfunktionen in zentrale Stadtbereiche. Es werden kulissenartig inszenierte Raumfolgen entwickelt, in denen der Bürger eher als passiver Teilnehmer, denn als Akteur vorgesehen ist. Mit der Abtrennung des Bürgersteiges und der Abtrennung von Platzflächen durch Straßen von den umgebenden Bebauungen entstehen öffentliche Räume, die mehr für flanierendes Publikum als für dauernden Aufenthalt gedacht sind. Mit der Beseitigung der "Nutzungswidersprüche" in den zentralen Stadtzonen, die zwischen privaten Verfügungsinteressen und öffentlichen Ordnungsversuchen notwendigerweise bestehen, wurden Lebendigkeit, Konflikte, Veränderungen als Ausdruck von ständigen Anpassungen zwischen Gesellschaft und Raum und damit ein guter Teil Urbanität beseitigt. Insbesondere raubte die Herauslösung öffentlicher Gebäude aus dem Baugefüge den Plätzen ihre Bedeutung. Sie wurden nun als Achsenendpunkte, als Gliederungsmittel eingesetzt. Beispiele: München, Mannheim, Ludwigsburg, Karlsruhe, Neuwied, Erlangen, Krefeld.

3. DIE STADT UND IHRE PLÄTZE IM 19. JAHRHUNDERT

Das 19. Jahrhundert entwickelt mit dem Boulevard und mit den großmaßstäblichen Straßenräumen den adäquaten Ausdruck einer Periode, in der die "Fußgängerstadt" zugunsten der "Verkehrsstadt" aufgegeben wird. Der kleine Stadtpark, der Grün- und Schmuckplatz tritt als ästhetisches und frühes ökologisches Element an die Stelle des universalen Gebrauchsplatzes. Die Weiterverwendung axialer Ordnungsprinzipien und die kompositorische Verwendung öffentlicher Gebäude zur Raumgliederung führt zu Plätzen, die eher eine Funktion für die Orientierung in großräumigen Stadtgrundrissen als Gebrauchsfunktionen haben. Es entwickeln sich spezialisierte Plätze wie Verkehrsplätze, Schmuckplätze, Gebäudevorplätze, Rundplätze zur Verknüpfung diagonaler Straßenverbindungen, Marktplätze mit festen Marktbauten, Paradeplätze und um die Jahrhundertwende Sportplätze und ähnliche, für nur noch eine Funktion konzipierte Flächen. Der Platz des 19. Jahrhunderts ist der Boulevard als Spiegelbild einer Gesellschaft, die pausenlos in Bewegung ist und in der Muße bedrohliche Leeregefühle zu erzeugen beginnt. Beispiele: Barcelona,

Paris, Stadterweiterungen Berlin, Wien, Köln, Düsseldorf, Krefeld, Mannheim,

4. DAS ENDE DER PLÄTZE
Mit dem Aufkommen einer Stadtvorstellung, die alle Widersprüche, die mit der Stadt verbunden waren, ein für allemal beseitigen wollte - mit der Gartenstadt und der gegliederten und aufgelockerten Stadt - verloren Plätze ihre Bedeutung. Es ging jene eingangs erwähnte Voraussetzung verloren, nämlich der Kontrast zwischen einer verfügbaren freien Fläche und den dichten Nutzungen. Mit der Auflockerung der Bebauung durch große Zwischenräume, mit der Entmischung von Nutzungen und mit der Vergrößerung der Einzelgebäude wurden die Maschen des Nutzungsgewebes so weit, daß es seine Bindekraft verlor. Folgerichtig konzentrierten sich nun Nutzungen in eigenen "Zentren", in Inseln spezialisierter Angebote, umgeben von Gebäuden, die zumeist nur noch eine Nutzung enthielten. Das Ende der gemischten Nutzung und der geschlossenen Bebauung führte zwangsläufig auch zum Ende der Plätze. Lediglich in den Resten der älteren Strukturen blieben die früheren Qualitäten erhalten und konnten als Beispiel überdauern. Beispiele: Hufeisensiedlung-Berlin, Welwyn-Garden-City, Neue Stadt-Wulfen, München-Perlach, Märkisches Viertel Berlin.

5. SIND PLÄTZE NOCH ZEITGEMÄSS?
Die Tertiärisierung der Gesellschaft und die vermehrte Freizeit läßt, gerade im Zeitalter des Fernsehens und verstärkter anonymer Beziehungen, das Bedürfnis nach Kompensationen wachsen. Die Entwicklung der letzten Jahre zeigt überall eine Zunahme urbaner Tendenzen: Es findet eine verstärkte Aneignung der öffentlichen Räume durch mobile Gesellschaftsgruppen und Gruppen mit disponiblem Zeitbudget statt. In einer Zeit räumlicher, zeitlicher und sozialer Isolierung erhalten die öffentlichen Räume der Städte und die stadtnahen Freizeitgebiete die Aufgabe, zwangloser Begegnungsraum der lokalen Öffentlichkeit zu sein. Alle anderen Teilräume versammeln eher funktionale Teilgruppen (Sportplätze, Volkshochschulen, Theater). Plätze sind aber auch wichtig zur Identifizierung mit der Stadt oder dem Stadtteil. Irgendwo braucht jede Gesellschaft einen Brennpunkt, der öffentliche Veranstaltungen, zwanglosen Aufenthalt und Symbole des Gemeinwesens vereint. Plätze haben sich über Jahrhunderte in dieser Bündelungsfunktion bewährt, was in der heutigen Zeit wieder verstärkt gilt. Über die Gebrauchsfunktionen der Straßen hinaus, die die Unterschiedlichkeit einer Stadt vermitteln und die praktisch überall in der Stadt ein Stück zumeist unprätentiösen öffentlichen Raumes zur Verfügung stellen, haben Plätze also eine besondere Aufgabe: Sie sind Orte für das Besondere, Orte zum Verweilen, Orte der sozialen, kulturellen und baulichen "Überhöhung" der örtlichen Gesellschaft. Darauf ist bei ihrer "Komposition" zu achten.

C. ANFORDERUNGEN

1. Funktion von Plätzen
Plätze sind also öffentliche "Wohnräume" der Stadt. Sie

bieten in einem weitgehend auf feste Zwecke orientierten und nur für das Notwendige dimensionierten Stadtraum ein nutzungsoffenes Angebot. Auf Plätzen spielen sich alle größeren, nicht in Straßen unterzubringenden flächenintensiven Veranstaltungen ab. Zentrale Stadtplätze erfüllen aber immer auch eine Repräsentationsfunktion. Nicht jeder Platz erfüllt die gleichen Aufgaben. Es haben sich in der Geschichte Spezialisierungen herausgebildet, die Einfluß auf Form und Gestalt von Plätzen hatten (Abb.15.1). Aus den dominanten Funktionen ergeben sich zumeist Größe, Lage, und Gestaltung. Nur die vier zuletzt genannten Platztypen haben eine Hauptfunktion. Die anderen Plätze werden regelmäßig von mehreren Funktionen bestimmt. Es ist weniger die Menge einzelner Funktionen, sondern eher eine spezielle Mischung in Verbindung mit der Form und mit Symbolen, die die Qualität von Plätzen ausmacht. Der Gebrauch von Plätzen hängt zusätzlich von der Art und von Gewohnheiten der Bevölkerung, von konkurrierenden Plätzen und von der Stadtgröße ab. Mit der Zunahme des Flächenbedarfs für neue Funktionen wurde der Begriff des Platzes für

-	Multifunktionale zentrale Plätze von Städten oder Stadtteilen
-	Marktplätze
-	Schmuck- und Repräsentationsplätze
-	Kirchplätze
-	Plätze als Raumgelenke zwischen großen Straßen (Gelenkplätze)
-	Vorplätze wichtiger öffentlicher Gebäude
-	Bahnhofsplätze
-	Demonstrations- und Aufmarschplätze
-	Gedenkplätze
-	Kunstplätze (Demonstration von Kunstwerken)
-	Quartiersplätze
-	Verkehrsplätze
-	Parkplätze
-	Grün- und Sportplätze
-	Veranstaltungs- und Ausstellungsplätze.

Abb. 15.1 Funktionen von Plätzen

größere Flächen angewandt, für die das Wort "Anlage" angemessener gewesen wäre. Seitdem ist eine Entwertung des Begriffes eingetreten. Die nachfolgenden Anforderungen beziehen sich auf zentrale multifunktionale Plätze von Städten, Bezirken, Stadtteilen und Dörfern, die eine hohe Gebrauchsfunktion haben.

2. ACHT ANFORDERUNGEN AN ZENTRALE PLÄTZE
Plätze für den täglichen Gebrauch und Aufenthalt, Nischen, Ecken und emotional besetzbare Orte und Symbole gehören wohl zu den wichtigsten Aufgaben einer Re-Urbanisierung der Städte. Nachfolgend sollen einige Prinzipien für die Konzeption, Entwicklung und die Erneuerung von Plätzen in Stichworten erörtert werden (Abb.15.2).

a. Lageanforderungen
Zentrale Lage im Gebiet. Gut zu Fuß, mit öffentlichen und privaten Verkehrsmitteln erreichbar. Lage im Schwerpunkt des örtlichen und überörtlichen Straßennetzes. Je nach Verkehrsstärke tangentialer Anschnitt einer Hauptstraße, zumindest Sichtbeziehung (bei groß-

städtischen Zentralplätzen meist nicht mehr erfüllbar). Zentrales Element eines Netzes von Plätzen, Straßen und Gassen.

b. Anforderungen an die umgebenden Nutzungen
Gemischte Nutzungen in den platzbegrenzenden Gebäuden und dahinter (Handel, Verwaltung, Kultur, Freizeit). Wohnungen in Obergeschossen tragen zu einer Belebung und zu wechselndem Publikum bei. Nutzungen, die abends und an Wochenenden beleben, sind zur Verlängerung der Nutzungsdauer wichtig. Großflächige Nutzungen sollten in den Platzecken oder hinter der Platzwand in zweiter Reihe mit Verknüpfung zum Platz untergebracht werden.

c. Belebtheit
Mischung von Ruhe und Bewegung über die Tages- und Jahreszeiten. Ein dauernd überfüllter Platz ist ebenso problematisch wie ein überwiegend leerer.

d. Form und Proportion
Gute Proportion, Form und Geschlossenheit des Platzes. Möglichst ebene Platzfläche. Angemessenes Verhältnis von Platzgröße und Bedeutung. Keine stark zerklüfteten Höhen der Platzränder.

e. Architektur
Architektonische Steigerungen gegenüber den übrigen Bereichen (Gestaltkern) durch gegliederte Architektur mit möglichst vertikaler Orientierung. Alte und neue Architektur, aber ein Grundthema variierend.

f. Symbole
Emotional besetzbare Symbole, die Wahrzeichen der Stadt oder des Stadtteiles sein können.

g. Klima
Gutes Klima durch geschlossene Platzecken, besonnte und windberuhigte, zum Aufenthalt an verschiedenen Tages- und zu verschiedenen Jahreszeiten geeignete Bereiche. Nischen, Sitzgelegenheiten.

h. Multifunktionale Nutzung
Eignung der Platzfläche für Märkte, politische Veranstaltungen, Ansprachen, Demonstrationen, Konzerte, Umzüge, als Treffpunkt.

Ein Raumgefüge, welches Brennpunkt einer Stadt sein soll, muß also stets eine Doppelfunktion erfüllen: Es muß nützliche und emotionale Bedürfnisse befriedigen und für alle Sozial- und Altersgruppen und für sehr verschiedene Bedürfnisse und Verhaltensweisen geeignet sein. Dies verlangt Variabilität für die Nutzungen und Bestimmtheit in der Form. Das Schema (Abb. 15.3) verdeutlicht, daß die Fläche die organisierende Zentralfunktion von Plätzen ist.

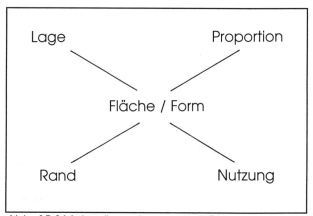

Abb. 15.3 Makrodimensionen von Plätzen

D. RAUMORGANISATION VON PLÄTZEN

1. ORGANISATION DER NUTZUNGEN DES RANDES
Wichtiger als die Form sind die Nutzungen um den Rand des Platzes. Auch ein noch so wohlgeformter Platz ist ohne belebende Nutzungen tot. Deshalb ist eine gut durchdachte Komposition von Nutzungen wichtig, für die bei den acht Anforderungen Hinweise gegeben wurden. Es kommt aber auch auf die räumliche Anordnung an. Liegen belebende Cafés auf der Schattenseite (dies gilt nur für die nördlichen Regionen) und ein eher wenig belebendes Rathaus auf der Sonnenseite, sind für eine aktive Nutzung der Platzflächen wesentliche Potentiale bereits falsch verteilt. Das Organisationsschema (Abb. 15.4) zeigt einige Prinzipien: Zur Erzielung einer abwechslungsreichen Architektur der Platzwand sind schmale Parzellen günstig.

---

1. Anforderungen an die Lage
- zentrale Lage
- gut erreichbar

2. Anforderungen an die umgebenden Nutzungen
- gemischte Nutzungen
- Wohnen in Obergeschossen
- Nutzungen mit Abend- und Wochenendöffnung
- großflächige Nutzungen in Platzecken

3. Belebtheit
- Mischung von Ruhe und Bewegung

4. Form und Proportion
- gute Proportion
- Geschlossenheit
- ebene Platzfläche
- Verhältnis von Platzgröße zur Bedeutung

5. Architektur
- Architektonische Steigerungen
- vertikale Orientierung der Fassaden

6. Symbole
- emotional besetzbare Symbole
- Steigerungen durch Brunnen, Kunst

7. Klima
- geschlossene Platzecken
- besonnte und windberuhigte Bereiche
- Sitzgelegenheiten

8. Multifunktionale Nutzungen
- Offene Platzfläche
- Märkte
- politische Veranstaltungen
- Konzerte
- Treffpunkte

Abb. 15.2 Acht Anforderungen an Gebrauchsplätze

Diese führen auch zu einer dichten Abfolge verschiedener Nutzungen, was zu einer ökonomischen und ästhetischen Vielfalt beiträgt und dadurch die Unterschiedlichkeit des Publikums erhöht. Große Parzellen an der Platzwand sollten nur für bedeutsame öffentliche Bauten mit allgemeiner Bedeutung für die gesamte Bevölkerung wie Rathaus oder Kulturgebäude vorgesehen werden. Alle weniger bedeutsamen Großfunktionen zerstören eher die Nutzungsvielfalt. Zwar sollten wichtige Kultur- und Handelsmagneten vorhanden sein. Sie benötigen aber keine zentralen Architekturfronten und können daher in den Ecken - wo sich größere Parzellen ohnehin ergeben - oder in der zweiten Reihe, angebunden mit Durchgängen, Arkaden, Höfen, angeordnet werden. Sie tragen so zur Belebung des Platzes bei, ohne unbelebte und oft langweilige Fronten in der Platzwand zu erzeugen. Arkaden können ein disziplinierendes Mittel für den architektonischen Rhythmus sein und sind zugleich ein permanenter Wetterschutz. Um starken Wind abzuhalten, sind die Geschlossenheit der Platzwand und relativ geschlossene Platzecken wichtig.

2. ORGANISATION DER PLATZFLÄCHE DURCH NUT-ZUNGS-ZONEN

Eine grobe Zonierung der Platzfläche ist in Abhängigkeit von den Randnutzugen und der für die Fläche möglichen und gewünschten Nutzungen erforderlich. Ohne eine Zonierung fehlen Grundlagen für die Plazierung der festen Elemente und für die Aufteilung der Flächen. In den nördlichen Ländern Europas finden intensivere Nutzungen von Plätzen häufig erst nachmittags (Arbeitsschluß) und abends statt. In dieser Zeit ist die Sonneneinstrahlung nicht mehr stark, die Temperatur fällt schnell ab. Deshalb sind von der Mittags- und Nachmittagssone aufgewärmte Steinfassaden (Nord- und Ostwände des Platzes) als vertikale Wärmestrahler ein wichtiges Mittel, die Nutzung in den späten Abendstunden und in den kühleren Jahreszeiten zu verlängern. Große Glasflächen bis zum Erdboden wirken einem solchen Ziel entgegen. Ein anderer Zielkonflikt sind die notwendigen Erschließungswege zwischen den Gebäuden. Hier stören zu dichte Nutzungen vor den Gebäudefronten die Zirkulation. Arkaden mit einem Höhenversprung von 1-2 m zur Platzfläche können den Zielkonflikt zwischen großen Schaufensterflächen und einer durch Zirkulation ungestörten Sitzzone lösen, wenn Tische und Stühle dadurch vor die Arkade wandern können. Die Nord- und Ostseiten sind also bevorzugte Standorte für Cafe's und Restaurants. Dies gilt auch für die Nutzung der nicht auf die Gebäude bezogenen Teile der Platzfläche.

Für repräsentative und öffentliche Veranstaltungen sind Flächen vor öffentlichen Gebäuden vorzusehen. Für Ansprachen hat es sich als günstig erwiesen, wenn die Eingangsebene eines Rathauses 2-3 m über der Platzfläche liegt. Dieser symbolische Ort zwischen Rathaus und Platz hat eine eigenständige Bedeutung. (Beispiele: Aachen, Bonn). Auf jedem Platz sollten Möglichkeiten für zwanglosen Aufenthalt vorgesehen werden. Bewährt haben sich hierfür Denkmäler und Brunnen mit Stufen und Sitzrand.

3. EINFLUSS DER ERSCHLIESSUNG AUF DEN GEBRAUCH

Plätze müssen von den umgebenden Stadtbereichen auf direkten Wegen gut erreichbar sein. Es ist zweckmäßig, wichtige Wegebeziehungen der Stadt über Plätze zu legen. Jedoch ist es günstiger, Wege an den Ecken oder vor der Einmündung in Plätze zu bündeln als zu viele Wege und Straßen in Plätze einmünden zu lassen. Das Ziel der Geschlossenheit der Platzwände kann durch die Verminderung oder die Verkleinerung der Einmündungen unterstützt werden.

Neben diesen Makroaspekten der Erschließung ist die Mikrostruktur der Erschließung der Platzflächen selbst bedeutsam. Überspitzt kann gesagt werden: Von der Führung der Straßen auf Plätzen hängt nahezu alles ab. Bleiben zu schmale Bürgersteige übrig, können die Geschäfte und Cafés den Raum nicht beleben. Wird die mittlere Platzfläche rundum von Straßen abgetrennt, wird sie den Nutzungen aus den Gebäuden entzogen. Ist der Verkehr zu stark, erstirbt die Nutzung; ist der Platz überhaupt nicht durch Verkehrsmittel erreichbar, kann das gleiche eintreten. Es kommt daher in den meisten Fällen auf die Organisation eines labilen Gleichgewichtes an, welches den belebenden Einfluß des Verkehrs unterhalb seiner "Störschwelle" eindämmt. Von völlig verkehrsfreien Plätzen sind massive Veränderungen der Nutzung (Überhandnehmen von Gastronomie, Störungen durch Nachtausschank) bekannt. In dem Organisationsschema (Abb. 15.4) ist deshalb nur eine abgeknickte Straße vorgesehen, die

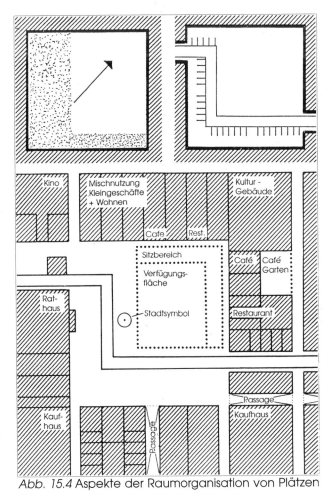

Abb. 15.4 Aspekte der Raumorganisation von Plätzen

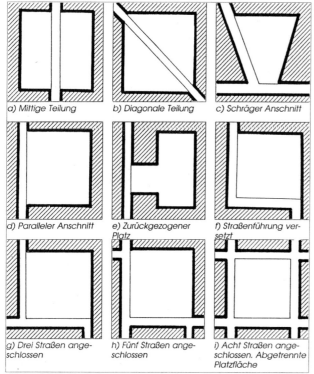

a) Mittige Teilung
b) Diagonale Teilung
c) Schräger Anschnitt

d) Paralleler Anschnitt
e) Zurückgezogener Platz
f) Straßenführung versetzt

g) Drei Straßen angeschlossen
h) Fünf Straßen angeschlossen
i) Acht Straßen angeschlossen. Abgetrennte Platzfläche

Abb. 15.5 Beziehungen zwischen Platzrand und Straßen

Zugänglichkeit und Erschließung sichert, aber keine zügige Durchfahrt erlaubt. Abbildung 15.5 zeigt sieben verschiedene Variationen der Zuordnung von Straßen und Plätzen. In den Beispielen a und b wird ein Platz so geteilt, daß der Randbereich nicht durch Verkehr gestört wird. Die Beispiele a–g zeigen zwei- oder einseitige Taschenplätze, die mindestens eine, teilweise mehrere geschlossene Ecken haben. Immer gibt es Kontaktzonen für die Erschließung, immer aber auch verkehrsfreie Flächen für verschiedene Nutzungen. Beispiel h zeigt eine nur noch einseitig angebundene Platzfläche und i schließlich die allseitig abgetrennte Mittelfläche als ungünstigsten Fall. Abbildung 15.6 zeigt eine Typologie der möglichen Einmündungen von Straßen in Plätze.

E. ÜBERGANGSELEMENTE

Für die Wirkung des Platzes ist die Form, in der Straßen in den Platz einmünden, besonders bedeutsam. Es können drei Grundformen des Überganges unterschieden werden: der gleitende, der unbetonte und der betonte Übergang (Abb. 15.7).

1. GLEITENDER ÜBERGANG

Gleitende Übergänge entstehen, wenn sich ein Dreiecks- oder Gabelungsplatz allmählich in eine Straße umformt. Der Platz setzt sich fließend in den Straßenraum fort. Gleitende Übergänge kennen wir vor allem aus mittelalterlichen unregelmäßigen Städten und aus Dörfern.
Ähnlich wirken Straßen, die eine solche Breite haben, daß sie als Fortsetzung des Platzes empfunden werden, oder die an den Platz mit einer Ausweitung anschließen. Ebenso wirken Übergänge zu einem

weiteren Platz, wenn die Verbindungsglieder schwach ausgeprägt sind.

2. UNBETONTE ÜBERGÄNGE

Als unbetonte Übergänge bezeichne ich die schlichte Einmündung einer Straße auf einen Platz, bei der weder Einengungen noch Ausweitungen vorkommen. Diese Form ist die Regel bei geometrisch-regelmäßigen Stadtgrundrissen. Es hängt von der Höhe der Platzwände und der Breite der eingeführten Straßen ab, ob der Platz noch geschlossen wirkt oder ob - bei einem Verhältnis der Straßenbreite zur Platzwand von etwa 1:1 - die Einmündung den Zusammenhang deutlich unterbricht. Wesentlich ist dabei auch, wieviele Straßen an einer Platzseite einmünden. Die von Sitte aufgestellten Regeln zur Geschlossenheit von Plätzen gelten dabei noch immer.

3. REDUZIERTE ÜBERGÄNGE

Die zweifellos stärkste Trennung zwischen Straßen und Plätzen erreicht man durch eine Reduktion des Straßenquerschnittes dort, wo die Straße die Platzwand durchbricht. Folgende Mittel haben sich dafür herausgebildet:

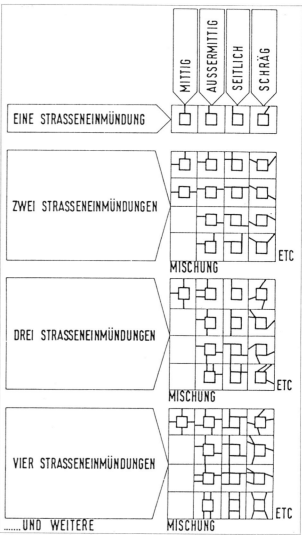

Abb. 15.6 Einmündung von Straßen in Plätze (Krier 1975, S.14)

- Keine Durchführung der Straße auf den Platz, Verknüpfung durch ein Tor;
- Überbauung der Straße, Öffnung mit reduziertem Querschnitt, separate Durchführung der Bürgersteige;
- Verschmälerung der Öffnung durch separate Durchführung der Bürgersteige;
- Teilung der Straße durch einen in die Mitte gestellten Baukörper;
- Verwendung von Bäumen oder Einbauten zur optischen Raumschließung an der Einmündung (Kioske, Uhrtürme, Gitterkonstruktionen, Reklametafeln, Pergolen).

Ein großer Teil dieses Repertoires ist bereits im Barock verloren gegangen. In den zwanziger Jahren wurden zwar, wenn auch in veränderter Form, Gebäude über Straßen hinweg gebaut, um Torwirkungen zu erzielen (Weiße Stadt, Berlin). Aber Plätze hat diese Periode kaum hinterlassen. Auch der künstlerische Städtebau um die Jahrhundertwende, dem es um geschlossene Räume ging, hat merkwürdigerweise auf diese Möglichkeiten kaum zurückgegriffen.

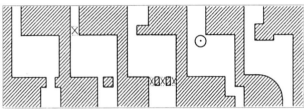

Abb. 15.7 10 Variationen von Einmündungen in Plätze

F. PLÄTZE ALS TEIL VON RAUMGEFÜGEN

Ein häufiger Fehler bei der Gestaltung von Plätzen ist ihre Isolierung von der Umgebung. Plätze funktionieren aber nur im Zusammenhang eines gesamten Netzes von öffentlichen Räumen und als Teil einer intensiv genutzten Stadtstruktur. Nicht nur eine bestimmte Kompaktheit der Bebauung und der Nutzungen, sondern auch deren Verteilung im Raum konstituieren die Rolle von Plätzen. Es kommt daher darauf an, ein innerstädtisches oder stadtteilbezogenes Raumgefüge so zu konzipieren oder zu sichern, daß relativ enge lineare Räume immer wieder in Plätze verschiedenen Maßstabs, verschiedener Form und damit auch verschiedener Zwecke münden. Diese räumliche Spannung zwischen Enge und Weite als eine ästhetische Grundkategorie des Raumerlebens ist das Wesentliche einer Raumkomposition. Den raumkompositorischen Aspekten kommt eine übergeordnete Schlüsselrolle - noch vor den Funktionen, den Abstandsvorschriften der

Landesbauordnungen und den Wünschen der Bauherren - zu.

G. TOPOGRAPHIE

Plätze sollten relativ ebene Flächen haben, um neigungsempfindliche Nutzungen nicht auszuschließen. Bei zu starkem Gefälle, eine zureichende Größe vorausgesetzt, können durch Treppen und Stützmauern horizontale Bereiche abgetrennt werden. Besonders bei zu großen Plätzen können durch dieses Mittel intimere Teilräume abgegrenzt werden.

H. PROPORTIONEN

Die Wirkung von Proportionen wird durch den Sehwinkel unseres Auges bestimmt. Maßgeblich ist das Verhältnis von Platzfläche zur mittleren Wandhöhe der Platzränder. In die Wandhöhe wirken Dächer, Dachaufbauten, höhere und niedere Bauten oder hohe Bauten in zweiter Reihe hinein. Maßgeblich für die Wahrnehmung der Dächer ist deren Neigung und der Standpunkt des Betrachters im Raum. Es gibt keine Standardformel für die Proportion. Es kommt vielmehr auf die Funktion eines Platzes an. Intime, kleine Plätze können höhere Platzwände haben. Hier wirkt ein Verhältnis von Breite zu Höhe 1:1 oder 1:1,5 wie ein Binnenraum. Die umschließenden Wände sind nah und schützend. Hingegen kann ein sehr öffentlich wirkender Platz, der auch Raum für Großveranstaltungen läßt, Proportionen von 1:5 - 1:8 aufweisen. Das Verschieben des optischen Platzrandes in den mittleren und unteren Teil des Sehfeldes läßt den Himmel und die Platzfläche entsprechend größer wirken. Der Platz wirkt groß, großzügig, öffentlich. Das Gefühl von Intimität stellt sich bei diesen Proportionen kaum ein. Für mittlere Plätze, die noch Intimiät ausstrahlen sollen, haben sich Verhältnisse von 1:3 - 1:4 als günstig herausgestellt. Dies gilt immer für Plätze ohne große innere Einbauten. Bei länglichen Plätzen genügt es, diese Proportionen für die Schmalseite einzuhalten. Abbildung 15.8 zeigt die Wirkung schematischer Plätze mit unterschiedlichen Proportionen.

I. FORM UND MORPHOLOGIE VON PLÄTZEN

Plätze gab und gibt es in fast allen denkbaren Formen, die die Geometrie zuläßt. Am häufigsten sind quadratische und rechtwinklige und vieleckige Plätze. Wir haben eingangs den historischen Zusammenhang

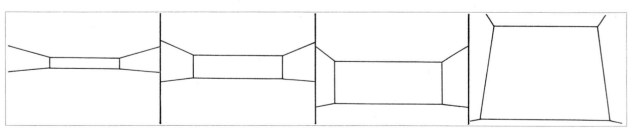

Abb. 15.8 Platzproportionen 1:12 1:6 1:3 1:1 (Vereinfachte Nachzeichnung nach Stimpel, Bauwelt 15, 1984, S.653)

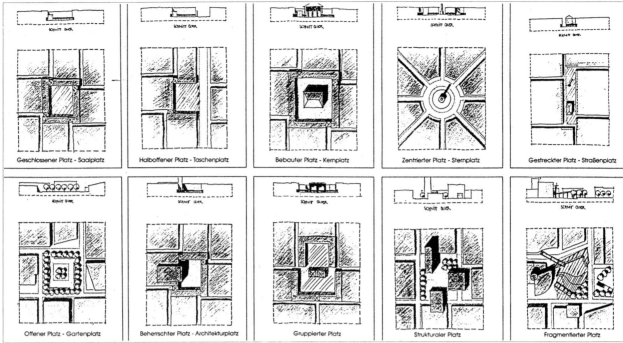

Abb. 15.9 Funktion und Gestalt von Plätzen (Aminde 1989, S.22 - 24)

zwischen Platzform und Stadtform dargestellt. Die Formen der Plätze haben daher häufig eine historische Begründung. Eine formale Typologie wurde von Krier (1975) publiziert. Die Funktion von Plätzen und ihr Ort im urbanen Gefüge sind, wie schon gesagt, wesentliche Bestimmungsfaktoren. Form ist kein Selbstzweck; deshalb führt eine rein formale Typologie ohne gleichzeitige Betrachtung der Funktion in die Irre. Eine Typologie, die eher von Makromerkmalen der Platzgestalt und einigen Leitfunktionen als von der äußeren Form ausgeht, hat Aminde (1989) versucht: Er unterscheidet Plätze nach ihrer primären Wirkung: Saalplatz (geschlossener Platz); Gartenplatz (offener Platz mit mittlerem Baumkarree); Taschenplatz (nur einseitig erschlossener, halboffen eingebauter Platz); Kernplätze (Platz mit Mittelbau); Architekturplatz (Platz mit Leitbauwerk); Platzgruppen; zentrierter Platz (Raumgelenk); Straßenplatz; skulpturaler Platz (mit starker vertikaler Wirkung von Gebäuden) und fragmentarischer Platz (Abb. 15.9).

Grundformen von Plätzen

Wenn hier nachfolgend dennoch formale Aspekte behandelt werden, dann mit dem Ziel, die mit bestimmten Formen verbundenen grundlegenden Eigenschaften herauszustellen, und wegen des starken Einflusses, den die Form auf die Wahrnehmung hat. In einem ersten Schritt können wir von ihrer Gestalt her regelmäßige und unregelmäßige Formen unterscheiden. Gemeint ist damit die vertikale Aufsicht auf die Platzfläche.

a. Regelmäßige Grundformen (Abb. 15.10)

Die Grundformen geometrischer Figuren sind das Quadrat, das Dreieck und der Kreis. Diese reinen Formen kommen auch als Grundflächen von Plätzen vor. Die einfachste Variation dieser Formen ist die mittige Teilung. Auch diese Formen kommen als Plätze vor. Eine weitere Variation ist die Stauchung oder

Streckung. Der Kreis verformt sich zur Ellipse, das Dreieck wird stumpf- oder spitzwinklig, aus dem Quadrat entsteht der Rhombus. Weitere geometrische Formen sind regelmäßige Vielecke wie das Oktogon, kreuz- und sternförmige Plätze und schließlich alle Plätze mit einer zwei- bis vierseitigen Klappsymmetrie. Historisch entstanden regelmäßige Plätze, wie wir eingangs gesehen haben, als logischer Teil der regelmäßigen Stadt. Im Barock wurden sie vereinzelt im gewollten Kontrast zu unregelmäßigen Umgebungen geplant. Es lagen also in beiden Fällen solide Gründe vor. Dennoch hatten und haben regelmäßige Plätze ihre aus der Form herrührenden Probleme. Allgemein gilt auch heute noch, daß völlig regelmäßige Platzformen relativ langweilig und unattraktiv sind. Sie können dann positiv wirken, wenn sie durch eine regelmäßige und reiche Architektur gefaßt sind. Ästhetische Reize gehen aber eher von Unregelmäßigkeiten und kleinen Störungen aus. Noch immer gilt Sittes Grundsatz, daß die Geschlossenheit der Plätze ein weit wichtigeres Merkmal ihrer Brauchbarkeit ist als die Figur ihres Grundrisses.

Die Wirkung der Plätze wird also vor allem durch die Form ihrer Wandungen bestimmt. Bei der Verwendung von exakten geometrischen Grundformen tendieren Entwerfer dazu, diese Exaktheit auch auf die Platzwände auszudehnen. Aber schon in der Zeit des absolutistischen Baurechts war es nur schwer möglich, die verschiedenen Eigentümer zu einer einheitlichen

Abb. 15.10 Die drei regelmäßigen Grundformen von Plätzen

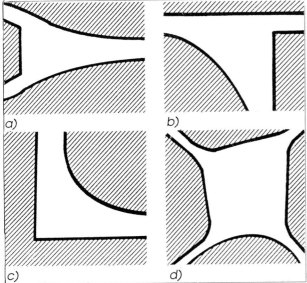

Abb. 15.11 Unregelmäßige Grundformen von Plätzen

Randbebauung zu bewegen. Entweder wurden deshalb die Gebäude vorher von einem Investor einheitlich erstellt (z.B. die Crescents von Wood in Bath und Nash in London) oder es wurden einheitliche Fassaden errichtet, hinter denen die privaten Eigentümer dann ihr Gebäude erstellen durften, wie beim Place Vendome 1685-97 von Mansart in Paris. Aus den Problemen und Zwängen jener Zeit mit ungleich mehr Eingriffsrechten lassen sich die Lehren für unsere Zeit ableiten. Vor allem, wenn sich die Füllung einer Platzwand bei Neuplanungen über Jahrzehnte hinziehen kann, sind selten einheitliche Ergebnisse zu erwarten. So waren weder der Potsdamer Platz noch der Belle Alliance Platz in Berlin, trotz ihrer anspruchsvollen Grundform, mit einheitlichen Wandungen versehen. Im 19. Jahrhundert gelangen durch die Anwendung serieller Bautypen noch relativ einheitliche Randbebauungen, die auch exakte Platzgrundrisse sinnvoll repräsentierten. Heute können solche einheitlichen Randbebauungen kaum noch über Satzungen, sondern eher über Großinvestoren garantiert werden. Neuere Beispiele sind die Großformen in französischen Wohnbauprojekten von Bofill und die Versuche einer Neufassung des Prager Platzes in Berlin. Die pathetische Feierlichkeit solcher Projekte steht häufig in einem ungelösten Kontrast zu ihrem banalen Inhalt. Bei der Anwendung exakter Formen und zugleich einheitlicher Ränder ist daher Vorsicht geboten.

Wesentlich harmloser ist der Verzicht auf die Einheitlichkeit des Randes. Ein grober gestalterischer Rahmen kann ausreichen, die Starrheit der Grundform durch eine lebendige Randbebauung zu mildern und in einen spannungsreichen Widerspruch zu setzen. Freilich stellt sich dann auch die Frage, ob für die anspruchsvolle geometrische Grundform überhaupt eine inhaltliche Berechtigung besteht.

b. Unregelmäßige Grundformen (Abb.15.11)

Als unregelmäßig werden hier alle Platzformen bezeichnet, die keiner Klappsymmetrie folgen, die entweder nur aus gekrümmten oder aus einem Gemisch von geraden und gekrümmten Wandungen

bestehen und sich keiner exakten geometrischen Form zuordnen lassen. Als unregelmäßig gelten hier auch historisch bedingte Verformungen ehemals geometrischer Plätze. Während regelmäßige Grundformen Produkt eines Gestaltungswillens sind, entstehen unregelmäßige Formen, wie schon eingangs beschrieben, eher als Ergebnis eines Prozesses in kleinen Schritten und aufgrund lokaler topographischer Bedingungen. Strukturelle und funktionale Anforderungen wirken also viel stärker als formale auf die Platzbildung ein. Der häufigste unregelmäßige Platz ist der Gabelungsplatz (Abb. 15.11 a). Er entsteht als Reaktion auf die schwierige spitze Ecke einer Straßengabelung und schafft Sichtraum, Manövrierraum und Spielraum für Neigungsvermittlungen in der Topographie. Dieser Platz ist also das Zwangsergebnis eines Strukturproblems der Wegeführung - der Gabelung oder Verknüpfung einer horizontalen mit einer schräg den Hang hinaufführenden Straße. Dieser Platz ist besonders häufig in mittelalterlichen Rundstädten, in Dörfern, in Hügel- und Bergstädten anzutreffen, wie z.B. in Aachen und in der Alfama in Lissabon. Ähnliche Produkte von Restflächen bei Straßenführungen sind der Abbiegeplatz (b), der Kurvenplatz (c) oder der Kreuzungsplatz (d). Es handelt sich um untergeordnete Plätze, die aber als Aufenthaltspunkte und Nischen in der Stadt ihre funktionale und soziale Bedeutung haben. Ein reiches Repertoire zentraler, unregelmäßiger städtischer Plätze entstand als Ergebnis historischer Prozesse durch Überlagerungen, Einbauten, Teilungen

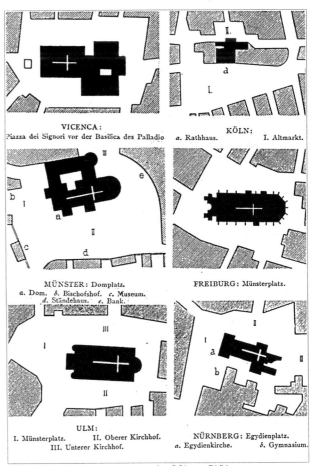

Abb. 15.12 Formen unregelmäßiger Plätze (Sitte 1983, Fig. 45, 48, 50, 63, 67, 69)

137

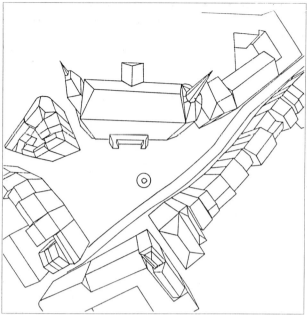

Abb. 15.13 Marktplatz in Aachen

und Erweiterungen ehemals regelmäßiger Plätze. Camillo Sitte hat zu diesem Thema eine eindrucksvolle Sammlung publiziert, die vor 100 Jahren erstmals den Blick frei machte für ein komplexeres, von Wahrnehmung und Gebrauch bestimmtes Verständnis der Plätze. Beispiele sind in Abbildung 15.12 dargestellt. Die Wirkung unregelmäßiger Plätze ist wegen ihrer geometrischen Unbestimmtheit anders als die von regelmäßigen Plätzen. Interpretiert unser auf Vereinfachung angelegter Wahrnehmungsapparat einerseits auch von der exakten Geometrie leicht abweichende Formen als geometrisch - etwa den Markusplatz in

Abb. 15.14 Ulmer Münsterplatz (DAB 1/1993)

Venedig -, empfinden wir sogar exakte Geometrien wegen der perspektivischen Verzerrung manchmal als unexakt. Unregelmäßige Formen wirken gerade wegen der ständigen Veränderung ihrer Raumwirkung offenbar anregender auf unsere Wahrnehmung. Es liegt auf der Hand, daß die Probleme der Randbebauung bei unregelmäßigen Plätzen ganz andere und geringere sind als bei den regelmäßigen. Unregelmäßige Plätze lassen den Gebäuden größere Spielräume. Aus der Verschiedenheit der Standorte innerhalb des Randes können unterschiedlich bedeutsame Bauten ihre jeweils angemessenen Positionen und Größen finden. Auch hier kann durch eine eher einheitliche oder eher uneinheitliche Architektur der Randausbildung die Formspannung gesteigert oder zurückgenommen werden. Ein gutes Beispiel, welches aus einer Mischung aus regelmäßiger und unregelmäßiger Grundform, teilweise gleich hohem, teilweise überhöhtem Rand besteht, ist der schon mehrfach angesprochene Marktplatz in Aachen (Abb. 15.13). Die Einfügung moderner Bauten in alte Plätze ist ein sensibles Thema. Um musealen Plätzen zu entgehen, sind einfühlsame Neubauten ein Mittel der architektonischen und funktionalen Erneuerung. Ein in diesem Zusammenhang breit diskutiertes Beispiel ist die Schließung des Ulmer Münsterplatzes durch einen Bau von Richard Meier in Ulm (Abb. 15.14).

c. Lineare Platzformen

Der lineare Platz entstand nicht aus der Form heraus, sondern aus der Funktion. Wir finden ihn in Europa in den Zähringerstädten und in kleinen Landstädten (Straubing, Bern, Rottweil, Villingen). Er hatte die Funktion, durchziehenden Truppen Raum zu geben, den Markt aufzunehmen, Feste und Umzüge zu ermöglichen. In späteren Perioden wurden Gemeinschaftsbauten wie Kornhäuser, Rathaus, Zeughaus als Gliederungselemente auf diesen Flächen eingefügt. Als lineare Plätze - oft Grünplätze - fungieren häufig auch ehemalige Anger in bäuerlichen Siedlungen. Auch sehr schmale lange Gabelungsplätze können in die Form des linearen Platzes übergehen. Prachtstraßen mit breitem Mittelstreifen erfüllen teilweise Platzfunktionen (Krefeld-Ostwall, Königsallee Düsseldorf). Sie können auch in der modernen Stadt in Verbindung mit Einkaufs- und Flanierfunktionen neue Bedeutung gewinnen.

J. MORPHOLOGISCHE SAMMLUNG VON PLATZRÄUMEN

Krier geht bei seiner Typologie der Platzformen von den geometrischen Grundformen Quadrat, Kreis und Dreieck aus, denen er reale Beispiele zuordnet. Diese Grundelemente kombiniert er mit den Begriffen "knicken, teilen, addieren, durchdringen, überlagern, verfremden" als transformatorische Operationen. Diese können überlagert werden durch Winkel-, Längen- und kombinierte Winkel- und Längenveränderungen. Ferner unterscheidet er bei jeder der so generierbaren Formen noch zwischen regelmäßigen und unregelmäßigen, wobei er als regelmäßig alle Formen mit gera-

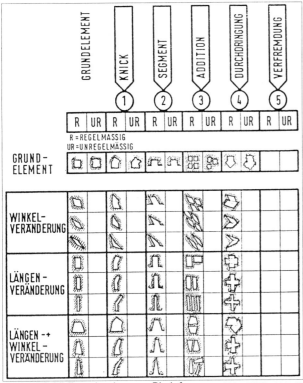

Abb. 15.15 Typologie von Platzformen (Krier 1975, Abb.8)

den Wandungen, also auch unregelmäßige Polygone, definiert. Als unregelmäßig Plätze hingegen werden jene mit zerklüfteten Wandungen bezeichnet (Abb. 15.14). Mit dieser Darstellung gelingt es, Möglichkeiten und Methoden der Formproduktion und Formzuordnung aufzuzeigen. Die Sammlung von Beispielen erläutert, welche der Formen die Stadtbaugeschichte wann und wo genutzt hat. Daß eine solche rein formale Ordnung aber auch ihre Grenzen hat, zeigt sich daran, daß Gabelungs- und lineare Plätze durch solche Formkriterien nicht erfaßt werden und deshalb nicht vorkommen. So verdienstvoll diese Sammlung von Platzformen auf der einen Seite ist, so gefährlich kann sie werden, wenn dadurch die Aspekte des Gebrauchs verdrängt werden. Camillo Sitte war in dieser Hinsicht vor hundert Jahren weiter, weil er die formalen Qualitäten mittelalterlicher Platzräume komplexer als Krier behandelte. Wenn hier dennoch einige Zusammenstellungen aus Kriers Buch aufgenommen wurden, dann wegen ihrer kompakten Abhandlung der theoretischen Formmöglichkeiten und des präsentierten Formenreichtums der Stadtbaugeschichte (Abb. 15.15).

K. HÄUFIGE ENTWURFSFEHLER

Akzeptiert man die These von der gegenseitigen Bedingtheit von Stadtform und der Form und Funktion von Plätzen, sollten Umgestaltungen in historischen Umgebungen zumindest die charakteristischen Merkmale der jeweiligen Periode respektieren. Dies schließt zeitgemäße Lösungen keinesfalls aus. Von den vielen Gestaltungsbemühungen der letzten Jahre haben sich jene als am tragfähigsten erwiesen, die von einem

strukturellen Verständnis ausgingen, auf allzu modisches Design und aufgeregte Flächenmuster verzichteten und mit einfachen Mitteln Platzwände und Platzfläche zu einer Gestalt- und Nutzungseinheit zusammenführten. In vielen Entwürfen wurde - besonders in den 70er und 80er Jahren - ein Übermaß an Gestaltungsmitteln zur Flächengliederung der Platzoberflächen angewandt, wie etwa das Linienmuster auf dem Luisenplatz in Darmstadt oder das Flächenmuster auf dem Rathausplatz in Jülich. Die Lust an der Gestaltung, die Annahme, daß mehr Gestaltung auch mehr Qualität vermittle, die Mechanismen von Preisgerichtsentscheidungen - bei denen einfach wirkende zeichnerische Lösungen oft nicht bemerkt werden - und schließlich auch die Angst vor der leeren Fläche beim Entwerfen kommen hier zusammen. Das Füllen von Flächen mit Ornamenten deutet in vielen Fällen auf ein verkürztes formales Entwurfsverständnis hin. Deutlich wirkt die Tradition des Schmuckplatzes des 19. Jahrhunderts nach. Bei Aufgaben, bei denen die Schmuckfunktion für eine Fläche im Vordergrund steht, ist gegen einen solchen Entwurfsansatz nichts einzuwenden. Primär sollen aber die Flächen der meisten Plätze vielfältig nutzbar sein. Die Platzgestaltung soll daher einen Rahmen für ganz verschiedene, nur teilweise bekannte Formen des Gebrauchs geben, wobei der ästhetische Aspekt nur einer von mehreren ist. So hat Helmut Bott (Bott 1984) mit einer kleinen Befragung nachgewiesen, daß die Linienmuster des Luisenplatzes in Darmstadt nur von einer Minderheit der Nutzer wahrgenommen wurden - die Arbeitshypothese der Entwerfer, "das lineare Grundmuster ist einprägsam, bleibt im Gedächtnis haften", mithin falsch war. Untersucht man gut funktionierende Plätze, fällt die Einfachheit und Selbstverständlichkeit ihrer Gestaltung auf. Je ruhiger die Flächentextur, um so weniger modeabhängig ist die Wirkung des Platzes. Gute Beispiele zurückhaltender Gestaltung sind z.B. der Münchner Königsplatz, in Aachen der Hof, Katschhof und Münsterplatz, der Regensburger Haidplatz, der Hamburger Rathausmarkt.

L. HARTE UND WEICHE ENTWURFSANFORDERUNGEN

Wesentlicher bei der Platzgestaltung als die Flucht in vordergründige Designideen ist daher die Verbindung "solider" technischer und gebrauchsbezogener Aspekte mit einem Gestaltungsansatz, der sich aus dem "Charakter" des Platzes und aus dem Charakter der Platzwandung ergibt. Bei historischen Plätzen kommt, wie gesagt, das Eingehen auf historische Grenzen, Bedeutungen und charakteristische Wirkungen hinzu. "Harte" Vorgaben des Entwurfs sind zunächst Anforderungen aus der Verknüpfung des Platzes mit der Umgebung - Geh- und Fahrlinien, Hierarchie von Verbindungen, Unterbrechung unerwünschter Verbindungen, Radien und Fahrgassen von Fahrzeugen, Räume für Gerüste und Baustellen bei Umbauten Stellflächen von Märkten, Ausstellungen, Servicefunktionen wie Telefone, Kioske, Toiletten, Informationstafeln Parkflächen und Zufahrten/Zugänge zu Parkplätzen und Garagen.

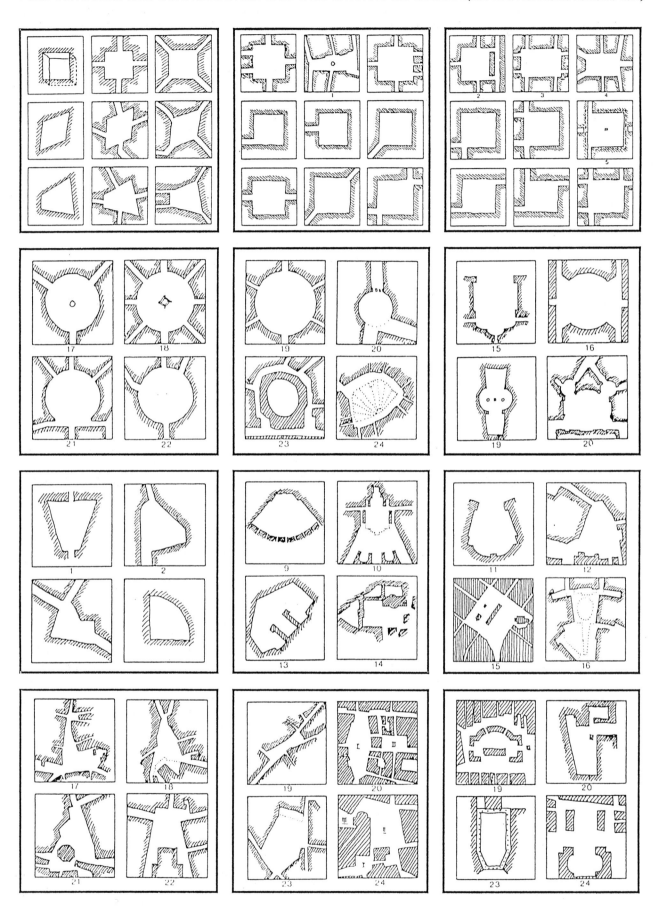

"Weiche" Anforderungen haben mit den Nutzungen auf der Platzfläche zu tun: Aufenthaltsbereiche, Plätze für Außenbestuhlungen von gastronomischen Einrichtungen, Vorbereiche und "Respektgesten" vor öffentlichen Gebäuden; Blickbeziehungen, hervorzuhebende oder zu kaschierende Gebäude und Teile der Platzwände; Veränderungen der Proportion durch Gliederungen, Einbauten; symbolische Bereiche; Treff- und Merkpunkte - Brunnen, Kunst, öffentliche Aufenthaltsbereiche; Bäume und Grünausstattungen; geschichtliche Bezüge.

Am Anfang des Entwerfens sollte eine Vorstellung über den Grundcharakter des Platzes stehen. Soll er zurückhaltend in der Flächengestaltung, ein ruhiger Zwischenraum der Platzwände sein, oder sind wegen mangelnder Raumqualitäten kompensatorisch wirkende Attraktionen auf der Platzfläche notwendig? Eine der wichtigsten Voraussetzungen für das Entwerfen ist immer noch eine ausgiebige Beobachtung von Nutzungsvorgängen und Fußgängerströmen auf dem umzugestaltenden Platz. Wichtig ist, welche Angebote es bereits in der Umgebung gibt und für welche Nutzergruppen welche Teile der Platzfläche angeboten werden sollen.

Von Bedeutung sind ferner die Übergangszonen zwischen Gebäuden und Platzfläche. Arkaden sind dafür besonders günstig, aber auch breite Gebäudevorzonen, die für Waren, Sitzplätze, Liefervorgänge nutzbar sind. Eine Markierung der Platzfläche nach voraussichtlich stark frequentierten und ruhigeren Zonen, nach gut besonnten und windberuhigten Bereichen, nach Standorten mit Nah- und Fernblicken hilft, erste Anhaltspunkte für die weicheren Faktoren des Entwurfs zu erhalten. Bekanntlich beobachten Menschen, die sich länger auf Plätzen aufhalten, diese am liebsten von den Rändern aus. Dies ist bei der Nutzungszuweisung für die Randzonen zu beachten. Ferner sind Sitzplätze sowohl in der Nähe starker Passantenströme als auch in Distanz dazu beliebt.

Da es deutliche Grenzen der vom Ort abgelösten Entwurfsplanung gibt, sind Studien über die Nutzung von Plätzen über den Tages-, Wochen- und Jahresablauf wichtige Grundlagen für eine tragfähige Synthese von Form, Gestalt und Gebrauch. Aber so wie die Stadt unterliegen auch Plätze einem Wandel. Es wird deshalb immer wieder zu neuen Anforderungen der Gegenwart an die Plätze kommen, die eine vorherige Generation nach ihren Überzeugungen und Bedürfnissen gestaltet hat.

M. TECHNISCHE ENTWURFSANFORDERUNGEN

Eine Reihe von rechtlichen und technischen Anforderungen üben starken Einfluß auf die Gestaltung aus:

- Sicherheit
Für die Sicherheit von Fußgängern sind zu beachten: Fugenbreite und Wölbung von Pflastersteinen, Überwege über Straßen, Gefahren durch unerwartete oder zu niedrige Einbauten wie Poller, Bänke und Hocker ohne Lehne, Fahrradständer in Laufbereichen, in der Laufrichtung angeordnete Treppen mit wenigen Stufen ohne Geländer. Auch zu glatte Bodenplatten sind Gefahrenquellen und führen zu Haftungsproblemen. Aufrauhen durch Sandstrahlen hilft nur einige Zeit.

- Leitungen
Lage von Leitungen: Ein Platz ist immer im Umbau. Deshalb sollten Leerrohre zu allen potentiell wichtigen Anschlußpunkten gelegt werden.

- Beleuchtung
Wenn die Ausleuchtung des Platzes nicht integraler Bestandteil der Entwurfsidee ist, kann dies später zu unangenehmen Überraschungen führen. Oft werden von den Versorgungsträgern übermäßige Ausleuchtungen gefordert. Zonen, durch die keine Hauptwege führen, können durchaus auch dunkler ausfallen. Wichtig sind gute Ausleuchtungen an Überwegen, Treppen und Gefällestrecken.

- Parkplätze
Auf jedem größeren Platz sind in der Regel Parkplätze für Behinderte und für Taxen vorzusehen. Vom Einzelhandel wird meist eine größere Zahl von Stellplätzen gewünscht. Stellplätze auf Plätzen schränken aber die nutzungsoffenen Verfügungsflächen ein und führen leicht zu einer direkten oder indirekten Dominanz der Verkehrsfunktion. Läßt man den Individualverkehr auf Plätzen zu, entsteht bei attraktiven Plätzen ein hoher Parkraumdruck. Es ist sehr schwer, die Autofahrer an der Inanspruchnahme von Flächen, die für andere Zwecke freigehalten werden, zu hindern. Die Verwal-

---

A. ÜBERGREIFENDE ANFORDERUNGEN

- Einfachheit
- Vorsicht mit Ornamenten und Mustern
- Sorgfältige Funktionsplanung
- Nutzungsoffenheit
- Solide technische Ausführung
- Abstimmung der Gestalt auf Umgebung und Funktion

B. HARTE ANFORDERUNGEN

- Verknüpfung des Platzes mit der Umgebung (Geh- und Fahrlinien, Hierarchie von Verbindungen, Unterbrechung unerwünschter Verbindungen
- Belieferung (Radien und Fahrgassen für Fahrzeuge der Stadtreinigung, Feuerwehr, Lieferfahrzeuge, Möbelwagen, Baufahrzeuge und Räume für Gerüste und Baustellen bei Umbauten)
- Stellflächen von Märkten, Ausstellungen, Zelten
- Servicefunktionen wie Telefone, Kioske, Toiletten
- Informationen
- Parkflächen, Zufahrten und Zugänge zu Parkplätzen und Garagen.

C. WEICHE ANFORDERUNGEN

- Aufenthaltsbereiche
- Vorbereiche und "Respektgesten" vor öffentlichen Gebäuden
- Blickbeziehungen
- Hervorzuhebende oder zu kaschierende Gebäude
- Veränderungen der Proportion durch Gliederungen, Einbauten
- Symbolische Bereiche
- Treff- und Merkpunkte
- Bäume und Grünausstattungen
- Geschichtliche Bezüge.

Abb. 15.17 Harte und weiche Entwurfsanforderungen

tungen sind es meistens leid, Mißbrauch durch kostenaufwendige Kontrollen zu ahnden, da diese oft zu heftigen Auseinandersetzungen führen. Es werden daher "selbsttätige" Regelungen bevorzugt, wie Poller, Gitter, Bänke und Pflanzstreifen als Barrieren. Dies stört machmal die tragende Platzidee. Eine sehr einfache, hier bisher nicht übliche Regelung findet man in Holland und Italien: Überhohe Bordsteine oder Niveauvorsprünge von 2-3 Stufen, deren Überfahren für Fahrzeuge nicht mehr möglich ist, lösen das Problem. Allerdings sind hohe Bordsteine für Fußgänger nicht ungefährlich. Eine andere, zunehmend populäre Lösung ist die Sperrung von Plätzen für den Verkehr, da Parkplätze ohnehin besser in rückwärtigen Bereichen, in nahegelegenen Parkhäusern oder in einer Tiefgarage unter der Platzfläche untergebracht sind. Bei zahlreichen zentralen Stadtplätzen in Deutschland bestehen Einschränkungen oder ein Ausschluß des Individualverkehrs (Köln-Alter Markt, Aachen-Markt, München-Marienplatz, Hamburg-Rathausmarkt, Frankfurt-Römerplatz).

- Fahrradparkplätze

An möglichst jeder Zufahrtsseite und vor "Publikumsmagneten" sind genügend Abstellflächen für Fahrräder vorzusehen. Da unbelegte Fahrradständer oft formal unbefriedigend wirken, können entsprechend ausgebildete Baumeinfassungen, Gitter oder Wandrohre den Bedarf nach Stellplätzen unauffälliger lösen.

- Busbuchten

Breite Fahrbahnen, Abbiegespuren und Busbuchten auf Plätzen führen zu einer störenden Dominanz von Autoverkehrsflächen. In jüngster Zeit verzichten Verkehrsträger zunehmend auf Busbuchten. Mit der Einführung von Niederflurbussen wird das Halten von Bussen und Bahnen mitten auf Platzflächen ohne Hochbord möglich.

- Brunnen

Die Anlage von Brunnen ist, wenn kein sauberes Fließwasser aus natürlichen Quellen zur Verfügung steht, teuer. Um die Verbrauchskosten für Wasser zu senken, werden solche Brunnen mit Umwälzpumpen betrieben. Das Wasser wird in einem unterirdischen Behälter gespeichert.

- Strom und Wasser

Für Marktstände sind Starkstromanschlüsse in Abständen von etwa drei Marktständen erforderlich. Mehrere separate Stromleitungen werden an einen zentralen Zähler geführt, von dem der Verbrauch abgelesen werden kann. Ferner sind im Boden Wasseranschlüsse erforderlich. Die Stromanschlüsse können in Lichtmasten, unter Sitzbänken, in Sockeln oder im unteren Teil von entsprechend entworfenen Papierkörben untergebracht werden.

- Telefon, Information

Telefonzellen, Briefkästen und Informationstafeln sind nützliche Hilfen, die Gebrauchsfunktion von Plätzen zu stärken. Sie sollten an Nebenstandorten möglichst unauffällig plaziert werden.

N. BEISPIELE NEUER ODER UMGESTALTETER PLÄTZE UND STADTRÄUME

Aachen: Markt, Hof, Münsterplatz
Köln: Altmarkt, Platz zwischen Dom und Rhein
Hamburg: Rathausmarkt
Jülich: Rathausplatz
Osnabrück: Wasserplatz über einer Tiefgarage
Regensburg: Haidplatz
Trier: Platz an der Basilika
Zittau: Platz am Rathaus (Beispiel eines völlig unmöblierten Platzes)
Die Beispiele der folgenden Abbildungen zeigen, welche Bedeutung die Gestalt des Platzrandes gegenüber der Platzfläche hat. Je hochwertiger der Rand, umso einfacher können und sollen die Platzflächen sein. Bei ungünstiger Randausbildung (Form und Nutzung) helfen allerdings auch die "verzweifelten" Versuche in 15.8 a-c wenig. 15.8 d zeigt einen Binnenplatz mit einem originellen Spiel-und Sitzkunstwerk.

LITERATUR

Aminde, H.J.: Funktion und Gestalt städtischer Plätze heute. In: public design. Frankfurt 1989

arch+ 50. Wiederentdeckung des Raumes. Stadträume, Sozialräume. Aachen 1980

Architektur-Museum Aachen (Hrsg.): Öffentliche Feste in der Stadt. Aachen 1978

Bauwelt 38/1984 Themenheft Plätze

Borrini,L.; Finelli, L.: I soggiorni della citta. Spazi pubblici di relazione dal grande segno territoriale all'arredo urbano. Una panoramica nell'Italia degli ultimi venti anni. Roma 1983

Bott, H.: Der Luisenplatz in Darmstadt. In: Bauwelt 38/1984

Coubier, H.: Europäische Stadt-Plätze. Genius und Geschichte. Köln 1985

Curdes, G.: Qualitäten und Probleme der Krefelder Stadtmitte. In: Die Heimat, Krefelder Jahrbuch, Zeitschrift für niederrheinische Kultur- und Heimatpflege, 60/1989, S.17-23

Curdes, G.: Stadtplätze: Form und Funktion im Wechsel der Zeiten. In: public design. Frankfurt 1989

Curdes, G.: Entwicklung des Städtebaues. Perioden, Leitbilder, und Projekte des Städtebaues vom Mittelalter bis zur Gegenwart. Köln 1993

Dehmel, W.: Platzwandel und Verkehr. Zur Platzgestaltung im 19. und 20. Jahrhundert in Berlin unter dem Einfluß wachsenden und sich verändernden Verkehrs. (Diss.) TU Berlin 1976

Fester, F.; Kraft, S.; Wegener, U.: Raum für soziales Leben. Karlsruhe 1983

Haag, H.: Renaissance der Straßenräume in der Stadt: Gestalten und Formgeben mit Prinzip. In: public design. Frankfurt 1989

Keim, D.: Urbanität: Medium einer neuen Stadtentwicklung. In: public design. Frankfurt 1989

Kuhnert, N.: Zur Konstitutionsproblematik des städtischen Raumes. In: arch+ 50. Aachen 1980

Krier, R.: Stadtraum in Theorie und Praxis. Stuttgart 1975

Loderer, B.: Stadtwanderers Merkbuch. Begriffsbestimmung Stadtraum am Beispiel Fabriano. München 1987

Martens, B.: Der Bahnhofsvorplatz in der Großstadt im 19. und 20. Jahrhundert. Wien: VWGÖ 1988 (Diss. TU Wien)

Nagel, W.: Piazza, bevor die Fremden kommen. Zeit-Magazin 14, 1984 (Ein Bericht über die Nutzung des Campo über 24 Stunden)

Obermaier, D.: Kommunikation auf öffentlichen Plätzen.

Freiburg 1973
Obermaier, D.; von Seggern, H.: Öffentliche Plätze - für wen und wie? In: Bauwelt 38/1984
public design. Jahrbuch zur Gestaltung öffentlicher Räume. Messe Frankfurt (Hrsg.). Frankfurt
Schuster, G., u.a.: Über Plätze und deren Konstitution aus Öffentlichkeit, Vernetzung, Raum. Institut für Städtebau, Wohnungswesen und Landschaftsplanung, TU Braunschweig, 1988
Sitte, Camillo: Der Städtebau nach seinen künstlerischen Grundsätzen. Reprint der 4. Auflage von 1909, Wiesbaden 1983

Stimpel, R.: Platz-Verweise. In: Bauwelt 15/1984
Trieb, M.: Stadtgestaltung.Theorie und Praxis. Braunschweig 1977
Zanella, P.: Morfologia dello spazio urbano. Questioni di analisi e di progetto. Milano 1988
Zucker, P.: Town and Square. From the Agora to the Village Green.(Columbia Press) New York 1959

ABB. 15.18 PLÄTZE IN SCHWIERIGEN UMGEBUNGEN

a) Paris: La Defence

b) Paris: La Defence

c) Osnabrück: Wasserplatz über einer Tiefgarage

d) Paris: Platz im Palais Royal

e) Paris: Platz vor dem Centre Pompidou

f) Hamburg: Rathausmarkt

Abb. 15.19 PLÄTZE AUS VERSCHIEDENEN PERIODEN DES STÄDTEBAUES MIT NUTZUNGSOFFENER EINFACHER GESTALTUNG DER PLATZFLÄCHE

a) Siena: Der Campo in der Stadtstruktur

b) Siena: Der Campo

c) Zittau: Marktplatz

d) Naumburg: Marktplatz

e) Aachen: Marktplatz beim Karnevalsumzug

f) Krefeld: Von der Leyen Platz

g) Trier: Platz vor der Basilika (Arch. Ungers)

h) Frankfurt: Römerberg

16. RAUMGEFÜGE

A. DEFINITION

Straßen und Plätze sind zwar die wesentlichen Grundelemente des Negativraumes, spannungsreiche Räume entstehen aber erst, wenn zusätzliche raumprägende Elemente hinzukommen. Wir bezeichnen das Zusammenspiel der verschiedenen Elemente zu einem höheren Ganzen als "Raumgefüge". Der Begriff des "Fügens" enthält den handwerklichen Vorgang des Einpassens, ein Bild, welches auch auf die architektonisch-städtebauliche Feinarbeit in solchen Situationen zutrifft.

B. BESTANDTEILE VON RAUMGEFÜGEN

Gut strukturierte Stadträume enthalten die in den Kapiteln 12-15 angesprochenen Elemente in einer spannungsreichen Verteilung. Differenzierte Raumgefüge bestehen also aus unterschiedlichen Formen und Proportionen von Straßen, Raumgelenken, Orten, Höfen und Plätzen. Eine gute Raumkonzeption hat daher die strukturell und topographisch geeigneten Standorte, Größen und Funktionen für diese Elemente in Abhängigkeit und in Beziehung zur baulichen Struktur, zur Nutzung, Geschichte und zur Topographie zu bestimmen. Hilfsgrößen sind dabei
- die Markierung besonderer Knoten im Hauptstraßennetz,
- die zweckmäßige Länge von inneren Straßen ohne Durchgangsfunktion,
- die sinnvolle Differenzierung von linearen Räumen,
- die Nutzungen und Strukturen, bei denen Höfe zusätzlich möglich sind,
- das Sichern und Finden von Brennpunkten, Merkzeichen und Orten,
- die Funktionen und die Anordnung von Plätzen.

Die Verknüpfung solcher Elemente zu einem Raumgefüge ist eine eigenständige Aufgabe. Dies gilt auch für die Stadterneuerung, bei der häufig Potentiale zur Ergänzung des Raumgefüges entdeckt werden. Im folgenden wollen wir an einigen Extrembeispielen, an Schemadarstellungen und historischen Beispielen die Unterschiede in den Möglichkeiten und Auffassungen etwas verdeutlichen.

C. NUR LINEARE RÄUME

Die ärmsten und spartanischsten Raumgefüge bestehen nur aus Straßen. Es sind Systeme äußerster Sparsamkeit, in denen das öffentliche Leben nur auf Straßen stattfinden kann und von diesen in die Gebäude zurückgedrängt wird. Insbesondere in den zum neutralen Raumgitter abgemagerten Gittersystemen der Kolonialstädte Nordamerikas hat Profitdenken so etwas "unwirtschaftliches" wie Plätze erst gar nicht vorgesehen. (Abb.16.1a)

D. HÖFE ALS KOMPENSATIONSMITTEL

Wenn es nur Straßen und keine Plätze gibt, können halböffentliche Höfe wichtige Kompensationsmittel sein. Sie ersetzen zwar keine Plätze, bieten aber immerhin für einen Block oder ein Quartier Freiräume und Treffpunkte. Ein leider sehr wenig genutztes Element sind Höfe als "Taschenplätze" an Straßen, wie sie Unwin entwickelt hat. Die zahlreichen Bebauungen mit großen Binnenhöfen, die in Wien in der Zwischenkriegszeit gebaut wurden (Karl-Marx-Hof, Washington-Hof), sind weitere Beispiele. Abbildung 16.1b zeigt ein nur um Höfe verbessertes Straßengitter.

ABB. 16.1 EINFACHE UND DIFFERENZIERTE RAUMGEFÜGE

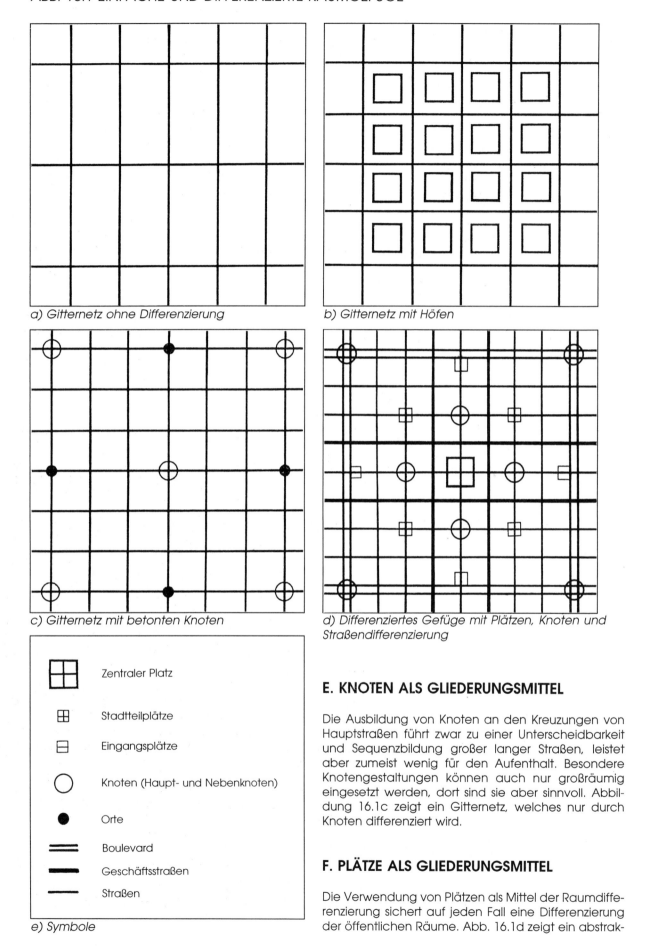

a) Gitternetz ohne Differenzierung

b) Gitternetz mit Höfen

c) Gitternetz mit betonten Knoten

d) Differenziertes Gefüge mit Plätzen, Knoten und Straßendifferenzierung

e) Symbole

Symbol	Bedeutung
⊞	Zentraler Platz
⊞	Stadtteilplätze
⊟	Eingangsplätze
○	Knoten (Haupt- und Nebenknoten)
●	Orte
═	Boulevard
▬	Geschäftsstraßen
─	Straßen

E. KNOTEN ALS GLIEDERUNGSMITTEL

Die Ausbildung von Knoten an den Kreuzungen von Hauptstraßen führt zwar zu einer Unterscheidbarkeit und Sequenzbildung großer langer Straßen, leistet aber zumeist wenig für den Aufenthalt. Besondere Knotengestaltungen können auch nur großräumig eingesetzt werden, dort sind sie aber sinnvoll. Abbildung 16.1c zeigt ein Gitternetz, welches nur durch Knoten differenziert wird.

F. PLÄTZE ALS GLIEDERUNGSMITTEL

Die Verwendung von Plätzen als Mittel der Raumdifferenzierung sichert auf jeden Fall eine Differenzierung der öffentlichen Räume. Abb. 16.1d zeigt ein abstrak-

Abb. 16.2 Stadtraum von Fabriano (Loderer 1987, S.91)

Abb. 16.3 Stadtraum von Padua (Benevolo 1990, S.355)

Abb. 16.4 Stadtraum von Amsterdam (Benevolo 1990, S.946)

tes Schema mit einer Anordnung von Haupt-, Quartiers- und Eingangsplätzen.

G. KOMPLEXE RAUMSYSTEME

Die Komplexität eines Raumsystems steigt mit der Menge und mit der Variation der verwendeten Elemente. Eine für mittelalterliche Städte typische Folge von gekrümmten und geraden Straßen, kleineren und größeren Plätzen und Übergangselementen zeigen die Grundrisse der italienischen Städte Fabriano und Padua (Abb. 16.2+16.3). Einen zunächst scheinbar kargen, überwiegend nur auf Straßen bestehenden, allerdings um den Raum der Kanäle dramatisch erweiterten Stadtraum hat der historische Kern von Amsterdam (Abb.16.4). Die linearen Räume sind durchlässig und offen zu den umgebenden Stadterweiterungen. Variationen der Struktur entstehen dadurch, daß die Wohnstraßen (oben links) auf die quer zu ihrer Richtung verlaufenden Kanäle stoßen. Geradezu gegensätzlich zur Offenheit solcher Raumsysteme sind jene, die wir in historischen islamischen Städten finden. Die Bedeutung öffentlicher Räume ist eine völlig andere, die sich schon in der Wertigkeit im Stadtgrundriß ausprägt: Größere Plätze sind, wenn überhaupt vorhanden, Teil der Moscheen. Öffentliche Räume sind nur die Haupterschließungsstraßen. Schon die Quartiersstraßen sind halböffentlich und die Gassen, die die

Abb. 16.5 Stadtraum von Lahore/Pakistan (Humpert 1992)

Häuser erschließen, privat. So entsteht eine homogene, überwiegend durch private Nutzungen bestimmte Stadtstruktur. Einen solchen, überwiegend nur aus gekrümmten Straßen, Sackgassen und kleinen Quartiersplätzen bestehenden Stadtraum hat Lahore - Pakistan (Abb. 16.5).

Auf der anderen Seite solcher Extreme kann der Kern von Paris angesiedelt werden. Er besitzt ein ausgefeiltes System von geometrischen Beziehungen, Ensembles, Achsen, Knoten und Richtungsvermittlungen. Das Beispiel Paris steht für ein kontinuierliches, nun schon über Jahrhunderte reichendes Bemühen, die Stadtstruktur durch Ränder wohl proportionierter und komponierter Stadträume zu fassen. Diese Ränder haben die Funktion, den Druck, der aus den Nutzungen auf den Stadtraum ausgeübt wird, durch klare Kanten und Höhenbegrenzungen nach außen zu begrenzen und nach innen umzulenken (Abb. 16.6).

Im Maßstab des Quartiers können die Detailarbeiten an der Komposition und der Verknüpfung des Raumgefüges deutlicher werden. Der Stadtraum um die Piazza Savona in Rom (Abb. 16.7) zeigt die aus Jahrhunderten stammenden "feinmechanischen" städtebaulichen Anpassungsmaßnahmen. Hier ist auch deutlich der Zusammenhang zwischen öffentlichem Stadtraum und halböffentlichen Hofräumen zu erkennen, die heute in den italienischen Palazzi meist eine Verteilerfunktion haben.

Die Komplexität der Gefüge wird noch deutlicher, wenn dem Netz der öffentlichen Räume das Netzwerk der privaten Räume hinzugefügt wird. Die Pläne historischer italienischer Städte zeigen häufig auch die Aufteilung der Erdgeschosse. Abbildung 16.8 zeigt

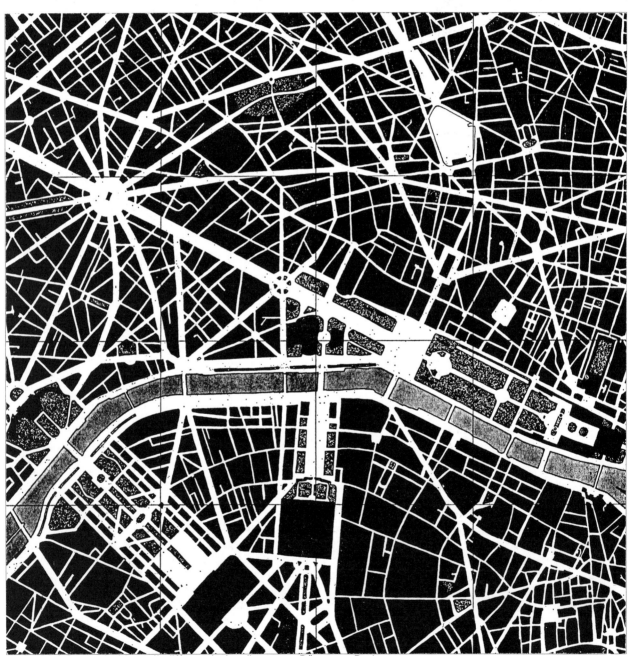

Abb. 16.6 Raumstruktur mit differenzierten linearen Räumen: Paris (Doxiadis 1968, S.352)

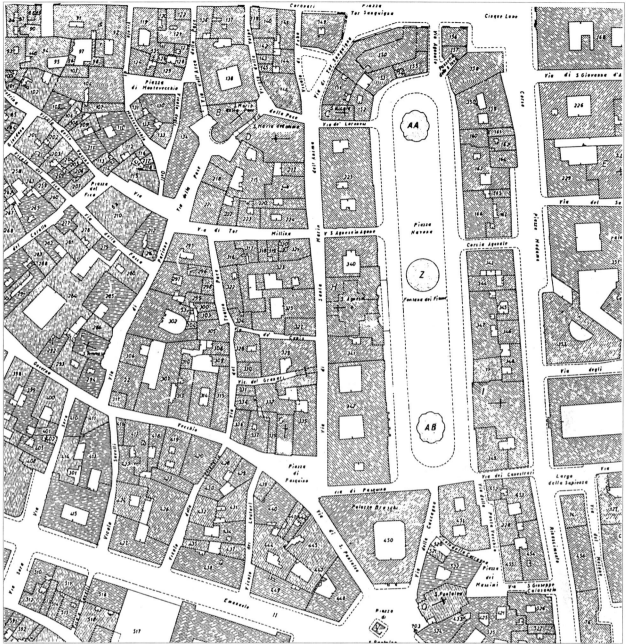

Abb. 16.7 Raumstruktur um die Piazza Savona in Rom (Benevolo 1983, S.636)

diesen Zusammenhang an einem Ausschnitt des Stadtteils Santa Croce in Florenz. Im krassen Gegensatz zu den durch geschlossene Wandungen klar strukturierten Stadträumen dieser Beispiele stehen die fliessenden Räume, die sich aus einer vom Baukörper ausgehenden Konzeption entwickeln. So entsteht in einer Struktur wie Amsterdam - West (Abb. 16.9) kein zusammenhängendes Raumgefüge mehr. Bauten und Straßen sind getrennt, ein unverbundenes additives "Zusammenstellen" beliebig vervielfältigbarer "ortloser" Bauten und Erschließungen führt zu Ergebnissen, die weniger mit Städtebau als mit einer kasernenartigen Unterbringung großer Menschenmassen zu tun haben. Im Gegensatz dazu stehen Raumkonzepte, die von einer sorgfältigen Komposition der öffentlichen Räume ausgehen, wie etwa das Konzept Henricis aus dem Jahre 1889 für die Stadterweiterung von Dessau. Wir

sehen hier die wohlüberlegte Anwendung unterschiedlicher Netzgeometrien, einer Hierarchie von Straßen, Achsen, gekrümmter und gerader, langer und kurzer Straßen, Straßen mit parallelen und unparallelen Wandungen, Plätzen und Höfen, Merkpunkten und Blickpunkten. Hier geht es offensichtlich um die Schaffung einer abwechslungsreichen Komposition von öffentlichen Räumen, denen zugleich auch differenzierte Situationen der privaten Bereiche gegenüberstehen. Vergleicht man die hinter beiden Beispielen stehende Stadtauffassung, so wird deutlich, daß bei Amsterdam-West das Objekt im Zentrum steht und der Raum eine Restgröße ist, während bei Dessau der Stadtraum dominiert, den hervorgehobenen Objekten (Kirche, Rathaus) kompositorische und der "Normalbebauung" rahmengebende Rollen zugewiesen werden.

149

ABB. 16.8 RAUMSTRUKTUR: SANTA CROCE - FLORENZ *(Benevolo 1983, S.500)*

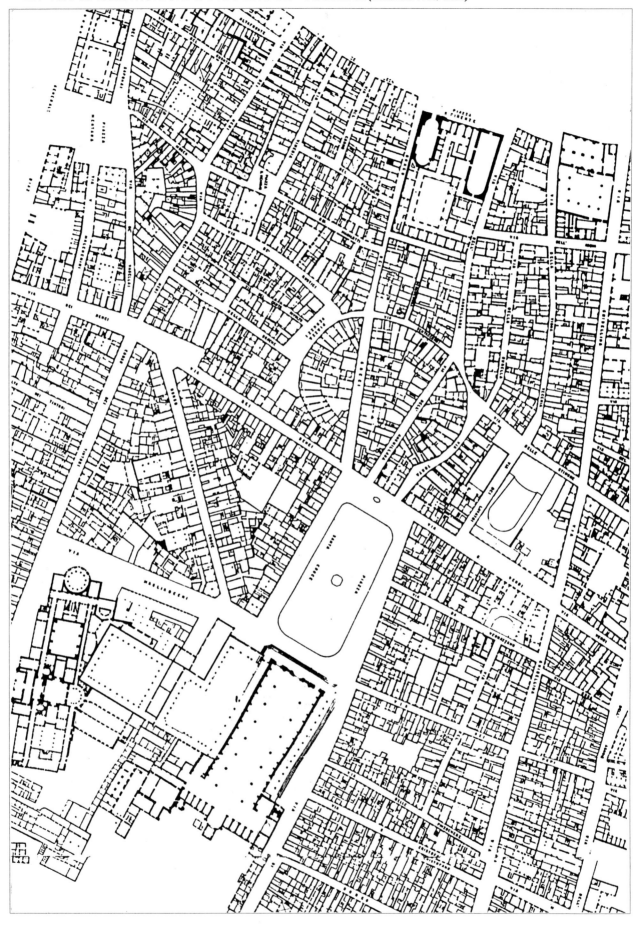

ABB. 16.9 STRUKTURGEFÜGE AMSTERDAM - WEST
(Benevolo 1990, S.955)

ABB. 16.10 RAUMGEFÜGE FÜR DIE STADTERWEITERUNG VON DESSAU - Henrici 1889

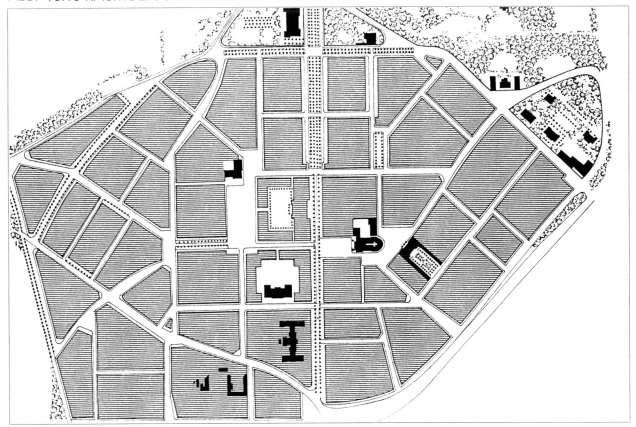

17. ORT UND GENIUS LOCI

A. BEGRIFF

1. GENIUS LOCI

Unter "Genius" wurde im griechischen Altertum der Schutzgeist von Vereinigungen, etwa Völkern, Staaten, Städten, Genossenschaften, Familien, Legionen, aber auch von Orten (loci) verstanden. Genius loci kann also mit "Geist des Ortes" übersetzt werden. Im lateinischen hat "locus" unter anderem die Bedeutung von Ort, Platz, Punkt, Stelle, Raum.

2. ORT

Der Begriff des "Ortes" wird in unterschiedlichen Bedeutungen gebraucht. Norberg-Schulz (1982) versteht darunter etwas eher Dingliches: die Versammlung von Dingen zu einem Mikrokosmos, den Ort als artifizielles Produkt. Er geht dabei zum einen von Heidegger aus, der sagte, Räume empfingen ihr Wesen von Orten und nicht aus dem Raum, und zum anderen von Portoghesi, der Raum als ein "System von Orten" definiert. Bei diesem Verständnis von Orten steht der geographische Raum, die Rolle von Orten als strukturierende Elemente des Raumes im Mittelpunkt. Demgegenüber geht Wustlich (1977) eher von einem sozialen Ortsbegriff aus: Vertrautheit, emotionales Zugehörigkeitsgefühl, Individualisierung des Ortes durch die Interaktionsbeziehungen einer sozialbiographischen Existenz beschreiben ein nur noch schwer objektivierbares Ortsverständnis, das vollständig auf das Individuum zugeschnitten ist. Ort kann so verstanden überall sein, wo jemand lebt und sich seine Umwelt emotional und aktiv aneignet.

Wir definieren "Ort" wie folgt: Mit "Genius loci" sind die materiellen und immateriellen Besonderheiten eines Ausschnittes der Erdoberfläche gemeint, die diesen als eigenständige "Raumpersönlichkeit" kennzeichnen.

Es ist eine Kombination von Eigenschaften, die einen Ort unverwechselbar machen.

Es handelt sich also um ein komplexes Gefüge von Eigenschaften. Bedeutsam sind die physischen Elemente dieses Gefüges wie die Art der Gebäude, der Straßen, die Vegetation, die topographische Lage. Aber auch das besondere Klima, Licht, Gerüche, die Menschen und die besondere Geschichte spielen hier eine Rolle.

Der "Geist des Ortes" ist somit ein objektives und ein subjektives Phänomen zugleich. Objektiv als Gegenstand der Wahrnehmung durch verschiedene Menschen. Objektiv auch insofern, als bestimmte Eigenschaften dokumentierbar, meßbar sind und sich bei wiederholten Kontrollen durch andere bestätigen lassen. Dies kann sogar für lange Zeiträume gelten. So kann der Charakter einer Stadt oder die besondere Ausstrahlung einer prägnanten Landschaftssituation über Jahrhunderte hinweg ähnliche Eindrücke hervorrufen.

Zugleich ist der "Genius loci" eine höchst subjektive, individuelle und persönliche Angelegenheit, weil das Besondere erst durch unsere Wahrnehmung und Deutung entsteht, der Ort also auf unsere Sinne in irgendeiner Weise so prägend wirkt, daß wir uns überhaupt erinnern können. Soweit diese subjektiven Deutungen Teil einer zeit- und kulturspezifischen Wahrnehmung sind, sind sie wiederum nicht allein subjektiv, sondern Teil eines kulturellen Wahrnehmungs- und Deutungsprozesses. Davon zu unterscheiden sind die wirklich individuellen Deutungen, die Teil eines persönlichen Erlebens sind. Es gibt daher eine allgemeinere soziale und eine persönlichere individuelle Sicht und Deutung von Orten.

Zusammenfassend können wir festhalten, daß Orte in dem hier umschriebenen Sinn aus der Umgebung abtrennbare Bereiche mit einer eigenen Identität sind. Die Möglichkeit der Abgrenzung ist geradezu Voraussetzung dafür. Denn an ein Neutrum, also an ein Teil des Raumgefüges, das keine eigene Individualität besitzt, kann man sich mangels einer besonderen Ausprägung nicht erinnern. Orte sind damit besondere Bereiche mit einem eigenständigen Ausdruck und Charakter. Anders ausgedrückt: Orte sind symbolische Bezugspunkte des Menschen zum Raum, abgespeicherte Erinnerungs- und Empfindungsfixpunkte in einer Welt, die durch die Fülle von Reizen und räumliche Strukturen in der Erinnerung sonst konturlos zerfliessen würde.

B. ORT UND GESCHICHTE

Wir betrachten Veduten alter Städte, etwa die Ansichten Canalettos von Dresden, Warschau, Venedig, und suchen nach dem uns Bekannten und erleben Plätze, Gebäudegruppen, Silhouetten, die auch heute noch existieren, positiv. Aus der Kontinuität von bekannten Elementen entsteht dieses über die Jahrhunderte hinweg reichende Gefühl, Teilhaber der Geschichte zu sein, Fragmente der Vergangenheit einordnen und verstehen zu können. Diese Kontinuität vermitteln auch die großen Sakralbauten: gotische Kirchen, große Moscheen und die Altstadtkerne mit ihrem oft nach Jahrhunderten noch erhaltenen Netz von Straßen und Plätzen.

In der Regel bestehen Orte, die schon länger Teil einer räumlichen Struktur sind, aus einer Kombination von älteren und jüngeren Elementen. Sie sind mit einem Teil ihrer Elemente in die Geschichte eingebunden, mit einem anderen Teil in die Gegenwart.

Nehmen wir als Beispiel den Aachener Marktplatz: Die Rathausfassade stammt aus dem Mittelalter, ebenso die Form des Platzes. Die den Platzrand bildenden Gebäude sind jüngeren Datums. Die Platzoberfläche wurde abschließend erst 1990 umgestaltet, allerdings mit einem alten Pflastermaterial, das eine Brücke zur Vergangenheit des Platzes schlägt. Den Standort des Brunnens findet man schon in einem Stich von 1613, eine ähnliche Brunnenform schon in einem Stich von 1650. Dies sind hinreichende Elemente, die diesem Ort Dauer verleihen, während sich andere durchaus wandeln können.

C. GEIST DES ORTES

Unter Ort verstehen wir seit der verdienstvollen Arbeit von Norberg-Schulz eine eigenständige, besondere Kombination von natürlichen und menschen-gemachten Eigenschaften, die zu einem unverwechselbaren Ganzen einer Stadt, eines Dorfes oder einer Landschaft gehören. Orte haben etwas Charakteristisches, was sie von anderen unterscheidbar macht, ihnen eine eigene Identität gibt. Norberg-Schulz meint insbesondere ganze Siedlungseinheiten mit ihrem typischen Umland: das Dorf in der Talsenke, die Stadt auf der Kuppe, die Stadt am Fluß. In solchen Situationen sind die Bedingungen eines Standortes und dessen Besiedlung zu einer untrennbaren Einheit verschmolzen. Das Besondere starker Ortsidentitäten liegt gerade darin, daß sich die einzelnen Faktoren, die ihren Charakter ausmachen, nur schwer entwirren lassen. Djuna Barnes (1987, S.10) hat dieses schwer Faßbare so ausgedrückt: "Wenn man genötigt ist, die Wahrheit über einen Ort zu sagen, dann geht dieser Ort sofort in Abwehrstellung. Örtlichkeiten und Stimmungen sollten in Ruhe gelassen werden." Und: "Die wahre Bronx hat mit Fakten nichts zu tun, wie das wahre Greenwich Village nichts mit Fakten zu tun hat. Sowieso, der einzige Grund, weshalb Menschen bereit sind, in Städten zu leben, ist, daß man dort wenigstens von den Fakten loskommt." Orte haben deshalb immer auch eine starke gesellschaftliche Prägung. Ihre Strukturen haben häufig sehr viel mehr mit der Geschichte als mit der Gegenwart zu tun: "Ich sehe die Dächer, die Türme, die Kirchen der Stadt. Es liegt Sonne über Nürnberg.. . Ich sehe das deutsche Idyll, das ihr aufgebaut habt, ich sehe es, wie ihr es wollt: ein Giebeltraum, ein Bürgertraum, die Welt, eine gotische Gartenlaube. Ja, so rechtwinklig und traut, so handgestrickt sollte die Welt wohl sein - doch so ist sie nicht. Ich sehe also Deutschland bei Euch, im Spiegelbild. Ich sehe mein Vaterland, ziemlich präzise verkleinert, lupenrein, in der Stadt.. . Ich sehe auf euren Dächern unsere Geschichte liegen: den Traum vom Reich, dem ersten, dem zweiten, dem dritten, und wie es zerbrach, das Reich" (Krüger 1984, S.168).

Der Geist eines Ortes bildet sich also aus dem Zusammenspiel von materiellen und immateriellen Komponenten und kulturell geprägten Empfindungen von Individuen. Er ist, wie oben erläutert, einerseits objektivierbar, soweit objektive Eigenschaften einen wesentlichen Teil der Qualität des Ortes ausmachen, andererseits, wie in dem Zitat von Djuna Barnes, etwas viel Allgemeineres, ein ganzes Lebens- und Zeitgefühl, welches sich in besonderen Orten mit der physischen Struktur, mit der Art der dort lebenden Menschen und mit den ablaufenden Tätigkeiten verbindet.

D. ORT UND TYPUS

Orte sind also, weil sie eine Individualität haben, Besonderheiten der Raumstruktur. Aus den Eigenschaften, die das Spezifische eines Ortes ausmachen, und dem besonderen Standort ergibt sich der unverwechselbare Ort. Dies bedeutet, daß selbst Orte mit ähnlichen Struktureigenschaften dadurch, daß sie in anderen Landschaften stehen, zu Individuen werden können. Hier scheint zunächst ein Gegensatz zwischen Individuum und Typus vorzuliegen, da die Merkmale eines Typus gerade jene sind, die verallgemeinernd über das Individuum hinausweisen. Typische Konfigurationen wie gründerzeitliche Rechteckplätze oder ostelbische Gründungsstädte mit quadratischem Marktplatz können sich zum Verwechseln ähneln. Dennoch erhalten sie durch ihre besondere Stellung im Raum und durch Abweichungen im Detail individuelle Züge. Je schwächer diese allerdings ausgeprägt sind, umso eher handelt es sich um einen Grenzfall des individuellen Ortes.

E. MIKRO-ORTE: PLÄDOYER FÜR DAS UNSCHEINBARE

Neben den bisher behandelten "Makro-Orten" gibt es aber auch so etwas wie "Mikro-Orte". Es sind kleine, eigenständige Elemente in einer Siedlungs- oder Landschaftsstruktur. Manchmal sind es bauliche Reste früherer Perioden oder "störrische" Realelemente, die der Vereinnahmung durch profitable Nutzungen oder durch Planung widerstehen. Solche Mikro-Orte sind z.B.: kleine Plätze, Treppenanlagen, Podeste, Ecken an Straßengabeln, Brunnen, große Einzelbäume, Baumgruppen mit Bank, Geländer und Mauern zum Sitzen, Aussichtspunkte über der Stadt, kleine Grünanlagen, Denkmäler und Heiligenbilder, breitere Straßenecken, aber auch geometrische Zwickel, Hügel, unbebaubare Parzellen, Morast oder ein Flußufer. Solchen Raumelemente ist gemeinsam, daß sie Unterbrechungen - oder Besonderheiten - im Kontinuum darstellen und zugleich Aufenthaltsmöglichkeiten bieten. Dies macht sie wertvoll für den sozialen Gebrauch und für die emotionale Aneignung. Eine gute Struktur öffentlicher Räume enthält daher nicht nur spannungsreiche Raumfolgen von Straßen und Plätzen, sondern zusätzlich Mikro-Orte, Nischen und Treffpunkte, die eine Struktur erst mit Leben füllen. Mikro-Orte können schon im Entwurf unter Nutzung lokaler Besonderheiten - wie Blickbeziehungen, topographisch markanten Punkten, Störungen in der Parzellierung, Raumpunkten mit historischen Bezügen - gesucht oder bewahrt werden.

F. DIMENSIONEN DES ORTES

Gut ausgeprägte Orte sind - soviel sollte deutlich geworden sein - unverwechselbare Individuen. Sie bestehen aus materiellen, meßbaren Einzelelementen, die in einer bestimmten Art und Weise räumlich verbunden sind. Diese besondere Verbindung der Elemente bezeichnen wir in diesem Buch als Struktur oder morphologische Struktur. In diesem Begriff sind alle Makro-Eigenschaften enthalten, die die physische Struktur charakterisieren, nicht aber die Mikroeigenschaften, das, was Oberflächen, Details, Farben, Materialien, Licht, Stimmung usw. bewirken.

Die Dimensionen, die die spezifischen Besonderheiten eines Ortes ausmachen, bestehen also aus
a) seiner Lage im Raum und in der Topographie,
b) den materiellen, physischen Makroelementen,
c) der spezifischen Verbindung dieser Elemente untereinander (Geometrie, Verbindungselemente),
d) dem Ergebnis dieser Verbindung, der Struktur,
e) den Mikroelementen und Mikroeigenschaften, die den Ort zwar nicht dominant prägen, seine Besonderheiten aber mitbestimmen,

f) den immateriellen Dimensionen wie Klima, Licht, Nutzer, Gebrauch,
g) seiner geschichtlichen, kulturellen und ökonomischen Bedeutung für eine Gesellschaft.

Die Makroelemente (b-d) sind einigermaßen bestimmbar, meßbar und damit objektiv. Bei den Mikroelementen wird dies wegen ihrer großen Zahl und ihrer verschiedenen Dimensionen schon ungleich schwieriger. Wir können also festhalten: Die Makrostruktur ist in Grenzen planbar, dagegen aber nur sehr bedingt die Mikrostruktur.

Bezogen auf gebaute Orte sind materielle Makroelemente insbesondere:
a) die Gebäude in ihren Dimensionen, ihrem Typus und ihrer Stellung im Raum,
b) die öffentlichen Räume (Form, Dimension, Gestaltung von Straßen und Plätzen),
c) prägende natürliche Strukturen der Topographie und der Vegetation.

Materielle Mikroelemente sind insbesondere:
a) Materialien, Farben, Dekoration, Ausstattungselemente von Straßen und Plätzen, Mikro-Vegetation.

Planbar sind in Grenzen auch die Gebrauchseigenschaften der öffentlichen Räume und die Art und die Mischung von Nutzungen. Nur wenig beeinflußbar sind dagegen die sozialen Gebrauchs- und Aneignungsformen von Orten, die Art der Nutzer, ihr Verhalten, ihre Aneignung des Raumes. Orte benötigen aber beides: eine einprägsame Struktur und eine gesellschaftliche Nutzung, aus der erst in Verbindung mit der Struktur - und deren Lage und Funktion in der Stadt - das Spezifische eines Ortes entsteht.

G. ORT UND ENTWERFEN

Es kann nicht Ziel der Planung sein, überall "Orte" zu entwickeln. Wollte man das Besondere zur Regel machen, gäbe es das Besondere nicht mehr. Orte bilden sich fast beiläufig an den schon erwähnten Besonderheiten der Raumstruktur. Orte sind nicht statisch. Ihre Eigenschaften unterliegen Wandlungen. Durch Eingriffe können diese Eigenschaften verstärkt und abgeschwächt, kann das Charakteristische eines Ortes verstärkt oder aber zerstört werden. Damit sind wir bei der Architektur und beim Städtebau. Orte im hier beschriebenen Sinn zeichnen sich durch eine Dominanz der lokalen Bedingungen aus. Dies bedeutet, daß Planung in Orten das Besondere erhalten oder stärken sollte. Entwürfe sollen also auf den spezifischen Kontext reagieren. Den angemessenen Umgang kann man am leichtesten am Beispiel zweier konträrer Beispiele diskutieren:

a) Ein in sich abgeschlossener, vollkommener Ort, an dem man nichts hinzutun und nichts wegnehmen kann, ohne seine Qualität zu beeinträchtigen. Hier hat Erhaltung absoluten Vorrang.

b) Ein Bereich ohne klare Grenzen, mit unklarer Struk-

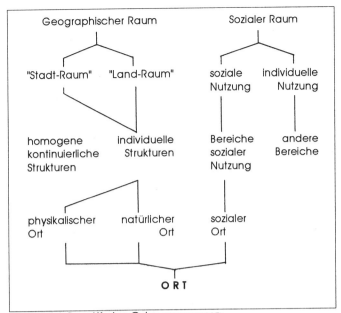

Abb. 17.1 Begriff des Ortes (Curdes1985)

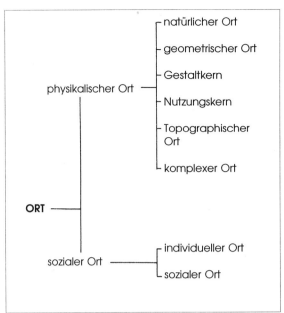

Abb.17.2 Physische und soziale Dimensionen von Orten (Curdes 1985)

tur und wenig strukturellen und emotionalen Qualitäten. Hier hat die Gestaltung Vorrang.

Zwischen diesen Extremen gibt es viele Zwischenformen. Gemeinsam ist allen, daß Orte aus Besonderheiten leben und sich der Entwurfsprozess diese zum Inhalt machen muß. Entwerfen in weitgehend intakten Orten heißt daher, die gegebenen Maßstäbe respektieren, auf die Typologie von Räumen, Gebäuden, Anordnungen eingehen; grundlegende Elemente, die für den Ort typisch sind, aufnehmen, interpretieren und in einer der Zeit angemessenen Form verwenden. Entwürfe für solche Umgebungen müssen daher jene schon im Kapitel 7 angesprochene Doppelqualität aufweisen: Sie müssen sich auf den Ort beziehen und zugleich auf die Zeit, in der sie entstehen. Nostalgische und oberflächliche Übernahmen von bestimmten Formen und Materialien sind eher gefährlich. Es geht deshalb darum, eine Formen- und Materialsprache zu finden, die lange Bestand hat und die Neues wie selbstverständlich mit Altem verbindet, ohne daß das Neue sich anbiedert oder sich über Gebühr aus dem zu schaffenden Zusammenhang aussondert. Über die gegenwärtigen Architekturströmungen hinaus wird also ein eigenständiger Transferbeitrag erforderlich, der aus der Auseinandersetzung mit dem Ort, der Funktion und mit der historischen Struktur entstehen sollte. Dies ist die schwierigste Aufgabe, die sich Architektur und Städtebau stellt, und es wundert nicht, daß nur wenige Architekten einer solchen Anforderung gerecht werden.

H. UMGANG MIT DEN STRUKTURBILDENDEN ELEMENTEN VON ORTEN: UNTERORDNUNG, ERGÄNZUNG, KORREKTUR, DOMINANZ

Mit diesen Begriffen sind generelle Planungssituationen umschrieben.

- Unterordnung

Ein neues Vorhaben soll sich in intakte Umgebungen einfügen und dem Kontext unterordnen und in seinen Merkmalen den Zusammenhang lediglich auffüllen. Es soll nicht auffällig oder störend aus ihm heraustreten.

- Ergänzung

Enthält eine Struktur größere Lücken und Ergänzungsflächen, kann durch die Verwendung strukturbestimmender Elemente das Vertraute dieser Struktur fortgeführt werden. Ergänzungen dieser Art verfestigen die vorhandene Struktur.

- Korrektur

Sind Strukturen gestört, von geringer Qualität oder durch Wechsel der Nutzungen veränderungsbedürftig, geht es um den Aufbau einer neuen Ordnung. Hier wird daher eine Korrektur des Vorgefundenen berechtigt und notwendig sein, sowohl was den städtebaulichen als auch was den architektonischen Maßstab betrifft.

- Dominanz

Bauten, die sich dominant zu Umgebungen verhalten, sich also nicht einfügen, sondern bewußt absetzen und hervortreten, sind in Umgebungen berechtigt, die wenig prägnant sind, denen ein Symbol für neue Nutzungen oder Bedeutungen fehlt, oder denen eine fehlende Mitte durch dominante Gebäude oder Räume gegeben werden soll.

I. METHODEN DER ORTSANALYSE

Die Abbildung 17.1 zeigt ausgewählte Dimensionen, aus denen sich Orte bilden, wobei die soziale Dimension stets hinzukommen muß, da es ohne individuelle oder soziale Aneignung Orte nicht geben kann. Abb. 17.2 zeigt den Zusammenhang des Ortsbegriffes mit anderen Raumbegriffen.

ABB. 17.3 BEISPIEL EINER ANALYSE POTENTIELLER ORTE
(Quelle: Curdes 1985)

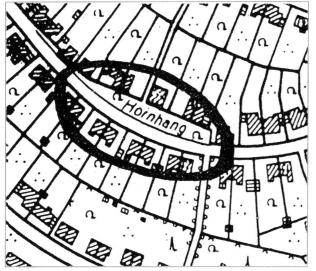

a) Geometrischer Ort

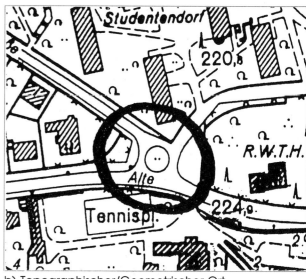

b) Topographischer/Geometrischer Ort

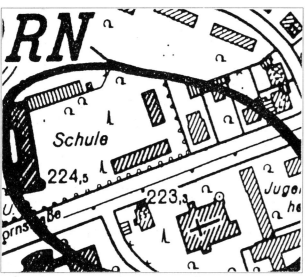

c) Nutzungskern (Schule, Kirche, Läden)

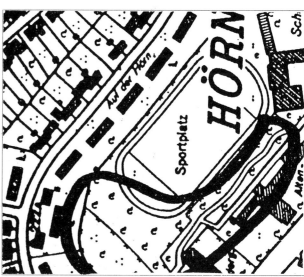

d) Natürlicher Ort

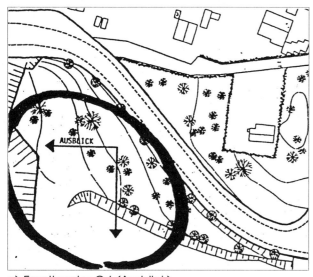

e) Emotionaler Ort (Ausblick)

f) Komplexer Ort (nicht existent)

Da sich der Begriff des Ortes aufgrund der Verknüpfug von subjektiven und objektiven Eigenschaften einer eindeutigen Bestimmung entzieht, können im konkreten Fall Orte meist nur durch Annäherungsverfahren ermittelt werden. Die in Abbildung 17.1 angebotenen Begriffe sollen einige Kategorien deutlich machen. Ihr Vorhandensein bedeutet noch nicht, daß es sich um einen Ort handelt. Erst das Zusammentreffen mehrerer dinglicher und sozialer Kategorien ergibt einen Ort in seiner komplexen Bedeutung. Solche Orte sind zugleich dingliche und soziale Identifikationspunkte der Gesellschaft. Das Fehlen von Orten zeigt Mängel der sozioräumlichen Bedingungen auf.

Die Analyse von Orten kann drei grundsätzliche Ziele haben:
1) einen vorhandenen Ort in seinen Qualitäten zu erfassen und zu sichern;
2) Fragmente zusammenzufassen und zu einem komplexen Ort weiterzuentwickeln;
3) fehlende Qualitäten eines Ortes überhaupt erst zu entwickeln.

Nachfolgend zeige ich an Beispielen, was gemeint ist und wie man instrumentell an diese Fragen herangehen kann.

1. ANWENDUNG DER BEGRIFFE FÜR DIE ANALYSE
Abbildung 17.1 zeigt die grundlegenden Raum- und Strukturbegriffe in ihrer Beziehung zum Ort. Wir unterscheiden dabei, wie beschrieben, zwischen materiellen und sozialen Orten. Ein Ort, der zwar materiell gegeben ist, etwa ein Platz, der aber sozial nicht angenommen wird, ist nach dieser Definition noch kein Ort, weil Orte letztlich erst durch die soziale Nutzung bestimmt werden. Gute materielle und physische Bedingungen sind eine wichtige Voraussetzung dafür, daß physische Orte auch zu sozialen Orten werden. Alle funktionierenden Plätze und Stadtkerne zeigen, daß es immer auf das Zusammentreffen mehrerer Faktoren ankommt.

Da Architekten und Stadtplaner vor allem mit den materiellen Gegebenheiten zu tun haben, können sie daher auf einige der Voraussetzungen achten. Abbildung 17.2 enthält im oberen Teil solche Voraussetzungen. In der Regel wird man davon ausgehen können, daß nur eine oder wenige dieser Dimensionen noch keine stabilen Orte schaffen. Erst die Überlagerung vieler oder aller dieser Dimensionen schafft auch starke, dauerhafte Orte.

2. ANWENDUNG AUF STÄDTE UND STADTTEILE
Für Städte und Stadtteile läßt sich der Begriff des Ortes analytisch in zweierlei Form fruchtbar machen:

- indem wir fragen, welche Bereiche eines Stadtteils sozial und dinglich eine eigene materielle und soziale Identität entwickelt haben, und wir so zu einer Bestimmung der "Mikro-Orte" eines Stadtteils kommen. Diese können wir studieren, um herauszufinden, welches die Eigenschaften funktionierender Mikro-Orte sind;
- indem wir untersuchen, wo Ansatzpunkte für räumliche Individualisierungen gegeben sind und prüfen,

ob sich aus diesen durch Ergänzungen Mikro-Orte entwickeln lassen.

Abbildung 17.3 (Curdes 1985, S. 175) zeigt die analytische Anwendung der Begriffe zur Untersuchung der Ausstattung eines Stadtteils mit Mikro-Orten. Ergebnis ist, daß es zwar in der Raumstruktur einige punktuelle Ansatzpunkte für Mikro-Orte gibt, daß ein komplexer funktionsfähiger Makro-Ort aber fehlt.

3. ANWENDUNG AUF GEBÄUDEPLANUNGEN
Prägnante Orte sind häufig durch die Wiederholung und Variation weniger Bautypen bestimmt. Die Bauten bilden Maßstab und Eigenschaften der stadtmorphologischen Struktur. Will man diese Struktur stützen, dann sollten sich die hinzuzufügenden Gebäude in der im Kapitel 7 angesprochenen Form auf Maßstab und Typus der vorhandenen beziehen, Vertrautes also weiterführen und festigen.

J. BEISPIEL DRESDEN

Die Dresdener Innenstadt wurde im Februar 1945 fast vollständig zerstört. Noch heute sind große Teile nicht wieder aufgebaut. Die Dresdener Innenstadt hat trotzdem eine Ausstrahlung, die allerdings schwer zu beschreiben ist. Auch ohne Kenntnis des Canaletto-Blicks auf die Stadtsilhouette strömt sie von der Neustädter-Seite eine Kraft und Faszination aus wie wenige Städte in Europa. Obwohl sich in Dresden, wie in anderen Städten auch, viele typische Merkmale der unterschiedlichen Perioden des Städtebaues finden, blieb doch die barocke Prägung dominant. Der Stadtkörper wird auch heute, trotz des problematischen Wiederaufbaues mit stereotypen Bauten der Plattentechnologie, von den ausdrucksstarken Monumenten der Kreuzkirche, dem Rathausturm, der Kuppel des Albertinums, der Hofkirche und der Semperoper beherrscht. Die Silhouette wird von Solitären dominiert, die Thema und Stimmung formen. Dagegen ist alles andere Rahmen. Die Diskussion um den Wiederaufbau der Frauenkirche hat viel mit dem "genius loci" Dresdens zu tun, weil die Frauenkirche ein ganz wesentlicher Teil der Stadtsilhouette war und eine Schlüsselposition im Stadtgrundriß einnahm. Insofern steht hinter dieser Diskussion das Ziel, durch die Wiederherstellung vertrauter Elemente auch den "Genius loci" dieser Stadt zu rekonstruieren.

Der Übergang zwischen der mittelalterlich - barocken Altstadt zu den angrenzenden Vorstädten wurde bis 1945 durch eine doppelte, teilweise dreifache Ringstraße und eine dazwischen liegende schmale Mittelbebauung gebildet. Nach dem Kriege wurde der äußere Teil überwiegend mit Einzelbauten ohne städtebauliche Raumbildung wieder aufgebaut. Nur die Altstadt wurde in Anlehnung an die geschlossene Bauweise, jedoch mit verändertem Grundriß aufgebaut. Wir nahmen uns 1990 mit Studenten den Dresdner Innenstadtring als eine Teilaufgabe zur Rekonstruktion eines urbanen Gefüges vor. Der wichtigste Teil der Entwurfsarbeit bestand in der Suche nach tragfähigen morphologischen Ordnungen, die als

Abb. 17.4 Dresden: Stadtmorphologische Struktur vor der Zerstörung

Abb. 17.5 Dresden: Stadtmorphologische Struktur nach dem Wiederaufbau (etwa 1987)

ABB. 17.6 DRESDEN - STADTKERN: 6 DENKMODELLE ZUR REKONSTRUKTION
(Quelle: Entwerfen für Dresden, LSL 1991)

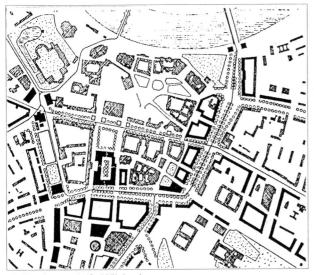

a) Boulevard (S. Wilden)

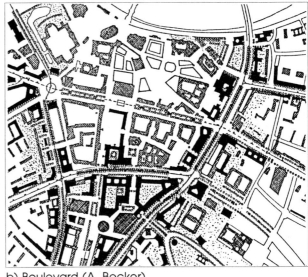

b) Boulevard (A. Becker)

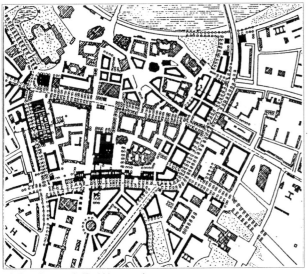

c) Boulevard (P. Wagner)

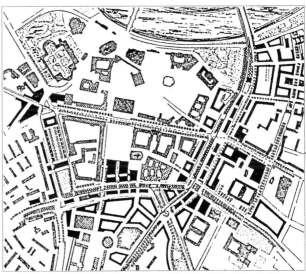

d) Doppel-Boulevard, kleine Blöcke (Stamborski)

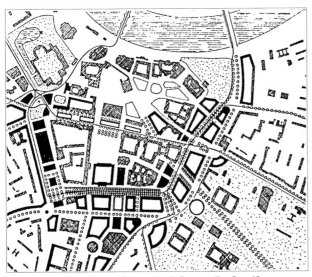

e) Doppel-Boulevard, große Blöcke (R. Graff)

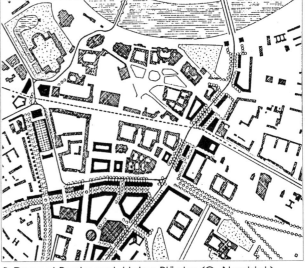

f) Doppel-Boulevard, kleine Blöcke (G. Nordsiek)

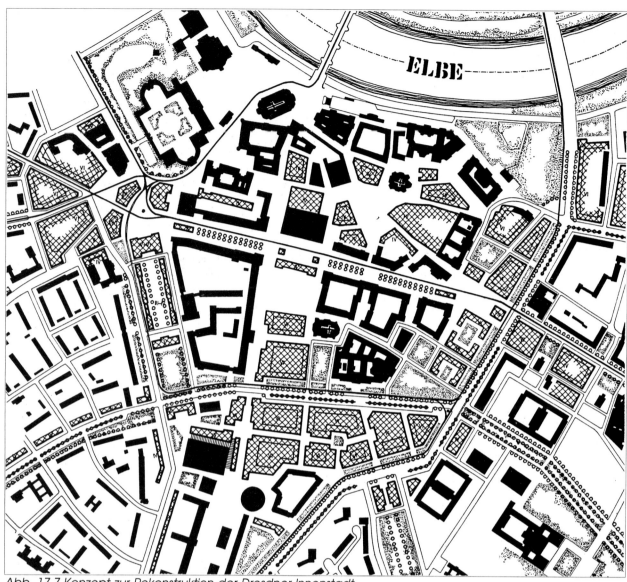

ELBE

Abb. 17.7 Konzept zur Rekonstruktion der Dresdner Innenstadt
(Entwerfen für Dresden. LSL Aachen 1991, Entwurf J.Goehlmann)

Vorgabe für einzelne Bauprojekte dienen könnten. Alle Beiträge versuchten, über eine Rekonstruktion eines Raumgefüges, das historisch bedeutsame Beziehungen wieder aufnimmt und das Kontinuum zwischen Altstadt und der übrigen Kernstadt wieder herstellt, etwas von dem Fluidum neu zu schaffen, das Dresden einmal kennzeichnete. Auch hier war das Ziel ein doppeltes: Herstellung vertrauter Maßstäbe und Räume im städtebaulichen Maßstab und deren architektonische Ausformung in einer eigenständigen, auf den Ort reagierenden architektonischen Synthese.

Abbildung 17.4 zeigt den Stadtgrundriß vor der Zerstörung mit seinem dichten Texturgefüge. Das Ergebnis des nicht abgeschlossenen Wiederaufbaues nach den Prinzipien des CIAM (Stand etwa 1978) zeigt Abbildung 17.5. Die beiden Abbildungen sind quantitativ in ihrem Verhältnis von bebauter Masse und freiem Raum nahezu gegensätzlich. Daran wird der Umfang der Nachkriegseingriffe deutlich. Wie kann mit einem solchen Ergebnis umgegangen werden? Abbildung 17.6 zeigt verschiedene Denkmodelle. Diese Modelle tasten systematisch zunächst die Spielräume ab, die

theoretisch bestehen, indem sie verschiedene frühere Stadien, aber auch denkbare künftige auf ihre grundlegenden Vor- und Nachteile hin untersuchen. Einige knüpfen bewußt an die Struktur an, wie sie vor dem Kriege bestand, oder gehen auch noch weiter in frühere Stadien zurück, um die im 19. Jahrhundert überbauten Befestigungen wieder freizulegen. Andere versuchen den nun gegebenen Zustand zu respektieren und von diesem aus Verdichtungen zu entwickeln. Allen gemeinsam ist, daß die Verbindungen zwischen der ehemaligen Altstadt und den umgebenden Quartieren verbessert und das Netz der Nutzungen dichter geknüpft werden muß. In den Abbildungen 17.7 und 17.8 sind zwei Strukturvorschläge für die Entwicklung dargestellt.

K. ZUSAMMENFASSUNG

Mit diesen Beispielen zweier ganz unterschiedlicher Strukturaufgaben, denen natürlich zahlreiche andere hinzugefügt werden könnten, sollte deutlich gemacht werden, daß der "Genius loci" ein wichtiger Entwurfs-

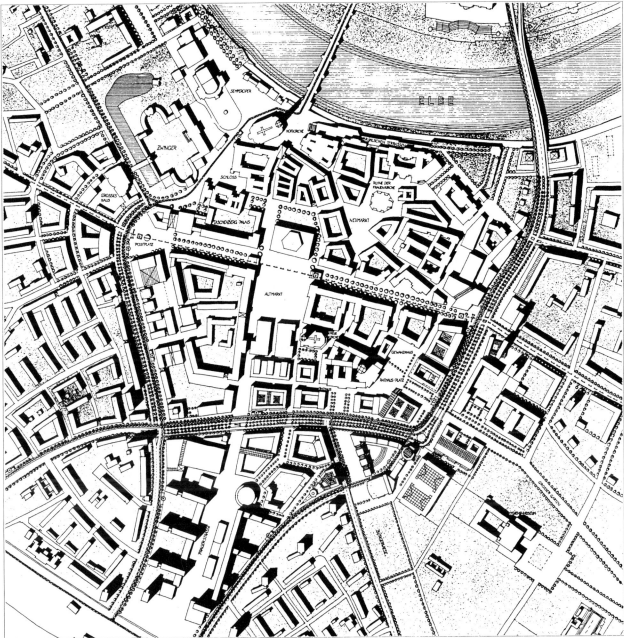

Abb. 17.8 Konzept zur Rekonstruktion der Dresdner Innenstadt
(Entwerfen für Dresden. LSL Aachen 1991, Entwurf A. Becker)

ansatz sowohl im Städtebau als auch in der Architektur ist und daß er sich mit der morphologischen Ebene der Stadtanalyse verbinden läßt. Der Ansatz kann helfen, von den standortneutralen Strukturen wieder zu unverwechselbaren Stadt- und Ortspersönlichkeiten zu kommen, die Europa kulturell so reich gemacht haben und mit deren Verlust auch ein wesentlicher Teil dessen, was Europa vor anderen Teilen der Welt auszeichnet, verlorenginge. Zuviel wurde schon nivellierenden Umformungs- und Verwertungsprozessen geopfert. Die Langlebigkeit der in den Strukturen eingebauten Maßstäbe und Richtungsbeziehungen wird am Beispiel Dresden deutlich. Die Beispiele zeigen auch ein wenig von der Methode der "stadtstrukturellen" Herangehensweise beim Entwerfen, die in einem weiteren Band behandelt wird.

L. LITERATUR

Barnes, D.: New York. Geschichten und Reportagen aus einer Metropole. Berlin 1987

Krüger, H.: Deutsche Stadtpläne. Reiseprosa. München 1984

Curdes, G.: Bürgerbeteiligung, Stadtraum, Umwelt. Inhaltliche und methodische Schwachstellen der teilräumlichen Planung. Köln 1985

Lehrstuhl für Städtebau und Landesplanung: Landschaftsorientierte Bauformen: Ein neuer (oder alter?) Haustyp für Roetgen - Städtebauentwürfe. Städtebauliche Arbeitsberichte. Lehrstuhl für Städtebau und Landesplanung. Aachen 1988

Lehrstuhl für Städtebau und Landesplanung: Entwerfen für Dresden. Studentenprojekte 1990-1991. Aachen 1991

Lynch, K.: Das Bild der Stadt.(Bauweltfundamente Nr. 16). Frankfurt, Berlin 1965

Norberg-Schulz: Genius Loci. Stuttgart 1982

Prokop, E.; Rothfuß, S.: Bauen im Grenzland. Wegweiser für landschaftsschonende und charakteristische Siedlungs- und Hausformen im deutsch-belgischen Grenzraum um Aachen. Aachen 1989

Wustlich, R.: Vertrautheitsplanung. Leitbegriff und Teilkonzept einer kommunikativ angelegten Planungstheorie. Institut für Architektur- und Stadtforschung, Band 9. Hannover 1977

ABB. 17.9 BEISPIELE FÜR MIKRO - ORTE UNTERSCHIEDLICHEN CHARAKTERS

a) Lissabon: Topografischer Ort in der Alfama

b) Lissabon: Topografischer Ort in der Alfama

c) Aussichtsort: Nossa Senora da Cabo - Portugal

d) Edinburgh: Aussichtsort

e) Pitigliano (I): Bank im Straßenraum

f) Paris: Sitz- und Spielbrunnen im Palais Royal

18. STADTGESTALTUNG

A. DEFINITION

Städte sind additive Gebilde. Sie entstehen aus der Addition von Einzelementen. Dies sind vor allem Gebäude, Straßen, Plätze, Grünflächen. Stadtgestalt ist die wahrnehmbare Komposition der Elemente im raum-zeitlichen Zusammenhang der Bewegung eines Betrachters. Größere Städte können als Ganzes nicht mehr wahrgenommen werden. Die Gestalt großer Städte und Regionen baut sich daher in unserer Wahrnehmung aus einer Abfolge vieler kleinster, mittlerer und großer physischer Elemente und Bereiche auf. Die Wahrnehmung wird durch die Hauptbewegungsrouten, durch die Augenhöhe im Gehen oder Fahren und durch unser Interesse wesentlich beeinflußt. Unter Stadtgestalt verstehen wir vor allem die Makrogestalt, zu der die einzelnen Teilelemente einen Beitrag leisten.

Der Begriff der Stadtgestalt hat folgende Dimensionen:
- die objektiv vorhandenen physischen Elemente der Stadt: der Realbestand;
- die gestaltwirksamen Teile dieser Elemente und deren räumlicher Zusammenhang: Stadtgestalt;
- die lokale und historische Bedeutung bestimmter Elemente und Anordnungen (Bau- und Geschichtsdenkmäler, Grundriß, Morphologie, Silhouette): bedeutsame historische Gestaltelemente;
- die Analyse und Objektivierung dieser Elemente und ihres Zusammenhanges: Gestaltanalyse;
- die Wirkung der Gestalt auf Bewohner und Nutzer: Gestaltwirkung;
- die aktive Beeinflussung (Entwicklung, Sicherung, Veränderung) gestaltwirksamer Teile und Bereiche: Stadtgestaltung.

B. ORGANISATORISCHE ASPEKTE DER STADTGESTALTUNG

1. STADTGESTALTUNG ALS INTEGRIERTE TEILAUFGABE

Stadtgestaltung ist die aktive Einwirkung auf die Erzeugung, Umformung und Bewahrung der gestaltwirksamen Teile. Stadtgestaltung kann umfassend definiert werden. Denn alle Maßstabsdimensionen der Stadt und der Landschaft haben eine Gestalt. Jede Nutzung prägt sich auch als Gestalt aus. So gesehen ist Stadtgestaltung ein in jeder Ebene des Handelns integrierter Teilaspekt: Schon bei der Regional- und der Flächennutzungsplanung wird durch das Freihalten von Zwischenräumen, durch die Zuweisung von Nutzungen Makrogestalt erzeugt oder beeinflußt. Wenn etwa an einer markanten Einfahrtsstraße oder an einer Hautpbahnstrecke Gewerbegebiete ausgewiesen werden, dann wird der erste Eindruck bei der Einfahrt in eine Stadt durch Gewerbegebiete bestimmt werden. Die Nutzungsausweisung "Gewerbe" entlang von Hauptstraßen legt also schon ganz allgemein bestimmte Wirkungen fest. Nun können auch Gewerbegebiete gut gestaltet werden, oder durch eine Gestaltung der Ränder können eigenständige Gestaltungszonen die Vermittlung übernehmen. Möchte man dies, müssen schon auf der Ebene der zweidimensionalen Flächennutzungsplanung solche Streifen festgelegt werden.

Man erkennt daran, daß einerseits die Beachtung der Gestaltwirkungen Aufgabe jeder den Raum beeinflussenden Teildisziplin und jeder Planungsstufe mit räumlichen Zuständigkeiten ist. Andererseits ist der Gestaltaspekt derart universal, daß seine Verfolgung auf allen Ebenen und bei allen wesentlichen Vorhaben in großen Städten zu einer kaum noch zu bewältigenden Aufgabe würde.

2. STADTGESTALTUNG ALS ZENTRALE AUFGABE

Die Befürchtung, daß sich aus dieser Komplexität die realisierte Stadtgestalt als ein unabgestimmtes Gemisch ganz unterschiedlicher Wert- und Gestaltvorstellungen ergeben könnte, findet ihre Bestätigung schon auf der Ebene der städtischen Verwaltungsplanung, wo unterschiedliche Fachämter - Grünflächenamt, Straßenplanung, Tiefbauamt, Stadtplanungsamt, Denkmalpflege - unterschiedliche Kriterien anlegen. Hinzu kommen die Gestaltvorstellungen der übergeordneten Fachplanungen, der großen und kleinen privaten Investoren, als den eigentlichen Trägern von Entwicklungs- und Veränderungsprozessen. Diesem Dilemma kann mit einer ganzheitlichen, analytischen und konzeptionellen Herangehensweise an die Stadtgestalt begegnet werden. Dies heißt nicht, daß ein "Amt für Stadtgestaltung" nun alle gestalterischen Aufgaben auf allen Ebenen übernehmen soll, sondern daß es eine Institution geben muß, die die gestalterischen Wirkungen von Vorhaben und Planungen im Rahmen einer langfristigen Gestaltkonzeption mit beurteilt, verfolgt und koordiniert. Dazu bedarf es Leitlinien und zumindest eines groben Konsenses, wo und in welcher Detailschärfe Gestalt ein Thema der planerischen und politischen Einflußnahme sein soll.

3. STADTGESTALTUNG NUR IN AUSGEWÄHLTEN BEREICHEN

Die engere Definition der Stadtgestaltung beschränkt sich auf wenige, besonders gestaltwirksame Bereiche, wie die Innenstadt, auf die Gestaltung ausgewählter Straßen und Plätze, auf die Einflußnahme auf einige Schlüsselbauwerke, öffentliche Gebäude und Grünflächen.

Dies ist der pragmatische Ansatz vieler Städte und Gemeinden, weil die Kontrolle zu vieler Gebiete und Planungsebenen organisatorisch und personell nicht zu leisten ist.

4. VERZICHT AUF STADTGESTALTUNG

Es gibt aber als Extrem auch die Position, daß Stadtgestalt im Entwicklungsprozeß durch den Investitions- und Gestaltwillen vieler Akteure ohnehin entstände und Einflußnahmen darauf von geschmäcklerischen und diktatorischen Positionen aus besser unterblieben, weil diese zu beliebig seien und mit der Zeit wechselten. Die Gestalt sei das Produkt des freien Spiels der Kräfte und das Ergebnis insoweit ehrlich. Falsch verstandenes Stadtdesign könne ein ehrliches Ergebnis nur verwischen.

5. FOLGERUNGEN

Welche Position ist richtig? Darauf gibt es nur situationsbezogene Antworten. Für eine weitgehend homogene, strukturell und gestalterisch intakte Stadt oder einen Stadtteil wird es naheliegen, die vorhandene Gestaltqualität zu erhalten und fortzuführen. Hier liegt Modell 2 als Lösung nahe. Für eine Stadt, an der es gestalterisch nichts mehr zu retten gibt, ist Position 4 zumindest nicht unplausibel. Sind alle Planungsebenen und Ämter auch mit gestalterisch sensiblen Fachleuten besetzt und kommunizieren diese miteinander, dann mag auch Modell 1 geeignet sein. Aber nicht nur der Zustand und Personalbestand einer Stadt,

sondern auch das Kultur- und Gestaltbewußtsein ihrer Bürger, Architekten, Planer und Politiker entscheiden darüber, was gewollt wird. Der Wille macht in der Regel das Notwendige auch möglich! Am häufigsten kommt in der Praxis Modell 3 wegen seines räumlich und sachlich begrenzten Ansatzes vor.

Es kommt eben sehr auf die gestalterischen Potentiale der unterschiedlichen Stadtstrukturen an und darauf, welcher Auffassung von Gestalt und Gestaltbeeinflussung die handelnden Akteure folgen.

C. THEORETISCHE GRUNDLAGEN

Nachfolgend wird ein kurzer Überblick über einige Schlüsselwerke zur Fragestellung gegeben.

1. KEVIN LYNCH: DAS BILD DER STADT (1960/dt.1965)

Die wichtigste Studie hat Kevin Lynch 1960 unter dem Titel "The Image of the City" ("Das Bild der Stadt") veröffentlicht. Zwar gab es schon vorher Publikationen zur Gestalt der Stadt, wie die Arbeiten von Zucker, Gruber, Simon. Sie behandelten aber eher die äußere Form als Phänomen. Lynch war der erste Autor, der sich mit den Wirkungen, der Wahrnehmung und der Orientierung auf der Grundlage neuerer Theorien befaßte. Im Mittelpunkt dieser Arbeit stehen das Bild der Stadt, welches sich in den Köpfen von Nutzern eingeprägt hat, und die Merkpunkte, die Menschen heranziehen, um sich in einer Stadt zu orientieren. Er begreift damit Stadt lediglich als Sonderform menschlicher Umwelten und knüpft damit, ohne sich darauf zu beziehen, an den Umweltansatz Gibsons an (Kapitel 1). Die Arbeit Lynchs ist deshalb von grundlegender Bedeutung, weil sie zu fundamentalen Begriffen jener räumlichen Phänomene führt, an denen sich Wahrnehmung festmacht. Er kommt zu folgenden grundlegenden Elementen, die für die Wahrnehmung und Wiedererkennung der Stadtgestalt wichtig sind. Wir haben die meisten schon in verschiedenen Kapiteln angesprochen, aber noch nicht im Zusammenhang behandelt:

a) Elemente des Stadtbildes
- Wege

Wege sind die Kanäle, durch die sich der Beobachter bewegt. Dies können Straßen, Spazierwege, Eisenbahnlinien sein. Häufig benutzte Wege formen das Umgebungsbild der Stadt.

- Grenzlinien

Grenzlinien oder Ränder sind jene Linearelemente, die der Beobachter nicht als Wege nutzt oder wertet. Es sind Grenzen zwischen zwei Gebieten, lineare Unterbrechungen des Zusammenhanges, seitliche "Sichtmarken".

- Bereiche

Bereiche sind mittlere bis große Abschnitte einer Stadt, in die der Besucher hineingeht und die aufgrund eines irgendwie individuellen Charakters erkennbar sind.

- Brennpunkte
Brennpunkte sind strategische Punkte einer Stadt, die einem Beobachter zugänglich sind; sie sind intensiv genutzte Zentralpunkte, Knotenpunkte von Straßen.

- Merkzeichen, Wahrzeichen
Merkzeichen sind optische Bezugspunkte wie Gebäude, Anhöhen, Türme, Kuppeln. Merkzeichen überragen ihre Umgebungen und dienen als Punkte der Fernorientierung. Lokale Merkzeichen sind häufig benutzte Schlüsselfiguren zur Identifizierung und Gliederung engerer Umgebungen, z.B. Schilder, Kaufhausfronten, Bäume.

b) Zusammenwirken der Elemente
"Keines der aufgeführten Elemente tritt in Wirklichkeit isoliert auf. Bereiche umfassen in ihren Strukturen Brennpunkte, Grenzen, Wege und Merkzeichen. Die Elemente greifen ineinander und durchdringen einander" (S.63). Stadtbildprägend seien jene Bereiche und Elemente, die eine gegenüber anderen "durchschlagende" Dominanz haben. Lynch weist nach, daß es deutliche Diskrepanzen und Übereinstimmungen in den Vorstellungsbildern von Befragten, geschulten Beobachtern und der realen Struktur gibt.

c) Umgebungseigenschaften der Elemente
Die Wahrnehmung und Wiedererkennbarkeit dieser Elemente hängt von bestimmten Ausprägungen der Elemente ab und von dem umgebenden Kontext, in dem sie stehen:

- Einmaligkeit oder Figur-Hintergrund-Schärfe
- Klarheit der Form
- Kontinuität
- Dominanz
- Klarheit der Verbindungsglieder
- Richtungsdifferenzierung
- Umfang des Sichtbereiches.

Diese Begriffe sind unmittelbar für Analysen und für den Entwurf verwendbar.

2. MICHAEL TRIEB: STADTGESTALTUNG - THEORIE UND PRAXIS (1977)
Trieb baut auf den Vorarbeiten von Lynch auf, sowohl was den Umweltbegriff als auch was die zentralen Kategorien betrifft. Er weitet die einbezogenen Aspekte weiter aus. Während bei Lynch stärker der Erkenntnisvorgang im Vordergrund steht, geht es Trieb auch um seine Anwendung.
Als Planungsaufgaben der Stadtgestaltung schlägt er vor (209 ff):

- Imagekonzept
- Stadtbildkonzept
- Sequenzkonzept
- Höhen- und Baumassenkonzept
- Negativraumkonzept
- Fassadengliederungen und -abwicklungen als Teil eines Negativraumkonzeptes
- Konzepte für die Möblierung bestimmter Straßentypen.

Damit sind konkret handhabbare Aufgaben beschrieben worden, die seit den 70er Jahren von zahlreichen Städten aufgegriffen wurden.

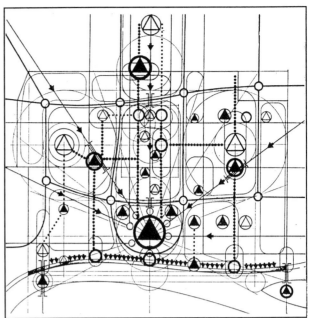

Abb. 18.1 Geplante Bereiche, Wege und Brennpunkte in Detroit (Trieb 1977, S. 136)

3. KEVIN LYNCH: GOOD CITY FORM (1981)
In dieser Veröffentlichung nennt Lynch drei Theoriefelder, die einen Beitrag zur Erklärung der räumlichen Struktur und Wirkung der Stadt leisten:

- Planungstheorie im Sinne einer Entscheidungstheorie. Sie kann erklären, warum eine Stadt geworden ist, wie sie wurde;
- funktionale Theorien, welche die Form aus der Funktion erklären können;
- normative Theorien, welche von generalisierbaren Verbindungen zwischen menschlichen Werten und Bedürfnissen und Siedlungs- und Stadtformen ausgehen.

Alle drei Theorien müßten gemeinsam und nicht getrennt eingesetzt werden (S.37). Lynch begibt sich dann auf die Suche nach einer allgemeinen normativen Theorie, die er aber nicht unter der Zielsetzung "Stadtgestalt", sondern anspruchsvoller als Suche nach der "guten Stadtform" durchführt. Sein Zwischenergebnis widerspricht (scheinbar?) seiner Grundauffassung in "Das Bild der Stadt", wo er noch die Schönheit, die Orientierbarkeit als wichtige allgemeine Ziele postulierte:

1. die physische Form spielt keine signifikante Rolle für die Befriedigung wichtiger menschlicher Werte;
2. die physische Form in sich selbst hat keinen wichtigen Einfluß auf die Zufriedenheit;
3. physische Anordnungen (patterns) mögen bestimmte Effekte in einer einzelnen Kultur erzeugen, eine kulturübergreifende Theorie ist aber nicht möglich;
4. die physische Form ist nicht die Schlüsselvariable, um Änderungen zu induzieren (Change environent first and you change nothing);
5. im Maßstab der Gesamtstadt oder Region spielt die physische Form der Stadt keine Rolle;

6. weil es eine Pluralität der Werte und Interessen gibt, gibt es kein allgemeines öffentliches Interesse an der Stadtform;
7. normative Theorien mögen für praktische Objekte geeignet sein, aber sie sind ungeeignet für Fragen wie die nach der Ästhetik der Form;
8. die Stadtform ist so komplex wie das System der menschlichen Werte. Während man ein Haus entwerfen kann, kann man eine Stadt nicht entwerfen (S.99 - 105).

Nach diesem niederschmetternden, gleichwohl eher rhetorischen Ergebnis macht er sich an den Aufbau einer Theorie der "guten Stadtform" und entwickelt die folgenden sieben Metakriterien, auf die wir im Kapitel Nutzung noch einmal zurückkommen:

1. Vitalität (vitality), Lebendigkeit, Erneuerungsfähigkeit,
2. Sinnhaftigkeit (sense) für Bewohner und Nutzer,
3. Funktionstüchtigkeit (fit) der Struktur und ihrer Verbindungen,
4. Zugänglichkeit, Erreichbarkeit (access),
5. Kontrolle (control) der öffentlichen Räume durch die Nutzer,
6. Effizienz (efficiency) in der Sicherung der Werte 1-5,
7. Gerechtigkeit (justice) in der Belastung und Beteiligung der Bewohner nach ihren verschiedenen Möglichkeiten und Bedürfnissen an den Kosten und Nutzen,

In den folgenden Kapiteln diskutiert Lynch eine Reihe von Mitteln und Aspekten, die für eine "gute Stadt" Bedeutung haben: Stadtgröße und die Idee der Nachbarschaft; Wachstum und Erhaltung; urbane Texturen und Netzwerke; Stadtmodelle und Stadtdesign. Im Ergebnis bleibt er aber bei der Aussage, daß in dem Begriff "gut" eben sehr viele Aspekte und Werte angesprochen sind und daß, unter dem Gesichtspunkt des Wohlbefindens von Menschen, in einer Stadt die äußere Form und Gestalt in der Tat nur ein Teilaspekt ist und sein kann. Ebenso evident und unstrittig war und ist, daß Gestalt und Form und deren Bewertung kulturellen und zeitbedingten Maßstäben unterliegen und die Suche nach einer universalen, von Gesellschaften und Zeiten losgelösten Theorie der guten Stadtform folgerichtig zu keinem anderen Ergebnis kommen konnte. Wenn wir uns dennoch weiter dieser Frage zuwenden, dann deshalb, weil die Stadtgestalt unter ganz bestimmten Gesichtspunkten bedeutsam ist und bleibt.

D. AUFGABEN DER STADTGESTALTUNG NACH MASSTABSEBENEN

Der Aspekt der Stadtgestalt erhält bei zwei unterschiedlichen Aufgaben besondere Bedeutung: bei der Neuplanung ganzer Städte, Stadtviertel, Quartiere und bei der Stadterneuerung. Gestalt wirkt sich auf allen Maßstabsebenen aus. Je nach dem Maßstab ist aber die Fragestellung etwas verschieden, und sie richtet sich unter dem teilweise gleichen Kriterium auf eine andere Dimension. Wir wollen uns, auf der hier gewählten mittleren Ebene der Strukturbetrachtung, nicht mit den Detailaspekten der Stadtgestaltung befassen, sondern lediglich mit Makroaspekten im Maßstab der Stadtmorphologie, die nach Maßstabsebenen gegliedert wurden, wie sie für die verschiedenen Aufgaben der Stadtplanung eine Rolle spielen.

1. EBENE DER GESAMTSTADT/SIEDLUNG
- Stadtimage und imagebildende Teile/Elemente
- Klarheit der morphologischen Grundstruktur
- Silhouette, großräumige Orientierungspunkte
- Klarheit des Stadtrandes
- Deutliche Gestaltung der "Eingänge und Ausgänge" der Stadt
- Sequenzen der großräumigen linearen Räume (Straßen, Grünzüge)
- Erkennbarkeit von einzelnen Stadtteilen oder von Gebieten mit bestimmter Funktion (Gewerbegebiete, Hochschulgebiete, Klinikgebiete)
- Erkennbarkeit der geschichtlichen Entwicklung
- Markante Brennpunkte, gesamtstädtisch bedeutsame Raumgelenke, Symbole
- Erkennbarkeit der Stadtmitte.

2. EBENE STADTTEIL/ORTSTEIL
- Ausprägung der Grenzen, Eingänge, Übergänge
- Ausprägung der Mitte und einzelner Teilbereiche
- Verdeutlichung der morphologischen Grundstruktur
- Brennpunkte, lokale Merkzeichen, Symbole
- Umgang mit homogenen und heterogenen Bereichen
- Vertikale Komposition, Sichtbeziehungen, Orientierungspunkte
- Gestaltqualität und Sequenzen von wichtigen Straßenzügen, von Plätzen und Grünflächen
- Erkennbarkeit verschiedener Nutzungen
- Mikroorte

3. EBENE STADTBEREICH
- Erkennbarkeit von Rändern und Mitten
- Morphologisch unterscheidbare Teilbereiche
- Eingänge, Übergänge
- Prägende Straßen, Straßensequenzen, Raumstruktur, Plätze, Gebäude
- Sichtbeziehungen, Ausblicke
- Gliedernde Grünflächen, Nutzungswechsel
- Mikroorte, Treffpunkte, Symbole

4. EBENE STRASSE, PLATZ, GRUPPE
- Zusammenhang von prägenden und rahmenbildenden Gebäuden
- Gestalt und Sequenz von Straßen
- Mikroorte, Treffpunkte, Symbole
- Gestaltmerkmale der Gebäude (Typus, Bauweise, Dach, Fassade)
- Rolle von Nebengebäuden
- Merkmale von Einfriedungen, Vor- und Seitenbereichen, Hinterbereichen, nicht überbauten Flächen
- Rolle von Material, Farben, Pflanzen.

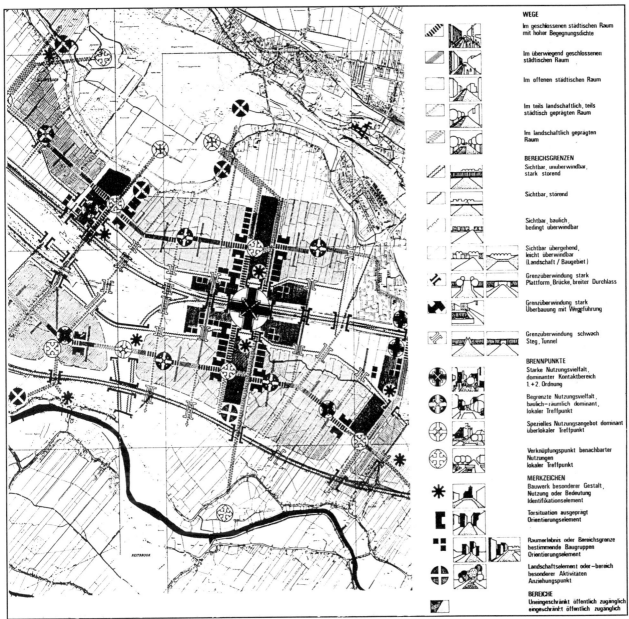

WEGE

Im geschlossenen städtischen Raum mit hoher Begegnungsdichte

Im überwiegend geschlossenen städtischen Raum

Im offenen städtischen Raum

Im teils landschaftlich, teils städtisch geprägten Raum

Im landschaftlich geprägten Raum

BEREICHSGRENZEN

Sichtbar, unüberwindbar, stark störend

Sichtbar, störend

Sichtbar, baulich bedingt überwindbar

Sichtbar übergehend, leicht überwindbar (Landschaft / Baugebiet)

Grenzüberwindung stark Plattform, Brücke, breiter Durchlass

Grenzüberwindung stark Überbauung mit Wegführung

Grenzüberwindung schwach Steg, Tunnel

BRENNPUNKTE

Starke Nutzungsvielfalt, dominanter Kontaktbereich 1.+2. Ordnung

Begrenzte Nutzungsvielfalt, baulich-räumlich dominant, lokaler Treffpunkt

Spezielles Nutzungsangebot dominant überlokaler Treffpunkt

Verknüpfungspunkt benachbarter Nutzungen lokaler Treffpunkt

MERKZEICHEN

Bauwerk besonderer Gestalt, Nutzung oder Bedeutung Identifikationselement

Torsituation ausgeprägt Orientierungselement

Raumerlebnis oder Bereichsgrenze bestimmende Baugruppen Orientierungselement

Landschaftselement oder -bereich besonderer Aktivitäten Anziehungspunkt

BEREICHE

Uneingeschränkt öffentlich zugänglich eingeschränkt öffentlich zugänglich

Abb.18.2 Symbolsprache für Gestaltziele der FPB Berlin für Hamburg Allermöhe (Knauer 1991, S.191)

E. BEISPIELE

Bei großen Flächen können die Mittel der Akzentuierung nicht mehr konkret geplant werden. Hier sind Symbole gebräuchlich, deren Form im einzelnen bei der Umsetzung zu entwickeln ist. Abbildung 18.1 zeigt die Anwendung von Symbolen der Stadtgestaltung und Strukturakzentuierung für Detroit. Die Form der Symbolsprache verdeutlicht, daß Ziele der Stadtgestaltung sinnvoll auf einer Meta-Ebene formuliert werden, die dem konkreten Entwurf vorausgeht. Eine brauchbare Symbolsprache zur Kennzeichnung von Stadtbildzielen hat in den 70er Jahren die Freie Planergruppe Berlin entwickelt (Abb. 18.2). Die Abbildung 18.3 zeigt Gestaltmerkmale, Mängel- und Qualitätsanalysen zur Stadtgestalt von Jülich. Auf der Ebene eines Stadtteiles können Mängelanalysen detaillierter als im Maßstab der Gesamtstadt durchgeführt werden. Hier wird anstelle der Symbolsprache mit Testentwürfen gearbeitet.

Gestalt- und Mängelanalysen sind ein wichtiges Medium, um ein Einverständnis zwischen den Beteiligten eines Planungsprozesses zu erarbeiten. Am Anfang solcher Prozesse stehen daher Notierungen der Mängel und Probleme. Abbildung 18.4 zeigt Makroprobleme und -ziele zur Ortsgestalt am Beispiel des durch Bahnlinien extrem zerschnittenen Stadtteils Krefeld-Oppum. Abbildung 18.5 demonstriert am Beispiel für einen westlichen Stadtbereich Aachens eine detaillierte Mängelanalyse, in der fehlende Verbindungen, Barrieren, gestalterisch unbefriedigende Kreuzungen und Einmündungen als Probleme markiert sind. Ein besonders wichtiges Merkmal für die Erkennbarkeit eines Ortes ist seine Silhouette. Silhouetten sind, wie die Baustruktur auch, im dauernden Wandel. Dennoch ist kein anderes Merkmal so geeignet, mit einem einzigen "Bild" das Image einer Stadt zu vermitteln wie

ABB.18.3 SCHICHTEN DER GESTALTANALYSE AM BEISPIEL JÜLICHS

(Gestaltungskonzept Jülich. Städtebauliche Arbeitsberichte 7.1. LSL Aachen 1987)

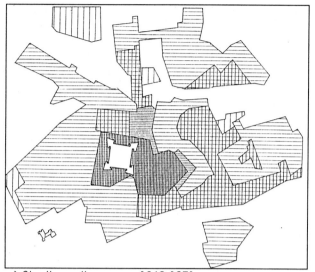

a) Stadterweiterungen 1860-1971

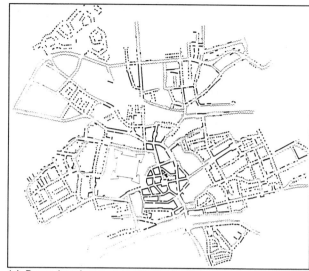

b) Raumkanten

c) Baustruktur

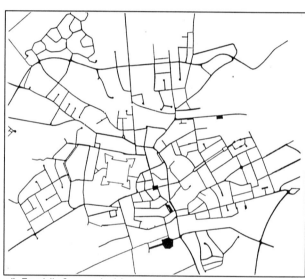

d) Erschließungsstruktur

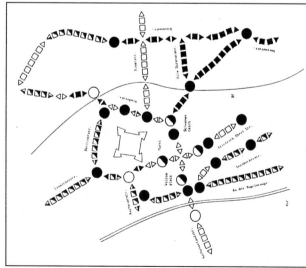

e) Gestaltbewertung der Sequenzen und Knoten

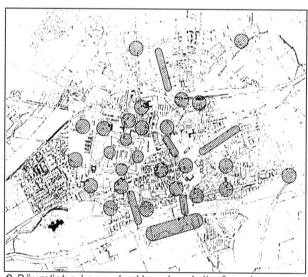

f) Räumliche Lage der Hauptgestaltmängel

ABB. 18.4 GESTALTANALYSE KREFELD - OPPUM
(Curdes/RaumPlan: Stadtteilkonzept Krefeld - Oppum, Aachen 1992/93)

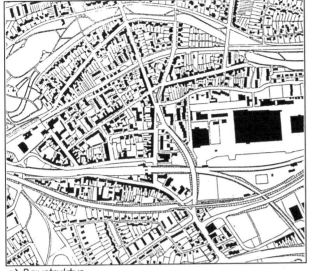

a) Baustruktur

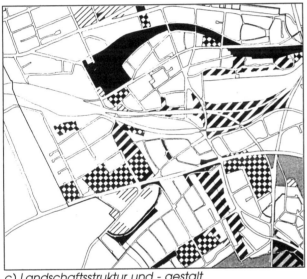

c) Landschaftsstruktur und - gestalt

b) Stadtstruktur und Stadtgestalt

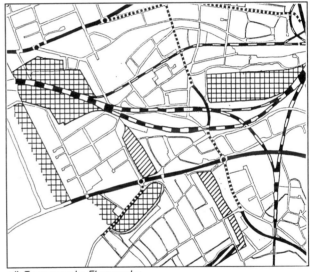

d) Trennende Elemente

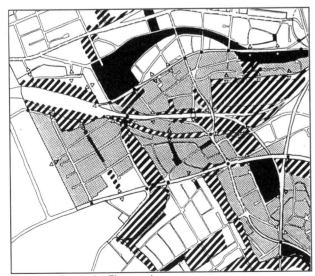

e) Integrierende Elemente

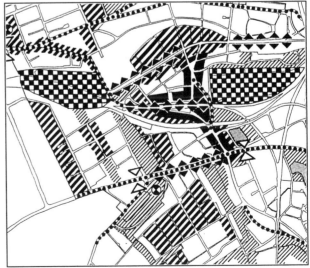

f) Konzeptionelle Ansätze

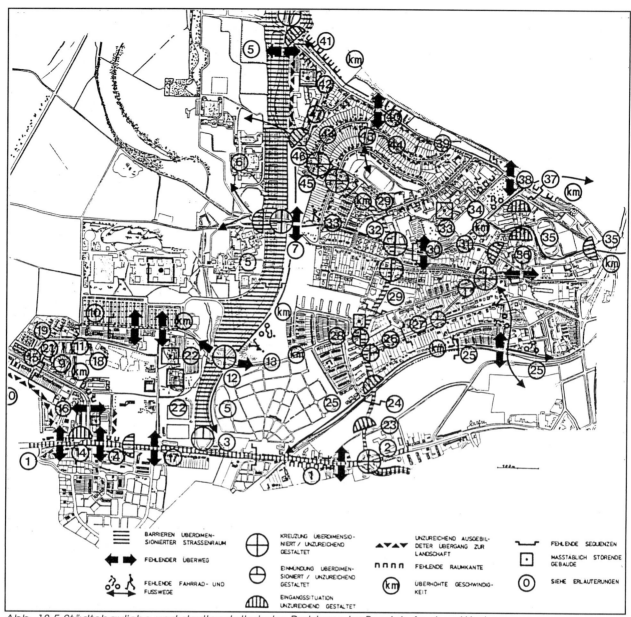

Abb. 18.5 *Städtebauliche und stadtgestalterische Probleme im Bereich Aachen-West*
(*Studienarbeiten zum Aachener Westen. LSL. Aachen 1985*)

die Silhouette. Abbildung 18.6 zeigt am Beispiel von New York den Wandel der Silhouette und die Konkurrenz neuerer mit älteren Merkzeichen. Die Pflege und Kontrolle noch intakter Silhouetten ist eines der wichtigsten Felder der Stadtgestaltung. Ähnlich bedeutsam ist die Pflege klarer Grenzen. Ebenfalls am Beispiel New York kann man die Bedeutung klarer Außengrenzen - die neuerdings durch Umwandlung der Piers eine neue Aufwertung erfahren - für die Akzeptanz und für die Orientierung in einer durch Monotonie gefährdeten Struktur gut erkennen (Abb. 18.7).

Welche Rolle Landmarken zur Orientierung in einer ebenen Wüstenlandschaft und in einer monotonen Struktur spielen, zeigen die an wichtigen Knoten und am umgebenden Straßenring aufgestellten phantasiereichen und sehr einprägsamen Objekte in Jeddah (Saudi-Arabien). Einige davon sind in Abbildung 18.8 zusammengefaßt.

LITERATUR

Akademie für Städtebau und Landesplanung: Die Gestalt der Stadt. Mitteilungen Bd. 2, München 1986
Bundesminister für Raumordnung, Bauwesen und Städtebau (Hrsg.): Stadtbild und Stadtlandschaft. Planung Kempten/Allgäu. Schriftenreihe Bd.2009. Bonn 1977
Bundesminister für Raumordnung, Bauwesen und Städtebau (Hrsg.): Stadtbild und Gestaltung. Modellvorhaben Hameln. Schriftenreihe Bd.2.033. Bonn 1983
Bundesminister für Raumordnung, Bauwesen und Städtebau (Hrsg.): Analyse von Gestaltfestsetzungen für neue Wohngebiete. Potentielle Auswirkungen auf Kosten und Nutzen des Bauwerkes. Schriftenreihe 04 Bau- und Wohnforschung Heft Nr. 04.120, bearbeitet vom Institut für Bauforschung e.V. Hannover. Bonn 1987
Burger, B.; Gutschow, N.; Krause, K.-J.: Bebauungspläne und Ortssatzungen. Instrumente zur gestalterhaltenden Erneuerung historischer Stadtgebiete. Deutsches Institut für Urbanistik. Berlin 1978

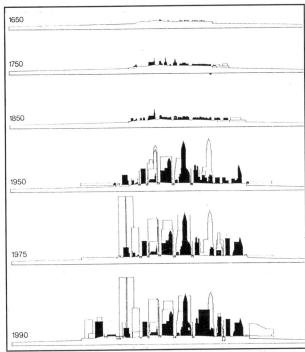

Abb. 18.6 Entwicklung der Silhouette Manhattans
(OLMD 1976)

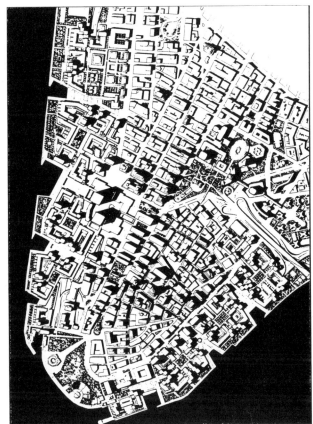

Abb. 18.7 Entwicklungskonzept für die Hafenfronten
New-Yorks (Lower Manhatten Plan 1966, Water Street Access
OLMD, New-York)

Cullen, G.: The Concise Townscape. The Architectural Press, London 1961, Reprint 1977

Flagge, I. (Hrsg.): Gestaltung oder Satzung. Baufreiheit oder verordnete Baugestaltung? München 1982

Gruber, K.: Die Gestalt der deutschen Stadt, 1952. 4.Aufl. München 1983

Kossak, A.: Bewertung von Straßenplanungen nach Gesichtspunkten der Stadtgestaltung. Diss. TH Darmstadt, 2. Auflage Darmstadt 1985

Loderer, B.: Stadtwanderers Merkbuch. Begriffsbestimmung Stadtraum am Beispiel Fabriano. München 1987

Lynch,K.: Das Bild der Stadt. Frankfurt, Berlin 1965

Lynch,K.: Good City Form. MIT Press. Cambridge, Mass. 1981

Ministerium für Ernährung, Landwirtschaft und Forsten, Baden-Württemberg/ Institut für ländliche Siedlungsplanung der Universität Stuttgart (Hrsg.): Dorfentwicklung. Beiträge zur funktionsgerechten Gestaltung der Dörfer. 2.Auflage. Stuttgart 1984

Moser, F.: Charakteristik der Stadtgestalt Wien. Forschungsbericht (Man.). Wien 1985

Norberg-Schulz: Genius Loci. Stuttgart 1982

OLMD - Office of Lower Manhattan Development. Office of the Mayor. City of New York: Water Street Access. New York 1976

Simon, H.: Das Herz unserer Städte. Köln 1963

Trieb,M.: Stadtgestaltung. Theorie und Praxis. Braunschweig 1977

Trieb/Schmidt/Paetow/Buch/Strobel: Erhaltung und Gestaltung des Ortsbildes. Denkmalpflege, Ortsbildplanung und Baurecht. Stuttgart 1985

ABB. 18.8 LANDMARKEN AN STRASSENKREUZUNGEN IN JEDDAH (Saudi-Arabien)

ABB. 18.9 STADTSTRUKTUREN OHNE MARKANTE MERKZEICHEN

a) Athen

b) Amman: Wasserturm als schwaches Merkzeichen

ABB. 18.10 STADTSTRUKTUREN MIT MERKZEICHEN

a) Paris Sacre Ceour

b) Konkurrenz der Merkzeichen: New York

TEIL D BAUSTEINE DER STADTSTRUKTUR

Bisher wurde hauptsächlich von den Zusammenhängen des urbanen Gefüges gesprochen. Im folgenden geht es um die Bausteine des Gefüges. Auch hier dürfen die Elemente nicht isoliert gesehen werden. Sie haben zwar eine begrenzte Autonomie in der Raum- und Nutzungsorganisation für einen Mikroteil der Stadt, sind aber nur im Zusammenhang mit der umgebenden Struktur lebensfähig. Die Dialektik zwischen Element und Kontext gilt ganz besonders hier. Deshalb werden auch nicht-physikalische Aspekte, wie die Nutzungsordnung, Zentren, Leitbilder der räumlichen Organisation und die soziale Prägung von Räumen als Bausteine verstanden. Es geht auch hier nicht darum, spezielle Ausformungen darzustellen, sondern um die grundlegenden Eigenschaften, die die Basis jeder architektonischen oder städtebaulichen Arbeit am Gefüge und seinen Elementen ist. Die Darstellung der Leitbilder (Kapitel 21) folgt der historischen Linie ihrer Entstehung. Leitbilder enthalten aber nicht nur ein bestimmtes Bild der Stadt, sondern auch Methoden der räumlichen Organisation und der Akzentuierung. Das historische Repertoire der räumlichen Anordnung ist deshalb keineswegs in allem überholt, sondern wesentliches Vergleichsobjekt für eine Gegenwart, deren Ergebnisse den Leistungen der Vergangenheit leider häufig nicht standhalten. Ein neues Leitbild der Stadt wird nicht explizit formuliert, weil ein solches den unterschiedlichen "Stadtpersönlichkeiten" nicht gerecht werden könnte. Wer aber die Positionen in den verschiedenen Teilen dieses Buches zusammenfaßt, wird so etwas wie das Bild einer urbanen, nicht "totgeschönten" Stadt mit gemischten Nutzungen erkennen, die mit ihren historischen Strukturen und mit ihren sichtbaren Widersprüchen ein dynamisches, zugleich aber kultiviertes und demokratisch verantwortetes Gehäuse der lokalen Gesellschaft ist.

Die als physische Bausteine der Stadt verstandenen unterschiedlichen Anordnungsformen von Gebäuden zeigen, daß die raumbildenden Reihen, Blöcke und Höfe eine Fülle von Variationsmöglichkeiten enthalten, die von der gegenwärtigen Planung kaum genutzt werden.

19. NUTZUNGSORDNUNG UND NUTZUNGSMISCHUNG

Wesentlich schneller als die bauliche Struktur ändern sich die Nutzungen in den Bauten. Während die Nutzungsdauer von Bauten zwischen 30 und 100 Jahren - in Sonderfällen auch darunter oder darüber - liegen kann, haben Nutzungen in Zonen hoher Veränderungsdynamik manchmal nur eine Dauer von ein bis fünf Jahren. Der ökonomische Filterungsprozeß sortiert bei hohen Bodenwerten weniger rentable Nutzungen "gnadenlos" aus. Veränderungen der Nutzungen sind daher dynamische Reaktionen auf geänderte Umfeldbedingungen. Deshalb gehört zu einer ökologischen Stadt eine Baustruktur, die in einem gewissen Umfang gleiche und unterschiedliche Nutzungen mit abweichenden Anforderungen ohne grundlegende Änderungen aufzunehmen vermag.

A. BEGRIFF UND ASPEKTE DER NUTZUNG

1. ANTHROPOZENTRISCHER NUTZUNGSBEGRIFF

Etwas zu "nutzen" bedeutet die Aktivierung einer natürlichen Eigenschaft, die zum Beispiel in einer Bodenparzelle latent vorhanden sein kann, etwa die Nutzung einer Quelle, eines Grundwasservorkommens oder von Bodenschätzen. Eine andere Eigenschaft hängt mit der Lage der Parzelle zusammen: die Nutzung für eine Bebauung oder die Umnutzung eines Gebäudes. Nutzung ist also ein aktiver Begriff, der aus dem menschlichen Streben nach Vermehrung des eigenen Nutzens kommt. Er enthält einerseits eine aktive, Werte schaffende, aufbauende Komponente und andererseits eine zerstörerische, die vorhandenen schwächeren "Nutzer" - wie Tiere und Planzen, schwache Einkommensschichten - verdrängende Dimension. Gegenbegriffe sind "nutzlos", "unnütz". Ein Gegensatzpaar wie "schädlich" und "nützlich" macht dies deutlich. Der Begriff hat eine anthropozentrische Dominanz.

2. NUTZUNG ALS KATEGORIE, NUTZUNGSPAUSCHALIERUNG

In der Stadtplanung wird unter dem Begriff der "Nutzung" alles verstanden, was als Nutzung auf unbebauten Flächen, in Gebäuden, auf Anlagen, auf öffentlichen und privaten Freiflächen stattfindet. Nutzungen sind also die auf einer Fläche, in Gebäuden oder auf Anlagen stattfindenden Aktivitäten. Unter einen erweiterten Begriff der Nutzung fallen auch natürliche Vorgänge, etwa die Nutzung von Flächen durch Wald und Naturreservate, aber auch die Beanspruchung von Flächen durch Straßen oder Wasserwege. Mit dem Begriff ist häufig diejenige Nutzung gemeint, die auf einer Fläche überwiegt. Aus Gründen der Vereinfachung werden verschiedene, nicht dominante, aber doch vorhandene Nutzungen einer Hauptnutzung sprachlich und oft auch analytisch untergeordnet.

3. NUTZUNGSREGELN

Mit der Einführung von Bodeneigentum und einem gesetzlich geregelten Planungsrecht wird die Nutzbarkeit von Flächen, Anlagen und Bauten allgemein gültigen Regeln unterworfen. Ausweisungen einer Nutzungsart in Bebauungsplänen geben das Recht für eine Nutzung. Das Nutzungsrecht gibt einen Anspruch, die Nutzung zu realisieren und ökonomisch zu verwerten. Damit entsteht eine abstrakte und allgemeine Kategorie, die sich des Bodens und der Gebäude mit kalkulatorisch-spekulativen Interessen bemächtigt und die zunächst losgelöst sein kann von der konkreten Form des Gebrauchs. Eine Parzelle oder ein größeres, bisher nicht baulich genutztes Areal werden durch eine solche Nutzungszuweisung aus ihrer nichtökonomischen Rolle herausgerissen. Sie werden zu Handelsobjekten.

Der Zweckbegriff des "Nutzens" wirkt sich so unmittelbar als Recht zur Transformierung eines Zustandes, als

Verfügungsrecht über eine Sache aus. Dieses einmal gewährte Recht kann danach nur wieder eingeschränkt werden, wenn das Verfahren der Transformation - also das Planungsverfahren mit seinen Festsetzungen - Rücksichtnahmen auf konkurrierende Rechte benachbarter Nutzungen fordert.

4. BEGRENZUNGEN DURCH VERFAHREN UND RAHMENZIELE

Im Verfahren der Planaufstellung und der Formulierung der Rahmenziele, wie sie in Regional- und Flächennutzungsplänen umrissen werden, können entsprechende Beschränkungen und Rücksichtnahmen vorgesehen werden, allerdings nur insoweit, als dazu hinreichende Möglichkeiten bestehen - der Entwicklungsdruck also nicht derart groß ist, daß an sich denkbare Rücksichtnahmen aufgegeben werden. Der Schutz vor den vergebenen Rechten für eine Nutzung findet seine Grenzen auch in der pauschalierten Erfassung von Situationen, also in der Detailschärfe von Bestandsaufnahmen, Plänen und textlichen Festsetzungen. Es ist planerisch nicht einfach, zu schützende Besonderheiten - wenn sie nicht augenfällig sind - zu erkennen. Aber selbst erkannte und durch Auflagen gesicherte Elemente und Teilsysteme - etwa Gehölze, Tümpel, Kaltluftrinnen - sind damit noch keineswegs hinreichend geschützt. Es gibt deshalb eine Unschärferelation zwischen den komplexen und vielfältigen Beziehungen, in die Bodenareale häufig eingebunden sind, und der planerischen Möglichkeit, einen Ausgleich zwischen Nutzungsrechten und Schutzbedürfnissen herzustellen. Die Situation hat sich bei Großvorhaben durch die vorgeschriebenen Umweltverträglichkeitsprüfungen etwas gebessert. Für kleinere Vorhaben, bei denen dieses Verfahren nicht greift, fehlt etwas Vergleichbares.

B. NUTZUNGSKONZEPTE ALS ORDNUNGSENTWURF

1. HISTORISCHE ENTWICKLUNG

Nutzungsdifferenzierungen in Städten sind so alt wie die Städte. Die ältesten Städte hatten schon Areale unterschiedlicher Bedeutung, wie Tempelbezirke, Gebiete mit Vorratsgebäuden, Wohnbezirke von Führungsgruppen und Handwerkerviertel. Vermutlich verbergen sich hinter solchen Spezialisierungen Ordnungskonzepte entwickelter Gesellschaften: Durch räumliche Absonderung wurden störende Funktionen in ihren negativen Wirkungen gemildert. Zugangsbeschränkungen zu bestimmten Wohnvierteln etwa nach Rang und Einkommen sicherten homogene soziale Umgebungen. Die Raum- und Ordnungsansprüche unterschiedlicher Nutzergruppen sind bei einer homogenen Sortierung leichter im voraus kalkulierbar, was einem sparsamen Bodenverbrauch entgegenkommt. Es kann beobachtet werden, daß die Nutzungsdifferenzierung nach Gebieten im Laufe der Geschichte immer weiter zunahm, bis die Baunutzungsverordnung mit 10 (heute 11) Baugebieten einen kaum zu übertreffenden Differenzierungsgrad hervorgebracht hat. Die Gebiete des BauGB sind deutlich

durch das Konzept der Gartenstadt, durch die Chartha von Athen und durch das Leitbild der "Gegliederten und aufgelockerten Stadt" geprägt. Mit den Problemen, die sich aus der starken Nutzungstrennung und der dadurch verstärkten Verödung des Stadtlebens vor allem in neuen Städten ergaben, wurde auch die strikte Trennung in nutzungshomogene Gebiete zunehmend kritisch gesehen. Seitdem geht die Tendenz wieder zu einer stärkeren Durchmischung, zur zumindest ausnahmsweisen Zulassung ursprünglich ausgeschlossener Nutzungen. Das noch als Übergangslösung gedachte Mischgebiet entwickelte sich folgerichtig in den letzten Jahren zu einem immer wichtiger werdenden Gebietstyp. Hier liegt also eine Korrektur eines zu weitgehenden und zu unflexiblen Ordnungsrahmens vor.

2. NUTZUNGSHOMOGENE GEBIETE ALS MITTEL ZUR MINDERUNG DES ORDNUNGSAUFWANDES

Die Sortierung in relativ homogene Nutzungen mit ähnlichen Ansprüchen kommt sowohl rationalen Kriterien der Ersparnis als auch dem Aufbau von sozioräumlichen Ordnungssystemen entgegen. Nutzungsordnungen sind daher Versuche einer Zuweisung von Bedürfnissen auf bestimmte Areale zur Minderung der Komplexität des Ordnungsproblems. In der Baunutzungsverordnung und in der durch Urteile fortlaufend präzisierten Rechtsprechung sind die Hauptkriterien die typisierten Nutzungen, deren räumliche Zuordnung wiederum von zu erwartenden Störungen und vom Flächenbedarf ausgeht. Es erfolgt also überwiegend eine Typisierung und damit Sortierung nach Ähnlichkeitsmerkmalen. So entstehen in Gebieten mit dominanten Hauptfunktionen wie Wohnen und Gewerbe relativ homogene Nutzungen, auch wenn diese baulich durchaus unterschiedlichen Ausdruck haben können.

3. WIDERSPRÜCHE ZWISCHEN HOMOGENITÄT UND BEDÜRFNISVIELFALT

Ganz offensichtlich besteht ein deutlicher Widerspruch zwischen der Tendenz, Nutzungen aus Gebieten auszuschließen, und den vitalen Bedürfnissen unmittelbarer, möglichst wenig geregelter ökonomischer und sozialer Lebensverwirklichung. Jeder kennt die anregende Atmosphäre und die hohe Funktionalität stark durchmischter Gebiete, eines fast chaotisch anmutenden "Durcheinanders", wie es in Stadtkernen des Orients, im Mittelmeerraum und in vielen Städten der Entwicklungsländer anzutreffen ist. Hier zeigen sich nicht nur verschiedene Entwicklungsstufen, sondern auch verschiedene Ordnungskonzepte. Ein weniger stark geregeltes Nebeneinander enthält zwangsläufig auch einen größeren Freiheitsgrad für den einzelnen, aus dem möglicherweise auch eine größere Akzeptanz gegenüber damit verbundenen Störungen erwächst.

Eine weniger stark reglementierte Nutzungszonierung überläßt also der Gesellschaft einen größeren Spielraum der Selbstregelung. In dem ständigen Anpassungsprozeß von räumlicher und sachlicher Nachfrage und Angebot können offenere Systeme eine Anpassung flexibler bewältigen als durchgeregelte

Ordnungsentwürfe. Von daher ist zu bezweifeln, ob sehr detaillierte Nutzungszuweisungen - außer für besonders schutzbedürftige Nutzungen - in dynamischen Gesellschaften ein sinnvolles Konzept sind. Zu detaillierte Regelungen für die Zulässigkeit von Nutzungen führen zu einer Entmischung mit der Folge der Ausweitung räumlicher Distanzen für Nachfrager und Beschäftigte und zu einer Verarmung urbaner Vielfalt. Sie begünstigen die ästhetische Monotonie von Umgebungen und verzögern den Strukturwandel, weil Strukturanpassungen erst nach einer bürokratischen Änderung des Planungsrechts und damit erst nach erheblichen Zeitverzögerungen erfolgen können.

Nutzungshomogene Umgebungen führen aber nicht nur zu einer strukturellen und visuellen Verarmung, sie reduzieren auch die Öffentlichkeit. Denn hinter der Zonierung steckt sehr viel mehr als die berechtigte und notwendige Fürsorge vor krank machenden Störungen durch Industrie und Gewerbe. Dafür ist sie wohl unverzichtbar. Eine detaillierte Zonierung des Wohnens verfolgt aber heute noch das Ziel einer Abschottung unterschiedlicher gesellschaftlicher Gruppen voneinander. Durch unterschiedliche Gebietsausweisungen wie WA GRZ 0,4 und WR GRZ 0,2 oder WA GFZ 0,6 und WA GFZ 1,2 mit den damit verbundenen unterschiedlichen Freiflächenanteilen und den daraus folgenden unterschiedlich hohen Bodenkosten werden klare Sortierungen nach Einkommensschichten vorgenommen. Die (klein-) bürgerliche Angst vor Bedrohungen oder Neid durch den weniger gut situierten Nachbarn soll so durch die Produktion von Inseln homogener Sozialgruppen gemildert werden. Sennett (1991, S.255) hat dieses Phänomen so beschrieben: "Angesichts der Feindseligkeit zwischen den verschiedenen gesellschaftlichen Gruppen in der Stadt geht der erste Impuls des Planers dahin, die miteinander in Konflikt liegenden, dissonanten Kräfte gegeneinander abzuschotten und im Inneren Wände statt durchlässiger Grenzen zu errichten. So dienen beispielsweise Schnellstraßen und Autoverkehr dazu, verschiedene soziale Territorien innerhalb der Stadt voneinander abzugrenzen (...). Auch die funktionale Entflechtung ist zu einem Mittel geworden, Grenzen abzudichten: das Einkaufszentrum, das von den Wohnsiedlungen weit entfernt ist, die Schule mit ihrem eigenen 'Campus', die Fabrik im Industriegebiet. Diese Strategien, die auf die Gartenstadt-Bewegung und deren Absicht, eine friedliche, geordnete Vorstadt zu schaffen, zurückgehen, werden heute zunehmend in der Großstadt angewendet, um die Gefahr einer Berührung zwischen verschiedenen Klassen oder Rassen zu bannen und eine Stadt aus lauter festen inneren Mauern zu bauen."
Auch wenn in deutschen Städten (noch) wesentlich geringere soziale und ethnische Spannungen als in nordamerikanischen Städten bestehen, ist die Tendenz doch die gleiche. Sennet formuliert als Konsequenz (S.256): "Den Menschen, die in abgeschlossenen Siedlungen leben, werden Entwicklungsmöglichkeiten genommen.(...) Sie haben nichts, was sie den Narben vergangener Erfahrungen, den Stereotypen, die sich im Gedächtnis eingegraben haben, gegenüberstellen können.(...) Der Planer einer modernen, humanen Stadt müßte die Unterschiede übereinanderschichten, statt sie zu segmentieren, und zwar aus dem gleichen Grund. Aus der Überlagerung ergeben sich komplexe, offene Grenzen. Das humane Rezept lautet: Verschiebung statt Linearität". Betrachtet man retrospektiv die Nutzungsmischung der gründerzeitlichen Großstadt, so enthält sie vieles von dem, was hier angesprochen ist: Auf einer einzigen Parzelle, in Vorder- und Hintergebäuden, in der 'Belle Etage', im Souterrain und unter dem Dach, wohnte ein großer Teil der sozialen Gruppen der Gesellschaft zusammen. Ist es wirklich humaner, stattdessen die Gruppen horizontal in separierten Gebieten zu trennen? Schließen solche Trennungen nicht tatsächlich wichtige Erfahrungen gesellschaftlicher Wirklichkeit aus und kann das auf Dauer gut sein?
Es sprechen daher gute Gründe für die Beschränkung der Nutzungsregelungen auf das wirklich Notwendige. Schon 1971 hat Martin Daub (Daub 1971, S. 79) vier kritische Punkte zur Baunutzungsverordnung vermerkt, die noch heute zutreffen:

"1. Wachsende Spezialisierung der menschlichen Tätigkeiten führt zu wachsender Differenzierung bei der Flächennutzung und überholt eine starr vorgegebene Einteilung der Nutzungsarten.

2. Je größer die Stadt, desto differenzierter die Nutzungen, desto zweifelhafter ist auch eine Beschränkung des ganzen Nutzungsgefüges auf 10 Kombinationen.

3. Nutzungen, die der einzelne Flächennutzer aus der Art des Gebrauchs örtlich beieinander belassen hätte, müssen nun örtlich getrennt werden, wenn sie nicht beide in ein und demselben Baugebiet zulässig sind; diese Trennung funktionell zusammengehöriger Flächen kann für den einzelnen und die Gesamtheit sehr nachteilig sein (z.B. dann, wenn durch Trennung von Wohnplatz und Arbeitsplatz, von Produktionsstätte und Betriebsverwaltung, zusätzlicher Verkehr erzeugt wird).

4. Der Ausschluß bestimmter Nutzungszwecke je Nutzungsart (Baufläche) führt zu einseitigen Nutzungsgemischen und schließlich zur Verödung der Gebiete und zur Langeweile der Bewohner. Er kann sogar zu erhöhtem Flächenaufwand führen, wenn Nutzungen, die kombiniert oder überlagernd auf einer Fläche hätten untergebracht werden können, jetzt mehrere Flächen benötigen" (Daub 1971, S. 79 f).

Bei der Nutzungssteuerung durch Flächennutzungs- und Bebauungspläne sollte daher nach dem heutigen Diskussionsstand sehr viel stärker vom Mischgebiet und vom besonderen Wohngebiet als Regelnutzung anstatt von zu detaillierten Gebietsausweisungen ausgegangen werden.

C. NUTZUNG UND SOZIALER PROZESS

Grundlegende Bedürfnisse an die Raumorganisation
Wir kommen hier auf die von Lynch (1981, S.118) aufgestellten und schon im Kapitel 18 angesproche-

nen Kategorien zurück, die die statischen Nutzungs-
begriffe des öffentlichen Planungsrechts durch bewoh-
ner- und nutzerbezogene Eigenschaften ersetzen:

1. Vitalität (vitality), Lebendigkeit, Erneuerungsfähigkeit
2. Sinnhaftigkeit (sense) für Bewohner und Nutzer
3. Funktionstüchtigkeit (fit) der Struktur und ihrer
   Verbindungen
4. Zugänglichkeit, Erreichbarkeit (access)
5. Kontrolle (control) der öffentlichen Räume durch
   die Nutzer
6. Effizienz (efficiency) in der Sicherung der Werte 1-
   5
7. Gerechtigkeit (justice) in der Belastung und
   Beteiligung der Bewohner nach ihren verschiedenen Möglichkeiten und Bedürfnissen an den
   Kosten und Nutzen.

Lynch versucht hier, strukturelle Bedingungen einer gut
funktionierenden Raumorganisation zu beschreiben,
ohne schon die räumliche Ordnung festzuschreiben.
Diese allgemeinen Eigenschaften lassen sich nun auch
auf das Thema Nutzung übertragen: Ein Gebiet ist
dann vital, wenn es aufgrund seiner Lage und Struktur
immer wieder Anreize zur Erneuerung und Verbesserung liefert. Dies setzt im Idealfall eine bestimmte
Mischung von Nutzungen, gemischte Bevölkerungs-
und Altersstrukturen, auch Bauten verschiedenen Alters
voraus. In einem in allen diesen Aspekten homogenen
Gebiet ist es viel schwerer, Anpassungen und Korrekturen zu erreichen als in einem Gebiet, in dem dauernd
immer wieder kleinere Veränderungen stattfinden. Ein
Gegenbeispiel sind homogene Wohnungsneubauge-
biete, in denen zunächst junge, später überwiegend
alte Familien wohnen, in denen der Baubestand
gleichzeitig mit den Bewohnern altert. Solche Gebiete
können lange stabil sein, sie sind aber selten vital.

Sinnhaftigkeit bedeutet, daß sich die Funktionen und
Nutzungen eines Gebietes mitteilen, erkennbar und
verstehbar sind. Funktionstüchtigkeit heißt, daß die
innere Organisation funktioniert. Zugänglichkeit meint,
daß das Gebiet leicht erreichbar, die Einbindung des
Gebietes in Stadt und Region gut ist. Kontrolle ist ein
Schlüsselbegriff für Gebiete mit geringer Mischung. Bei
nur periodischer Nutzung fehlt in den nutzungsschwa-
chen Zeiten die öffentliche Kontrolle. Effizienz in der
Sicherung der Werte 1-5 meint einerseits die Entschlos-
senheit von Politik und Planung, intakte Gebiete auch
zu sichern, andererseits die aktive Einflußnahme der
Bewohner und Nutzer auf diesen Prozeß zu wollen und
zuzulassen. Gerechtigkeit in der Belastung und Beteiligung der Bewohner nach ihren verschiedenen Möglichkeiten und Bedürfnissen an den Kosten und Nutzen
ist schließlich eine der Voraussetzungen für das Entstehen eines gemeinsamen "Wir-Gefühls", das gemein-
sames Handeln erleichtert.

Diese Kategorien können uns helfen, das Problem der
Nutzungsordnung als ein Problem des Planens und
Überplanens neu zu sehen. Sie weisen ferner darauf
hin, daß geordnete Funktionen, Nutzungen und
Stadtgestalt für sich wenig bedeutsam sind, wenn sie

nicht in zumindest partieller Übereinstimmung mit den
Lebensprozessen und Bedürfnissen in diesen Gebieten
stehen.

D. DER STADTTEIL ALS ORGANISATIONSRAUM

Aus dem Gesagten folgt, daß durch Stadterweiterung
und Stadterneuerung Gebiete zu entwickeln sind, die
einen stadträumlichen, funktionalen, sozio-ökonomi-
schen und möglichst auch einen geschichtlichen
Zusammenhang aufweisen. Obwohl sich in heutigen
Großstädten nicht ohne weiteres Stadtteil-Identitäten
entwickeln lassen, ist dennoch immer wieder periodisch der Versuch notwendig, Stadtteile nach solchen Kriterien zu verfestigen. Es war dies eines der
Ziele, welches ein großer Teil der deutschen Stadtentwicklungsplanung seit den 70er Jahren im Kern
verfolgte: die Stabilisierung der formal zerfallenden
Großstadt um sozio-ökonomische Kerne. Durch die
Bündelung von Wohnen, Arbeiten und Infrastrukturversorgung in Stadtteilen wollte man zu möglichst ausge-
wogenen, teilautonomen Einheiten kommen. Auch
heute scheint der Stadtteil und das Quartier als Ausgangspunkt teilräumlicher Organisation das tragfähig-
ste Konzept, um Nutzungsordnungen im Verbund mit
der sozialräumlichen Gliederung der Städte zu entwik-
keln. Die in manchen Ländern, etwa in Nordrhein-
Westfalen, eingeführte Ebene der Bezirksverwaltungen
und Bezirksräte, aber auch die regelmäßige Bürgerbeteiligung an der Zieldiskussion für die Stadtteile erlauben eine offene Abwägung der räumlichen Verteilung
von Lasten und Vorteilen. Die Egoismen ohnehin
bevorzugter Teilgebiete können in einer offenen
Diskussion eher aufgebrochen werden als in abstrakten, bürgerfernen Entscheidungen über die Flächennutzung.

Versteht man Stadtteile als räumliche Organisationseinheiten der Großstadt, führt dies in der Tendenz zu
einem Modell ausgewogener Nutzungskompositionen
für jeden Stadtteil. Jeder Stadtteil dient sowohl dem
Wohnen als dem Arbeiten. Jeder Stadtteil hat eine
eigene Infrastrukturbasis von Schulen, Altenbetreuung,
bis hin zur Waren- und Dienstleistungsversorgung. Jeder
Stadtteil muß intern einen Ausgleich zwischen konkurrierenden Nutzungsansprüchen herbeiführen, und er
hat sowohl für seine eigenen Bedürfnisse zu sorgen als
auch für gesamtstädtische Bedürfnisse Aufgaben zu
übernehmen. Für isolierte Gewerbegebiete bliebe bei
einem solchen Ansatz nur wenig Raum. Dieses Konzept
funktioniert aber nur so lange, wie der Raum zur
Anlagerung der in den nächsten 1-2 Entwicklungs-
perioden zu erwartenden Nutzungen ausreicht. Ferner
greift es nur, wenn störende Nutzungen von ihren
Flächenansprüchen und Störwirkungen her halbwegs
integrierbar sind und die topographischen und son-
stigen Lagebedingungen einen Ausgleich zulassen.

Desintegrierte, von den Stadtteilen und Wohnvororten
abgesonderte Arbeitsstätten entstehen trotz eines
solchen funktionsintegrierenden Ansatzes aber auch
- über einen offenen oder stillen Konsens, störende
  Nutzungen auszusondern;

- bei industriellen und gewerblichen Nutzungen, die aufgrund ihrer Störwirkung und ihres Flächenanspruches nicht mehr integrierbar sind;
- bei fehlenden Flächenreserven in den Stadtteilen und
- an verkehrsorientierten Standorten (Bahnanschluß, BAB-Knoten, Schiffahrtswegen, Häfen, Flughäfen).

E. DESINTEGRATION DER STADTSTRUKTUR

Die Baunutzungsverordnung mit ihrem detaillierten Gebietsansatz, die darauf aufbauende Rechtsprechung und die auf einem veralteten technologischen Stand der Vermeidung von Störungen entwickelten Abstandsvorschriften (Abstandserlaß NRW) haben zu einer enormen Ausbreitung der Gewerbegebiete zwischen den Stadtteilen und am Rande der Städte geführt. Hier entstanden "gesichtslose", mikro- und makroökologisch bedenkliche Gebiete - wenn man den Flächenverbrauch für Erschließung, Parkplätze und Reserven, die mangelnde Grünausstattung, die architektonischen Mängel, die unwirtschaftliche öffentliche Verkehrsbedienung und den ökologisch schädlichen individuellen Verkehrsaufwand zur Bedienung dieser Gebiete bedenkt. Diese Entwicklung hat wesentlich zu einer funktionalen und formalen Desintegration der Städte beigetragen. Die Tendenz, zu der auch die Baunutzungsverordnung beiträgt, Infrastrukturanlagen - Schulen, Berufsschulen, Gefängnisse, Supermärkte, Baumärkte und Einkaufszentren - als räumlich und architektonisch separierte Funktionseinheiten zu behandeln, hat diesen Prozeß verstärkt. Inzwischen werden auch mit dem Wohnen verträgliche gewerbliche und öffentliche Nutzungen aus den älteren Baubeständen in neue Gewebegebiete, Gewerbe- oder Büroparks umgesiedelt. Unter dem Signum des "Arbeitens im Park" hat eine weitere Phase der großräumigen Desintegration begonnen, die nun auch noch eine pseudo-ökologische Rechtfertigung erhält.

Lösungsansätze

Lösungen können in folgenden Richtungen gesucht werden:
- Erweiterung der Ausnahmen in der BauNVO für Kerngebiete, Gewerbegebiete und Allgemeine Wohngebiete;
- bei Festsetzungen mehr Gebrauch vom Mischgebiet machen;
- Überprüfung der Abstandsregelungen für potentiell integrierbare Gewerbe und Förderung der Entwicklung und Verbreitung von störungsmindernden Techniken;
- Entwicklung von Baustrukturen, die gemischte Nutzungen und die rückwärtige Pufferflächen für Gewerbe- und Infrastrukturnutzungen in späteren Phasen zulassen.

F. GRUNDPRINZIPIEN VON NUTZUNGSANORDNUNGEN

1. FLÄCHENNUTZUNGS- UND DICHTEMODELLE

Die Desintegration der europäischen Städte ist aber trotz der beschriebenen Tendenzen noch nicht soweit fortgeschritten, daß sich eine völlig neue Struktur ergeben hätte. Die aus dem Zeitalter des öffentlichen Nahverkehrs entstandenen Nutzungsverdichtungen in den Stadtkernen, den ersten und zweiten Ringen und entlang der Radialen sind zwar durch periphere Standorte und nichtintegrierte Infrastrukturstandorte vielfältig ergänzt und durchbrochen worden; dennoch hat das Gefüge durch seine Trägheit den Einflüssen des Automobils noch einigermaßen widerstanden. Die Grundstruktur der Stadt des 19. Jahrhunderts prägt noch heute wesentliche Dichteverteilungen. In der vor uns stehenden Phase einer Rückorientierung der Städte auf den ÖPNV kann daher ohne Zögern auf die bewährten Konzepte dichter und gemischter Stadtstrukturen zurückgegriffen werden, wie sie seit der Jahrhundertwende mit hinteren Fluchtlinien, Staffelbauordnungen und Reformblöcken entwickelt waren. Insofern ist der Aussage von Hoffmann-Axthelm zuzustimmen, daß die Stadt des ausgehenden 19. Jahrhunderts die strukturell modernste Konzeption der Großstadt war und diese Strukturqualität, bestimmte Übertreibungen ausgenommen, in diesem Jahrhundert nicht wieder erreicht wurde.

Woran ist also anzuknüpfen? Wir haben im Teil B gezeigt, welche Funktion die großen Radialen, die Ringe und der "urban fringe" haben. Auf diesen strukturellen Grundelementen der Stadtstruktur und zugleich auf dem Konzept des Stadtteiles kann aufgebaut werden. Dichte-Konzepte werden zweckmäßigerweise von hohen Dichten im Kern, an den Radialen und Ringen und an den Knoten des ÖPNV ausgehen (Vergl. Kap.20). Das klassische Modell der Stadt mit dichtem Kern und mit zum Rand hin lockerer Bebauung kann bei den in die Fläche wachsenden Großstädten kein sinnvolles Leitbild bleiben. Vielmehr werden schon aus siedlungsökonomischen, aber auch aus Gründen der Flächenschonung an der Peripherie stärker gemischte Gebiete und geschlossene Bebauungen zu verstärken sein. Das Problem des zersiedelten und zerklüfteten Stadtrandes kann damit auch etwas gemildert werden. Es kommt, das sollten die empirischen Beispiele langfristiger Strukturentwicklung im Teil B zeigen, auf Strukturen an, die sich bei Veränderungen ihrer Lagebedingungen in der Stadt wandeln können und die offen für unterschiedliche Nutzungen sind.

2. ERSCHLIESSUNGSGEOMETRIE UND NUTZUNGSANSCHLÜSSE

Einfachstes Prinzip ist sowohl für Bebauungen als auch bei Nutzungen die Reihung (Abb.19.1). Verschiedene Nutzungen können in horizontaler Reihung nebeneinander angeordnet werden (a). Die doppelte Reihung mit gegenüber liegenden Nutzungen an der gleichen Erschließung verdoppelt die Nutzungsdichte bei sonst gleichen Bedingungen (b). Zusätzliche

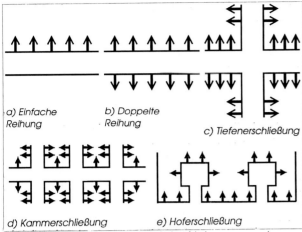

Abb. 19.1 Prinzipien horizontaler Nutzungszuordnung

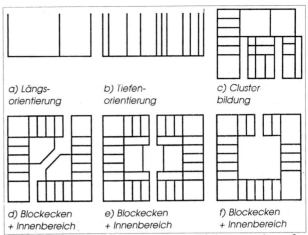

Abb. 19.3 Horizontale Mischung kleiner und großer Nutzungen

Flächen können durch Tiefenerschließungen gewonnen werden. Der einfachste Fall ist der "Hinterlieger" auf einer tiefen Parzelle, eine von vorne durch eine Zufahrt mit erschlossene Nutzung. Durch in die Tiefe entwickelte Straßen (c) können zusätzliche Flächen angebunden werden. Durch Zeilen oder schmale Blöcke entsteht eine kammartige Tiefenerschließung (d). Auch Höfe dienen der Vergrößerung der erschlossenen Frontlängen (e).

a) Vertikale Nutzungsmischung (Abb.19.2)

Nutzungen können vertikal sehr viel rationeller als horizontal gemischt werden, weil die vertikale Distanz mit etwa 3-4 m Geschoßhöhe geringer ist als jede Mindestbreite einer üblichen Nutzungseinheit. Die vertikale Mischung ist daher diejenige, die auf flächensparendste Weise eine hohe räumliche Dichte und Mischung von Nutzungen erlaubt (b). Bekanntestes Beispiel ist das gemischt genutzte Hochhaus mit unterschiedlicher Nutzungsschichtung. Da Gebäude meist eine gleiche oder nur wenig variierende Tiefe haben, ist die Verbindung von Nutzungen unterschiedlicher Tiefenansprüche in einem Gebäude auf die unteren Geschosse beschränkt (c). Bei entsprechend günstiger räumlicher Packung der Nutzungen können Nutzungen mit großen Flächen in den Hinterzonen von Reihen oder Blöcken untergebracht werden (d).

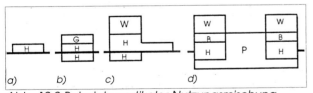

Abb. 19.2 Beispiele vertikaler Nutzungsmischung

b) Horizontale Mischung kleiner und großer Nutzungen

Die urbanistisch ungünstige Form der Mischung ist die Längsanordnung weniger großer Nutzer (Abb.19.3 a). Viel günstiger ist die Tiefenorientierung der Nutzungen (b), damit je Einheit Wegelänge möglichst viele Nutzungen erreicht werden. Größere Nutzer liegen daher günstiger in Ecken oder in hinteren Zonen, die durch Stiche (Tordurchfahrten usw.) angeschlossen werden (c-f)

Verbindet man Formen wie (b) mit der vertikalen Schichtung von Abb. 19.2 c oder d, ergeben sich die von der Geometrie her dichtesten Zuordnungen von Nutzungen. Sie entsprechen gemischten Baublöcken. Diese Form ergibt, neben dem gemischten Hochhaus, die günstigste Packungsdichte verschiedener und verschieden großer Nutzungen.

c) Homogene horizontale Mischung

Neben der Parzellenmischung hat sich in den 60er und 70er Jahren die "kleinräumig homogene Mischung" entwickelt. Sie entsteht aus einem "Fleckenmuster" jeweils in sich homogener Nutzungen, wie WA, GE, MI,

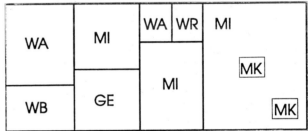

Abb. 19.4 Kleinräumige horizontale Mischung homogener Nutzungen

MK. Die Gebiete sind in solchen Fällen jeweils sehr klein und meist nicht nutzungsoffen konzipiert. Die kleinteilige Addition dient vielmehr einer eng beschränkten, fast ängstlichen Nutzungskontrolle. Dieses Prinzip entspricht weitgehend dem Leitbild der "Gegliederten und aufgelockerten Stadt" (Abb. 19.4).

d) Gliederung von Gebieten nach ihrem Störungsgrad

Gängige Praxis ist die Zuordnung von Gebieten nach ihrem Grad der Störung. So liegt es unter dem Gesichtspunkt der Konfliktvermeidung nahe, störende und nicht störende Nutzungen jeweils zusammenzulegen. Die notwendigen Schutzabstände lassen sich entweder durch frei gelassene Zwischenräume (Agrarflächen, Wasserflächen, Parks) oder durch eine abgestufte Nachbarschaft von Gebieten herstellen. Abbildung 19.5 zeigt schematisch oben eine solche Gliederung, bei der jeweils eine Abstufung um ein Gebiet nach der Baunutzungsverordnung erfolgt. Das untere Schema enthält eine zusätzliche Untergliederung der Gebiete, mit der noch detaillierter eine Feinsteuerung der zulässigen Nutzungen erfolgen kann.

e) Bewertung der verschiedenen Nutzungen auf ihre Mischungseignung

Gebiete mit einer überwiegenden Hauptnutzung wollen wir vereinfachend homogene Gebiete nennen. Dies wären WR, GE, GI. Demgegenüber können Groß- und Kleingemengelagen als heterogene Gebiete bezeichnet werden. Hier sind Nutzungen so zufällig

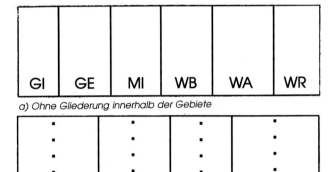

a) Ohne Gliederung innerhalb der Gebiete

b) Mit Gliederung innerhalb der Gebiete

Abb. 19.5 Abstufungen von Baugebieten nach ihrem Störungsgrad.

gemischt, daß sich die Struktur keinem der Gebiete der BauNVO zuordnen läßt. Hiervon abzugrenzen sind Gebiete mit einer vom Ansatz her verträglichen Mischung, die durch die Art der zulässigen Betriebe oder durch zusätzliche Mechanismen kontrolliert werden: MI, (MK), WB, (WA). Bei den in Klammer gesetzten Gebieten hängt es davon ab, wie sie konkret ausgestaltet werden, ob sie eher den homogenen oder den gemischten Gebieten zuzurechnen sind. In der Tendenz sind Mischgebiete und "Besondere Wohngebiete" eher heterogen im Sinne von vielfältig angelegt. Auch "Allgemeine Wohngebiete" können bei Ausschöpfung der Ausnahmeregelungen noch eine gewisse Vielfalt von Nutzungen bekommen.

f) Bauform und Nutzungsmischung

Da Bauten häufig länger existieren als die Nutzung, für die sie einmal errichtet wurden, existiert ein latentes Spannungsverhältnis zwischen Bauformen und Nutzungen. Wir können folgende drei grundlegende Fälle unterscheiden (wobei im Begriff der Bauform hier auch die Baugröße enthalten ist):

- Bauform wird vorgegeben
Die Nutzungen orientieren sich an den gegebenen Möglichkeiten, indem sie Kompromisse in der Organisation eingehen, zugleich aber versuchen, die gegebenen Spielräume innerhalb und außerhalb des Gebäudes zu nutzen. Beispiel: Blockrandbebauung mit gewerblichen Nutzungen.

- Nutzung wird vorgegeben
Die Bauform entwickelt sich konseqent aus den Bedürfnissen der Nutzung. Die Bauform ist eine logische

Antwort auf die Funktion. Beispiel: Gewerbegebiet ohne gestalterische Regelungen, Kühlturm.

- Verbindung beider Prinzipien
Es erfolgen Vorgaben zu den Mindestanforderungen an die Bauformen. Nutzungen, die diese Ziele nicht erfüllen können, werden rechtlich oder auf andere Weise ausgeschlossen. Beispiel: Bebauungsplan für einen Technologiepark mit enger Festsetzung der Nutzung (z.B. neue Technologien, Obergrenzen für Betriebsgrößen, zweigeschossige Produktionsbauten, Festsetzung von Bürogebäuden als Rand).

F. ZUSAMMENFASSUNG

Die Dynamik gesellschaftlicher Veränderungsprozesse wirkt sich unmittelbar auf die räumliche Dynamik aus. Es wird daher immer schwieriger, enge Nutzungsfestlegungen über längere Zeit - mit Ausnahme von Wohn-, Sonder- und Gewerbegebieten - zu begründen. Wir stehen in einer Phase, wo durch Veränderungen in der Arbeitswelt, durch Produktions- und Umweltauflagen Wohnen und Arbeiten in vielen Bereichen wieder näher zusammenrücken können. Dies wäre gut für die Urbanität und für die Energieeinsparung. Die Entwicklung gemischter Gebiete, die die Bedürfnisse von Betrieben und die des Wohnens zugleich mit einer hohen gestalterischen Qualität verbinden, steht als eine der wichtigsten Aufgaben für die nächsten Jahrzehnte an. Im Kapitel 23 werden hierzu Beispiele gezeigt. Auf die rechts- und planungstechnischen Fragen von Nutzungsmischungen kann in diesem Rahmen nicht detaillierter eingegangen werden. Hierzu existiert eine Fülle guter Literatur. Auf exemplarische Titel wird unten verwiesen.

LITERATUR

Borchard, K.: Orientierungswerte für die städtebauliche Planung. Institut für Städtebau und Wohnungswesen der Deutschen Akademie für Städtebau und Landesplanung. München 1974 f

Bork, G.: Wohnen und Gewerbe. Köln 1984

Braam, W.: Stadtplanung. Düsseldorf 1987

Daub, M.: Bebauungsplanung. Theorie - Methode - Kritik. Stuttgart 1971

Gaentsch, W.: Öffentliches Baurecht. Köln 1978

Graff,R.; Walters, M.: Mischung ist mehr. Nutzungsmischung statt Nutzungsabsonderung. In: Bauwelt 48/1990

Heinz, H.: Entwerfen im Städtebau. Wiesbaden, Berlin 1983

Fickert, H.C.; Fieseler, H.: Baunutzungsverordnung, Kommentar. Köln 1992f

Hangarter, E.: Grundlagen der Bauleitplanung. Der Bebauungsplan. Düsseldorf 1988

Hoffmann-Axhelm, D.: Warum Stadtplanung in Parzellen vor sich gehen muß. In: Bauwelt 48/1990

Lynch,K.: Good City Form. MIT Press. Cambridge 1981

Sennet, R.: Civitas. Die Großstadt und die Kultur des Unterschieds. Frankfurt 1991

Wiegand, J.: Funktionsmischung. Niederteufen 1973

20. ZENTREN

Zu den dynamischten Nutzungen der Stadt gehören der Handel und jene Funktionen, die meistens unter dem Begriff des "Tertiären Sektors" zusammengefaßt werden. Der Dienstleistungssektor, wie er auch genannt wird, hat eine besondere stadtbildende Bedeutung, weil die Standorte der Dienstleistungen für den Endverbraucher sich häufig in Zentren bündeln. Zentren sind aber mit ihren unterschiedlichen Funktionen jene Orte, die am stärksten öffentliches Leben erzeugen. Zentren sind daher besonders wichtige Bausteine der Stadtstruktur.

A. FUNKTION UND BEDEUTUNG VON ZENTREN

1. ZENTRUM UND PERIPHERIE: BEGRIFF UND ORDNUNGS- MODELL

Der Sinn des Wortes "zentral" besagt, daß etwas "im Mittelpunkt befindlich" ist; Zentrum bedeutet Mittelpunkt. Dieser zunächst geographische Begriff wurde zu einer universellen Metapher dinglicher und philosophischer Ordnungen: die Erde und später die Sonne als Zentrum des Weltbildes, zentrale Bereiche im Bildaufbau für wichtige Personen und Ereignisse. Wichtiges interpretieren wir als zentral, unwichtiges als peripher. Im Kern handelt es sich um die Anwendung räumlicher Modelle auf andere Sachverhalte. Das Modell "Zentrum - Peripherie" ist einfach und universal. In unserem Kontext bedeutet "Zentrum": die in engerer räumlicher Zuordnung angeordneten Einrichtungen zur Versorgung der Bevölkerung und der Betriebe mit Waren und Diensten für ein Versorgungsgebiet. Das Zentrum definiert sich also durch seine Peripherie und durch seine Lage in einem Feld von weniger hervorgehobenen und bedeutsamen Umgebungen. Eine Stadt, das Verständnis ihrer inneren Ordnung oder auch der Raum, zu dem sich weite und konturlose Umgebungen zuordnen lassen, wird am leichtesten vom Zentrum her verstanden. Wir können grob zwischen Zentren mit ökonomischen, administrativen und mit kulturellen Funktionen unterscheiden. Einkaufszentren "auf der grünen Wiese" umfassen nur die ökonomische Funktion, ein kleiner Stadtkern mit Kirche und Rathaus nur die kulturell-administrative. Zentrum hat also zuerst mehr mit der geographischen Lage und danach erst etwas mit dem Inhalt zu tun. Hingegen enthält der Begriff des Stadt- oder Stadtteilzentrums traditionell immer die ökonomischen, kulturellen, symbolischen und administrativen Inhalte. Wenn hier bei den Erreichbarkeits- und Größenproblemen allgemein von Zentren gesprochen wird, dann sind auch die nichtökonomischen Funktionen inbegriffen; da die ökonomischen aber auf Veränderungen empfindlicher reagieren, sind diese dann vor allem gemeint.

2. DIE SYMBOLISCHE BEDEUTUNG DER ZENTREN

Obwohl Städte zu großen Agglomerationen heranwuchsen und diese aus einer Vielzahl von Zentren bestehen, repräsentieren die zentralen Zentren immer noch das Territorium oder Teile desselben. Sie bilden "Verdichtungen" verschiedenster Art:
von Materie (Baumasse, Dichte, Höhe), von Funktionen (Spezialfunktionen, hochdifferenzierte Orte der Arbeitsteilung), von Bedeutungen (Überhöhungen, Gestaltkerne, Brennpunkte) und sind mit allen diesen Attributen letztlich komplexe Symbole einer Gesellschaft. Obwohl sich in großen Agglomerationen längst nicht mehr alle wichtigen Funktionen in einem Kern konzentrieren lassen und sich polyzentrische Strukturen herausgebildet haben, ist das Zentrum-Peripherie-Modell von unverminderter symbolischer Bedeutung:

Jede Gesellschaft benötigt ihre "Mittensymbole" und Orte, die Bezugspunkt einer ganzen Stadtbevölkerung sein können.

3. DIE ÖKONOMISCHE BEDEUTUNG VON ZENTREN

Zentren sind Agglomerationen unterschiedlicher Versorgungs-, Dienstleistungs- und kultureller Einrichtungen auf einem räumlich engen Territorium. Lösch (1962, S.47) sagt dazu: "Selbst wenn die Erde eine vollkommen gleichförmige Oberfläche besäße, gäbe es Städte." Er meint damit den ökonomischen Vorteil, der sich aus der engen räumlichen Beziehung von Anbietern und Verbrauchern ergibt. Die gleichen ökonomischen Gesetze, die im regionalen Maßstab für Städte zutreffen, gelten im lokalen Maßstab auch für die verschiedenen Haupt- und Nebenzentren einer Stadt oder einer Agglomeration. Es gibt keine anderen Konstrukte, die mit kurzen Wegen einen wesentlichen Querschnitt des Waren-, Dienstleistungs- und Kulturangebotes einer Gesellschaft verknüpfen und damit für den Bürger und Nachfrager erschließen. Zentren existieren daher wegen der wege- und zeitsparenden Beschaffungsvorgänge, die man in ihnen tätigen kann. Zentren sind im Kern Lager von Produkten, von Fertig- und Halbfertigteilen, von Dienstangeboten, und sie sind zugleich Informationsspeicher für einen bestimmten Raum. Gute Zentren haben sowohl gleiche Produkte in den verschiedenen Preis- und Qualitätsklassen in mehrfachem, konkurrierendem Angebot als auch eine hohe Breite und Tiefe von Produkten und Diensten. Konkurrierende Angebote beleben die Preiskonkurrenz, hohe Vielfalt erlaubt, sachlich sehr weit auseinanderliegende Bedürfnisse an einem Ort zu decken. Abbildung 20.1 zeigt das Prinzip der Zentrenbildung durch die Minimierung des Wegeaufwandes für Beschaffungen. Links der Wegeaufwand eines Kunden, der sieben verschiedene Produkte benötigt, die an sieben verschiedenen Standorten angeboten werden. Rechts der Wegeaufwand des gleichen Kunden in einem Zentrum, welches alle diese und noch mehr Angebote an einem Ort vereint.

4. ZENTREN UND VERKEHR

Wir können die äußeren und die inneren Verkehrsaspekte unterscheiden. Eine gute Erreichbarkeit aus dem Umland ist eine der Grundvoraussetzungen für Zentren. Deshalb bilden sich dezentrale Handelszentren an den Kreuzungspunkten von Durchmesserlinien (Autobahnknoten). Der Verkehr hat die Funktion, die Differenz zwischen dem Angebot des Zentrums und der unmittelbar in Fußgängerentfernung zugeordneten Nachfragern auszugleichen. Gäbe es keine Transportmittel, fiele das Angebot in den Zentren auf jene Menge zurück, die von der örtlichen nahen Nachfrage getragen werden könnte. Christaller (1933) hat diese Überschußbedeutung mit dem Begriff "Zentraler Ort"

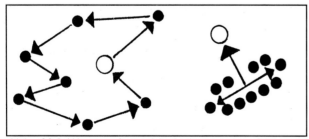

Abb. 20.1 Wegeaufwand bei dispersen und konzentrierten Handelsstandorten

belegt. Ein Ort ist dann zentral, wenn er mehr Waren und Dienste anbieten kann als seine eigene Bevölkerung nachfragt. Dieser Überschuß setzt aber zwingend Verkehrsvorgänge voraus. Deshalb reagieren auch insbesondere Einzelhändler so sensibel auf Veränderungen der regionalen und lokalen Erreichbarkeit der Zentren, weil sich diese in Umsatzveränderungen bemerkbar machen.

Was für die regionalen Beziehungen gilt, gilt auch für die Erreichbarkeit aus der Stadt. Der größte Teil des Publikums integrierter Zentren stammt nämlich aus der Stadt selbst. Deshalb ist eine gute Erreichbarkeit aus dem gesamten Stadtgebiet noch wichtiger als aus der Region. Aus diesen Gründen haben die Stadtzentren meistens eine Position, die etwa der geographischen Mitte von Städten entspricht. Liegt eine zentrale Lage nicht vor, bestehen vermutlich Konkurrenzen mit anderen Zentren oder es werden Gebiete unzureichend angebunden. Die im Hinblick auf Geographie und Verkehr günstige Lage ist daher ein Schlüsselkriterium aller Zentren. Es handelt sich um "Wegekostenminimalpunkte". Dort wo die Summe aller Wege aus der Region und der Stadt den geringsten Wert erreicht, liegt theoretisch der optimale Standort eines Stadtzentrums. Deshalb entwickelten sich auch Zentren der Stadtteile und Quartiere folgerichtig an den Radialen und an den Knoten mehrerer Straßen, die gekoppelt sind mit Standorten guter optischer Auffindbarkeit.

In den Zentren selbst geht es um eine räumlich enge Verknüpfung der verschiedenen Angebote. Der Nutzer sucht und schätzt kurze Wege, weil sie ihm mit einem Minimum an Kraft- und Zeitaufwand ein Maximum an Informationen und Beschaffungen ermöglichen. Die inneren Erreichbarkeiten sind daher auf diese Bedürfnisse hin zu konzipieren.

5. MONO- UND MULTIFUNKTIONALE ZENTREN

Klassisches Modell ist das multifunktionale Zentrum, das möglichst viele ökonomische und nichtökonomische Funktionen vereint. Der begrenzte zentrale Raum, der eine gute Erreichbarkeit hat, läßt es bei wachsenden Agglomerationen aber nicht zu, daß sich alle Funktionen, die einen zentralen Standort suchen, dort auch niederlassen können. Als Regulativ wirkt hier der Bodenpreismechanismus. Über einen ökonomischen Filterprozeß können sich nur solche Nutzungen in den zentralen Standorten halten, die die hohen Standortkosten erwirtschaften können. Deshalb werden ökonomisch schwächere Nutzungen immer wieder von nachrückenden stärkeren verdrängt. Es gibt aber auch Nutzungen, die gar nicht die zentralen Lagen benötigen, sondern denen die Nähe dazu ausreicht. Deshalb haben sich Nebenzentren für Sonderfunktionen (Möbel, Autos) in zentrumsnahen Nebenlagen oder auch in Gewerbegebieten und am Stadtrand - an den Knoten von Autostraßen - entwickelt. Solche Zentren existieren von räumlich-sektoralen Nachfragesegmenten. Ihr Problem ist die oft auf eine Monofunktion hin entwickelte Angebotsstruktur. Sie ergänzen das klassische System gemischter Zentren. Je nach ihrer Zahl, Lage und Größe können sie Stadtzentren entlasten oder auch schwächen. Sofern sie von ihren Größen her Innenstadtzentren nicht bedrohen, tragen sie zu einem erwünschten Entlastungseffekt bei.

6. BEDEUTUNGSÜBERSCHUSS UND LABILES GLEICHGEWICHT

Multifunktionale Zentren, die sich über Jahrzehnte oder Jahrhunderte entwickelt haben, haben häufig einen kulturellen und ökonomischen Bedeutungsüberschuß, der sich aus Funktionsmischung und Beziehungsdichte bildet. Sie haben ein "Milieu", versammeln ganz unterschiedliche Schichten, die Bewohner verschiedener Stadtteile, Einheimische und Fremde an einem Ort. Zu guten Zentren gehören ästhetische Vielfalt, Zeugnisse, die die Geschichte der Stadt repräsentieren, aber auch aktuelle Widersprüche und Probleme. Besonders solche zentralen Bereiche unterliegen einem dauerndem Wandel. Die Durchsetzungsfähigkeit ökonomischer Macht und zu radikale Problemlösungsmodelle von Planern und Politikern können dieses Milieu gefährden, zu dem auch Nischen für nicht so starke Funktionen gehören. Zentren, die überwiegend nur noch aus Schuhgeschäften, Warenhäusern, Kettenläden und Fast-Food-Geschäften - also aus umsatzstarken Nutzern - bestehen, verlieren gerade wegen der Verarmung des Angebotes an Attraktivität. Zentren in einem labilen Gleichgewicht zu halten, an neue Bedürfnisse anzupassen und dennoch Kontinuität der Geschichte und Individualität zu erhalten, ist eine der schwierigsten Aufgaben der Stadtplanung.

B. ZENTRENSTRUKTURPLANUNG

Zentren und Zentrensysteme bedürfen deshalb einer periodischen planerischen Kontrolle und Korrektur bei den notwendigen Anpassungsvorgängen und zur Sicherung von Kontinuität und Vielfalt. Nachfolgend werden in Stichworten Hinweise für die Zentrenstrukturplanung gegeben. Diese Hinweise beziehen sich vorwiegend auf Handel und Dienstleistungen, weil die öffentlichen Funktionen in Zentren nicht der gleichen Dynamik wie die privaten Einrichtungen unterliegen.

1. GRUNDSÄTZE
- Zentren bestehen aus Standortagglomerationen von Versorgungseinrichtungen und einer räumlich zugeordneten Basisbevölkerung.
- Beide bedingen sich gegenseitig. Bevölkerungskonzentrationen ermöglichen die Existenz von Versorgungseinrichtungen, attraktive Versorgungszentren ziehen Bevölkerung an.
- Zentren sind Grundelemente der Stadtstruktur und in ihrer Lage sehr stabil.
- Wegen der sich ändernden Bevölkerungsverteilung im Stadtgebiet und sich ändernden Standort- und Größenanforderungen einzelner Infrastruktureinrichtungen ist periodisch in den Städten die gegebene Zentrenstruktur zu überprüfen und veränderten Anforderungen anzupassen.
- Solche Anpassungen geschehen bei den privaten Einrichtungen durch Aktivitäten der Betreiber (etwa durch Vergrößerung oder Verkleinerung der Geschäftsflächen), zum Teil muß ihnen ein planerischer Rahmen gegeben werden.
- Bei größeren planerischen Einflußnahmen ist es nötig, eine Bewertung des gesamten Zentrensystems durchzuführen und zu prüfen, welche Ebene der Zentren zu stärken ist.

- Zur Bedeutung einer funktionsfähigen Zentrenhierarchie: Es sind die täglichen und periodischen Lebensbedürfnisse, die häufig nachgefragten Dienste und Güter in der Nähe der Nachfrager, die weniger häufig nachgefragten in gestuften Entfernungen vorzusehen. So werden unnötige Wege und Fahrten vermieden. Auch nicht motorisierte Bürger sollten ihren Grundbedarf möglichst in der Nähe decken können. Ein gutes Zentrensystem muß aber auch auf den unteren Stufen so entwickelt sein, daß keine Monopole entstehen.
- Ein gestörtes Zentrensystem erzeugt unnötigen Verkehr und beeinträchtigt die Stabilität des gesamten Raumgefüges.
- Bei den heute häufig dispersen Siedlungsstrukturen und bei dem Wegfall der kleineren Läden ist die wohnortnahe Versorgung zum Problem geworden. Hier könnten - in der Bunderepublik bisher wenig entwickelte, in den Niederlanden und England übliche - mobile Angebote helfen.

2. BEISPIELE UNTERSCHIEDLICHER ZENTRENSYSTEME

In größeren Städten und in Regionen besteht eine Hierarchie von Zentren, die zugleich in einer Arbeitsteilung und in Konkurrenz zueinander stehen. Die unteren Stufen der Hierarchie bilden sich aus der Häufigkeit der für den Tages- und Wochenbedarf nachgefragten Güter, für die lange Wege nicht akzeptiert werden. Die mittleren und oberen Stufen der Hierarchie bilden sich aus den seltener nachgefragten Gütern und Diensten. Die höheren Stufen enthalten auch die Funktionen der niederen Stufen. Da sich die Beschaffungswege durch Sammeleinkäufe mit dem Auto verändern, befinden sich die unteren Ebenen, teilweise aber auch die oberen in dauernder Anpassung. Zentren und Zentrensysteme sind, wie die Siedlungsstruktur auch, in dauernder Bewegung. Auch hier ist es günstiger, wenn diese Bewegungen als Mikroprozesse in kleinen Schritten anstatt in großen Sprüngen ablaufen.

Unabhängig von den aktuellen Prozessen existieren in den Städten und Agglomerationen unterschiedlich entwickelte Zentrensysteme. Dies hat mit der Siedlungsgeschichte, mit kommunalen Neugliederungen und mit der ökonomischen Struktur der Städte zu tun. Je nach der siedlungsstrukturellen Ausgangslage können daher ganz unterschiedliche Strategien erforderlich sein. Am Beispiel einer hinsichtlich ihrer Zentrenstruktur besonders schwierigen Region - dem Ruhrgebiet - soll dies verdeutlicht werden. Beispiele unterschiedlicher Zentrenhierarchien in Großstädten sind in Abbildung 20.2 dargestellt. Die als Beispiele genannten Städte sind in Abb. 20.4a mit ihren Nebenzentren - auf der Datenbasis der Handelszählung 1959 - dargestellt. Als "Stellvertreter" für die Einordnung der Zentren wurde der Umsatz des Einzelhandels zugrunde gelegt (Curdes, Müller-Trudrung 1966).

a) Ausgewogenes System von Haupt- und Nebenzentren

Genügend starkes Hauptzentrum, genügend zahlreiche und genügend große Nebenzentren. Beispiel: Essen.

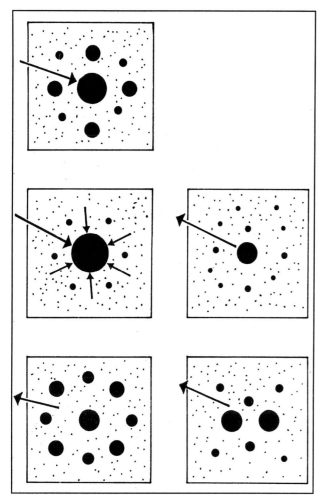

Abb. 20.2 Großstädtische Zentrenhierarchien

gezielten Ausbau einiger Nebenzentren dargestellt. In Abbildung 20.5b werden einige Ursachen der gestörten Hierarchie im regionalen Zentrennetz von Großstädten des Ruhrgebietes sichtbar. Die Abstände zwischen den Zentren sind teilweise sehr gering, so daß die Hauptzentren keine vollen Einzugsbereiche entwickeln können. So wird die Entwicklung des Stadtzentrums von Bochum außer im Süden rundum durch andere Zentren eingeschränkt. Auf der gleichen Fläche eines Hexagons von 18 km Durchmesser, auf der in Dortmund kein ernstzunehmendes Konkurrenzzentrum existiert, hat sich Bochum vier konkurrierender Stadtzentren und dem Einfluß der Hauptzentren von Essen, Dortmund und Gelsenkirchen zu erwehren. Abb. 20.5a zeigt die Überlagerung der Kundeneinzugsbereiche der Stadtzentren des Ruhrgebietes und damit die Stärke konkurrierender Einflüsse.

3. GROSSTÄDTISCHE ZENTRENSYSTEME
Ein ausdifferenziertes System von Zentren besteht aus den folgenden vier Ebenen:

A City, Innenstadtzentrum
B Bezirkszentrum
C Stadtteilzentren
D Quartierszentren und Läden in Streulage

Innerhalb dieser Stufen wird oft noch unterschieden nach größeren und kleineren Zentren des jeweiligen Typs (z.B. C1, C2). Abbildung 20.3 zeigt die für 1985 angestrebte Zentrenhierarchie Hamburgs mit den geplanten Einzugsbereichen und 20.6 die Zentrenhierarchie Aachens.

b) Überstarker Kern, schwacher Rand
Ursachen: ungenügend verdichtete Randzonen, in denen sich keine größeren Dienstleistungen tragen. Folge: hohe Verkehrsströme zum Kern, Tendenz zu Großbetrieben, Standortmonopole im Kern. Beispiele: Mülheim, Dortmund.

c) Schwacher Kern, schwacher Rand
Ursache: zuwenig oder dispers verteilte Bevölkerung. Folge: hohe Kaufkraftabflüsse in andere Städte oder in verkehrsorientierte Einkaufszentren. Verlust urbaner Funktionen. Beispiele: Bochum, Unna, Lünen.

d) Schwacher Kern, starker Rand
Ursache: entleerte Innenstadt, gewachsene attraktive Vorortzentren. Folge: günstige Nahversorgung, Kaufkraftabflüsse in andere Städte, Verlust urbaner Funktionen. Beispiel: Duisburg.

e) Mehrere konkurrierende Kerne
Ursache: gewachsene Stadtstruktur aus mehreren ehemals selbständigen Gemeinden, räumliche Barrieren. Folge: Fehlen einer eindeutigen Mitte, Kaufkraftabflüsse in andere Städte, Verlust urbaner Funktionen. Beispiele: Gelsenkirchen, Oberhausen.

In Abbildung 20.4b ist ein Vorschlag zur Ergänzung des Zentrensystems an seinen Schwachstellen durch den

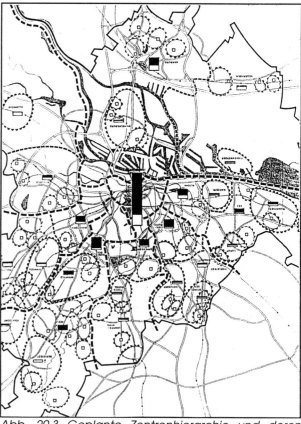

Abb. 20.3 Geplante Zentrenhierarchie und deren Einzugsbereiche in Hamburg (Baubehörde Hamburg)

ABB.20.4 ZENTRENHIERARCHIE DES RUHRGEBIETES

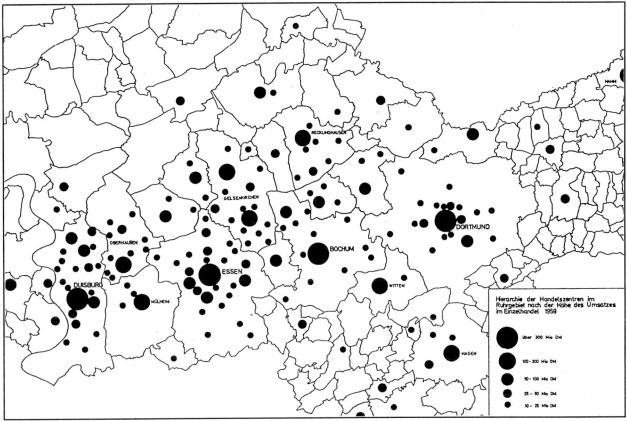

a) Bestand nach der Datenbasis von 1959 (Curdes 1967)

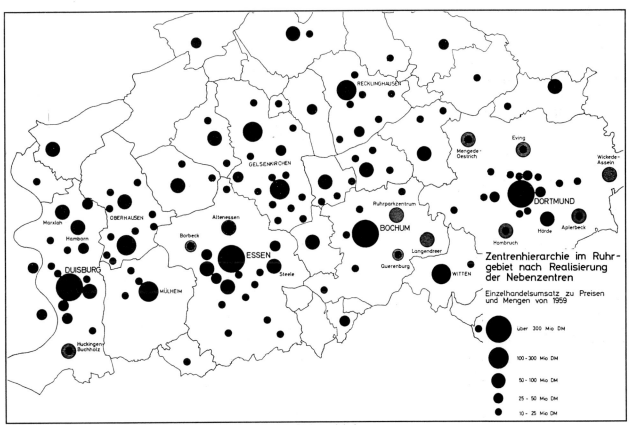

b) Um Nebenzentren ergänztes Zentrensystem des Ruhrgebietes (Curdes 1968)

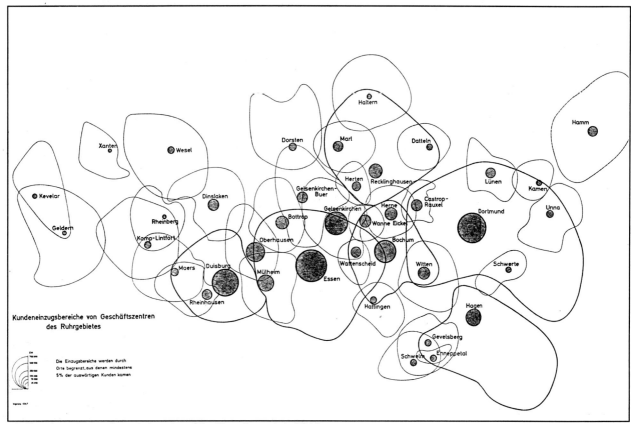

a) *Kundeneinzugsbereiche des City-Einzelhandels 1966* (Curdes 1967)

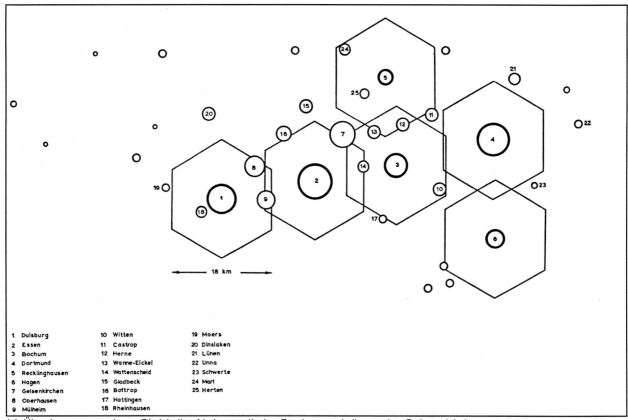

b) *Überlagerung eines Christaller-Netzes mit der Zentrenverteilung des Ruhrgebietes* (Curdes 1967)

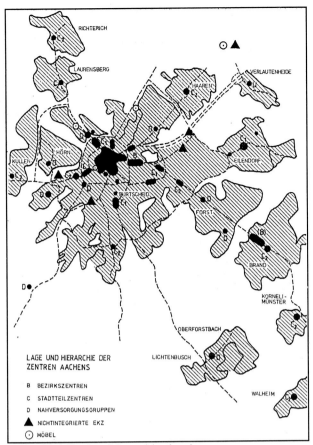

LAGE UND HIERARCHIE DER
ZENTREN AACHENS

B BEZIRKSZENTREN
C STADTTEILZENTREN
D NAHVERSORGUNGSGRUPPEN
▲ NICHTINTEGRIERTE EKZ
⊙ MÖBEL

Abb. 20.6 Zentrenhiearchie Aachens

Innerhalb eines Zentrums werden Standorte unterschieden, die sich durch die etablierten Geschäftslagen und die Hauptströme von Passanten ergeben:

1. Hauptgeschäftsstraßen (1 A Lage),
2. an Hauptgeschäftsstraßen angrenzende Straßen (1 B Lage),
3. Nebenstraßen (1 C Lage).

Innerhalb der Zentren der oberen Zentren-Ebenen kommen meist parallel noch die Zentren der unteren Ebenen vor. So enthält ein größerer Stadtkern meist noch Stadtteil- und Quartierszentren und Streulagen.

Empfehlungen für ein Zentrengerüst für mittlere Städte
(Aminde, Nicolai, Wallbrecht 1983, S. 92)

	Einwohner in 1000	Fußwegdistanz in Minuten
A - Haupt-Regionalzentrum	100	30
B - Gebiets- und Bezirkszentrum	70-100	20
C - Stadtteilzentrum	25-50	15
D - D1 Stadtviertel-Zentrum	10-20	12
- D2 Nebenzentrum	5-7	8
- Wohnnahe Ladengruppe	2-3	5

Keppel kommt für den Raum einer Großstadt-Agglomeration aufgrund der lokalen Bedingungen naturgemäß zu etwas anderen Größen:

A Zentren: City, über 1 Mio EW

B Zentren: Bezirks- oder Bereichszentren
  B1:   100-200.000 EW
  B2:   Unterentwickelte Bezirkszentren
C Zentren: Stadtteilzentren
  C1:   30-55.000 EW. Einzugsbereich 800 m
  C2:   Zentren mit Teilausstattung
  C3:   Unterentwickelte Stadtteilzentren
D Zentren: Quartierszentren
  D1:   Quartierszentrum mit Stadtteilfunktion EZB 600 m
  D2:   Quartierszentren (6000-9500 EW)
  D3:   Unterentwickelte Quartierszentren
E Zentren: Ladengruppen 1000-2500 EW. EZB 200-350 m
(Keppel 1979).

(EZB = Einzugsbereich)
Diese Beispiele zeigen, daß es keine starren Einteilungen geben kann, sondern diese immer wieder von den örtlichen Bedingungen ausgehen müssen.

C. ZUM VERHÄLTNIS DER ZENTREN UNTEREINANDER

Als stellvertretende Kriterien für die Bedeutung von Zentren werden wegen periodisch aktueller Daten häufig der Einzelhandel - mit den Indikatoren Umsatz, Geschäftsfläche, Personal - und die Ausstattung mit öffentlichen Funktionen herangezogen. Wir haben oben vom Verhältnis des Hauptzentrums zu den Nebenzentren gesprochen. Wie hängt nun die Größe des Hauptzentrums von der Stadtgröße ab? Bleibt diese in einer konstanten Relation? Das Verhältnis des Hauptzentrums zu den anderen Zentren verändert sich im Normalfall mit der Stadtgröße. Während bei Städten bis zu 25.000 Einwohner möglichst keine weiteren Unterzentren und Streulagen entwickelt werden sollten - hohe Ausdifferenzierung des Angebotes durch räumliche Konzentration, Konkurrenz durch Mehrfachvertretung der gleichen Branchen und durch unterschiedliche Betriebsformen zur Vermeidung von Standortmonopolen - sinkt der Anteil des Hauptzentrums mit zunehmender Stadtgröße. Günstige Werte lagen - um 1960 - etwa bei 50 % des Einzelhandelsumsatzes bei 300.000 Einwohnern und bei 35 % bei 1 Mio. Einwohnern. Die in Abbildung 20.7 dargestellten Abhängigkeiten basieren auf den Daten der Handels- und Gaststättenzählung von 1959 für deutsche Großstädte. Durch die zwischenzeitlich eingetretenen Entwicklungen können sich die Kurven verändert haben. Sehr wichtig ist das Größenverhältnis des Hauptgeschäftszentrums zu den nachfolgenden Zentren: In Relation zum Hauptzentrum sollte das stärkste Bezirks- oder Stadtteilzentrum nicht mehr als 20-25 % des Umsatzes des Hauptzentrums erreichen, um dessen Funktion nicht zu beeinträchtigen[1]. Abbildung 20.8 zeigt die Schritte, die zur Bewertung der Situation einer Region notwendig sind. Diese Schritte beschränken sich nur auf die Betrachtung des Handels als stellvertretenden Indikator. Es ist nach dem eingangs Gesagten klar, daß auch die anderen Funktionen von Zentren ergänzend betrachtet werden müssen. Leider fehlen dafür oft vergleichbare normative und statistische Daten.

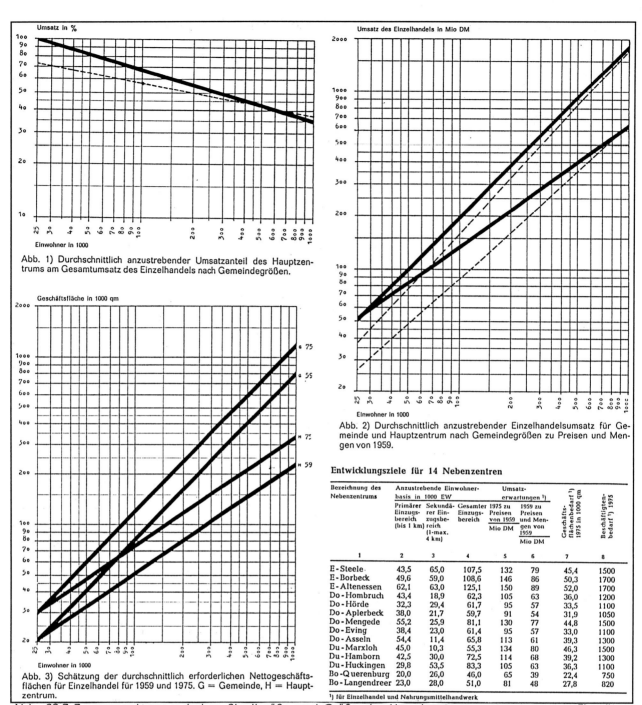

Abb. 1) Durchschnittlich anzustrebender Umsatzanteil des Hauptzentrums am Gesamtumsatz des Einzelhandels nach Gemeindegrößen.

Abb. 2) Durchschnittlich anzustrebender Einzelhandelsumsatz für Gemeinde und Hauptzentrum nach Gemeindegrößen zu Preisen und Mengen von 1959.

Abb. 3) Schätzung der durchschnittlich erforderlichen Nettogeschäftsflächen für Einzelhandel für 1959 und 1975. G = Gemeinde, H = Hauptzentrum.

Entwicklungsziele für 14 Nebenzentren

Bezeichnung des Nebenzentrums	Anzustrebende Einwohnerbasis in 1000 EW			Umsatzerwartungen[1]		Geschäftsflächenbedarf[1] 1975 in 1000 qm	Beschäftigtenbedarf[1] 1975
	Primärer Einzugsbereich (bis 1 km)	Sekundärer Einzugsbereich (1-max. 4 km)	Gesamter Einzugsbereich	1975 zu Preisen von 1959 Mio DM	1959 zu Preisen und Mengen von 1959 Mio DM		
1	2	3	4	5	6	7	8
E-Steele	43,5	65,0	107,5	132	79	45,4	1500
E-Borbeck	49,6	59,0	108,6	146	86	50,3	1700
E-Altenessen	62,1	63,0	125,1	150	89	52,0	1700
Do-Hombruch	43,4	18,9	62,3	105	63	36,0	1200
Do-Hörde	32,3	29,4	61,7	95	57	33,5	1100
Do-Aplerbeck	38,0	21,7	59,7	91	54	31,9	1050
Do-Mengede	55,2	25,9	81,1	130	77	44,8	1500
Do-Eving	38,4	23,0	61,4	95	57	33,0	1100
Do-Asseln	54,4	11,4	65,8	113	61	39,3	1300
Du-Marxloh	45,0	10,3	55,3	134	80	46,3	1500
Du-Hamborn	42,5	30,0	72,5	114	68	39,2	1300
Du-Huckingen	29,8	53,5	83,3	105	63	36,3	1100
Bo-Querenburg	20,0	26,0	46,0	65	39	22,4	750
Bo-Langendreer	23,0	28,0	51,0	81	48	27,8	820

[1] für Einzelhandel und Nahrungsmittelhandwerk

Abb. 20.7 Zusammenhang zwischen Stadtgröße und Größe des Hauptzentrums - gemessen am Einzelhandelsumsatz (Curdes 1968)

D. RÄUMLICHE PROJEKTION VON ZENTREN-SYSTEMEN

Die quantitative Projektion sollte integriert mit der räumlichen durchgeführt werden. Trotz aller Zwänge und Einflüsse besteht in der langfristigen kommunalen Planung doch ein Spielraum, Zentrensysteme zu korrigieren oder zu stabilisieren. Dies geschieht nahezu täglich - oft unbewußt - durch Entscheidungen über die Verteilung von Nutzungen im Raum. Einen grundlegenden Versuch, einmal die langfristigen räumlichen Optionen aufzuzeigen, hat Anfang der 70er Jahre die Stadt Dortmund unternommen. Abbildung 20.9 zeigt sieben unterschiedliche Raummodelle zur Verteilung von Handel und Infrastruktur. Jedes Modell, über die Realstruktur gelegt, hat eine gewisse Plausibilität.

E. STANDORTE, RAUM- UND DICHTEKONZEPTE VON ZENTREN

1. DER IRRTUM DES ISOLIERT VERSTANDENEN ZENTRUMS

In den 60er und 70er Jahren wurden Zentren im Zusammenhang mit dem Leitbild der "gegliederten und aufgelockerten Stadt" oft als separater Teil einzelner Siedlungsteile verstanden und geplant. Das heißt, man ging von idealtypischen Siedlungsgrößen und davon abgeleiteten Ausstattungen aus, also von einem stati-

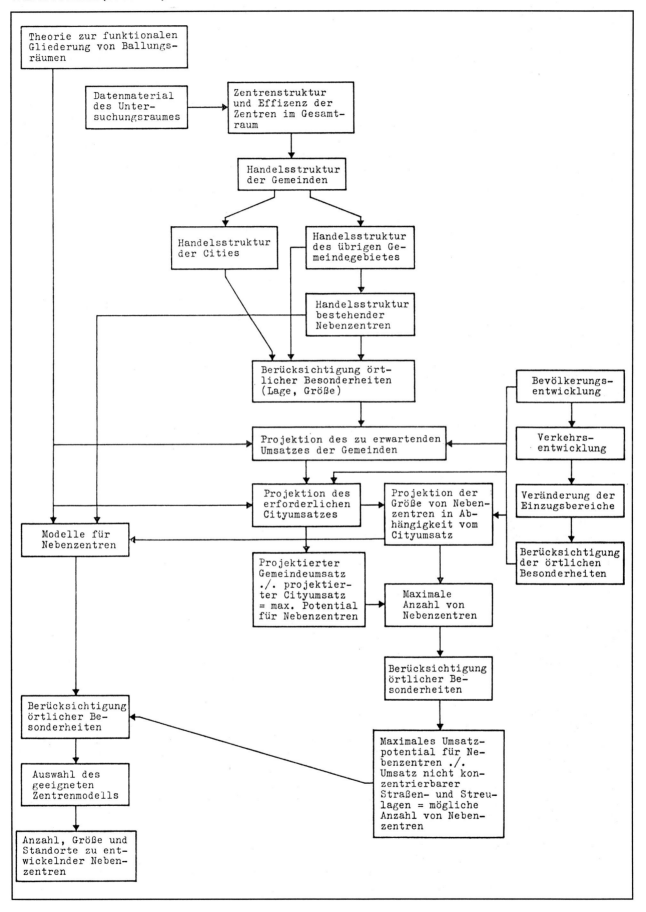

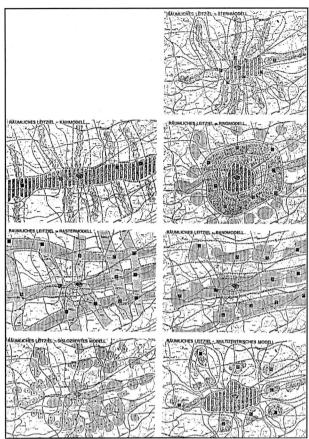

Abb. 20.9 Dortmund: Theoretische Zentrenmodelle
(Stadt Dortmund 1971)

schen Modell. Dieses Modell berücksichtigte weder mögliche Veränderungen der Bewohnerzahl der Siedlung noch räumliche Veränderungen des Nachfrageverhaltens. Die räumliche Isolierung solcher Zentren erlaubte keine Nutzungsmischung mit der umgebenden Wohnbebauung und damit auch keine dynamischen Anpassungs- und Schrumpfungsvorgänge. Dieser Typ von Nachbarschafts- und Stadtteilzentren in neuen Wohnsiedlungen wurde als punktförmiges und nicht als lineares System gedacht. Er war das konsequente Produkt der Funktionstrennung. Weil sie fast nur auf Zwecke der Versorgung und deshalb weder hinreichend multifunktional noch als veränderungsfähiges System konzipiert waren, funktionieren sie bis heute häufig nicht befriedigend. Typische Beispiele sind das Nordweststadt-Zentrum in Frankfurt, Köln-Chorweiler und praktisch alle kleineren Ladenzentren in neuen Wohngebieten. Das untaugliche Schema von Göderitz, Rainer, Hoffmann (1957, S.26) hat auch heute nicht ausgedient. Wir wollen daher im Gegensatz dazu nachfolgend die wichtigsten Prinzipien und Regeln für die Standorte und für die Bildung von Zentren verdeutlichen.

2. WEGE-MINIMIERUNG DURCH ANGEBOTSKONZENTRATION

Zentren bestehen im Kern aus Angebotskonzentrationen. Zentren bilden sich deshalb immmer wieder neu, weil die räumlich enge Anlagerung und Schichtung vieler Angebote offenbar einem grundlegenden menschlichen Bedürfnis nach der Minimierung von vermeidbarem Aufwand entgegenkommt. Zentren

sind also letztlich Produkte des Bedürfnisses nach Wege-, Kraft- und Zeitminimierung (Abb.20.1). Moderne Handelsformen bilden dieses Prinzip auch in sich selbst nach, wie etwa Warenhäuser und Supermärkte.

3. ERREICHBARKEIT

Der größte Teil der privaten Infrastruktureinrichtungen ist auf Standorte mit guter Erreichbarkeit angewiesen. Die Erreichbarkeit beeinflußt bei den Einrichtungen, die sich gegen konkurrierende andere Standorte behaupten müssen, unmittelbar die Nachfrage. Ein anderer Faktor ist die Attraktivität der Einrichtung. Da letztere nur bedingt planbar ist, sind gute Standorte im Stadtgefüge die primäre Größe. Es können folgende Standorttypen unterschieden werden:
a) Standorte im Nachfrageschwerpunkt
b) Standorte an Hauptverkehrsschwerpunkten
c) Standorte in geographischen Schwerpunkten
Die besten Standorte sind jene, die alle drei Typen in sich vereinigen (Abb.20.10).

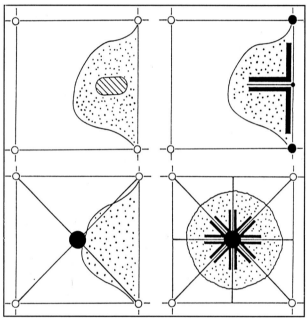

Abb. 20.10 Lage von Zentren zu ihren Nachfragern

4. EINWOHNER

Im Hinblick auf die Tragfähigkeit von Infrastruktur und der Bildung stabiler Zentren kommt der Einwohnerdichte und Einwohnerverteilung große Bedeutung zu. Anzustreben ist eine möglichst große Einwohnerzahl in fußläufiger Entfernung zu den Zentren. Zugrunde gelegt werden als Fußwegentfernung etwa 700 m Fußweg, entsprechend etwa 560 m Radius. Bei Zentren mit einer größeren Ausdehnung wird nicht der Mittelpunkt, sondern der jeweilige Anfang dichterer Geschäftsnutzung zugrunde gelegt.

5. SONSTIGE NACHFRAGER

Zentren existieren aber nicht nur von der Wohnbevölkerung. Es kommen Nachfrager umgebender anderer Nutzungen, der Infrastruktur, aus entfernteren Wohngebieten, aus Durchgangsverkehr und angrenzenden Arbeitsstätten hinzu. Um für diese Nutzer optisch präsent zu sein, sollten Nebenzentren entlang der Hauptstraßen und deren Gabelungen entwickelt werden und nicht in verkehrsmäßig isolierten Innenbereichen von Stadtteilen und Siedlungen. Wenn aus Gründen der Verkehrsüberlastung Zentren nicht mehr durchfahren werden können, sind Zuführungen zweckmäßig, die wenigstens noch eine Wahrnehmung des Zentrums erlauben.

6. ZWECKFREIE AUFGABEN

Neben der Versorgung mit Waren und Diensten besteht eine ebenso wichtige Aufgabe von Zentren in der Herstellung von Öffentlichkeit. Öffentlichkeit entsteht gerade durch Funktionen, die mit der Handels- und Dienstleistungsversorgung nichts zu tun haben, etwa Gaststätten, Vergnügungsangebote, Orte für den zweckfreien Aufenthalt, Kultureinrichtungen, Plätze und Treffpunkte. Sind die Nutzer aber bereits durch ein schmales Angebot segmentiert, kann es zu einer breiteren Öffentlichkeit nicht mehr kommen. Darunter leiden alle neueren geplanten Zentren. Wenn Zentren - auch solche von Bereichen und Stadtteilen - Öffentlichkeit in diesem Sinne nicht herstellen, fehlen ihnen wesentliche Qualitäten. Wir stoßen hier wieder auf das Thema der Gestaltung öffentlicher Räume und Plätze, die wir im Teil C behandelt haben.

7. DIE ROLLE DER PARZELLENTIEFE FÜR ZENTREN

Zentren stehen unter ständigem Anpassungsdruck. In bebauten Bereichen sind selten Baulücken für Veränderungen vorhanden. Möglichkeiten zur Vergrößerung von Angebotsflächen bestehen deshalb in der linearen Verlängerung des Zentrums, indem bisher am Ende eines linearen Zentrums liegende Gebäude, die Wohn-, Arbeits- oder Bürofunktionen enthielten, mit Zentrumsnutzungen belegt werden. Eine weitere Möglichkeit besteht in der Ausnutzung der Höhe. Hier sind für viele Geschäfte aber deutliche Grenzen gesetzt. Die Aktivierung von zweiten Ebenen und die Ausweitung der Geschäftsfläche auf mehrere Stockwerke ist nur bei einigen Branchen möglich und setzt größere Betriebe voraus. Deshalb sind Pufferräume in der Tiefe von Parzellen ganz besonders wichtig. Hintere Pufferräume - wir haben über deren Bedeutung schon mehrfach gesprochen - befinden sich auf der Erdgeschoßebene, erlauben größere Ladentiefen und sind verhältnismäßig preiswert auszubauen. Sind diese Reserven schon ausgenutzt und weitere Flächen erforderlich, hat sich eine von den Hauptgeschäftsstraßen wahrnehmbare Entwicklung in die Tiefe der angrenzenden Parzellen und Blöcke hinein bewährt. Hierdurch können innere Höfe, Plätze, Passagen oder neue Geschäftsgassen entstehen. Beispiele: Kö-Zentrum Düsseldorf, City-Passage Aachen, Hansepassage Hamburg. Tiefenentwicklung in dieser Form verstärkt die Vernetzung der Nutzungen und erzeugt Attraktivität über die höhere Komplexität der Raumstruktur.

8. ZUORDNUNGSKONZEPT

Als funktionsfähigste Ordnungskonzepte haben sich die lineare Reihung, die vertikale Schichtung und die oben beschriebene Tiefenerschließung erwiesen, da sie ein relativ offenes, ergänzbares Organisationsmuster bilden, das dem Bedürfnis nach kurzen Wegen entgegen kommt. Dies ist bei den Zentrenkonzepten der 60er Jahre oft übersehen worden.

9. DICHTEMODELLE

Unter Dichtemodell wird die Zuordnung von Nutzflächen für Bewohner und Beschäftigte zum Zentrum verstanden. Das günstigste Dichtemodell ist das der zum Kern des Zentrums hin zunehmenden Bewohner- und Arbeitsplatzdichte. Hierdurch steht vielen Bewohnern und Beschäftigten in unmittelbarer Nähe ein gutes Angebot an Waren und Diensten zur Verfügung. Die Zentren selbst haben damit eine stabile Grundnachfrage. Wegen der Konzentration von Handels- und Infrastruktur im unmittelbaren Kernbereich kann eine hohe Einwohnerdichte nur in der anschließenden Zone und in den Nebenstraßen erreicht werden (Abb.20.11 oben). Wir haben schon im Teil B die Schwerlinien der Stadtentwicklung und die Bedeutung der Radialen behandelt. Deshalb liegen prosperierende Stadt- und Stadtteilzentren unmittelbar an regional und lokal bedeutsamen Verkehrslinien. Es ist klar, daß Standorte an sich kreuzenden Linien größere Einzugsbereiche aufbauen können als solche an nur einer Linie (Abb. 20.11 mitte). Hier ist das Prinzip der Orientierung eines Zentrums an sich kreuzenden Hauptverkehrslinien der Stadt oder des Stadtteils dargestellt und die Lage von sekundären Angebotskonzentrationen an einer Hauptachse. Die unterschiedliche Tiefe von Querstraßen deutet die mit dem Abstand vom Zentrenkern abnehmende Tiefe der Flächennutzung an, wie sie oft an Ausfallstraßen anzutreffen ist. Abbildung 20.11 unten zeigt das Beispiel einer idealtypischen Zuordnung und Überlagerung der Nutzungen in klassischen Zentren:

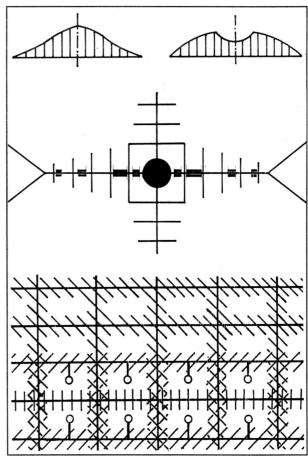

Abb. 20.11 Zentren: Prinzipien der räumlichen Lage und Nutzungsorganisation

Das Zentrum hat eine lineare Ausrichtung, Einrichtungen mit hoher Publikumsintensität bilden in linearer Reihung und Schichtung den Kern des Zentrums. In den Nebenstraßen sind die publikumsextensiven Einrichtungen, Büros, Läden, Gaststätten und Wohnen angeordnet. Die Darstellung soll verdeutlichen, daß es bei Zentren vor allem darauf ankommt, daß sie als Netze organisiert und damit Teil des gesamten Stadtgefüges sind und nicht als funktionale und räumliche Inseln von einer dynamischen Beziehung zu den umgebenden Nutzungen abgeschnitten werden. Die Anwendbarkeit von solchen idealtypischen Dichtekonzepten auf reale Situationen ist durch die sehr unterschiedlichen Bedingungen naturgemäß begrenzt. Dichtekonzepte zeigen aber wichtige Prinzipien auf. Diese sind in jedem Einzelfall hinsichtlich ihrer Folgen zu überprüfen.

10. BEISPIELE FÜR KOMBINIERTE ZENTREN- UND DICHTEKONZEPTE

In den 60er und 70er Jahren entstanden eine Reihe von regionalplanerischen Konzepten, Zentren an leistungsfähigen Strecken und Knoten des schienengebundenen öffentlichen Nahverkehrs aufzubauen oder zu verstärken. Die wichtigsten waren das "Hamburger Dichtemodell", das "Entwicklungsprogramm Ruhr 1968", das "Nordrhein-Westfalen-Programm 75" und die darin enthaltenen Standortprogramme für Siedlungsschwerpunkte[2]. Obwohl diese Ansätze teilweise die Schwierigkeiten der Realisierung in vorhandenen Strukturen unterschätzt haben, sind die zugrundeliegenden Prinzipien der Annäherung von Zentren und ÖPNV heute wieder besonders aktuell.

11. DICHTEGRENZEN IN ZENTREN

Die unmittelbar im engeren Einzugsbereich eines Zentrums wohnende Bevölkerung ist eine wichtige Voraussetzung für die Grundnachfrage und Stabilität von Zentren. Die nachfolgenden Dichtewerte sollen einen Eindruck von den möglichen Größenordnungen vermitteln:

Bei einer 4-5-geschossigen Bebauung mit gemischter Nutzung kann als Obergrenze ein Dichtewert von ca. 150 bis 200 Einwohnern je ha Bruttobauland (etwa 280 bis 350 E/ha Nettobauland) zugrundegelegt werden. Daraus folgt als Größenordnung für fußläufige Einzugsbereiche etwa: Streifenförmige Ausdehnung von max. 500 m, beidseitige Tiefe von max. 500 m = 50 ha x 150 Einwohnern/ha = 7.500 Einwohner. Bei einer Dichte von 200 Einwohner je ha = 10.000 Einwohner. Daraus folgt, daß eine fußläufige Anbindung von Wohngebieten an Zentren mit wesentlich mehr als 10.000 Einwohnern kaum realisierbar ist, wenn nicht die Geschoßzahl wesentlich heraufgesetzt oder die spezifische Geschoßfläche je Einwohner wesentlich erniedrigt wird. Eine Verdoppelung der Wege auf je 1 km ergibt erst 15.000 bis 20.000 Einwohner. Erst wenn man einen kreisförmigen Einzugsbereich von 1 km zugrundelegt, ergibt sich eine Einwohnerzahl von 63.000 Einwohnern. Die Schwelle von 30.000 Einwohnern würde etwa bei einem Radius von 750 m (172 ha x 200 Ew. = 34.500 Ew.) überschritten. Wie wir oben gesehen haben, sollten Stadtteilzentren aber eine Basisbevölkerung von 30-55.000 EW erreichen. Jede

Mischung mit anderen Funktionen, die für ein gutes Stadtteilzentrum unverzichtbar ist, setzt aber die Zahl der möglichen Einwohner weiter herab. Es ist daher nicht möglich, alle Einwohner in fußläufiger Entfernung anzubinden.

Hinzu kommt, daß die genannten Werte nur in besonders günstigen Fällen erreichbar sind. So überstieg 1978 die Bruttowohndichte nur in 6 der 57 statistischen Bezirke Aachens den Wert von 170 Ew./ha bei einer noch durchschnittlich unter 30 qm je Einwohner liegenden Geschoßfläche. Mit steigender Wohnfläche je Einwohner werden ausreichende Dichten für die Infrastrukturversorgung immer schwerer erreichbar. Sind bei einer Bruttogeschoßfläche von 30 qm/Ew. bei GFZ 1,1 376 Ew. je ha möglich, sinkt dieser Wert bei 40 qm/Ew. auf 275 Ew. je ha Nettowohndichte. Entsprechend ergibt sich eine Bruttowohndichte von 275 x 0,6 = 165 Ew. je ha.

12. KOMPENSATION DURCH BESCHÄFTIGTE UND DURCH DAS UMLAND.

Für Zentren aller Stufen sind aber, wie schon weiter oben angesprochen, mangelnde Nachfrager teilweise durch naheliegende Arbeitsplätze kompensierbar. Ebenso sind angrenzende Siedlungsbereiche ohne vergleichbare Versorgung ergänzend zuzurechnen. Allerdings wird die Zurechnung in dem Maße unsicher, in dem aus Entfernungsgründen ein Verkehrsmittel erforderlich wird. Städte in der Ebene können durch das Fahrrad einen Teil der fehlenden Einwohner gewinnen. Attraktive Versorgungsangebote größerer Stadtteile erfordern, dies zeigen die Zahlen, ergänzend die Anbindung entfernterer Nachfrager über Transportsysteme.

F. EINORDNUNG DER ZENTRENSTRUKTURPLANUNG IN DEN ABLAUF DER STADTENTWICKLUNGSPLANUNG

In der Stadtplanung wird mit den unterschiedlichsten Instrumenten Einfluß auf die Zentrenstruktur und auf die Zentrenhierarchie genommen: durch die Darstellung und räumliche Abgrenzung der Bauflächen im Flächennutzungsplan, durch Rahmenpläne, durch Festsetzungen in Bebauungsplänen, durch Genehmigung von Vorhaben nach § 34 des Bau-Gesetz-Buchs, durch Liegenschaftspolitik und durch die Gestaltung öffentlicher Räume. Für die Überprüfung des Zentrensystems sind eine Reihe von Schritten erforderlich:

- Überprüfung der Verhaltensweisen und des Raumnutzungsverhaltens der Bevölkerung. Hierzu haben sich Befragungen in den Hauptgeschäftsstraßen und der Betriebe als Methode herausgebildet.
- Untersuchung der Ausstattung mit Versorgungseinrichtungen und deren räumliche Verteilung.
- Einzugsbereiche und Zentrenmodell.
- Entwicklung eines Zielkonzeptes der künftigen Versorgungs- und Zentrenstruktur, ggf. von Varianten im Zusammenhang mit unterschiedlichen Optionen der Stadtentwicklung. Voraussetzung hierfür ist die Bildung von Teilräumen, die den Zentren zuzuordnen sind.

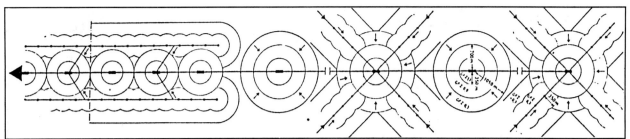

Abb. 20.12. Einzugsbereiche des ÖPNV an städtischen Entwicklungsachsen (Kurz 1981, S.233)

- Verknüpfung der Zentrenplanung mit der ÖPNV-Planung. Abbildung 20.12 zeigt ein Schema einer städtischen (rechts) und regionalen (links) Entwicklungsachse mit den Haltestellen des ÖPNV.

Zentren sind, wie wir in diesem kurzen Abriss gesehen haben, wichtige Bausteine der Stadtstruktur. Aufgrund ihrer Abhängigkeit von der Erreichbarkeit unterliegt ihre Funktion und Entwicklung ständigen Veränderungen, die - weil sie immer nur in kleinen Schritten erfolgen - in ihren Konsequenzen der Aufmerksamkeit der Planung leicht entgehen.

LITERATUR

Aminde, H.J.; Nicolai, M.; Wallbrecht, W.: Ausstattungs- und Programmplanung für Stadtteile. Stuttgart 1983
Baubehörde Hamburg: Zentrale Standorte. Hamburg 1972
Bundesarbeitsgemeinschaft der Mittel- und Großbetriebe des Einzelhandels (Hrsg.): Innerstädtische Zentren in Gefahr. Köln 1981
Dieselbe: Standortfragen des Handels. Köln 1982
Dieselbe: Stellplätze. Bilanz und Perspektive. Köln 1983
Dieselbe: Stellungnahme zur Zentrenhierarchie im Bereich zentraler Orte und ihrer Verflechtungsbereiche. Köln 1983
Dieselbe: Stadt und Handel. Köln 1984
Christaller, W.: Die zentralen Orte in Süddeutschland. Jena 1933
Curdes, G.: Zur Tragfähigkeit von Handels-, Handwerks- und Dienstleistungsbetrieben in ländlichen Kernsiedlungen. In: Mitteilungen des Deutschen Verbandes für Wohnungswesen, Städtebau und Raumplanung, Köln. Heft 1/65
Curdes, G.: Das Shopping-Center als Korrektiv einer unzureichenden Siedlungsstruktur? In: INGESTA Report. Köln 3/65
Curdes, G.: Zu den künftigen Standorten des Möbelhandels. In: Möbelkultur, Heft 2/66 sowie in INGESTA Report. Köln 3/66
Curdes, G.; Müller-Trudrung, J.: Untersuchung zur Förderung von Nebenzentren im Ruhrgebiet. 3 Bände. Institut Gewerbebetriebe im Städtebau. Köln 1966
Curdes, G.: Zur regionalen Hierarchie von Zentren. In: Institut Gewerbebetriebe im Städtebau. Gewerbeplanung im Städtebau. Band 4 der Beiträge zur Gewerbeplanung. Köln 1967.
Curdes, G.: Haupt- und Nebenzentren als Konzentrationen des Handels und Grundelemente der Stadtstruktur. In: Raum und Siedlung 6/1968
Curdes, G.; Böttcher,J.; Merk, F.: Standortprogrammplanung. Aachen 1972
Curdes, G.: Einzugsbereiche, Kundenstruktur und Warenfrage in Geschäftszentren des Ruhrgebietes. In: Raumforschung und Raumordnung 3/4 1974
Curdes, G.: Das Dilemma der Einkaufszentrenplanung als Dilemma kommunaler Infrastrukturplanung. In: Raumforschung und Raumordnung 3/4, 1974
Der Architekt Nr. 7/8, 1989: Handel im Wandel.

Dietrichs, H.E.: Wirtschaft und Handel im Städtebau. Schriften des Deutschen Verbandes für Wohnungswesen, Städtebau und Raumplanung, Heft 74, Köln-Mühlheim 1968
Gordala/Peinemann/Rasch: Stadtteilzentrum Melaten. Städtebauliche Studie zur Entwicklung eines Stadtteilzentrums. Lehrstuhl für Städtebau und Landesplanung, RWTH Aachen, 1974
Institut für Landes- und Stadtentwicklungsforschung (ILS): Standortorientierung der Verbrauchermärkte in Nordrhein-Westfalen. Kurzberichte Nr. 4/85, Dortmund 1985
Einkaufszene Wien: Perspektiven. Magazin für Stadtgestaltung und Lebensqualität. 9/1990
Keppel, H.: Stadtentwicklungsplan Mannheim-Ludwigshafen, Städtebauliches Institut, Stuttgart 1979
Kurz, E.: Die städtebauliche Entwicklung der Stadt Wien in Beziehung zum Verkehr. Stadt Wien 1981
Landesregierung Nordrhein-Westfalen: Entwicklungsprogramm Ruhr. Düsseldorf 1968
Landesregierung Nordrhein-Westfalen: Nordrhein-Westfalen Programm 1975. Düsseldorf 1970
Lösch, A.: Die räumliche Ordnung der Wirtschaft. 3. Auflage. Stuttgart 1962
Planerbüro Zlonicky; International Institute of Urban Studies, Ramat-Gan Israel: Verdichtung von Stadtteilen. Essen 1971
Spengelin, F. u.a.: Funktionelle Erfordernisse zentraler Einrichtungen als Bestimmungsgröße von Siedlungs- und Stadteinheiten. Schriftenreihe Städtebauliche Forschung Bd. 03.003 des Bundesministers für Städtebau und Wohnungswesen. Bonn 1972
Siedlungsverband Ruhrkohlenbezirk: Siedlungsschwerpunkte im Ruhrgebiet. Bd.37 der Schriftenreihe des Siedlungsverbandes Ruhrkohlenbezirk, Essen 1970
SRL-Informationen: Gewerbeentwicklung für Stadtentwicklung. Bericht über die Jahrestagung der Vereinigung der Stadt- und Regional- und Landesplaner. Heft 16, 1983
Stadt Dortmund: Stadtentwicklungsplanung Dortmund. Planungsgrundlagen. Dortmund 1971

21. RÄUMLICHE LEITBILDER

A. STRUKTUR UND FORM

Bisher wurde die Struktur der Städte und der Besiedlung überwiegend als Produkt von Prozessen "langer Wellen" dargestellt, die weit über einzelne gesellschaftliche Perioden hinwegreichen. Es wurde deutlich, daß das den Menschen kennzeichnende Bedürfniß nach Zeit- und Krafteinsparung auf der einen Seite Netze verändert, Abkürzungen durchsetzt und äußere Formen beeinflußt. Daraus kann man zunächst ableiten, daß wenig Freiheit in der Gestaltung der morphologischen Strukturen besteht, weil diese doch weitgehend diesen übergeordneten Einflüssen unterliegen. Ähnliches gilt auch für die Nutzungen. Die räumliche Anordnung der Nutzungen (Zentren, Nutzungsmischung) folgt einerseits den Kräften einer inhärenten Struktur- und Verhaltenslogik und andererseits den Zonierungsvorgaben der Flächennutzungs- und Bebauungsplanung. Es finden also Eingriffe und Steuerungen statt. Offensichtlich handelt es sich darum, daß zwar Gesetzmäßigkeiten bestehen, diese aber auch gewisse Spielräume belassen, die von jeder Zeit neu ausgefüllt werden können. Beides wirkt aufeinander ein. Würde man den Prozeß relativ ungesteuert lassen, erzeugte er selten ein Resultat, welches mit den jeweils herrschenden formal-ästhetischen Idealvorstellungen, die im Städtebau allgemein als "Leitbilder" bezeichnet werden, übereinstimmt. Der Position, das zufällige Ergebnis eines öffentlichen und privaten Kräfteabgleichs auch als ästhetische Botschaft gesellschaftlicher Wirklichkeit zu akzeptieren, stehen zu nahezu allen Zeiten der Stadtbaugeschichte Leitvorstellungen gegenüber, nach denen solche Prozesse einer ästhetischen Steuerung bedürfen. Daran wird deutlich, daß die dynamische Komponente der Nutzung und die relativ statische Komponente des Nut-

zungsgehäuses offenbar verschiedener Zeitperspektiven unterliegen und deshalb auch unterschiedlicher Intensität der "planerischen Ordnung" bedürfen. Neben dem Bedürfnis nach einer zweckmäßigen Organisation des Raumes hat offensichtlich jede Gesellschaft ein Bedürfnis nach einem sinnfälligen ästhetischen Ausdruck ihrer Bedürfnisse und Werte. Dies geschieht durch Gestalt und Form. Die Gestalt faßt die zahlreichen Gebrauchsaspekte zu einer Form zusammen. Sie bündelt und verdichtet diese in einer möglichst sinnfälligen Synthese. Insofern enthalten Formen komplexe Botschaften über Zwecke, Inhalte und ästhetische Bedeutungen. Keine anderere Dimension ist so geeignet wie die äußere Form, Symbol für komplexe Inhalte zu sein.

Solche planerischen Ordnungsvorstellungen fassen für bestimmte Perioden der sozio-kulturellen Entwicklung das Formideal einer Epoche in ästhetischen Leitvorstellungen zusammen, die als formale Lenkungsinstrumente bei der Beeinflussung des Entwicklungs- und Transformationsprozesses eingesetzt werden. Sie beeinflussen die Anordnung von Gebäuden, die Form der Netze und die Standorte von Sondernutzungen und hervorgehobenen Gebäuden. Vereinfacht können wir im Städtebau kontextbildende und den Kontext sprengende Gebäude unterscheiden. Die Methode, wie dieser Wiederspruch gelöst wird, entscheidet im Kern über die morphologische Ordnung.

B. ANORDNUNG VON GEBÄUDEN

In über 5000 Jahren Stadtbaugeschichte zeigt sich immer wieder ein gleiches Phänomen: Nach privaten Interessen gesteuerte Anordnungen tendieren eher zu inhomogenen, irregulären Ordnungen. Hier bestimmen Zufälligkeiten und individuelle Bedürfnisse und Möglichkeiten Form und Standort. Nach ästhetischen Normen der Gemeinschaft gesteuerte Entwicklungen haben deutlicher homogene, oft geometrisch reguläre Ordnungen, zur Folge. Während irreguläre Ordnungen nicht immer ohne ästhetische Planungskontrolle entstehen, setzen reguläre Ordnungen diese zwingend voraus. In den meisten Perioden wurden unregelmäßige Anordnungen als ästhetisch minderwertig eingestuft. Im Altertum dominierten die geplanten Stadtanlagen. Im Mittelalter bestanden zwei konträre ästhetische Konzepte nebeneinander: Während Gründungsstädte nach geometrischen Konzepten gebaut wurden, war die Gestalt der unregelmäßigen mittelalterlichen Stadt (und des klassischen Dorfes) durch krumme schmale Straßen, unregelmäßige Baublöcke und eine eher zufällig wirkende Struktur gekennzeichnet. Renaissance und Barock wandten sich mit ihren geometrisch klaren Strukturen von dieser Ästhetik ab, die seit der Romantik wieder eine neue Wertschätzung erfuhr. Der Umbau Roms durch Sixtus den V. ist der erste Großversuch der Neuzeit, "chaotisches Wuchern" durch geometrische Ordnungselemente ästhetisch zu fassen; Haußmanns Achsendurchbrüche in Paris waren das zweite Großprojekt dieser Art. Das 19. Jahrhundert hat mit den nach Fluchtlinien geplanten Korridorstraßen nochmals einen - erst heute wieder geschätzten - Versuch einer geometrischen Gesamtästhetik unternommen. Er wurde erst abgelöst durch die Ansätze des künstlerischen (malerischen)

PERIODE	MORPHOLOG.GRUNDFORM	SONDERBAUTEN
Römische Stadtgründung	Straßengitter, Block	Separiert
Mittelalter unregelmäßig regelmäßig	Gabelungsnetze, Reihe Straßengitter, Block	Integriert Separ./Integr.
Absolutismus	Straßengitter, Block Achsen, Diagonalen	Separiert
Geometr. Städtebau des 19.Jh.	Straßengitter, Block mit Hinterbebauung, Achsen, Diagonalen,Ringe	Separ./Integr.
Künstlerischer Städtebau des 19.Jh.	Gerade und gekrümmte Straßen, Block	Separ./Integr.
Gartenstadt 1903-1940	Gerade, gekrümmte Str. Blöcke, Höfe, Reihen	Integr./(Separ.)
Moderne 1920-30	Gerade und gekrümmte Straßen, (Block), Reihe, Zeile, Solitäre	Separiert
Gegliederte und aufgelockerte Stadt 1950-heute	Gerade und gekrümmte Straßen, Reihe, Zeile, Solitäre	Separiert
"Urbaner" Städtebau ab 1980	Gerade und gekrümmte Straßen, Blöcke, Reihen, (Solitäre)	Integr./(Separ.)

Abb. 21.1 Morphologische Leitbilder in den Hauptperioden des Städtebaus (vereinfachte Periodenzeiten)

Städtebaues vor der Jahrhundertwende und durch die Idee der Gartenstadt und von dem noch heute angewandten Konzept der "Gegliederten und aufgelockerten Stadt" (Göderitz, Rainer, Hoffmann 1957).

Jedoch stand immer noch die Vorstellung einer weitgehenden Transformation der gesamten Stadtstruktur unter ein einziges ästhetisches Gesamtideal im Hintergrund dieser Denkmodelle. Dies änderte sich erst in den letzten 20 Jahren. Heute werden die Qualitäten der einzelnen Anordnungsformen als historisch bedeutsame Beiträge zu den individuellen Charakteren der Stadtteile, als Beiträge zum Erinnerungswert, zur Orientierung und zur Identifikation gesehen.Im Gegensatz zum vergangenen Jahrhundert können bei der steigenden Bedeutung der Autonomie des Individuums, - als tragender sozialer Innovation seit der Renaissance - Einschränkungen der ökonomischen und ästhetischen Selbstverwirklichung des Einzelnen immer schwerer durchgesetzt werden. Dies gilt auch für die Interessen von Unternehmen und Behörden. Schon in den 20er Jahren hatten sich auch deshalb Gestaltformen für Funktionsgebäude (Fabriken, Schulen, Bürohäuser, Theater usw) aus den Bindungen der umgebenden morphologischen Ordnung befreit. Man kann die unterschiedlichen Leitbilder von der Struktur und der Form der Stadt geradezu danach unterscheiden, wie sie mit den Sondergebäuden umgehen, die im Maßstab von der Hauptbaumasse abweichen. In der Abbildung 21.1 sind vereinfachte städtebauliche Hauptperioden angegeben und die vorherrschenden morphologischen Leitbilder. Deutlich wird, daß das unregelmäßige Mittelalter die einzige Periode war, die Sondergebäude wie Kirchen, Rathäuser - bis auf wenige Ausnahmen - in die Flucht der Randbebauungen einband. Unter anderem daraus entstand die geschlossene und spannungsreiche Stadtstruktur. Mit der zunehmenden Herauslösung von Sonderbauten aus der Morphologie der städtischen Baumasse in abgesonderte Positionen (Endpunkte, Blickachsen, Mittellage) löste sich bereits ein Teil des Zusammenhanges auf. Das Extrem markiert die "Moderne" und die "Gegliederte und Aufgelockerte Stadt", wo es teilweise weder einen Gebäudeverband noch eine Integration der Sonderbauten gab.

Das Aufgeben der Straßenfluchtlinie als funktionales und zugleich ästhetisches Kontrollmittel der Stadtstrukturentwicklung, welches bis dahin die Anordnung der Gebäude eindeutig zum öffentlichen Raum hin regelte, führte zur Beliebigkeit baulicher Anordnungen. Dies haben wir an verschiedenen Stellen schon besprochen. Folge war eine zunehmende Formlosigkeit neuerer Bereiche in und am Rande von Städten, in Gewerbegebieten und in den Transformationsbereichen der City. Ergebnis ist in vielen Städten der Welt das Entstehen einer morphologischen Struktur, deren Heterogenität zunimmt.

Dies wird besonders deutlich in der Tendenz zur Loslösung größerer Funktionsgebäude und größerer Projekte der Stadterneuerung aus den Bindungen der umgebenden Struktur. Sie hat mit der oben angespochenen Tendenz zu mehr individueller Autonomie, mit

Bodenwerten und Renditen, mit der Loslösung des Planungsvorgangs aus dem örtlichen Kontext (Zeit- und Kostenersparnis, Multiplikation von standardisierten Gebäudelösungen eines Investors), also mit der individuellen Rationalität handelnder Akteure zu tun. Dazu gehören auch die wechselnden architektonischen Moden und jene Architekturauffassung, die das Objekt über den Kontext stellt. Einen Überblick über die schnellen Szenenwechsel in der von Unsicherheit geprägten Stadtbau- und Architekturdiskussion zeigt Abbildung 21.2.

Die neuere Entwicklung hat versucht, die Idee dekonstruktiver Ordnungen aus dem unbezweifelbaren Dilemma zwischen einem hohen - bei großen und komplexen Projekten oft zu hohen - Ordnungsanspruch

---

1945 - 1955: Wiederaufbau auf altem Grundriß oder mit solitären Einzelbauten nach Prinzipien des CIAM.

1950 - 1960: Massenhafter Bau von durchgrünten Wohnquartieren in Reihen- und Zeilenbauweise.

1960 - bis zur Gegenwart: Bundesbaugesetz, Baunutzungsverordnung. Umorganisation der Städte und Stadterweiterungen nach dem Leitbild der "Gegliederten und aufgelockerten Stadt". Entmischung der Nutzungen. Ausweisung großer homogener Wohn- und Gewerbegebiete.

1960 - 1975: Urbanität durch Verdichtung. Solitäre Wohnhochhäuser in Städten, Wohnhochhäuser und Wohngroßgebäude in Trabantenstädten (Märkisches Viertel, München Perlach).

1955 - 1980: Große Stadterweiterungen/Trabantenstädte, Kahlschlagsanierung. Vernichtung gemischter Altbaustrukturen 1968: Studenten- und Bürgerproteste gegen technokratische Planung und gegen die Vernichtung der Lebensqualität in gemischten Altbauquartiere durch Flächen- und Luxussanierung.

1973 - heute: Behutsame (erhaltende) Stadterneuerung, Verkehrsberuhigung, Wohnumfeldverbesserung. Suche nach kontextuellen Antworten bei der Einfügung und Ergänzung von Baustäden. Aufgreifen regionaler Bautraditionen und Bautypen.

Ab 1978: Ökologisches und energiesparendes Bauen als Antwort auf die Ölkrise 1973. Passive und aktive Energieeinsparung führt zu Veränderungen der Fassadenmaterialien und zur Renaissance von Glas als Fassadenbaustoff.

Ab 1975: Neue Urbanität. Rückbesinnung auf die Stadt als Lebensform. Ausbau von Plätzen und urbanen Wohn- und Arbeitsformen. Wiederaufgreifen des Baublocks und urbaner Gebäude- und Wohnformen (insbes. im Rahmen der IBA-Berlin). Urbane Kulturpolitik.

Ab 1980: Postmoderne. Abkehr von der seriell gereihten Fassade. Wiederaufgreifen klassischer (teilweise historisierender) Fassadengliederungen und Formensprachen.

Ab 1980: Stadtmorphologische Diskussion. Angestoßen durch den Strukturzerfall der Städte, das stadtstrukturelle Ende der "Moderne" und durch die morphologische Diskussion in Italien und Frankreich wird die stadtbildende Rolle der kleinen Einzelparzelle, die Bedeutung der Vernetzung, der gemischten Nutzung und des Baublocks als Basiselement der Stadt neu gesehen und verstärkt angewandt.

Ab 1985: Dekonstruktivismus. Entwicklung neuer, nichtgeometrischer Bau- und Stadtbaukonzepte auf der Grundlage zerfallender, explodierender oder fragmentarischer Ordnungen.

Abb. 21.2 Phasen der Stadtentwicklung nach 1945 (Vereinfachte Periodenzeiten)

und den fragmentierten Ergebnissen, die oft von zu anspruchsvollen formalen Konzepten übrig blieben, zu lösen. Von einem anderen Maßstab aus, aber von der gleichen Beobachtung - der Inkongruenz von Großform und Prozeßergebnis - entstand eine Verbindung zwischen der Chaos-Theorie und der Form urbaner und regionaler Ausbreitungsprozesse. "Fraktale" oder auch zufällige Ordnungen haben auffällige Übereinstimmungen mit dem, was bei wenig gesteuerten Entwicklungen "von selbst" entsteht. Damit entsteht aber ein Dilemma. Heißt dies, daß der Zufall die gestaltsteuernde Größe der Stadtstrukturentwicklung sein soll und Gestaltung und Steuerung der Stadtentwicklung nicht möglich und deshalb nicht sinnvoll ist? Soll also das "freie Spiel der Kräfte" das Ergebnis bestimmen? Oder könnte die Folgerung auch lauten, daß scheinbar chaotisch wirkende Ordnungen einer anderen, nämlich einer prozessualen Logik folgen, die sich formal nicht auf den ersten Blick erschließt? Dies trifft sicher zu. Dennoch: War nicht die Zusammenfassung von Funktionen, Bauten, Materialien und Freiflächen zu schlüssigen Gesamtformen ein Zeichen für Bau- und Planungskultur? Soll jegliche ästhetische Ordnung aufgegeben werden? Die Diskussion ist an diesem Punkt im Fluß. Hier wird die Position vertreten, daß eine grobe und möglichst "robuste" urbanistische Grobsteuerung nötig und möglich ist, man sich aber übertriebener Detailsteuerung wegen der damit verbundenen Überforderung - außer in historisch wertvollen Bereichen - möglichst enthalten sollte.

C. EIN WEG AUS DEM DILEMMA

In dieser Krise treffen zwei konträre Planungsauffassungen aufeinander: Die Anhänger von "Gesamtlösungen" und die Anhänger der "Verbindung von Widersprüchlichem" oder der "Ansammlung von Versatzstücken": Monisten und Pluralisten[1]. Als Weg zur Lösung des Dilemmas schlagen Rowe/Koetter - wie wir schon im Kapitel 7 dargestellt haben - eine Synthese beider Auffassungen mit der Wahl "zweideutiger" Lösungen vor, die der unbezweifelbaren Rationalität moderner, und damit teilweise ortsunabhängiger Lösungen entgegenkommen und dennoch auf Bedingungen des konkreten Ortes reagieren[2]. Bei näherem Hinsehen entpuppt sich also der oben dargestellte Konflikt zwischen dem ästhetischen Ideal bestimmter Ordnungen und den Abweichungen von diesen als ein Machtkonflikt zwischen Individuum und Gesellschaft, zwischen privaten Verfügungsinteressen und öffentlichen Anliegen. Die in den 20er Jahren dieses Jahrhunderts durchgesetzten Innovationen des fließenden Raumes und des freien Arrangements von Gebäuden kamen jenen Interessen entgegen, die die in homogenen Stadtstrukturen enthaltenen Bindungen durchbrechen wollten. Planerische Kontrolle wurde zunehmend als autoritär und als gegen die freie Verfügbarkeit des Eigentums gerichtet kritisiert. Während bis in die dreißiger Jahre die Anordnung von Gebäuden weitgehend durch die Straßen bestimmt wurde und damit das Leitbild der kontinuierlichen Stadt städtebaulich fortwirkte und nur die architektonische Sprache wechselte, hat die Loslösung der Bebauung von der Straßenlinie zufällig wirkende Anordnungen und Formen der Gebäude erleichtert. Der Weg von der Stadt des 19. Jahrhunderts zur 'Collage-City' war damit vorbereitet. Innovationen im Städtebau richteten sich nun vornehmlich auf die verkehrsmäßige Verknüpfung und auf eine Kontrolle der Nutzungsverteilung. Die Gestalt der Stadt spiegelt nun folgerichtig immer deutlicher die Zufälligkeit von Eingriffen und Investitionsinteressen. Starke Investoren nutzten durch den Kauf ganzer Blöcke die Teilautonomie dieser Ebene aus. Architekten nutzten Großprojekte zur Demonstration architektonischer Innovationen. Der Dekonstruktivismus liefert neuerdings die Theorie zur fragmentarischen Form der Stadt und zur Zerlegung homogener Umgebungen in fragmentarische nach.

D. CHARAKTERISTIK DER BESTÄNDE

Aus diesem Dilemma herauszukommen, hilft der historische Kontext. Die Bestände unserer Städte werden durch die großen Bauperioden geprägt. Häufig werden größere homogene Bestände durch das städte-

---

1860 bis 1914:
Gründerzeit und Periode großer Investitionen in Wohnungsbau, Gewerbe, Infrastruktur. Ausformung neuer Innovationen und Technologien.

Charakteristik der Bestände:
Sehr solide Ausführung, kaum mißlungene Experimente, hoher Weitergebrauchswert nach Erneuerung.
Lebensdauer ca. 100 - 200 Jahre

1920 bis 1930:
Schwerpunkt des billigen Massenwohnungsbaus, Genossenschaftsbauten, experimentelles Bauen (neue Wohnformen, neue Produktionstechniken, neue Baustoffe)

Charakteristik der Bestände:
Meistens sehr sparsame Grundrisse, geringe Variabilität, kaum für andere Funktionen umnutzbar. Lebensdauer nach Renovierung ca. 30 - 50 Jahre

1945 bis 1960:
Wiederaufbauperiode. Überwiegend Wiederaufbau auf alten Parzellen und Stadtgrundrissen.

Charakteristik der Bestände:
Bei Stadterweiterungen meist niedriggeschossige Wohnformen mit hoher Wohnumfeldqualität. Grundrisse sehr sparsam und kaum veränderbar. Mängel in Baustoffen und Konstruktion (Wärmedämmung, Schalldämmung). Lebensdauer ca. 50 - 70 Jahre

1960 bis 1975:
Periode großmaßstäblicher Stadtveränderungen und Stadterweiterungen. Experimente mit neuen Leitbildern und Techniken.

Charakteristik der Bestände:
Vertikale Städtebaukonzepte, Trabantenstädte, Entmischung der Funktionen, neue, häufig solitäre Bauformen. Abkehr vom Block. Großflächige Sanierungen, vertikale Nutzungsstapelung. Neue Werkstoffe (Spannbeton, Asbestzement, Kunststoffe). Fertigteilbau. Neue Maßstäbe. Serielles Architekturverständnis (Reihung, Stapelung). Lebensdauer 30 - 50 Jahre, in Ausnahmefällen länger.

21.3 Bestandsmerkmale städtebaulicher Perioden
(Vereinfachte Periodenzeiten)

bauliche Leitbild in ihrer Anordnung und durch zeittypische Bauformen geprägt. Mit den Perioden hängt teilweise auch die Solidität der Bauten und damit deren Lebensdauer zusammen. Abbildung 21.3 zeigt einige der Charakteristika auf. Die Frage der baulichen Anordnung muß daher auch im Hinblick auf den Umgang mit den Beständen diskutiert werden. Können und sollen auf Dauer innenstadtnahe lockere Zeilenbausiedlungen erhalten werden? Oder kann man sie verdichten? Können sie durch Randausbildung in die über sie hinauswachsenden Stadt besser integriert und damit ihre inneren Freiraumqualitäten geschützt werden? Wenn die Bestände wirtschaftlich nicht zu erhalten sind, wonach soll sich die neue Ordnung richten? Hier stehen in den nächsten zwei Jahrzehnten, insbesondere in den neuen Bundesländern, große quantitative Aufgaben an, die nicht allein durch Wettbewerbe mit ihren häufig modischen Zufallsergebnissen gelöst werden sollten, sondern durch eine Stadtstrukturplanung auf der morphologischen Ebene. Denn auf welches Grundmodell des Stadtverständnisses hin sollen Veränderungen erfolgen? Welche Fehler des seriellen Bauens sind zu beseitigen und in welcher Richtung? Abbildung 21.4 zeigt einen tabellarischen Überblick über die morphologische Charakteristik der Bestände vom letzten Jahrhundert bis etwa 1980.

E. DIE DISZIPLINIERUNG DURCH DEN KONTEXT

Die europäische Stadt mit ihrer dichten Textur setzt Transformationen, insbesondere solchen, die sich stark von der Logik der Struktur entfernen, starke Widerstände individueller, ökonomischer, rechtlicher, zeitlicher und kultureller Art entgegen. Die Respektierung eines wegen seiner Qualität und Homogenität bindenden Kontextes erfordert einen höheren Zeit- und Planungsaufwand und führt zu eher individuellen Lösungen. Die zumeist kleinmaßstäbliche Textur europäischer Städte (die eher regionale Märkte bedienten) steht scheinbar im Widerspruch zu den Anforderungen weltweit sich organisierender Konzerne und zur Maßstabsvergrößerung privater und öffentlicher Betriebseinheiten. Bindungen durch den Kontext beeinflussen nicht nur den Maßstab von Gebäuden, sondern mindern damit auch die Freiheit in der Anwendung organisatorischer und architektonischer Innovationen. Daraus begründet sich die Tendenz zu einer Loslösung aus den engen Verflechtungen der morphologischen Struktur. Mittel ist oft die Wahl neuer (peripherer) Standorte oder die räumliche Distanzierung vom vorhandenen Kontext (z.B. durch Distanzflächen) zur Gewinnung höherer Freiheitsgrade der Eigenorganisation und Gebäudeform[3]. Umgekehrt dringen Gebäudeformen der Peripherie und introvertierte Solitärgebäude in die inneren Städte mit der Form- und Distanzattitüde des "freien Feldes" und mit klimatisierten und kontrollierten "schein-öffentlichen" Räumen im Gebäudeinneren in intakte Umgebungen ein.

Es kann zwar auf der einen Seite nicht um das grundsätzliche Festhalten an der in der Historie entstande-

ABB. 21.4 MORPHOLOGISCHE MERKMALE VON WOHNBAUVIERTELN 1860-1980

(Spengelin u.a.: Wohnen in den Städten, S.122 - 123)

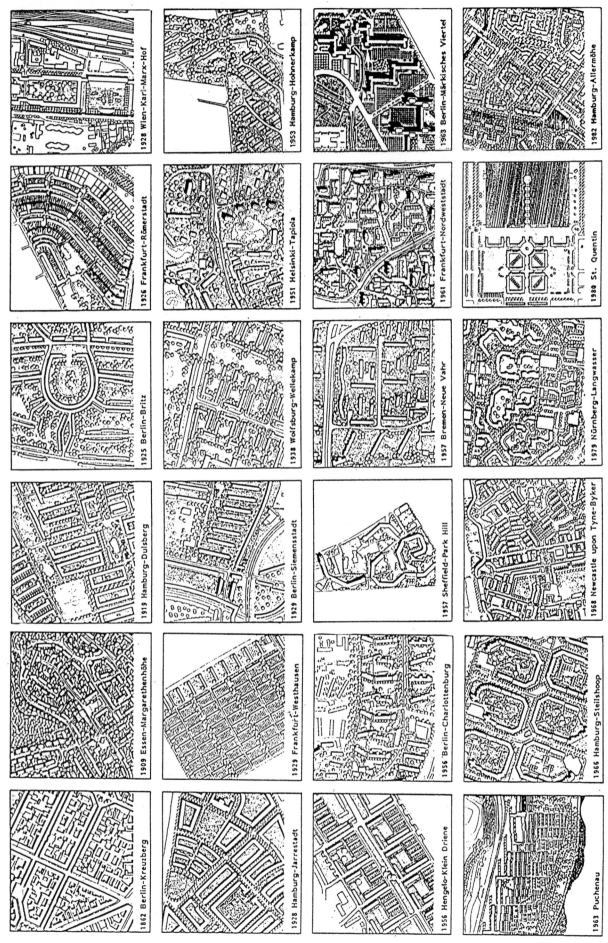

1928 Wien-Karl-Marx-Hof
1953 Hamburg-Hohnerkamp
1963 Berlin-Märkisches Viertel
1982 Hamburg-Allermöhe
1926 Frankfurt-Römerstadt
1951 Helsinki-Tapiola
1961 Frankfurt-Nordweststadt
1980 St. Quentin
1925 Berlin-Britz
1938 Wolfsburg-Wellekamp
1957 Bremen-Neue Vahr
1979 Nürnberg-Langwasser
1919 Hamburg-Dulsberg
1929 Berlin-Siemensstadt
1957 Sheffield-Park Hill
1968 Newcastle upon Tyne-Byker
1909 Essen-Margarethenhöhe
1929 Frankfurt-Westhausen
1956 Berlin-Charlottenburg
1966 Hamburg-Steilshoop
1862 Berlin-Kreuzberg
1928 Hamburg-Jarrestadt
1956 Hengelo-Klein Driene
1963 Puchenau

nen Ordnung gehen, andererseits aber auch nicht um das unkontrollierte Aufgeben der letzten homogenen Strukturen, die die Qualität der europäischen Stadt begründet haben. In ihren besseren Beispielen handelt es sich ja nicht nur um abschreibbare Immobilien, sondern um unwiderbringliche Kulturgüter, die unseren Städten Gesicht, Geschichte und Würde gaben und deren Ersatz durch kurzlebige Abschreibungsarchitektur mit unserem Bewußtsein von Stadtkultur nichts zu tun hat.

Auf der anderen Seite kann es aber auch nicht um das Verhindern notwendiger Modernisierungen der Struktur gehen und auch nicht darum, um jeden Preis wenigstens die Fassaden vergangener Epochen zu erhalten (dies ist übrigens ein wichtiger Hinweis der Kommunalpolitik, daß sie den heutigen Architekten eine saubere Durchbildung von Fassaden nicht mehr zutraut). Ebenso wenig kann es undifferenziert um das Beseitigen oder Verhindern von Brüchen und Widersprüchen gehen, da diese Bewegungen in die Zukunft darstellen, das Fehlen von Widersprüchen das Stadtleben letztlich töten würde. Denn im Fragmentarischen werden auch andere Ordnungs- und Nutzungsentwürfe sichtbar. Stadtplanung ist schließlich keine "Mechaniker- Ersatzteilarbeit", sondern das Offenhalten von Möglichkeiten der Eigenentwicklung und verträglichen Veränderung. In allen solchen Fällen geht es daher um Antworten auf den morphologischen Kontext: Wie soll die künftige Struktur sein? Ist die Abweichung ein Baustein dazu? Schafft sie produktive Verbindungen zum Vorhandenen? Führt sie Qualitäten fort und bringt Neues hinzu? Ist sie im oben diskutierten Sinne zweideutig? Ist sie auf dem Niveau der Zeit oder ein fauler, historisierender Kompromiß?

Es hängt von der lokalen "Planungskultur" ab, wie diese Konflikte gelöst und die anstehenden Fragen beantwortet werden. Generell kann unterstellt werden, daß starke Abweichungen die vorhandene Struktur entwerten und daß Synthesen eher als produktiv angesehen werden können. Allerdings können Abweichungen auch wenig ausgeprägten Umgebungen Akzente verleihen oder die grundlegende Veränderung eines nicht als erhaltenswert angesehenen Strukturmaßstabes einleiten.

Das ist die Lage. Erst mit der Krise der "Moderne" begann eine stärkere Rückbesinnung auf die Tugenden der dichten urbanen Textur. Der Zielkonflikt zwischen dem isolierten Objekt und dem raumbildenden Bautengefüge ist so alt wie die Architektur und der Städtebau. Die Energie- und Umweltkrise hilft uns, die ökologischen Tugenden der sparsamen Stadtstrukturen neu zu sehen. Deshalb scheint mir auch die Position, Sondernutzungen überwiegend noch immer in separierten Einzelbauten vorzusehen, der Überprüfung bedürftig. Wir müssen von dem Verschwendungsdenken, von kontextlosen, nur auf sich selbst bezogenen Baukonzepten herunterkommen, wenn wir wieder zu dichten und zugleich gemischten Nutzungsverbänden kommen wollen und zu Architekturen, die ihre Zeit spiegeln und sich dennoch auf ihren Kontext einlassen. Die Einbindungsfähigkeit der verschiedenen baulichen Anordnungsformen wird deshalb nachfolgend ein Schwerpunkt unserer Betrachtung und Bewertung sein.

22. SOZIALE RAUMPRÄGUNG

In den Folgekapiteln wollen wir uns den grundlegenden Formen der räumlichen Anordnung von Bauten zuwenden. Durch die Anordnung, insbesondere durch die Lage der Eingänge, wird auch der Charakter der gebäudebezogenen Freiräume geprägt. Die dabei entstehende "Negativstruktur" ist genauso wichtig wie die Positivstruktur der Gebäude. In diesem Kapitel sollen deshalb, stellvertretend für alle Bebauungsformen, die wichtigsten Ansprüche an die Gebäudeumgebungen aus ihrem sozialen Gebrauch heraus behandelt werden. Dabei geht es um die allgemeinen Aspekte des Gebäudeumfeldes. Technische Fragen wie Gebäudeabstände nach den Landesbauordnungen, Fragen des Parkens und Abstandsvorschriften aufgrund des Immissionsschutzes bleiben hier außer Betracht.

A. GEBAUTE UMWELT UND SOZIALES VERHALTEN

Seit einigen Jahrzehnten wird verstärkt der Zusammenhang von gebauter Umwelt und sozialem Verhalten erforscht. In der Literatur klafft aber immer noch eine breite Lücke zwischen verallgemeinerungsfähigen Ergebnissen raum-sozialer Forschung und der konkreten Umwelt. Entweder sind die Ergebnisse so allgemein, daß sie für Entwurfs- und Planungsentscheidungen wenig Hilfe bieten, oder örtlich so speziell, daß ihre Übertragbarkeit darunter leidet. Der Raum und sein Einfluß auf das Verhalten ist in der sozialwissenschaftlichen Forschung wegen seiner zahlreichen Dimensionen offenbar immer noch ein ungeliebter Gegenstand. Die Isolierung der beiden Variablen "Raum und Verhalten" ist, nach Zimmermann[1], aber sinnlos, weil Raum immer auch Verhalten ist. Noch immer bildet die Arbeit von Mühlich u.a.[2] einen guten Einstieg in die Diskussion. Kromrey (1981)

kommt bei seiner Untersuchung über Bewohnerurteile zu unterschiedlichen Wohnformen zu dem bemerkenswerten Ergebnis: "Das beste Planungskonzept aus der Sicht der Bewohner wäre offenbar dasjenige, das der Bewohner gar nicht als ein vom Architekten 'zum Zwecke des Wohnens' entwickeltes räumliches Modell empfindet."[3] Hier zeigt sich die höhere Identifikation mit einer selbstbestimmten Umwelt. Ähnliche Urteile erhält man zwischen regelmäßigen und unregelmäßigen, zwischen "ordentlichen" Stadtbereichen und solchen, in denen das Leben seine normalen Spuren hinterläßt. Den Zusammenhang zwischen planerischer Vorbestimmung und später möglichen Korrekturen thematisieren auch Häußerman, Siebel (1987, S.250) bezogen auf die Stadtplanung so: "Nicht, ob die Planung das wirklich Richtige tut, sondern ob sie es gegebenenfalls auch wieder rückgängig machen könnte, nicht der Grad der Gewißheit, sondern das Ausmaß, in dem Irrtum erlaubt wird, also der Grad der Revidierbarkeit bestimmt die Rationalität von Politik." Daraus läßt sich folgern, daß die Anknüpfung an in der menschlichen Siedlungsgeschichte bewährte Erfahrungen mit Raumstrukturen - wie sie in diesem Buch verfolgt wird - einerseits die Fehlerquote eingrenzen hilft, andererseits aber auch die notwendigen Schutz- und Pufferräume für die Aneignung der Individuen, zum Beispiel in der Form von hinteren Zonen, berücksichtigt.

Der Architekt und Stadtplaner kann neben seinen vielfältigen Integrationsaufgaben sich auch auf dem Feld der sozialräumlichen Eigenschaften nur bemühen, zureichende Handlungsgrundlagen zu bekommen. Wenn es konkret wird, lassen einen die Sozialwissenschaften leider häufig "im Stich". Insofern stützen sich die nachfolgenden Kategorien und Folgerungen auf nur wenige Grundlagen und auf eigene Beobachtungen.

B. SOZIALE RAUMCHARAKTERE

Die Gebäude sind die Hüllen von Nutzungen. Mit der Anordnung von Gebäuden im Raum und der Zuordnung der Zugänge und Freiräume zu Gebäuden werden die Beziehungen zwischen Gebäuden und der Gebäudeumgebung festgelegt. Je nach der Art der Gebäudenutzung und ihrer Ausrichtung auf die Gebäudeumgebung sind die Ansprüche an die Umgebung unterschiedlich. Unter Sozialräumen verstehen wir die unterschiedliche soziale Topologie von Stadträumen. Diese werden in den raumbezogenen Sozial- und in den Planungswissenschaften mit den drei grundlegenden Kategorien "öffentlich", "halböffentlich und "privat" gekennzeichnet. Bahrdt (1968, S.112) hat die Kategorien "öffentlich - privat" in die städtebauliche Diskussion eingebracht. Er stellte dar, daß auf der einen Seite städtische Umwelten, die "offen für eine begrenzte Pluralität von Verhaltensweisen" sind, Chancen und Anreize bieten können, daß aber "unklar definierte lokale Situationen" auch Verhaltensunsicherheit erzeugen und daß solche Räume zu einer sozialen Erosion beitragen und zu "Ausgangspunkten der Desintegration" werden können. Eine Beachtung der mit der Komposition von Bauten und deren Anordnung verbundenen sozialen Raumprägung ist daher geboten. Dabei handelt es sich (nach Fester, Kraft, Metzner, 1983, S.65) um abgestufte Zugänglichkeiten, die die verschiedenen sozialen Raumcharaktere unterscheiden, wenn auch nicht vollständig definieren:

- "der öffentliche Raum ist jedermann zugänglich,
- gemeinschaftliche Freiräume sind jeweils nur einem überschaubaren Kreis von Anwohnern (oder Nutzern, G.C.) zugänglich, Fremde werden zumindest mit symbolischen Mitteln vom Eindringen abgehalten,
- private Freiflächen sind ihrer sozialen Natur nach nur für Haushaltsmitglieder und eingeladene Gäste zugänglich."

Diese Autoren unterscheiden noch einmal zwischen halböffentlichen und gemeinschaftlichen Räumen. Während halböffentliche Räume für jedermann zugänglich seien und deshalb dort die gleichen Regeln wie für öffentliche Räume gälten, seien die gemeinschaftlichen Räume dadurch gekennzeichnet, daß sie nicht jedermann, sondern nur einem sehr begrenzten Kreis von Nutzern zugänglich seien. Die Zugänglichkeit würde in der Regel über die Gebäude geregelt. Die gemeinschaftlichen Räume lägen deshalb auf der Rückseite und nicht vor den Gebäuden (S.65). Natürlich können diese drei oder vier Kategorien

nicht alle Abstufungen von Räumen erfassen. Sie unterstreichen aber deutlich zwischen sehr unterschiedlichen Charakteren. Abbildung 22.1 zeigt die vier wichtigsten Dimensionen sozialer Raumprägung.

C. SOZIALE DISTANZEN

Menschen leben in einem Spannungsverhältnis zwischen Privatheit und Öffentlichkeit. Dies betrifft ihren Austausch mit ihrer sozialen Umwelt und eben auch ihre Nutzung des Raumes. Ausdruck von Privatheit ist die Abschirmung von Kontrollen, Einblick und Belästigung. Auch die Privatheit in einer Wohnung differenziert sich nach der Lage der Räume und ihrer Abschirmung. Ein weiteres Mittel neben der Abschirmung ist die Distanz. Distanzen übernehmen Teilfunktionen der Abschirmung, sind aber nicht im gleichen Maße wirksam. Neben den individuell etwas differierenden Distanzempfindlichkeiten haben sich in Gesellschaften Konventionen herausgebildet, die die unterschiedlichen Störempfindlichkeiten in Regeln zusammenfassen. Diese Sozialdistanzen finden wir bei den Mindestabständen von 3 m zum Nachbarn bei offenen Bebauungen oder bei Distanzen, die durch die hinteren Parzellentiefen zwischen den Gebäuden festgelegt werden. Amerikanische Untersuchungen formulierten das Konzept einer "Annäherungs-Vermeidungstheorie" der räumlichen Nähe. Danach wählen Menschen Distanzen zu anderen Personen nach einem "selektiven Prozeß der gegenseitigen Einschätzung", an dem beide Interaktionspartner beteiligt sind. Danach wird eine Distanz gewählt, die (nach Argyle) dem "Gleichgewichtspunkt beider Tendenzen entspricht". Bei den Versuchspersonen waren 0,6 m zu nah, 3 m zu weit. Der Gleichgewichtspunkt lag etwa bei 1,80 m[4].

Distanzempfindlichkeiten sind Ausdruck davon, daß Menschen, wie andere Lebewesen auch, zu ihrer physischen und mentalen Sicherheit Territorien zunehmender Privatheit abgrenzen. Eine ungestörte private Sphäre ist, darauf deuten viele Untersuchungen hin, eine Voraussetzung zur Entwicklung von sozialer Kontaktfähigkeit. Das Fehlen zureichender Privatheit führt umgekehrt offenbar zu pathologischen Verformungen.[5] Insofern sind also die unsichtbaren Distanzen und Grenzen Mittel zur Aufrechterhaltung vitaler Lebensbedingungen in Städten.

Die Sozialdistanzen sind aber bei den verschiedenen sozialen Gruppen einer Gesellschaft nicht gleich und sie können sich zwischen Gesellschaften unterscheiden. Die soziale Distanzempfindlichkeit wechselt auch mit der Ortsgröße und mit der Siedlungsstruktur. Die Ausführungen hierzu in den folgenden Kapiteln treffen nur für Gesellschaften mit ausgeprägten individualen Lebensmodellen, also für Deutschland, Frankreich, England und andere nördliche Länder, weniger aber für mediterrane Kulturen mit geringeren Sozialdistanzen zu. Diese Distanzempfindlichkeiten liegen unsichtbar über den Grenzen der öffentlichen Räume und prägen diese mit. Umgekehrt bilden sich auch immer wieder neue Gleichgewichte zwischen der Raum-

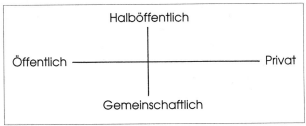

22.1 Soziale Raumcharaktere

struktur und der Lebenspraxis der Bewohner mit den Bedingungen dieser Struktur.

D. ABSTUFUNG DER ÖFFENTLICHKEIT VON RÄUMEN

Räume mit dem höchsten Grad von Öffentlichkeit sind große belebte Plätze und Straßen. Öffentlichkeit entsteht einerseits durch das uneingeschränkte Nutzungsrecht für jedermann und für unterschiedliche Formen der Fortbewegung und des Aufenthalts. Sie wird gesteigert durch einen hohen Anteil anonymen Publikums, also von am Ort nicht bekannten Personen. Derselbe Raum kann, wenn die "Fremden" am Morgen noch nicht da sind und überwiegend Anwohner den Raum nutzen, einen geringeren Grad von Öffentlichkeit haben. Dieses Phänomen wird in dem Titel "Piazza, bevor die Fremden kommen" (Lit. Kap.15) angesprochen. Jeder kennt auch das Gefälle an Öffentlichkeit zwischen belebten und ruhigen Straßen, zwischen großen und kleinen Plätzen. Schon der Maßstab prägt zum Teil den Grad an Öffentlichkeit. So wirken breite Straßen in der Regel öffentlicher als Gassen. Aber auch innerhalb eines Raumtyps wechselt der Grad der Öffentlichkeit. Viele belebte Plätze haben Zonen mit einem größerem und einem geringerem Grad der öffentlichen Nutzung. Der Grad der Öffentlichkeit von Räumen hat daher einerseits mit der Intensität und Anonymität ihrer Nutzung und andererseits mit ihrer Lage und Funktion im Netz der öffentlichen Räume zu tun. In allen Fällen spielen die den Raum begrenzenden Gebäude eine wesentliche Rolle. Diese besteht in der Bildung von eindeutigen Grenzen und in der Zuordnung der Gebäudezugänge zu diesen Grenzen. Klare Grenzen zwischen öffentlichen und privaten Räumen, verständlich konzipierte Formen der Übergänge zwischen diesen polaren Raumtypen erleichtern den Gebrauch und das "Lesen der Raumsprache". Neben der Differenzierung der öffentlichen Räume durch Veränderungen der Führung und der Maßstäbe ist der unterschiedliche Grad von Öffentlichkeit ein wichtiges Differenzierungsmittel.

Innerhalb der öffentlichen Räume können wir weiter unterscheiden:

- polyfunktionale,
- monofunktionale,
- anonyme,
- eindeutige und
- mehrdeutige oder diffuse Räume.

Polyfunktionale Räume sind Räume mit hoher Funktionsvielfalt. Dies betrifft sowohl die Nutzungen an den Rändern als auch auf den Flächen. Ein Markplatz mit guter Nutzungsmischung ist solch ein Raum. Monofunktionale Räume werden von einer Nutzung dominiert, wie etwa Parkplätze, Sportflächen, Straßen in Gewerbegebieten, reine Autostraßen. Anonyme Räume sind Räume ohne dauernde öffentliche Kontrolle. Hierzu gehören Fußgängerunterführungen, Parks in der Dunkelheit, nicht einsehbare Hinterzonen. Unter

eindeutigen Räumen verstehen wir Räume mit klaren Grenzen. Die Ränder der Räume sind durch Wände von Gebäuden, Zäune, Hecken oder Mauern eindeutig begrenzt. In allen Kulturen hat sich eine symbolische Sprache zur Abgrenzung privater Territorien entwickelt. Diese wird kulturell vermittelt und ist Teil des Alltagswissens. Es bedarf daher auch in unbekannten Gebieten keiner Lernvorgänge, um zu wissen, wo private oder öffentliche Bereiche beginnen. Im Gegensatz dazu stehen Räume mit unklaren Grenzen, wie wir sie bei fließenden Räumen finden. Hier ist die Grenze, wo der öffentliche und wo der private Bereich beginnt, unscharf oder gar nicht definiert. Beispiele sind Hochhaussiedlungen mit durchgehend gestalteten, allgemein zugänglichen Freiflächen, die ohne Grenzen ineinanderfließen, oder an den Bürgersteig stoßende private Vorbereiche, die mit dem gleichen Belag wie der Bürgersteig ausgestattet sind, so daß die Grenze zwischen öffentlichem Fußweg und privater Vorzone nicht mehr erkennbar wird. Wenn Menschen die sozialen Raumcharaktere wegen unklarer Ausprägung nicht mehr dechiffrieren können, entstehen Verhaltensunsicherheit und Konflikte, zumindest aber ein Unbehagen, welches sich auf das Verhalten auswirkt. Klar strukturierte öffentliche Räume haben eine "Kanalisierungsfunktion". Sie kanalisieren das Bewegungsverhalten in den Stadtstrukturen und regeln damit auch Kontaktdichten und Kontaktsituationen[6].

E. RAUMCHARAKTERE UM GEBÄUDE

Wir unterscheiden drei grundlegend verschiedene Bereiche um Gebäude, die wir mit den Begriffen "vorderer", "hinterer" und "seitlicher" Bereich bezeichnen. Der vordere Bereich ist stets der der Erschließungsfläche (Straße, Platz, Weg) zugekehrte Gebäudebereich. In der Regel befindet sich dort auch der Gebäudezugang. Der hintere Bereich liegt dem vorderen gegenüber, der seitliche Bereich kommt nur bei offenen Bebauungen vor. (Abb.22.2)

Neben diesem Normalfall des Gebäudes in der Reihe kommen einige Sonderfälle vor: Eckgebäude haben zwei vordere Bereiche, Gebäuden auf Stützen fehlt die deutliche Trennung zwischen vorne und hinten. Solitäre Hochhäuser in einem Park haben häufig keine klaren Seiten- und Hinterbereiche. Bei geometrisch komplizierten Gebäudeformen wird auch die sozialräumliche Logik komplizierter. Häufig entsteht bei Solitärgebäuden eine Unsicherheit über die Lage des Haupteingangs. Durch betonte Eingangssymbole versuchen Architekten, den durch die unklare Anordnung der Gebäude im Raum bedingten Mangel zu beheben. Unabhängig von solchen selteneren Sonderfällen wollen wir die folgende einfache soziale Logik zugrundelegen, weil sie für den größten Teil der Bauten zutrifft.

F. DER VORDERE BEREICH

Die Nutzungen in den Gebäuden legen unsichtbare

Ansprüche auf den vorderen Bereich. Dies sind die Distanzempfindlichkeiten, die nach Nutzungen verschieden sind. Ist der vordere Bereich sehr schmal oder fehlt er ganz, dann legen sich diese auf den an die Gebäudeaußenfläche angrenzenden öffentlichen Raum. Der vordere Bereich hat folgende Aufgaben zu erfüllen: Gebäudezugang, soziale Distanz zwischen öffentlichem Raum und privater Nutzung der der Straße zugekehrten Räume (nicht weniger als 2-3 m), Information über die Gebäudenutzung (Reklameschilder und Hinweistafeln), Stauraum, symbolische Repräsentation. Für den täglichen Gebrauch am wichtigsten sind Stauräume für das temporäre (oder auch dauernde) Abstellen von Fahrzeugen (Kinderwagen, Roller, Fahrräder), aber auch für Park- und Liefervorgänge (PKW, Liefer- und Möbelwagen). Wichtig ist ferner die Funktion als soziale Schwelle: der Hauszugang als Übergangselement zwischen Gebäude und Gehweg, Möglichkeiten zum Aufenthalt vor dem Haus (Sitzbänke, Stufen, Mauern, erhöhte Terrassen usw). Da der vordere Bereich wegen seiner öffentlichen Kontrolle nur eingeschränkt nutzbar ist, war und ist die Breite des vorderen Bereichs oft auch ein Repräsentationsmerkmal.

G. DER SEITLICHE BEREICH

Bei offener Bebauung schiebt sich zwischen die "Vorne-Hinten"-Logik ein Zwischenraum, der sowohl mit dem vorderen wie mit dem hinteren Bereich verbunden ist: der seitliche Bereich. Dieser Bereich hat drei verschiedene Eigenschaften: während er vorne Teil des vorderen und hinten Teil des hinteren Bereichs ist, sich also mit diesen überschneidet, hat er auf der Seite einen eigenen Charakter, der sich aus der Begrenzung zwischen den Gebäuden ergibt. Besonders beim Wohnen, aber auch bei Nutzungen durch Büros oder Gewerbe sind bestimmte "Sozialabstände" einzuhalten. Diese resultieren erstens aus der optischen und akustischen "Zwangsteilnahme" am Leben der

Nachbarn. Sie resultieren zweitens aus dem Bedürfnis nach einer relativ störungsarmen Organisation der eigenen Arbeits- und Wohnbedingungen. Während Störungen, die vom vorderen Bereich ausgehen, unabwendbar sind, aber tages- und wochenzeitlichen Schwankungen unterliegen, kann sich der Nutzer der Permanenz nachbarlicher Lebensvollzüge und ihren Wirkungen über die Grundstückgrenzen hinweg nicht entziehen. Der größte Teil des Nachbarrechtes resultiert aus Auseinandersetzungen über solche Störungen. Der seitliche Bereich hat häufig die Aufgabe, einen Zugang von der Straße zum Grundstück zu gewährleisten (Gartenbewirtschaftung) und als Stellplatz für Fahrzeuge zu dienen. Er hat in manchen Kulturen und Bauweisen auch eine zusätzliche soziale Funktion: für handwerkliche Arbeiten, als Lagerfläche, für Nebengebäude, kleine Werkstätten, für kleine Einliegerwohnungen oder als seitlicher Hauseingang. In ländlichen Umgebungen ist der seitliche Bereich auch beliebt als Küchenausgang. Er erschließt den seitlich oder hinten angelegten Gemüsegarten, erlaubt die Verlagerung von Küchenarbeiten ins Freie. Trotzdem behält man den Kontakt nach vorne, sieht den Briefträger kommen oder hört Vorgänge auf der Straße. Bei Doppelhausbebauungen liegt der Hauszugang häufig im seitlichen Bereich. Er bekommt damit etwa bis zum Hauseingang den Charakter eines vorderen Bereichs. Wegen dieser unterschiedlichen öffentlichen und halböffentlichen Situation hat der seitliche Bereich eine besondere Bedeutung als Übergangsraum. Abbildung 22.2 zeigt schematisch den Einfluß des seitlichen Bereichs auf den hinteren Bereich.

H. DER HINTERE BEREICH

Der hintere Bereich hat in der Siedlungsgeschichte immer eine große Rolle gespielt. Er ist ein wenig einsehbarer und besser kontrollierbarer Raum als der vordere und daher geeignet für die Aufbewahrung von Vorräten, Material und für längeren Aufenthalt im Freien. Bei gewerblichen Nutzungen dienen hintere Räume als Puffer- und Lagerräume für Geräte, Baumaterial, Waren. Der hintere Raum diente ursprünglich in den meisten Kulturen aber immer auch als Rückzugsraum, als Raum für öffentlich nicht kontrolliertes privates Leben. Hier kann auf die Einhaltung bestimmter Normen verzichtet werden, hier können sich Kinder sicher bewegen, hier kann ein längerer "offener-Tür-Kontakt" nach außen aufrechterhalten werden, ohne daß Fremde eindringen können. Der hintere Bereich ist daher der hausnahe Freiraum mit den besten Kontrollmöglichkeiten gegen unerwünschte Störungen. Deshalb werden häufig die empfindlicheren Nutzungen im Gebäude dorthin verlegt. Er hat die soziale Aufgabe, Menschen in der dicht bebauten Stadt einen wenig gestörten und möglichst auch wenig einsehbaren privaten Außenraum zu sichern. Bei Wohnnutzungen ist der hintere Bereich meist mit dem Garten, mit Balkonen oder Terrassen identisch.

Der hintere Bereich unterliegt selbst wieder unsichtbaren Distanzregeln. Regel ist die Markierung der Grenzen zu Nachbarn durch Zäune, Hecken und

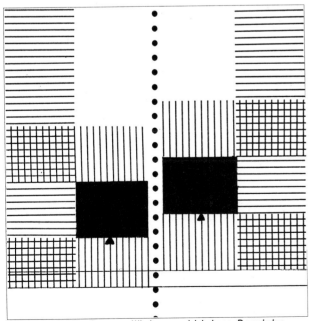

Abb. 22.2 Vordere, seitliche und hintere Bereiche

Mauern. Es werden Bereiche mit möglichst geringer Störung als Sitzplätze ausgewählt. Störend sind nicht nur Einblicke, sondern auch zu geringe akustische Distanzen und Einflüsse des Mikroklimas. Der Versuch der Bildung "grenzenloser Allräume" im hinteren Bereich, wie er aus zahlreichen Mietwohnprojekten bekannt ist, ist fast ausnahmslos fehlgeschlagen. Mangelnde Abschirmung in der Nähe von Aufenthaltsbereichen führt entweder dazu, daß die Räume gar nicht genutzt werden, oder zu nachträglichen Korrekturen. Koniferenpflanzungen der Bewohner an den Grenzen sind nichts anderes als der verzweifelte Versuch, Fehler der Gebäude- und Freiraumplanung zu korrigieren. Folgerichtig kommen empirische Untersuchungen zu dem Ergebnis, daß gut abgegrenzte private Freiräume im "verdichteten Flachbau" trotz höherer baulicher Grundstücksausnutzung integrationsfördernder waren als die traditionelle Bauweise mit freistehenden Einfamilienhäusern.[7] Zum gleichen Ergebnis kommen vergleichende Untersuchungen zur Wohnzufriedenheit in Stockwerkswohnungen und Einfamilienhäusern. Bei letzteren war der mangelnde Sichtschutz ein Problem[8].

I. DISTANZZONEN - ABGRENZUNG VON TERRITORIEN

Alle drei Bereiche sind durch die von den Gebäuden ausgehenden Nutzungsansprüchen "belegt". Dies können lediglich Sichtbeziehungen, aber auch Nutzungen im Nahumfeld der Gebäude sein. Meist besteht eine zunehmende Empfindlichkeit bei den an Gebäude angrenzenden Nahzonen, die mit der Distanz allmählich abnimmt. Diese ist nach vorne geringer als nach hinten, da die Nutzer im vorderen Bereich

größere Störungen und Kontrollen als unvermeidlich akzeptieren. Seitlich und hinten ist die Empfindlichkeit entsprechend größer, da diese Bereiche nur von einer zumeist bekannten Teilöffentlichkeit genutzt werden. Durch die verschiedensten Formen symbolischer Mitteilung werden Zonierungen immer privaterer Bereiche verdeutlicht, deren Überschreiten durch Fremde nicht erwünscht ist. Das Fehlen einer deutlichen Architektur solcher Distanzzonen führt zu eigenen Ergänzungen der Bewohner oder zum Rückzug aus solchen Räumen.

LITERATUR

Bahrdt, H.P.: Humaner Städtebau. Hamburg 1968

Bundesminister für Raumordnung, Bauwesen und Städtebau (Hrsg.): Nutzwert von Wohnungen. Schriftenreihe Bd.04.003. Bonn 1973

Derselbe: Zusammenhang von gebauter Umwelt und sozialem Verhalten im Wohn- und Wohnumweltbereich. Schriftenreihe Bd.03.062. Bonn 1978

Derselbe: Wohnverhalten und Wohnumwelt. Schriftenreihe Bd.04.44. Bonn 1978

Derselbe: Wohnumfeld und Wohnquartier aus der Sicht des Stadtbewohners. Schriftenreihe Bd.02.030. Bonn 1982

Fester, M.; Kraft, S.; Metzner, E.: Raum für soziales Leben. Karlsruhe 1983

Hamm, B.: Betrifft: Nachbarschaft. Bauweltfundamente Bd.40. Düsseldorf 1973

Häußermann, H.; Siebel, W.: Neue Urbanität. Frankfurt 1987

Herlyn, U.: Wohnen im Hochhaus. Stuttgart 1970

Jacobs, J.: Tod und Leben großer amerikanischer Städte. Bauweltfundamente Bd. 4. Berlin 1963

Kromrey, H.: Die gebaute Umwelt. Wohngebietsplanung im Bewohnerurteil. Opladen 1981

23. DER BLOCK

A. BEDEUTUNG ALS STÄDTEBAULICHES ELEMENT

Der Baublock - oder kürzer der Block - ist die kleinste städtebauliche Einheit. Er gehört zu den ältesten Elementen des Städtebaues und läßt sich seit etwa 5000 Jahren, wenn auch in unterschiedlicher Ausprägung, in Städten nachweisen. Die unregelmäßige Stadt hatte zumeist wegen der fehlenden Ecklösung keine echten Blocks. Der Block als Grundelement findet sich in den mittelalterlichen Gründungsstädten des Ostens, in der Renaissance, im Barock und im 19. Jahrhundert. Um die Jahrhundertwende geriet er in das Zentrum der Kritik von Bau- und Wohnreformern, die zu Recht die durch Spekulation überzogenen Formen in Berlin, Leipzig und in anderen Großstädten als Beispiele ungesunden Wohnens kritisierten. Mit der Reform des Blocks verschwand aber am Ende der Block selbst, auch in seinen sinnvollen Anwendungen. Daß in den letzten Jahren eine Renaissance des Blocks erfolgte, hat mit seinen positiven Eigenschaften zu tun.

B. GRUNDLEGENDE EIGENSCHAFTEN

1. DEFINITION

Unter Baublock wird als Grundtypus eine von Straßen allseitig umschlossene Gruppe von Parzellen verstanden, auf denen die Gebäude mit der Frontseite zu Straßen orientiert sind, und die mindestens auf zwei, häufig auf vier gegenüberliegenden Seiten mit Gebäuden bebaut sind. Die den Block bildenden Gebäude werden in der Regel von der der Straße zugekehrten Seite - von vorne, in Sonderfällen bei offener Bebauung von der Seite - erschlossen. Abweichende Sonderformen zeichnen sich durch unterschiedliche Gebäudestellungen aus. Konstitutiv ist die vierseitige

Erschließung durch Straßen! In den USA wird der Block weiter definiert. Hier wird unter dem Begriff des Blocks die allseitige Erschließung durch Straßen verstanden, wobei aber die Art der Bebauung nebensächlich ist. Die engere europäische Definition, wie sie im folgenden verwendet wird, definiert den Block mit einer umlaufenden Bebauung und der dadurch erzeugten klaren Orientierung zu einem öffentlichen vorderen und zu einem privaten hinteren Bereich.

2. TOPOLOGISCHE EIGENSCHAFTEN UND BESONDERHEITEN

Die raumprägenden Eigenschaften des europäischen Baublocks beschreiben Panerei, Castex, Depaule (1985, S.40) so: "Der Baublock ist, im ganzen gesehen, in einen Randbereich und in einen Innenbereich unterteilt. Der dichte Randbereich ist unmittelbar mit der Straße verbunden, die ihrerseits als Ort des Austauschs und als ein Regelungen unterworfener Raum der Darstellung zu verstehen ist. Der Innenraum des Baublocks dagegen ist ein von der Straße abgelegener und abgeschnittener Bereich, der durch das Merkmal der Nicht-Einsehbarkeit bzw. der nicht unbedingten Einsehbarkeit, ja sogar der Verborgenheit geprägt ist; er übt nicht mehr alle Repräsentationsfunktionen aus, er ist flexibel, wandlungsfähig und nur durch lockere Regelungen geprägt, die im Gegensatz stehen zu den Vorschriften, die für die öffentliche Seite gelten; er bietet sich zur Aneignung dar. Der Gegensatz zwischen Rand- und Innenbereich im Baublock ist als System von Unterschiedlichkeiten zu verstehen. Dieses System ermöglicht, eine bestimmte Komplexität (des Gefüges) zu ordnen. Es ist ein Modell zur Integration unterschiedlicher Aktivitäten, zur Aufteilung und Zuordnung vielfältiger Funktionen."

3. EINBINDUNG IN DAS NETZ DER STADT

Wesentliche Eigenschaft ist die, Teil einer kontinuierlichen Erschließungsstruktur zu sein. Damit wird der Block von allen Seiten erreichbar, er wird addierbar. Bei einer Planung, die dem Prinzip der rationellen Erschließung großer Flächen folgt, ist der Block ein fast zwangsläufiges Endprodukt der Erschließung: die Ausfüllung der verbliebenen Flächen zwischen den Straßen.

a) Außenerschließung

Der Block wird von äußeren Strassen erschlossen. Von dort erfolgt die Erschließung der Parzellen. Die äußere Grenze der Parzelle definiert zugleich die Grenze zwischen öffentlichem und privatem Raum.

b) Bebauung

Häufige Formen sind: allseitige Umbauung (Normalform); Teilbebauung; Blockfragmente, bestehend aus Teilen einer Randbebauung und abweichenden Bauformen; Bebauung mit singulären Gebäuden (offene Bebauung, Hochhäuser, Großgebäude, den Block füllender Großbau).

c) Raumprägende Eigenschaften

Vorne-hinten: Der klassische Block hat eine Randbebauung. Die Gebäude orientieren sich zu den Straßen. Es entstehen "vordere" Bereiche zur Straße, "hintere" Bereiche hinter den Gebäuden und "seitliche" Bereiche bei offener Bebauung. Jeder dieser Bereiche hat eine eigene Charakteristik (siehe auch Kap.22).

- Der vordere Bereich

Er ist einsehbar und, soweit nicht eingezäunt oder bepflanzt, allgemein öffentlich zugänglich. Er unterliegt der sozialen Kontrolle der Öffentlichkeit.

- Der hintere Bereich

Er ist von den seitlichen und gegenüberliegenden Nachbarn eingeschränkt einsehbar und ist, soweit Zugangsbeschränkungen an Grenzen bestehen, nicht oder nur eingeschränkt zugänglich. Er ist wegen seiner

Außenbereich	Innenbereich
Straßenfassade	Innenfassade und Garten
kontinuierlich und zusammengefügt	zerstückelt und banal
zugänglich	nicht zugänglich
Bezug zur Stadt	Bezug zur Wohnung
Repräsentation	Praxis
vorgezeigt	verborgen
Stempel des Architekten	Prägung durch die Bewohner

Randbereich		Innenbereich
Straßenfassade	Innenfassade und Garten	
kontinuierlich und zusammengesetzt	fragmentiert und alltäglich	kontinuierlich und gestaltet
zugänglich	nicht zugänglich	zugänglich und kontrolliert
Bezug zur Stadt	Bezug zur Wohnung	Bezug zum Baublock
Repräsentation	individuelle und familiäre Praxis	Repräsentation und gemeinsame Praxis
vorgezeigt	verborgen und gesehen	gesehen
Stempel des Architekten	Prägung durch die Bewohner	Stempel des Architekten

Abb. 23.1 Ausprägung von vorne und hinten in Blök-ken von Amsterdam - Süd (Paneral, Castex, Depaule 1985)

Abschirmbarkeit ein Bereich hoher Privatheit. Über die Anwendung subtiler Gestaltungsmittel für hintere Zonen finden sich gute Darstellungen in Panerai,Castex,Depaule (1985, S. 61,70). Die gleichen Autoren haben ein Schema (S.104f.) für den Vergleich der Unterschiede zwischen vorderem und hinterem Bereich entwickelt. Abbildung 23.1 zeigt das Gefälle der Regelungen zwischen vorne und hinten. Das obere Beispiel bezieht sich auf einen Block mit privaten Gärten im Erdgeschoß, das untere auf einen Block mit privaten kleinen Gärten an den Gebäuden und einem gemeinsamen Garten im Innenbereich (Amsterdam Süd - Bereich Amstelan).

- Der seitliche Bereich

Dieser stellt ein Verbindungselement zwischen vorderem und hinterem Bereich dar. Er hat deshalb im vorderen Teil die Eigenschaften des Vorderbereiches und im hinteren Teil die Eigenschaften des Hinterbereiches. Dazwischen entwickelt er eine eigene Charakteristik: nicht so öffentlich wie vorn, aber auch nicht so privat wie hinten. Seitliche Bereiche haben Bedeutung für Belichtung, Zugang, Luftaustausch, als Verbindungsbrücke für Vegetation, Nebengebäude, für Blickkontakte in innere Bereiche, Durchgänge.

C. DAS ECKPROBLEM

Durch die allseitige Erschließung entsteht einerseits eine Übererschließung der Eckparzelle, andererseits wegen ihrer zweiseitigen Ausrichtung eine besondere Lagegunst. Diese wurde und wird von bestimmten Nutzungen bevorzugt, wie etwa von Versorgungseinrichtungen, Läden, Kneipen. So lange das Entwurfsrepertoire nur sehr begrenzte Antworten zuließ, war die Blockecke ein kritischer Punkt.

Die Nachteile sind:
- die geringe hintere Fläche - entweder fehlt der hintere Bereich völlig oder reduziert sich auf einen kaum nutzbaren Zwickel;
- durch die schmalen Fassaden der Rückseiten fehlen Kompensationsmöglichkeiten bei ungünstiger Himmelsrichtung;
- bei schmalen Grundstücken fehlen Erweiterungsmöglichkeiten im Erdgeschoß nach hinten.

Mit den erweiterten Möglichkeiten des heutigen Entwurfsrepertoires sind diese Nachteile auszugleichen. Beispiele für Ecklösungen sind: Vollecke, ausgeweitet, eingeschnürt, ausgespart, diagonal, erweiterte Eckparzelle (Winkelparzelle), isolierter Eckbau. Abbildung 23.2 zeigt unterschiedliche Ecklösungen.

D. DIE MITTENZONE (Abb. 23.3)

Für die Mittenzone gibt es drei typologische Varianten:
1. Sie wird durch die Grenzen der gegenüberliegenden Parzellen gebildet. In diesem Fall handelt es sich um die Zone des größten Distanzkontrastes zum vorderen Bereich, sehr oft um eine ruhige, intime Zone.

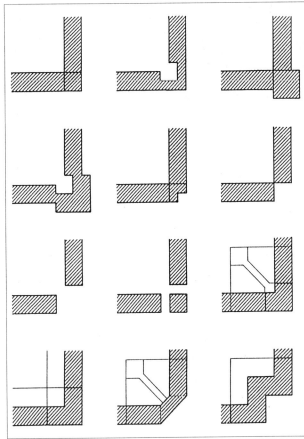

Abb. 23.2 Variationen von Ecklösungen

2. Zwischen den hinteren Parzellengrenzen verbleibt ein linearer Raum - Weg und hinterer Parzellenzugang. In diesem Fall wandelt sich der Charakter der Parzelle von einer nur einseitigen zu einer bedingt zweiseitigen Erschließung. Je nach dem Charakter der hinteren Erschließung kann die Privatheit des hinteren Parzellenteiles fortbestehen oder, bei gegenseitiger Einsehbarkeit und allgemeiner Zugänglichkeit des Weges, sich dem Charakter eines vorderen Bereiches annähern.

3. Zwischen den hinteren Parzellengrenzen verbleiben eine oder mehrere selbstständige Parzellen. In diesem Fall können in der Mittenzone zusätzliche Nutzungen, die von denen der vorderen Parzellen unabhängig sind, ihren Standort haben.

E. DAS PROBLEM DER HIMMELSRICHTUNG
(Abb.23.4)

Die allseitige Bebauung führt zu jeweils entgegengesetzt ausgerichteten Gebäuden und damit zu Problemen in der Ausrichtung der Räume zur Sonne.

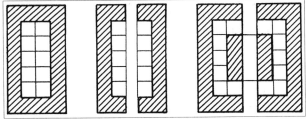

Abb. 23.3 Formen von Mittenzonen

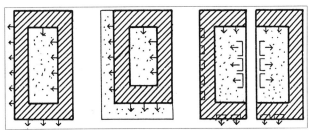

Abb. 23.4 Reaktionen auf die Himmelsrichtung

Soweit die Lage der Haupträume nicht an die vordere oder hintere Seite gebunden ist, kann dieses Problem durch Wechsel der Ausrichtung gelöst werden (a). Andere Lösungen bestehen darin, die ungünstig belichtete Seite nicht vollständig zu bebauen. Bei Wohngebieten kann die ungünstige Besonnung der Süd- und Westseiten durch tiefere Vorbereiche mit einer Niveauerhöhung gelöst werden, die, verstärkt durch Mauern oder Hecken, ein relativ ungestörtes Wohnen auch zur Straßenseite erlauben (b). Tiefere Gärten können die Verschattung des Hauses ebenfalls mildern. Sitzbereiche werden dann weg von der Hausfront verlagert im besonnten Teil des Gartens angelegt, und zusätzlich Loggien auf der Süd- und Westseite angeordnet (c).

F. BLOCKFORMEN

1. GRÖSSEN

Die Eigenschaften werden deutlicher durch die Größen als durch die Form bestimmt. Als seltene Sonderform des minimalen Blocks können wir eine zweiseitig erschlossene Reihe mit Eingängen von beiden Seiten ansehen. Als "echter" kleinster Block gilt jedoch die "back to back" Bebauung zweier selbständiger Reihen ohne hinteren Zwischenraum. Danach kommt typologisch die "back to back" Reihe mit kleinem hinteren Grundstück. Hier gehen Block und Reihe ineinander über. Während die bisher genannten Extremgrößen sehr ungünstige Eigenschaften aufweisen, verbessert sich die Brauchbarkeit mit zunehmender Göße der hinteren Flächen.

Die allseitige Erschließung erlaubt eine Fülle von Variationen von Blocktypen bei der Konzeption des Straßennetzes. Nach der Anlage der Straßen ist die Einteilung dann allerdings ziemlich endgültig.

Beispiele in systematischer Reihe:
- Kleinstblock aus nur einer Bautiefe bestehend
- Back-to-back Block ohne Freiraum
- Schmalblock mit hinterem Freiraum
- Tieferer Schmalblock mit Hintergebäuden, die am Vorderhaus angebaut sind
- Block mit Tordurchfahrten, bei denen abgesetzt selbständige Werkstattgebäude stehen
- Block mit selbständigen kleineren Mittelparzellen
- Block mit einem großen Binnenraum - voll überbaut, freigehalten, als Park genutzt, Infrastrukturgebäude, Gewerbe
- Großgebäude als ganzer Block.

Abbildung 23.5 zeigt Größenvariationen von Blöcken.

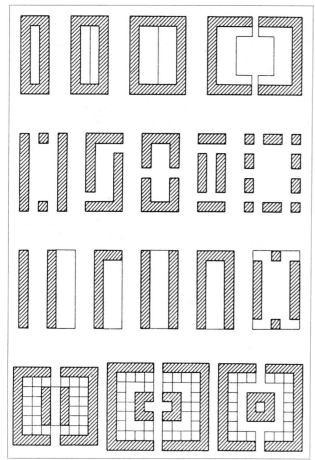

Abb. 23.5 Unterschiedliche Größe und Geschlossenheit von Blöcken

Deutlich wird, wie der Spielraum zur Nutzung des Innenbereichs mit steigender Größe zunimmt. Bei großen Blöcken entstehen Kombinationsmöglichkeiten im Blockinneren. Besonders naheliegend ist die Kombination von Block und Hof (Hof im Block). Möglich, aber topologisch nicht so schlüssig ist der "Block im Block", weil hier die Vorderseiten des Innenblocks an die Rückseiten des Außenblocks stoßen (Abb.23.6). Ebenso sind Zeilen und Reihen im Block nicht sehr sinnvoll. Weniger problematisch sind einzelne Solitäre.

2. FORM

Das Prinzip des Blocks wird durch die geometrische Form nicht berührt. Es kommt nur auf die allseitige Erschließung durch umgebende Straßen an. Formaler Minimaltyp ist der nur von drei Straßen umschlossene Dreiecksblock. Auch diesen kann es als vollständig überbauten kleinen Eckblock oder als Block mit inneren Freiflächen geben. Als nächstes folgt der Viereckblock als eines der häufigsten Blockelemente. Polygonal geformte Blocks mit mehr als vier Ecken kommen als besondere Elemente im Stadtgrundriß und bei abknickenden Baufluchten vor. Vereinzelt kommen auch neuerdings halbrunde Blocks als Teile geschwungener Bauformen

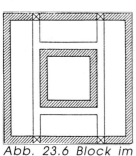

Abb. 23.6 Block im Block

Abb. 23.7 Formen von Blöcken

und runde Blocks als Großsolitäre vor. Abbildung 23.7 zeigt Prinzipformen und 23.8 Dreiecksblöcke aus dem Paris Haußmanns.

G. NUTZUNGSMISCHUNG

Die herausragende Qualität des Blocks liegt in der Nutzungsmischung durch den hinteren Bereich. Während das übliche Gebäude Nutzungen auf seine Außenmaße begrenzt, können in Blocks hintere Flächen als Gebäudeerweiterungsflächen beansprucht werden. Größere Binnenräume können zusätzliche, von den Gebäuden des Randes unanhängige Nutzungen aufnehmen. Blöcke mit größeren Tiefen

Abb. 23.8 Dreiecksblöcke in Paris (Cars, Pinon 1991, S.303)

enthalten somit Pufferräume für das Wachsen und Schrumpfen von Nutzungen, die bei sich ändernden Bedingungen ökonomisch genutzt oder von solchen Nutzungen wieder befreit werden können. Ein Problem ist und war immer die ästhetische Kontrolle hinterer Nutzungen. Diese kann heute durch Auflagen mittels Satzungen und im B-Plan immerhin theoretisch gelöst werden. Auch ist durch die Vorschriften des Immissionsschutzgesetzes und die Verordnung über Schutzabstände in NRW gewährleistet, daß keine allzu störenden Nutzungen in solchen Binnenräumen zugelassen werden. Umgekehrt sind mit dem ästhetischen Gefälle von vorne nach hinten auch notwendige Freiheiten verbunden. Im Rahmen einer Studienarbeit (Gross, Bösel 1986) wurden die Integrationsmöglichkeiten des Gewerbes und die von Sonderbauten in die grundlegenden Anordnungsformen untersucht. Die Ergebnisse zeigen, daß es ein großes Repertoire an Möglichkeiten gibt (Abb.23.9). Die Beispiele 1-3 zeigen einzelne Betriebe in der Randbebauung, 4-7 die Konzentration von Betrieben auf einer Seite, 8-15 freiste-

ABB. 23.9 MISCHUNG VON WOHNEN UND GEWERBE IM BLOCK *(Gross, Bösel 1986)*

211

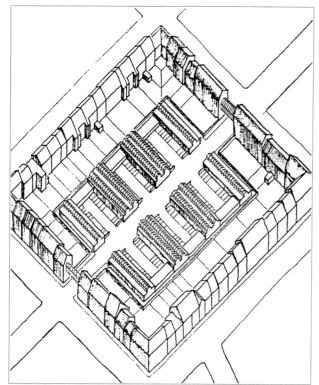

Abb. 23.10 Gewerbe im Block (Gross, Bösel 1986)

hende Betriebsgebäude im Blockinnenbereich, 16-20 Blöcke mit stark gewerblich genutztem Innenbereich, 21-27 Gewerbehöfe und Gewerbestraßen in Blöcken, 28-32 die Konzentration des Gewerbes auf eine Ecke und 33-35 eigenständige Gewerbeblöcke in Nachbarschaft zu Wohnblöcken. Abbildung 23.10 zeigt eine isometrische Darstellung eines Blocks mit nicht-störendem Gewerbe im Blockinnenbereich.

H. PARKEN

Für die Unterbringung von PKW eignen sich neu konzipierte Blöcke gut, weil die Innenfläche Nutzungsüberlagerungen zuläßt. Abbildung 23.11 zeigt ein

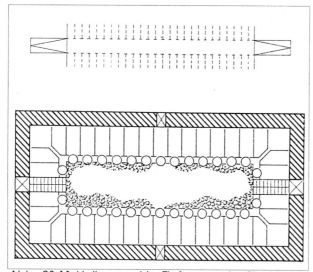

Abb. 23.11 Halbversenkte Tiefgarage im Blockinnenraum

solches Beispiel: Von den beiden Schmalseiten aus können PKW ein- und ausfahren. Die Rampen liegen unter einer verglasten lärmmindernden Umbauung. Die Tiefgarage ist nur etwa zur Hälfte im Boden eingelassen. Sie ragt etwa 1-1,5 m über das Niveau. Dadurch ergibt sich eine natürliche Belichtung, Be- und Entlüftung. Auf der Tiefgarage sind Spielflächen und Bewuchs angeordnet. Zwischen den Gärten und der Tiefgarage befindet sich ein Erschließungsweg.

I. BEISPIELE

Es gibt eine Fülle neuer Beispiele von Blöcken, die die Ansprüche an urbane Dichten und Wohnruhe erfüllen.

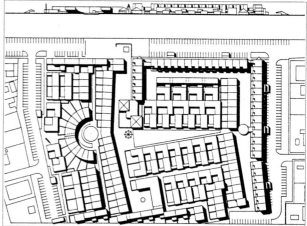

Abb. 23.12 Block mit innerer Teppich-Bebauung (Arch.Rainer. Peichl-Steiner 1988, S.149)

Die folgenden Beispiele der 80er Jahre aus Wien können die Möglichkeiten lediglich andeuten.

LITERATUR

Cars, J. des; Pinon, P.: Paris - Haussmann. Paris 1991

Gross, S.; Bösel, Th.: Nutzungsmischung als Prinzip der Stadtstruktur. ISL. Aachen 1986

Harms,H.; Schubert, D.: Wohnen in Hamburg - Ein Stadtführer. Hamburg 1989

Hegemann, W.: 1930. Das steinerne Berlin. Braunschweig 1984

Koch, Ch.: Biedermann und die Brandwände. In: Bauwelt 32/1992

Panerai,Ph.; Castex,J.; Depaule J.C.: Vom Block zur Zeile. Wandlungen der Stadtstruktur. Braunschweig 1985

Peichl, G.; Steiner, D.: Neuer Wiener Wohnbau. Ausstellungskatalog. Wien 1988

Schumacher,F.: Das Werden einer Wohnstadt. Bilder vom neuen Hamburg. Nachdruck der Ausgabe von 1932. Hamburg 1984

Stübben, J.: Der Städtebau. Darmstadt 1890. Nachdruck Braunschweig 1980

ABB. 23.13 BEISPIELE NEUERER BAUBLÖCKE *(Peichl, Steiner 1988, S.139, 121)*

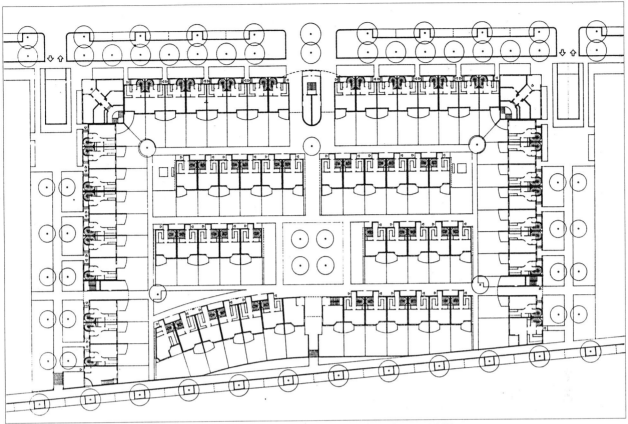

a) Nach Süden offener Block mit Wohnzeilen. Wien X. Wienerberggründe. 1985 (Arch. Weber, Eder)

b) Blockrandbebauung mit Wohnzeilen. Wien XXIII Oldenburggasse. 1984 (Arch. Kroj, Bitschnau u.a.)

24. DER HOF

A. DEFINITION

Die sprachliche Herkunft des Wortes ist so vielschichtig wie sein Gebrauch. Das altgermanische Wort bezeichnete Hügel und "eingehegte" Räume mit Hof. Das Wort bezeichnete später - auch heute noch - von Gebäuden und Gebäudeteilen umschlossene Räume. Der drei- oder vierseitig umschlossene Bauernhof ist das bekannteste Beispiel. Der städtebauliche Begriff des Hofes nimmt die traditionellen Merkmale auf. Diese sind Umschlossenheit, Absonderung, geschützte, innen liegende Hauszugänge. Der Hof ist in seiner städtebaulichen Form eine Umkehrung des Blocks. Während im Block die Gebäude von der Straßenseite her erschlossen werden, werden die Gebäude des Hofes von der Hoffläche, also von innen, erschlossen. Die Gebäude ändern dabei ihre Richtung: Dem Hof wenden sie ihre Vorderseite zu, die Rückseite weist nach außen. Ein Grenzfall des Hofes ist das Hofhaus als Bautypus, das früher in der islamischen Kultur verbreitet war und auch als modernes Wohn- und Geschäftshaus vorkommt. Das "Hofhaus" ist eine Bauform, bei der auf einer einzigen Parzelle Gebäude um einen oder mehrere Höfe errichtet sind.

Formen und Begriffe von Höfen:
- Hofhaus
- Hof mit lockerer Umbauung (Bauernhof)
- Hofbebauung (von Straßen umgebene Hofbebauung)
- Hofblock (Hof mit gemischter Erschließung innen - aussen)
- Innenhofbebauung (hinter Baufluchten liegende Hofbebauung)
- Eingangshof (hinter einer Bauflucht verborgenliegender kleiner Hof)
- Straßenhof (Einfaltung der Bauflucht der Straße)
- Hofplatz (im Blockinneren liegender Hof mit mehreren Verbindungen)
- Doppelhof (Doppelung zweier Höfe)
- Hof im Block (im Block liegender Hof)
- Passagenhof (hofartige Ausweitung im Verlauf einer Passage).

B. BEDEUTUNG ALS STÄDTEBAULICHES ELEMENT

Der Hof und insbesondere das Hofhaus sind raumbildende und addierbare Stadtelemente. Sie sind in der westlichen, stärker öffentlich orientierten Kultur eher selten grundständige Elemente des Städtebaues. Deshalb hat der Hof in unserer Kultur keine wirkliche Bedeutung als städtebauliches Grundelement bekommen. Dabei ist der Hof in Kombination mit einer Straßenrandbebauung, etwa an stark befahrenen Ausfallstraßen, ein gutes Element, beruhigte Innenbereiche zu schaffen und die Bewohner trotzdem an eine Hauptstraße anzubinden. Der Hof eignet sich auch gut zur nachträglichen Verdichtung von tiefen, auf andere Weise nicht erschließbaren Hinterbereichen. So ist er in der Stadtbaugeschichte häufig als Element der letzten Verdichtungsstufe entstanden. Mit einem zweiten hinteren Zugang finden wir Höfe zur nachträglichen Verknüpfung zwischen großen Blöcken, etwa als Passagenhöfe.

C. TOPOLOGISCHE EIGENSCHAFTEN UND BESONDERHEITEN

Der Hof sondert seine Erschließung vom durchgängigen Netz der öffentlichen Räume ab. Er ist zumeist - auf den Verkehr bezogen - eine Sackgasse oder ein privater Erschließungsbereich. Mit dem Begriff des Hofes wird umgangssprachlich immer Zurückgezogenheit und größere Intimität umschrieben. Der Hof ist sozial - manchmal auch rechtlich - keine ebenso allgemein zugängliche öffentliche Fläche wie die Straße. Er bildet eine Fläche mit eingeschränkter Öffentlichkeit der Bewohner oder Betriebe und der damit verbundenen Personenkreise. Diese Form reduzierter Öffentlichkeit haben wir schon im Kapitel 22 als "halböffentlich" bezeichnet. Die Markierung des Übergangs von öffentlichen in halböffentliche Räume ist ein wichtiges Mittel der Abgrenzung und kann mit eindeutigen Elementen wie einer Toreinfahrt, einer Einengung oder mit Materialwechseln im Bodenbelag erfolgen.

Häufiges Merkmal ist die Erschließung durch eine nur mit einem Stich an den öffentlichen Raum angebundenen Hoffläche. Die Hoffläche selbst ist ein wesentliches Element des Typus'. Sie muß breiter als eine Gasse oder Straße sein, also wie ein Platz eine gewisse Verfügungsfläche besitzen. Höfe ohne Zusatzfläche sind Grenzfälle. Auch hier ist das Merkmal die Abgeschlossenheit. Sprachlich wäre es in solchen Fällen klarer, von Hofgassen zu sprechen. Teilweise werden auch introvertierte Plätze, die in inneren Bereichen von Netzen liegen, mit mehreren Straßen aber verbunden sind, als Höfe bezeichnet (Aachen: Katschhof, Hof; München: Theatinerhof, Alter Hof). Hier führt der ruhige Charakter zur Bezeichnung, oft handelt es sich nur um stille Plätze. Topologisch handelt es sich dann um Höfe, wenn die Zugänge schmal sind, die Erschließungen überwiegend von der Hoffläche erfolgen und die Randbebauung nach außen keine oder nur Eingänge für Erdgeschoßnutzungen hat.

D. TYPOLOGIE VON HÖFEN

In Abbildung 24.2 sind sechs Typen von Höfen dargestellt, die sich grundlegend unterscheiden. Typ a ist die Umkehrung des Blockes, die reine Hofbebauung. Die Eingänge liegen ausschließlich innen und werden nur über einige Durchgänge an den Straßenraum angebunden. Dadurch entsteht ein halböffentlicher Binnenraum, den nur betritt, wer zu den angeschlossenen Nutzungen will. Einem solchen Hof fehlt also die allgemeine Öffentlichkeit durch den Verkehr, durch Passanten und die Anonymität, die in öffentlichen Räumen durch ein gemischtes Publikum erzeugt wird. Man trifft häufiger die gleichen Leute, man kennt die Gesichter und erkennt von daher auch den Fremden. Zu dieser Form des Hofes gehören z.B. die Wiener Höfe. Die strenge Umkehrung des Hofes ohne äußere Abstandsflächen ist ein städtebaulicher Anachronismus, weil die empfindlichsten Teile der Nutzung, die eher privaten Rückseiten, nun an der öffentlichen Straße liegen, ohne von dort durch Eingänge erschlossen zu werden. Diese Form ist aber möglich, wenn die Hoffläche und damit das Niveau der Erdgeschoßwohnungen 1-2 m über dem Straßenniveau liegen. Dieser Niveausprung läßt sich für Tiefgaragen nutzen.

Eine für die Großstadt interessantere Mischform ist Typ b, eine Mischung aus Block und Hof, bei der das Erdgeschoß - oder auch das 1.Obergeschoß - von außen erschlossen wird, die übrigen Geschosse aber von innen. Dadurch verliert die Erdgeschoßzone ihren abweisenden Charakter und wird für die Nutzung durch Handel und Dienstleistungen verfügbar. Eine solche Bauform setzt das Kontinuum der belebten Schaufensterfronten fort und leistet einen Beitrag zur Nutzungsmischung. Topologisch handelt es sich im Erdgeschoß um einen Block, in den oberen Geschossen aber um einen Hof. Diesen Typ wollen wir wegen seines Doppelcharakters als "Hofblock" bezeichnen.

Typ c: Die reinste Form des Hofes ist der von der Randbebauung räumlich deutlich abgesetzte "Hof im Block" und die "Innenhofbebauung". Diese sind eigenständige Raumelemente und mit der vorderen Bebauung durch eine untergeordnete Erschließung verbunden. Wesentlich ist, daß diese Erschließung von außen intim wirkt und nicht mit einer Straße verwechselt werden kann. Typ d ist ein Hof, der mit einer Front an der Straße liegt und dessen Bauten mit einer Durchfahrt durch die Frontbebauung erschlossen werden. Diesen Typ wollen wir "autonomer Straßenhof" nennen, weil er direkt mit einer Front an die Straße angebunden wird und als autonomes städtebauliches Element verwendet werden kann. Wenn alle Nutzungseinheiten vom Hof aus erschlossen werden, handelt es sich um eine Mischung aus Innenhof- und Hofbebauung. Wird der äußere Teil hingegen von der Straße her erschlossen, wandelt sich der Hof zum Straßenhof. Dieser Typ ist mit entsprechenden seitlichen und hinteren Zwischenräumen addierbar und bildet dann eine "offene Bebauung", bei der die unbebauten - begrünten - Abstandsflächen gliedernde Elemente des Straßenraumes sind. Typ e unterscheidet sich von d durch ein wesentliches Detail: Der Hof ist die Hinterbebauung einer Reihe und liegt direkt hinter der Baufront. Er tritt also als eigenständiges Element nur nach innen in Erscheinung. Hiermit kann eine Verdichtung der Bebauung in der Tiefe erreicht werden, ohne daß zusätzliche Straßenfläche erforderlich wird. Diese Form läßt durch die in den Ecken entstehenden Grundrisse Sondernutzungen wie Großwohnungen zu und trägt zu einer Differenzierung des räumlichen und sozialen Charakters von Wohngebieten bei. Bei gemischten Nutzungen ist dieser Hoftyp auch als Gewerbehof oder als Infrastrukturgebäude nutzbar. Wir nennen ihn wegen seiner Erschließungsfunktion für die Bebauung "Eingangshof". Typ f: Hier handelt es sich um eine Zwitterform, die je nach der Tiefe der Einbuchtung und des Charakters der Detailgestaltung als Platz (Taschenplatz) oder als Hof (Eingangshof) funktioniert. In den Skizzen g und h ist der Unterschied verdeutlicht. Beispiel g wirkt durch Elemente der Abgrenzung (Bäume, Tor, Gitter) als halböffentlicher Raum. In Beispiel h reicht der öffentliche Raum ohne Abgrenzung in die

Einbuchtung hinein. Sie ist damit Teil desselben. Diese Form der Einfaltung der Bauflucht verlängert die Frontlänge der Bebauung ohne Verlängerung der Straßen und differenziert allzu lange Baufluchten. Diesen Typ nennen wir wegen seiner größeren Öffentlichkeit und wegen seiner Straßenorientierung "Straßenhof".

E. GRENZFÄLLE UND SONDERFORMEN

Wie beim Block gibt es auch beim Hof Grenzfälle und Minimalformen. Ein Grenzfall ist das um einen Innenhof ganz oder teilweise herumgebaute Haus, das erwähnte "Hofhaus" in seinen verschiedenen Typen- und Größenvarianten. Ein anderer Grenzfall sind Einfach- oder Doppelreihen, die von einem Hof aus erschlossen werden. Abbildung 24.1 zeigt in der ersten Reihe solche Reihen mit unterschiedlich großer Hoffläche. Um den Umschlag vom Hof zur Stichstraße deutlich zu machen, wurde hier eine gespiegelte Reihe gewählt, die, obwohl oben nicht immer geschlossen, keine weiterführende Verbindung zu anderen Gebäuden hat. Fall a kann, trotz der nur zweiseitigen Bebauung, als Hof bezeichnet werden. Der fehlende bauliche Abschluß wird im Regelfall durch Mauern, Hecken oder Zäune in einer weniger starken, aber dennoch raumschließenden Form vorhanden sein. Im Fall b wird durch die etwas breitere Erschließungsfläche noch die Andeutung eines Hofes erkennbar. Im Fall c fehlt diese Zusatzfläche. Es handelt sich hier eher um eine hinten liegende Gassenbebauung - in England als "Mews" bekannt. Fall d ist durch den oberen Abschluß und die Einengung der Tordurchfahrt ein deutlicher, langer und schmaler Hof. Im Fall e geht der öffentliche Raum unterschiedslos in die Tiefe. Es handelt sich um eine Sackgasse, eine Stichstraße. Sie kann aber bei entsprechenden Eingangsdetails (Poller, Schwellen, Belagwechsel) auch wie ein Hof wirken. Fall f schließlich ist eine eindeutige Stichstraße. Die weiteren Reihen zeigen Variationen und Reduktionen des zurückliegenden Hofes von der festen Anbindung an die vordere Baufront bis zum Winkelhof, vier - um einen Kreuzhof gruppierte - Solitäre (n) und ein separiertes großes Hofhaus (o) - als Kindergarten oder Gewerbebetrieb. Allen Formen ist die Lage im "hinteren Bereich", also die Zurückgezogenheit, gemeinsam.

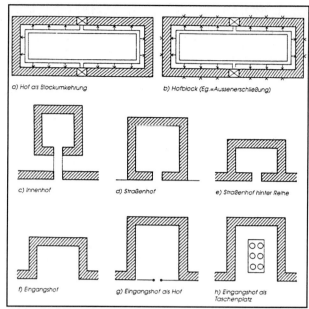

Abb. 24.2 Typologie von Höfen

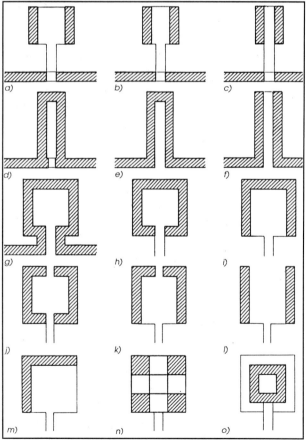

Abb. 24.1 Variationen und Grenzfälle von Höfen

F. FORMEN VON HÖFEN

Der Hof ist eine Bebauungsform, die in unterschiedlichen Formen auftreten kann. Wie Bauten um den vorderen oder inneren Erschließungsraum gruppiert sind, ist - wie beim Block auch - topologisch weniger bedeutsam. Abbildung 24.3 zeigt Formvarianten vier verschiedener Hoftypen, kombiniert mit fünf unterschiedlichen formalen Prinzipien. Hier wird deutlich, welche Fülle von Möglichkeiten allein das formale Repertoire enthält. Sicherlich sind nicht alle Formen allgemein einsetzbar, manche, wie die Rund- und Dreiecksform, auch schwierig. Man sieht aber, daß die Prinzipien der Doppelung interessante Großformen ergeben und daß die Formvariation bei den Eingangshöfen Möglichkeiten für die Unterscheidung, für günstigere hintere Belichtungen (Dreieck und Halbrund) eröffnen.

G. EINBINDUNG IN DAS NETZ DER STADT

Alle Formen haben gemeinsam, daß sie einen besonderen Raumcharakter erzeugen, der zwischen innen

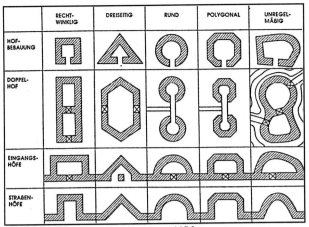

Abb. 24.3 Formvarianten von Höfen

und außen liegt und sich deshalb besonders gut für soziale Außenraum-Aktivitäten der Bewohner (Kinderspiel, Treffpunkt, Kurzzeit-Abstellraum für Fahrräder und Kinderwagen, Anlieferung usw.) eignet. Es ist ein Rückzugs- und Pufferraum, der das System der öffentlichen Räume sinnvoll ergänzt. Höfe sind wegen ihres eher introvertierten Charakters weniger als Grundelement denn als Ergänzungselement der städtischen Morphologie geeignet. Besonders in räumlich undifferenzierten Straßengittern können Höfe auch noch nachträglich die Ärmlichkeit des Raumsystems verbessern. Diese Möglichkeit ist bei einer ganzen Reihe von Blockerneuerungen, etwa in Berlin-Kreuzberg und in München, genutzt worden. In der Kombination mit Blöcken und zur Differenzierung langer großer Blöcke können Höfe schon im Entwurf zur Erzeugung vielfältiger und sozial differenzierter Raumstrukturen eingesetzt werden. Abbildung 24.4 zeigt links schematische Beispiele zur Verwendung von Höfen als Ergänzung zu Blockbebauungen, rechts einen Hof im Block.

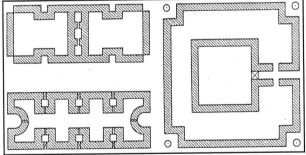

Abb. 24.4 Höfe als Teile von Blöcken

Im folgenden sollen noch einige Aspekte behandelt werden, die die Verknüpfung von Höfen mit der umgebenden Struktur und die sozialen Raumeigenschaften betreffen

1. BEBAUUNG
Es ist topologisch unbedeutend, ob Höfe in geschlossener, halboffener oder offener Bebauung ausgeführt werden. Die geschlossene Bebauung wirkt naturgemäß am stärksten umschließend. Hinsichtlich der Geschoßzahl werden Höfe ihre Grenze bei etwa 4-6 Geschossen finden; über diese Höhe hinaus überstrapazieren die Probleme des ruhenden Verkehrs und die Breite der Zufahrten das System.

2. VORNE-HINTEN
Vorderer Bereich bei Höfen ist - wie auch bei allen anderen Bauweisen - dort, wo sich der Eingangsbereich der Nutzungen befindet. Hinten ist die nicht durch Zuwege erschlossene Gebäudeseite. Mit Ausnahme der in Abb. 24.2a und 2b dargestellten Hofbebauung und des Hof-Blocks, bei denen die hintere Seite der Gebäude nach vorne zeigt, haben alle anderen dargestellten Hofformen ein klares Vorne-Hinten-Gefälle durch ihre Spiegelung mit den Rückseiten der umgebenden Block- oder Reihenbebauung. Es kommt also zu ruhigen, privaten Rückseiten, was für innerstädtische Bauformen wichtig ist.

3. SEITLICHE BEREICHE
Ein besonders wichtiger Entwurfsaspekt ist die Verknüpfung eines hinteren Hofes und eines Straßen- oder Eingangshofes mit der Frontbebauung. Hier stößt der Zwischenraum zwischen Randbebauung und Hof seitlich an den Stich, der Straße und Hof verbindet. An dieser Stelle entsteht ein delikates Anschlußproblem, das durch Abstände, Nebengebäude, Mauern oder Höhenversprünge gemildert werden kann. Abbildung 24.5 zeigt verschiedene Formen von Eingangshöfen und Beispiele für Anschlüsse.

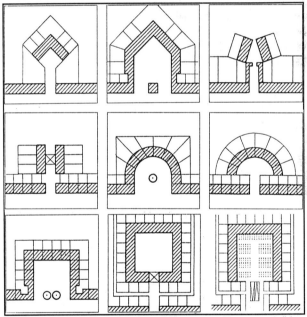

Abb. 24.5 Variation der Anschlüsse von Eingangshöfen

4. DIE HOFECKE
Im Gegensatz zum Block sind die Nutzungen in der Hofecke privilegiert: Sie haben zwei oder drei Grundstücksanteile. Hier können also sehr große Wohnungen oder Nutzer mit großem Flächenanspruch (Nutzgarten) oder soziale Einrichtungen (z.B. Altenwohnungen, Kindergarten, Spielplatz) untergebracht werden. Abbildung 24.6 zeigt einige Variationen von Hofecken. Die Hofecke bedeutet auch ein Potential für große Bäume und Baumgruppen. Durch die Wahl des Zuganges kann die Fläche an der Hofecke entweder

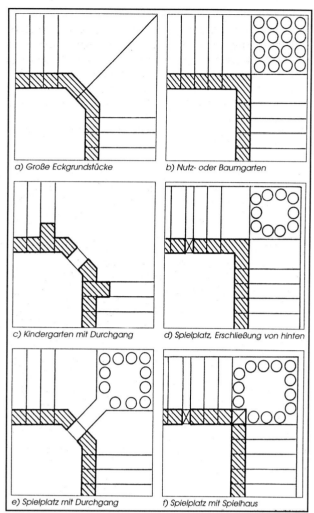

a) Große Eckgrundstücke *b) Nutz- oder Baumgarten*

c) Kindergarten mit Durchgang *d) Spielplatz, Erschließung von hinten*

e) Spielplatz mit Durchgang *f) Spielplatz mit Spielhaus*

Abb. 24.6 Sechs Variationen zur Hofecke

nur dem Hof (e,f) oder aber, bei der Anlage hinterer Wege (Mistwege) und entsprechender Durchgänge, Hof und Block zugeordnet werden.

5. DAS PROBLEM DER HIMMELSRICHTUNG
Wie beim Block taucht auch hier das Problem auf, daß durch eine raumbildende Bebauung auch weniger günstige Himmelsrichtungen entstehen. Dies kann durch entsprechende Grundrißgestaltung oder durch die Wahl des Hoftyps und der Hofform oder durch nutzbare Dachflächen gemildert werden.

6. RUHENDER VERKEHR
Die Innenhof-Bebauung ist für die Unterbringung des ruhenden Verkehrs in einer Tiefgarage gut geeignet, da die Hoffläche als Erschließungsfläche ohnehin nicht stark begrünt werden kann. In Abb. 24.5 ist schematisch ein Beispiel für eine Tiefgarage unter einer Hofbebauung dargestellt. Vereinfachungen bei großen Höfen ergeben sich, wenn der Innenhof etwa 1 m über dem Niveau liegt, weil dann die Rampen kürzer werden und eine schallfangende Überbauung der Rampe weniger in Erscheinung tritt. Auch der Hofblock ist im Inneren leicht mit einer Tiefgarage oder einer Garage auf der 0-Ebene auszustatten, wenn darüber ein begrüntes Flachdach als Aufenthalts- und

Erschließungsfläche angeordnet wird (vergl. Abb. 23.11). Mit einem Flachdach können eventuell auch die hinteren Erweiterungen der Erdgeschoßnutzungen abgedeckt werden. Aussparungen in der Fläche erlauben Baumpflanzungen zur Begrünung des Hofes.

H. NUTZUNGSMISCHUNG

Wie wir gesehen haben, eignet sich der Hof in mehrfacher Weise für die Mischung der Nutzungen. Der Hofblock bietet dafür seine Erdgeschoßzonen an. Die Innenhofbebauung könnte ganz oder teilweise auch mit nicht störender gewerblicher Nutzung (Büros, Handel, Handwerk, freie Berufe) belegt werden. Wenn die Hofflächen überdacht werden, können auch Störungen weitgehend ferngehalten werden.

I. DAS HOFHAUS ALS BAUTYPUS

Das Hofhaus hat ähnliche Eigenschaften wie der Hof: Anstelle mehrerer Wohnungen gruppieren sich die Räume um einen oder mehrere innere Höfe. Das Hofhaus ist eine Bebauung mit einem offenen (ggf. mit Glas überdachten) privaten Hof auf einer einzigen Parzelle, zu dem die Fenster und Erschließungen der Zimmer überwiegend orientiert sind. Auch hier entsteht das Moment eines introvertierten, in diesem Fall privaten Innenraumes. Im Vorderen Orient und in Teilen des Mittelmeeraumes hatte das Hofhaus bis zum Eindringen der europäischen Bauweisen eine jahrhundertealte Tradition. Der Hof ist hier Nutz- und Wohnraum der Großfamilie. Er hatte daneben Funktionen des Schutzes vor Gefahren, Schutz der Intimsphäre. Unter dem Hof war in einer Zisterne der Brauchwasserspeicher. In einigen Regionen hatte das Hofhaus als dreiseitiger Hof (ähnlich dem Eingangshof in 2f) einige Zeit Bedeutung, so z.B. im Paris der Renaissance und des Barock (im Marais), aber auch in deutschen Städten wie in Berlin, München und Aachen finden sich vereinzelt Hofhäuser dieser Art. Im letzten Drittel des 19.Jahrhunderts wurden im Rahmen der Blockbauweise verstärkt hintere Bebauungen eingeführt, die als Seitenflügel oder Hintergebäude zusätzliche Ausnutzungen der Parzellen erlaubten. Bei breiten, sehr tiefen Parzellen entstanden mehrfache Hintergebäude, die durch Tordurchfahrten verbunden waren. Bekanntestes Beispiel war der sog. Meyers-Hof in Berlin mit sechs solchen Zwischenhöfen. Auch für diese Bebauungsform hatte sich der Begriff des Hofes eingebürgert. Mit dem hier verwendeten Begriff gemeinsam ist der halböffentliche Charakter der Erschließungsflächen. Da der Bebauung jegliche private Seite fehlt, sollten sie nicht mit den sozialen Qualitäten, die die hier dargestellten Höfe haben, verwechselt werden. In der Gründerzeit sind aber auch annehmbare Höfe im Rahmen von Blockbebauungen entstanden. Als additionsfähiger, universaler Bautyp hat das Hofhaus theoretisch Bedeutung als städtischer Bautyp, weil durch die Wand-zu-Wand Bebauung zum Nachbarn Öffnungen nach außen minimiert werden und damit Störungen kaum eindringen. Es trägt allerdings durch seine introvertierte Bauweise wenig zur städtischen Öffentlichkeit bei und wäre höchstens als Mischtyp mit nach außen gerichteten Öffnungen auf der Eingangsseite in unserer Kultur denkbar. Hofhäuser sind eine sehr interessante Bauform - auch für die Stadt. Abbildung 24.7 zeigt Variationen des Hofhauses: mediterranes eingeschossiges kleines Patio-Haus (a), große Hofhäuser (b-d) mit mehreren Wohnparteien, mit und ohne innere Anbauten, (e) städtisches dreiseitig angebautes Eingangs-Hofhaus (Beispiel aus dem Marais, Paris), Beispiel (i) mit Glasüberdachung, (k-m) in verschiedenen Gruppierungen. Beispiel (f-h): zwei Pultdachhäuser - ein oder zwei Eigentümer - mit hinteren Nebengebäuden (f), gemeinsamer offener Hof (g), glasüberdachter Hof (h) und schließlich (j) Hofbildung durch Winkelbebauung (Beispiel Stolberg-Breinig). Hofhäuser mit Eingangshöfen können Straßen differenzieren, durch

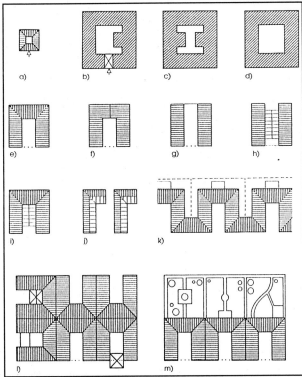

Abb. 24. 7 Variationen des Hofhauses

den Rücksprung der Bauflucht Gebäudevorbereiche schaffen, Gebäuden differenziertere Charaktere von Aussenraum geben. Das Hofhaus mit einem geschlossenen Innenhof schließlich kann inmitten der dicht bebauten Stadt einen völlig privaten und nicht einsehbaren Innenhof erzeugen.

J. BEISPIELE FÜR HÖFE AUS DER STADTBAU-GESCHICHTE

Der Hof entwickelte sich aus der Tradition des vierseitigen Bauernhofes, wie er in vielen Landschaften vorkommt, und aus Klosteranlagen. Historisch bedeutsam war die Schutzfunktion durch die allseitige Abschließung durch Gebäude, mit der auch eine soziale Differenzierung von Innen und Außen einherging. Auch klimatisch hatte der Hof Bedeutung. Alte Beispiele für

Wohnhöfe sind die holländischen Beginenhöfe und die Fuggerei in Augsburg. Auch hier hatte die aus dem Netz ausgesonderte Erschließung eine Schutzfunktion. Unwin entwickelte zu Beginn dieses Jahrhunderts vor allem in Hampstead eine große Variationsbreite von Höfen. Sein erstes, weltweit bekanntes Beispiel entstand in Lechtworth (Abb. 24.8). Beispiel eines groß-

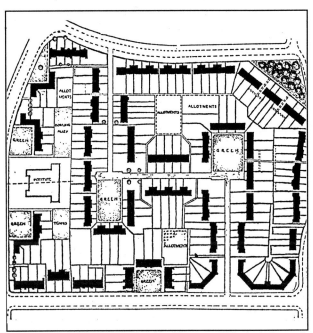

Abb. 24.8 Höfe im Block: Pixmore-Hill, Letchworth (Unwin)

städtischen Hofes der 20er Jahre ist der von Brinkmann in Spangen, einem Stadtteil von Rotterdam, erbaute Hof mit einem inneren Erschließungsgang. Die Wiener Gemeindepolitik Ende der 20er Jahre hat das Konzept der Höfe in mehreren beeindruckenden Beispielen realisiert. Bekanntestes Beispiel eines Großhofes ist der Karl-Marx-Hof und der Karl-Seitz-Hof (Abb. 24.9) in Wien. Ein gutes Beispiel für die Anwendung von unterschiedlichen Hofformen zur Differenzierung und Füllung großer Baublöcke ist die Freihof-Siedlung in Wien aus dem Jahre 1923 (Abb. 24.10). Darstellungen der historischen Entwicklung von Höfen finden sich bei Fester, Kraft, Metzner (1983), Panerei, Castex, Depaule (1985), Bramhas (1987) und Curdes (1993).

K. NEUERE BEISPIELE

Die folgenden Abbildungen (24.11-13) zeigen neuere Beispiele für Höfe in Kombination mit Blöcken oder Reihen.

LITERATUR

Bramhas,E.: Der Wiener Gemeindewohnungsbau. Vom Karl-Marx-Hof zum Hundertwasserhaus. Basel, Boston, Stuttgart 1987
Curdes, G.: Entwicklung des Städtebaus. Köln 1993
Fester, M.; Kraft, S.; Metzner, E.: Raum für soziales Leben. Karlsruhe 1983

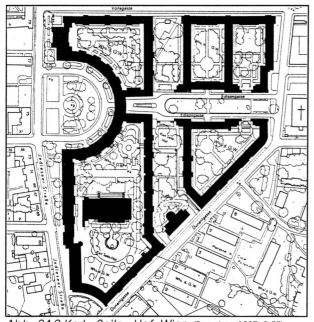

Abb. 24.9 Karl - Seitz - Hof, Wien (Bramhas 1987, S.55)

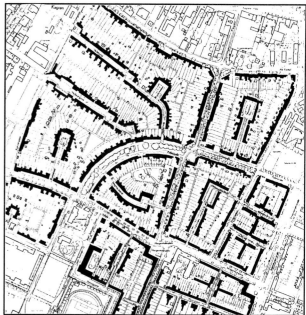

Abb. 24.10 Freihof-Siedlung Wien 1923 (Bramhas 1987, S.28)

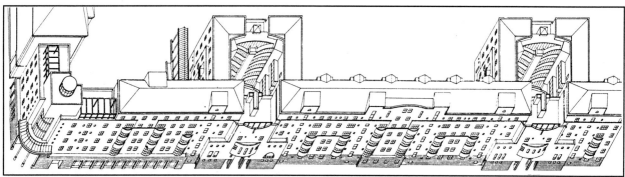

Abb. 24.11 a) Block mit Eingangshöfen Arch. Falkner. (Bramhas 1987, S.141)

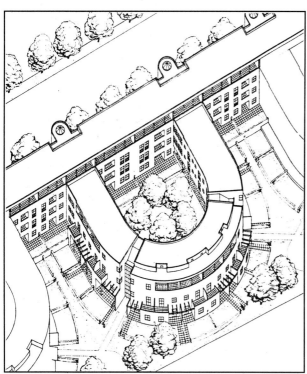

Abb. 24.12 Halbrunder Eingangshof Arch. Hufnagl
(Bramhas 1987, S.150)

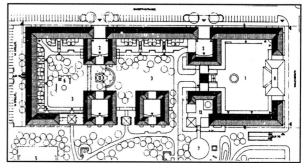

Abb. 24.11 b) Lageplan

25. DIE REIHE

A. DEFINITION

Eine Reihenbebauung entsteht durch die lineare Addition von Parzellen, auf denen die Bauten offen oder geschlossen aneinandergereiht werden. Wir unterscheiden die ein- und die doppelseitige Reihe. Die Gebäude und die Eingänge - bei seitlichen Eingängen die Zugänge - zu den Gebäuden sind zur Straße orientiert.

B. BEDEUTUNG ALS STÄDTEBAULICHES ELEMENT

Die Reihe ist städtebaulich das am universalsten anwendbare Bebauungssystem. Es kann in kurzer oder fast ununterbrochener Länge, gekrümmt, gerade, mit ähnlicher oder sehr unterschiedlicher Bebauung, in Netzen verbunden oder als Kammsystem angeordnet werden. Die Reihe ist, wenn man so will, das Grundmaterial, aus dem die meisten Städte und Dörfer gebaut sind. Die Reihe ist - neben dem Block - eines der ältesten Bebauungssysteme. Reihen entstanden entweder im Zuge der Verdichtung vorher offener Bebauungen entlang von Wegen oder von vornherein als geschlossene lineare Bebauung einzelner Bauherren oder als Investorenprojekte.

C. TOPOLOGISCHE EIGENSCHAFTEN

Die Reihe ist zunächst ein einseitiges Prinzip der Addition. Es ist offen, was auf der Rückseite und was auf der gegenüberliegenden Seite der Straße geschieht. Das Prinzip der linearen Addition der Parzellen läßt auch die Bauweise offen. Diese wird durch die Form der Parzellen zwar eingeschränkt, aber nicht festgelegt. Ein großer Teil der historischen Reihenbebau-ungen entstand entlang vorhandener Durchgangs- oder Landstraßen. Die Straßendörfer, Bebauungen an städtischen Radialen oder das Wachsen und Wuchern von Bauten entlang oft zufällig vorhandener Wege sind Beispiele für das Entstehungsprinzip.

Reihenbebauungen nutzen ohnehin vorhandene Erschließungen als kostenlose oder preiswerte Standortvoraussetzung aus. In Zeiten und Gesellschaften, in denen infrastrukturelle Vorleistungen knapp sind, ist die Reihe entlang schon vorhandener Straßen und Wege die sinnvolle Nutzung einer knappen Ressource. Während der Block das rationellste Element für eine gute Flächenausnutzung darstellt, ist die Reihe die rationellste Bauweise in offenen und unvollständigen Netzstrukturen. Sie schließt die Vorderseite einer Parzelle, verlangt aber keine Antwort darauf, was auf dem hinteren Teil tiefer Parzellen passiert.

D. EINBINDUNG IN DAS NETZ DER STADT

Es gibt in der Regel keine Probleme bei der Einbindung der Reihe in das städtische Netz, weil die Reihung von Bauten ohnehin das Grundelement städtischer Bauweisen ist. Mit der einfachen oder doppelten Reihe kann an andere Bauweisen (Block, Hof, Solitär) fast immer angeschlossen, mit Reihen können Lücken fast beliebig aufgefüllt werden. Wegen ihrer Fähigkeit der beliebigen Winkelveränderung ist die Reihe besonders für schwierige Übergänge, für Krümmungen, Fluchtver-sprünge und für topographische Problemzonen geeignet.

E. TYPOLOGIE UND FORMEN VON REIHEN

Zu unterscheiden sind die ein- und die doppelseitige Reihe. Jede Seite kann mit den Formmerkmalen ihrer

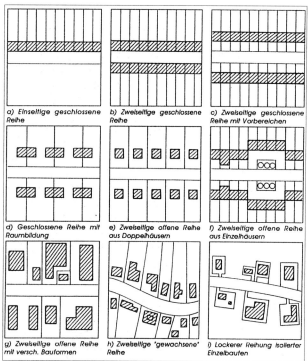

FORM: WANDUNG:	GERADE	GEKNICKT	GEKRÜMMT	UNGLEICH GEKRÜMMT
EINSEITIG				
DOPPELSEITIG. PARALLEL				
NICHT-PARALLEL				

Abb. 25.1 Typologie der Raumformen von Reihen

a) Einseitige geschlossene Reihe

b) Zweiseitige geschlossene Reihe

c) Zweiseitige geschlossene Reihe mit Vorbereichen

d) Geschlossene Reihe mit Raumbildung

e) Zweiseitige offene Reihe aus Doppelhäusern

f) Zweiseitige offene Reihe aus Einzelhäusern

g) Zweiseitige offene Reihe mit versch. Bauformen

h) Zweiseitige "gewachsene" Reihe

i) Lockerer Reihung isolierter Einzelbauten

Abb. 25.2 Typologie von Reihenbebauungen

F. RAUMPRÄGENDE EIGENSCHAFTEN

1. DER VORDERE BEREICH

Reihen wirken sehr unterschiedlich je nach der Ausbildung des vorderen Bereiches. Durch die Flexibilität der Reihe kann sie auch auf unterschiedliche topographische Situationen besser reagieren als etwa Block und Hof. In Abb. 25.3 sind 20 Variationen vorderer Bereiche dargestellt. Unterschieden wird die Breite des Bereichs (horizontal) und die Höhenlage des Erdgeschoßniveaus zur Straße. A1 und A2 sind Regelfälle in Straßen mittelalterlicher Städte und bei Bebauungen für einfache Viertel. Die Erschließungskosten wurden durch Verzicht auf Vorbereiche minimiert. Wenn es sich zugleich um schmale Straßen handelt, in denen keine Bäume stehen können, hängt die ästhetische Wirkung ausschließlich von der Proportion und Führung der Straße und von der Qualität der Architektur ab. Bei gleichem Niveau von Gehsteig und Erdgeschoß kann der Fußgänger in die Räume sehen. Für Wohnzwecke ist dieser Typ daher ungeeignet, für Geschäftsnutzung dagegen sehr gut. Eine wesentliche Komfortsteigerung für das Wohnen und für Büros bringt der Sockel (A2), weil damit die Einsicht nach innen nicht mehr möglich ist, von innen aber ein erhöhter Überblick nach außen entsteht. Mit zunehmender Tiefe des niveaugleichen Vorbereichs entsteht die Möglichkeit der Gestaltung durch Sekundärarchitektur und Grünflächen und es entsteht zusätzlich Raum für wichtige temporäre oder dauernde Ergänzungsfunktionen (PKW-Stellplatz, Fahrräder, Terrassen, Aufenthalt). Der Typ 3 behandelt starke Höhenversprünge nach oben. Liegt das Niveau des Geländes erheblich über dem Straßenniveau, was bei Hügeln vorkommt, in die die Straßen eingeschnitten wurden, wird der Höhenversprung mit Böschungen, Mauern oder einem Geländegefälle überbrückt. Fehlt ein Vorbereich, kann der Höhenausgleich nur durch in die Gebäude einbezogene Treppen erfolgen. Schmale Vorbereiche erlauben die Anlage einer Außentreppe, bei breiteren (3c) können Garagen im Niveauunterschied und von der Straße nicht einsehbare Sitzplätze darüber angeordnet werden. Dieser

linearen Geometrie zunächst unabhängig von der gegenüberliegenden Reihe variiert werden. Zwar sind wir gewöhnt, daß doppelte Reihen überwiegend parallel zueinander angeordnet werden. Dies geschieht aus ökonomischen Gründen rationeller Flächenverwendung, verdeckt aber, daß diese enge Beziehung nur naheliegend, aber nicht zwingend ist. Die beiden Seiten besitzen daher eine begrenzte Autonomie. Abbildung 25.1 zeigt zur Verdeutlichung dieses Aspekts Beispiele ein- und zweiseitiger gekrümmter Reihen. (Zu weiteren Formungsmöglichkeiten linearer Strukturen siehe Kapitel 14). Die geläufigen Formen der Reihe sind in Abbildung 25.2 zusammengestellt. Der Vergleich zwischen den unteren heterogenen und den oberen homogenen Bespielen soll zeigen, daß das Prinzip der Reihe lediglich in der linearen Addition besteht und zahlreiche Formprinzipien zuläßt: streng regelmäßige, banale, anspruchsvolle lineare Sequenz- und Raumbildungen, zugleich aber auch offen ist für das Zufällige. Diese Universalität, die keines der anderen Prinzipien besitzt, macht die Reihe strukturell so bedeutend.

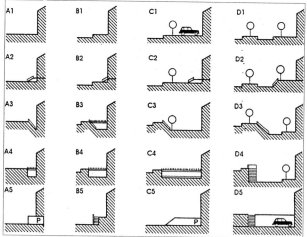

Abb. 25.3 Typologie vorderer Bereiche

Typ schafft mit einem geringen Raum von 5 m Tiefe eine erhebliche Nutzungsqualität des Vorbreiches. Bei noch tieferen Vorbereichen dieses Typs (3d), ab etwa 12 m, kann der Raum auch als streifenförmige Garage genutzt werden. Typ 4 behandelt den umgekehrten Fall, einer tieferliegenden Bebauung, die häufig über Böschungen an die höherliegende Straße angebunden wird. Kleinere Höhenunterschiede - bis etwa 1 m - werden am preiswertesten mit Böschungen gelöst. In die Böschung werden Treppen integriert. Die bepflanzte Böschung gibt der Straße ein eigenes Gepräge. Bei größeren Höhenunterschieden und geringen Tiefen des Vorbereichs müssen Mauern verwendet werden. Typ 5 zeigt solche Beispiele in Form von Gräben. In Gegenden mit hohem Grundwasserstand (Bremen) wurden Straßen zur Erzielung eines Kanalgefälles aufgeschüttet. Die Kellergeschosse lagen sichtbar um 1 bis 1/2 Geschoß tiefer als die Straße. Das Gartenniveau lag auf dem Kellerniveau. Dieser auf den ersten Blick widersinnig erscheinende Typus hat große Vorteile. Die Gärten sind von vorne durch den Keller zugänglich. Der Keller ist von vorne ohne Umweg durch das Haus zugänglich. Dadurch ergeben sich normal belichtete Kellerrräume, die sich für Büros, Wohnräume und nicht störende kleine Gewerbebetriebe nutzen lassen. Der Gartenzugang von dem ein Geschoß über dem Gelände liegenden Erdgeschoßniveau wird durch einen Wintergarten mit einer Treppe zum Garten gelöst. Der "Grabentyp" mit vorderen senkrechten Mauern kommt zur Erschließung der Kellerebene von vorne häufig in England vor.

2. DER SEITLICHE BEREICH

Durchgehende lange Reihen ergeben Probleme mit der hinteren Erschließung der Grundstücke. Wenn keine hintere Erschließung (Mistweg, Nebenstraße) besteht, müssen die Grundstücke durch die Gebäude bewirtschaftet werden. Deshalb haben sich Tordurchfahrten, Garagen mit zusätzlichem hinterem Tor und offene Bauweisen mit 2-5 Gebäuden in Reihe und einem gemeinsamen Erschließungsweg (seitlich + hinten) entwickelt. Eine in den letzten 50 Jahren entwickelte Form sind Garagen oder Nebengebäude im seitlichen Bauwich zur Lösung dieses Problems.

3. DAS ECKPROBLEM

Bei der Straßenecke bricht die Reihe abrupt ab. Folgende Varianten haben sich herausgebildet:

- Fensterlose Giebelwand (ungelöst)
- Giebelwand mit Fenstern (unbefriedigend)
- Entwicklung einer zweiten Fassade (gut)
- Nebengebäude im Bauwich (gut)
- Abstandsfläche mit Hecke, Mauer (gut).

Bei längeren Reihen bietet das Eckgebäude an Straßeneinmündungen eine willkommene Möglichkeit der Akzentuierung. Eck-, Geschoß- und Dachakzente (z.B.ein Geschoß mehr, Erker, Eckziergiebel, Eckabkantung oder Eckrundung, Dachterrassen) sind Antworten auf die besondere Lage.

4. DAS PROBLEM DER HIMMELSRICHTUNG

Bei Reihen, die sich entlang festgelegter Straßen entwickeln, ist die Himmelsrichtung nicht beeinflußbar. Hier bleibt nur die Lösung durch Reaktionen im Grundriß und in der Bauform. Lösungen liegen bei durchgehenden Wohnräumen, Winkeln und Erkern. Bei genügend tiefen Grundstücken in Nordlage kann fehlende Besonnung der Rückseite - wie beim Block auch - durch eine Terrasse im hinteren Garten kompensiert werden. Von manchen Bewohnern wird die Nordlage ohnehin bevorzugt, weil die hinteren Wohnräume nicht so aufgeheizt werden und weil der Garten in der Sonne liegt. Bei wenig tiefen Nordreihen kann durch einen breiteren vorderen Bereich ein besonnter Sitzplatz geschaffen werden. Zur Sicherung der Privatheit sind hier Hecken, Mauern oder höherliegende Grundstücke notwendig.

G. NUTZUNGSMISCHUNG

Nutzungsmischung bei Reihen ist, wie bei Blöcken und Höfen auch, zunächst in den Erdgeschoßen und daran angekoppelten Zusatzflächen hinter der Bauflucht möglich. Soweit die Gebäude verschiedene Nutzungen zulassen, können Mischungen durch die Nutzung weiterer Geschoße oder ganzer, für bestimmte Nutzungen konzipierter Gebäude (z.B. Ärztehaus, Bürogebäu-

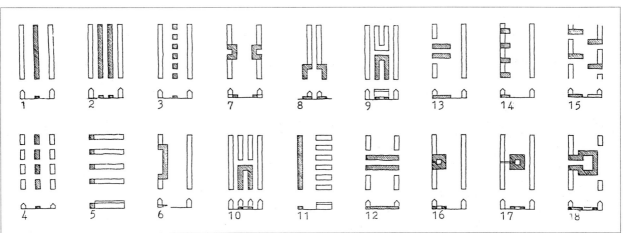

Abb. 25.4 18 Variationen der Nutzungsmischung mit Reihen (Gross, Bösel 1986)

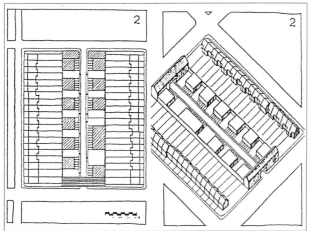

a) Hintere Erschließung,

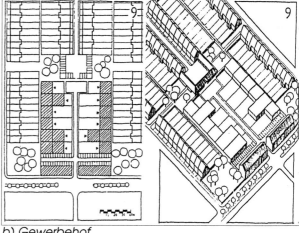

b) Gewerbehof

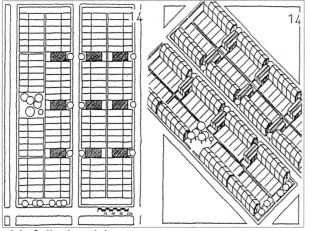

c) In Seitenbereichen

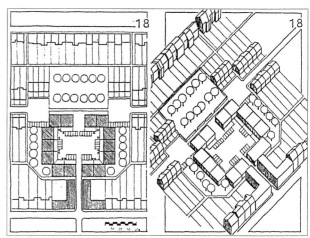

d) Gewerbehof

ABB. 25.5 Beispiele zur Integration von Gewerbe In Reihen

de, Handwerkerhöfe, Ladenbauten usw.) integriert werden. Bei unterschiedlichen Grundstücksgrößen können die auf Grundstücken vorhandenen Reserven dafür dienen. Eine weitere Möglichkeit besteht durch Stichstraßen, die hintere Gewerbeflächen anbinden. Die Reihe ist im Prinzip flexibel für die lineare Addition sehr unterschiedlicher Nutzungen, soweit diese in das gegebene Breiten- und Tiefenschema der Parzellen passen. Wegen des Fehlens einer hinteren Pufferfläche, die bei Reihen, im Gegensatz zum Block, nicht notwendig ist, können größere Nutzungen daher nur bei übertiefen Grundstücken - etwa durch Eröffnung einer zweiten gewerblich genutzten hinteren Baufront - oder durch separat erschlossene Gebiete hinter der

Reihe realisiert werden. Die Abbildung 25.5 zeigt Beispiele zur Integration von gewerblichen Gebäuden in oder hinter Reihen. Die Abbildungen 25.6 - 7 zeigen neuere Beispiele geschwungener Reihen.

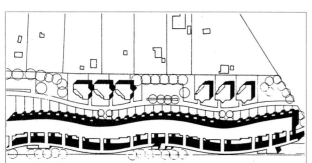

Abb. 25.6 Geschwungene Reihe - Wien XXI Brünner Straße. Arch.Gisel (Peichl, Steiner 1988, S.146)

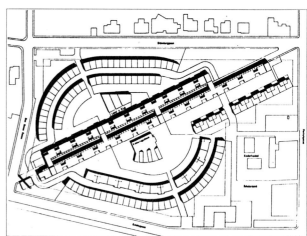

Abb. 25.7 Durchdringung gerader und geschwungener Reihen. Arch.Gisel (Peichl,Steiner 1988, S.123)

26. DIE ZEILE

A. DEFINITION

Zeilen bestehen aus linearen Baukörpern, die mit ihrer Schmalseite, also mit den Zeilenköpfen, zur Erschlie-ßungsstraße orientiert sind. Sie haben eine eigene sekundäre und einseitige Erschließung durch einen Weg oder eine Stichstraße. Zeilenbebauungen wiederholen additiv dieses Prinzip, so daß der hintere Bereich einer Zeile auf den vorderen Bereich der nächsten Zeile trifft.

B. BEDEUTUNG ALS STÄDTEBAULICHES ELEMENT

Die Zeile entwickelte sich gegen Ende der 20er Jahre in Deutschland. Historisch markiert sie den Versuch, zeitgemäße Wohnbedingungen für untere Einkommensschichten zu niedrigen Kosten zu schaffen. Die Zeile ist Ergebnis einer Rationalisierung der Wohngrundrisse und der Serienfertigung in einem "Baustellentakt" und ein Produkt der Wohnhygiene, da die Zeile in der Ausrichtung der Wohnräume so gedreht werden kann, daß die gewünschte Ausrichtung zur Sonne erreicht wird. Durch ihre Ausrichtung zur Sonne (Ost-West- oder Nord-Südzeilen) entsteht eine völlige Autonomie vom umgebenden baulichen Kontext und von der Führung der Straßen. Zur Rationalisierung gehört auch die serielle Wiederholung des Gebäudes selbst und der Verzicht auf eine Berücksichtigung besonderer städtebaulicher Bedingungen eines Standortes. Wie bei den Netzen das regelmäßige Gitternetz zur Neutralisierung individueller Situationen führt, so zerstört das repetitive, starre Schema der Zeilen den Geist eines Ortes. Hinzu kommt, daß Typenwiederholungen in vielen Regionen auch das Gesicht ganzer städtischer Kulturlandschaften zerstörten. Das Fatale an der Zeile ist ferner die Aushebelung des Städtebaues als der Disziplin, die Zusammenhänge und Räume schafft. Zeilenbauten kann jeder Zeichner in ein Erschließungssystem einzeichnen. Folgerichtig wurden in extremen Beispielen (Polen, frühere SU, frühere DDR) Stadtplaner nur noch für allgemeinere Kontextfragen herangezogen. Die Vernichtung der örtlichen Individualität oder das Nicht-Entstehenlassen einer örtlichen Individualität durch immer ähnliche Schemabauten und montagebedingte monotone Anordnungen sind die soziale Hypothek des Zeilenbaues. Leider wurde die für den Stadtrand konzipierte Zeile nach dem Kriege auch für innerstädtische Baulückenfüllungen und Stadtviertel angewandt. Jetzt werden Korrekturen dieser antistädtischen Brüche im Stadtgefüge diskutiert und sie werden erfolgen, wenn sich eine weitere Instandhaltung der Zeilenbebauungen bautechnisch nicht mehr lohnt.

Einer der Vorteile von Zeilen mit einer Nord-Süd-Orientierung der Wohnungen ist, daß die Dächer die richtige Ausrichtung für eine Nachrüstung mit Solaranlagen haben. Dies gilt aber für die häufig vorkommenden Ost-West-Zeilen schon nicht mehr. Insgesamt werden Zeilen in den inneren Bereichen der Städte und auch bei Stadterweiterungen nur noch wenig angewandt. Im kleinen Maßstab und für besondere Situationen, etwa bei senkrechten Hangbebauungen, können Zeilen durchaus sinnvoll sein, als universales städtebauliches Element haben sie sich nicht bewährt.

C. TYPEN VON ZEILEN (Abb.26.1)

Die Zeile gibt es in drei grundlegenden Formen:
- linear addierte Ein- oder Zweifamilienhäuser (a);
- linear und vertikal addierte Wohneinheiten als Mietwohnungen auf einer einzigen Parzelle (b);
- Großhäuser mit mehr als 50 m Länge und mehr als 8

Geschossen, Hamburg-Grindelhochhäuser, Stuttgart-Hannibal (c).

Hauptmerkmal ist die einseitige Erschließung. Typen, die zwar mit den Köpfen an die Straßen stoßen, aber gespiegelt angeordnet sind, sind demnach bereits Reihen.

D. EINBINDUNG IN DAS NETZ DER STADT

Die Zeile ist ein linearer Baukörper, der aufgrund seiner Absonderung von den Straßen keinen Beitrag zum Netz der öffentlichen Räume leistet. Da die Fenster von den Straßen weggekehrt sind, bleiben die Straßen ohne Blickkontrolle, die begrünten Zwischenräume stoßen seitlich auf die Straßen und machen diese zu leeren und teilweise ungefaßten Räumen. Die Zeile zeigt durch diese Geste, daß sie mit der umgebenden Stadt nichts zu tun haben will und sondert sich als Enklave aus dem Straßennetz aus. Sie können deshalb bestenfalls im Verbund mit den anderen Anordnungs-fomen - etwa als Zeilen im Block - einen Beitrag zur Differenzierung leisten.

E. FORMEN

Die Addition gerader Zeilen führt nach nur wenigen Wiederholungen bereits zu monotonen Strukturen. Neben der geraden Zeile (d) wurden daher zur Differenzierung Zeilen in der Ausrichtung variiert (e-f), versetzt (g), gekrümmt (h) und geknickt (i). Mit der Knickung begann der erste Schritt zurück zur Raumbildung (Beispiel Nordwest-Stadt, Frankfurt/M). Das Verformen der Zeilen führt aber nicht zu einem eigenen Typus. Die grundlegenden städtebaulichen Probleme bleiben erhalten.

F. RAUMPRÄGENDE EIGENSCHAFTEN

1. DER VORDERE BEREICH
Der vordere Bereich hat einen merkwürdigen, mehrfach unbestimmten Charakter. Zunächst definiert auch bei der Zeile die Lage der Haustüren den "vorderen Bereich". Da dieser aber nicht an der Straße, sondern an einem Wohnweg liegt, entspricht er im Charakter eher dem "seitlichen Bereich" offener Reihen-Bebauungen. Für die Seite mit den Wohnungszugängen ist er aber eindeutig vorderer, für die anstoßenden Grünflächen der nächsten Zeile aber eher hinterer Bereich. Der vordere Bereich ist daher eine Mischform zwischen seitlichem, hinterem und vorderem Zugang. Er entwickelt, wie beim Hof, aufgrund seines halböffentlichen Charakters einen Raum, der sich für den Aufenthalt vor der Haustür, etwa für spielende Kinder, besonders eignet.

2. DER SEITLICHE BEREICH
Der seitliche Bereich ist dann bei der Zeile definitionsgemäß der Bereich an den Kopfseiten der Gebäude. Er kann ein Übergangsbereich zu anschließenden Grünflächen sein oder an eine Straße grenzen. Da die Zeilen an den Kopfseiten zumeist keine oder nur untergeordnete Fenster haben, sind die seitlichen Bereiche außerordentlich funktionslos und banal. Bei hintereinander gereihten Zeilenbauten dient der seitliche Bereich auch als Zugang zum hinteren Bereich.

3. DER HINTERE BEREICH
Der hintere Bereich grenzt bei sich wiederholenden Zeilen an die Eingangsseiten der nächsten Zeile. Hier treffen daher die öffentliche Vorderseite der einen Zeile mit den privaten hinteren Zonen der nächsten Zeile aufeinander. Es scheint so, als ob man bei der Entwicklung des Zeilenbaues die Privatheit der hinteren Bereiche gefürchtet hätte und diese durch den vorderen Bereich kontrollieren wollte. Darauf deuten auch die Nutzungsrechte des hinteren Bereiches hin: Viele Projekte - insbesondere der 60er und 70er Jahre - verwehren dem durch einen Sockel angehobenen Erdgeschoß einen Zugang zum hinteren Bereich, der als eine öffentliche, parkähnliche Grünfläche gestaltet ist. Dadurch sollte eine Aneignung der Grünflächen durch die Erdgeschoßbewohner verhindert werden.

G. HIMMELSRICHTUNG

Durch die relativ große Freiheit in der Anordnung sind Zeilen die einzige Bauform, die keine Probleme mit der Himmelsrichtung hat. Die Abbildungen 26.1c,e,f zeigen aus der Geometrie der Straßen weg und zur Sonne hin orientierte Beispiele.

H. NUTZUNGSMISCHUNG

Die Zeile ist wegen ihrer Anordnungsform für Nutzungsmischungen ungeeignet. Denn selbst wenn man in den Geschossen verschiedene Nutzungen vorsehen würde, fehlt diesen der Sicht- und Erschließungskontakt zur Straße. Andere Nutzungen können daher nur in Sondergebäuden entlang der Straßen angeordnet werden.

I. BEISPIELE AUS DER STADTBAUGESCHICHTE

Zu den bekanntesten frühen Projekten gehören Karlsruhe-Dammerstock (Gropius), Frankfurt - Westhausen (May u.a.) und die "Reichsforschungssiedlung Haselhorst" in Berlin (Forbat). Nach 1945 wurden Zeilen in der Form von Großhäusern in Hamburg-Grindelberg und in Bremen-Neue Vahr, Frankfurt-Nordweststadt, Köln-Bocklemünd und in zahlreichen mittleren und kleineren Siedlungsprojekten angewandt.

LITERATUR

Göderitz, J.; Rainer, R.; Hoffmann, H.: Die gegliederte und aufgelockerte Stadt. Tübingen 1957
Spengelin. F.; Nagel, G.; Luz, H.: Wohnen in den Städten. Ausstellungskatalog. Akademie der Künste. Berlin 1984

ABB. 26.1 TYPEN UND FORMEN VON ZEILEN

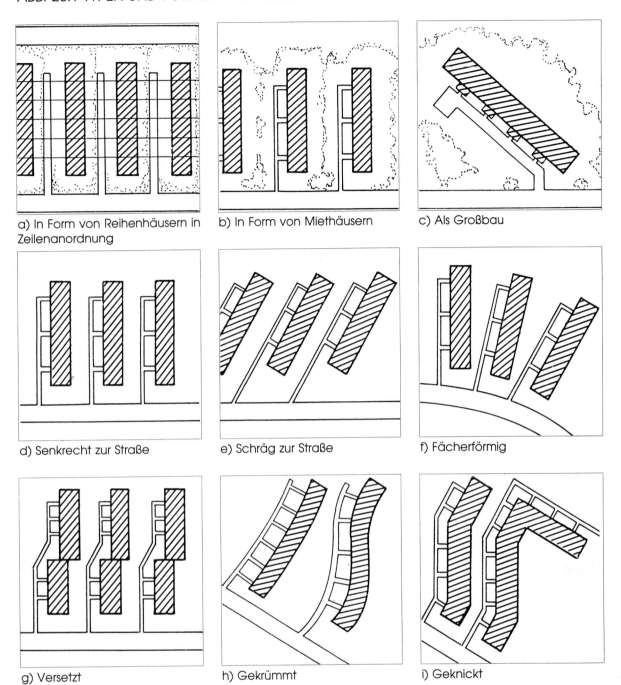

a) In Form von Reihenhäusern in
Zeilenanordnung

b) In Form von Miethäusern

c) Als Großbau

d) Senkrecht zur Straße

e) Schräg zur Straße

f) Fächerförmig

g) Versetzt

h) Gekrümmt

i) Geknickt

27. DER SOLITÄR

A. DEFINITION

Als Solitäre bezeichnen wir Bauten, die entweder isoliert in der Landschaft stehen, wie einzelne Bauernhäuser, oder Bauten, die einen Anschluß an andere aufgrund der ihnen zugrundeliegenden Konzeption oder Größe nicht eingehen können oder sollen. Der Begriff Solitär wird auch auf anderen Gebieten - etwa bei Edelsteinen - angewandt. Dort bezeichnet er einen besonders edlen, großen, aus dem übrigen Dekor räumlich herausgehobenen Stein.

B. BEDEUTUNG ALS STÄDTEBAULICHES ELEMENT

Solitäre Bauten hat es immer gegeben. Die ersten Bauten der Menschheit waren Solitäre (Rundhütten). Große Teile der bäuerlichen Kulturlandschaft sind durch solitäre Anordnungen von Einzelgebäuden und Hofanlagen geprägt. Klassischer Solitär seit der Renaissance ist die Villa. Während der Industrialisierung wurde aber nicht nur die Villa des Fabrikanten, sondern häufig auch die Fabrik selbst solitär vor die Stadt gesetzt. Aber auch das Hochhaus als frei stehendes Turmhaus, Türme, Burgen, Landhäuser sind Solitäre, ebenso ganz oder teilweise freistehende öffentliche Bauten in der Stadt wie etwa Rathäuser und Kirchen.

C. TOPOLOGISCHE EIGENSCHAFTEN UND BESONDERHEITEN

Zwei Merkmale zeichnen den Solitär besonders aus: Erstens steht er in der Regel auf einem größeren Areal mit Abstand zu Nachbarbauten, so daß er auf diese in Größe, Grundriß-Geometrie, Architektur und Material wenig Rücksicht nehmen muß. Zweitens sind durch die Distanz zu anderen Bauten alle Gebäudeseiten sichtbar. Die Besonderheiten bestehen also in der größeren architektonischen Freiheit und der Notwendigkeit zur Durchbildung einer allseitigen Architektur.

D. EINBINDUNG IN DAS NETZ DER STADT

Solitäre sind "Flächenverbraucher" und daher sind sie in den Kernen der Städte für besondere öffentliche Bauten vorbehalten, die durch zentrale Stellung im öffentlichen Raum die notwendigen Distanzflächen quasi "auf Kosten der Allgemeinheit" erhalten. Die räumlich sparsamste Einbindung von Solitären in die Morphologie praktizierte das Mittelalter. Aufgrund des begrenzten Raumes wurden Kirchen und Rathäuser entweder nur teilweise frei gestellt oder ganz in eine Platzwand einbezogen. Durch zentrale Standorte und maßstäblich und architektonisch herausgehobene Fassaden erhielten sie dennoch einen besonderen Rang. Im 19. Jahrhundert wurden Solitäre gerne als Endpunkte von Straßenachsen genutzt (Paris, Kölner Neustadt). Die "Moderne" ging mit Solitären eher kontrapunktisch um. Sie waren dynamische Akzente von plastischen Volumenkompositionen. Seit dem Verfall der Stadt als Form wurden Solitäre in der Form des Bürohochhauses Objekte maximaler Bodennutzung und der Spekulation. Dieser Typ des Solitärs kann durch vorausschauende Planung kaum eingebunden werden, weil die Spekulation ja gerade Standorte sucht, auf denen große Ausnutzungen planerisch nicht gewollt waren, um diese dann über Umgehungsstrategien durchzusetzen. Hingegen haben gut im Netz der Stadt plazierte Solitäre Bedeutung als Orientierungspunkte und zur Ankündigung von Stadt- und Stadtteilzentren.

E. FORMEN

Die äußere Form von Solitären bestimmt sich häufig aus inneren Organisationsvorstellungen und aus der gewollten äußeren Wirkung. Manchmal dominiert die äußere Form als markantes städtebauliches Merkzeichen oder als strenge Geometrie über die Anforderungen der Gebrauchseigenschaften im Inneren. So überwiegt bei Palladios Villa Rotonda in Vicenca zum Beispiel die Ästhetik der vierseitig gleichen Fassade deutlich, obwohl der Standort diese nicht nahelegt. Solitäre sind, wenn sie hinreichende Distanz zu anderen Bauten haben, in ihrer Form ziemlich frei.

Häufige Formen:
- Kubus mit Flach- oder Pyramidendach,
- Langhaus mit Satteldach (Bauernhaus),
- Hochhaus auf quadratischem Grundriß,
- Hochhaus auf rechteckigem Grundriß,
- Scheibenhochhaus (1-3 Scheiben z.B. Thyssenhaus Düsseldorf),
- abgetrepptes Hochhaus.

Seltene Formen:
- Haus oder Hochhaus auf rundem oder ovalem Grundriß,
- reine oder angenäherte Pyramidenbauten,
- Häuser auf dreieckigem Grundriß,
- Hochhäuser auf polygonalem Grundriß,
- Kugelformen (Parc de la Villete).

Kaum intregierbare Formen sind Kugel und Pyramide, die allerdings ohnehin selten und dann eher bei Ausstellungsbauten Verwendung finden.

F. RAUMPRÄGENDE EIGENSCHAFTEN

1. ANORDNUNGSFORMEN
Solitäre kommen vor allem in sechs Formen der städtebaulichen Anordnung vor:
- als kompositorische Elemente zur Akzentuierung der Stadt- und Siedlungsstruktur (Abb. 27.1 a),
- als kompositorische Elemente zur Akzentuierung der Landschaft (b),
- als Elemente offener Bebauungen (c),
- als Elemente lockerer Einzelhausbebauungen wie bei (d) Streusiedlung, Agrarlandschaft,
- als zufällige Reste oder Vorboten geschlossener Besiedlungen an der Peripherie und in Umbruchzonen und an städtebaulich zufälligen Standorten (e,f).

2. DER VORDERE BEREICH
Erhalten Solitäre durch eine eindeutige vordere Erschließung eine klare Zuordnung zum öffentlichen Raum, gilt für die übrigen Seiten das schon früher Gesagte. Solitäre mit zwei oder mehr gleichberechtigten Eingängen sind problematisch, weil die Hierarchie der Seiten und damit der Zugänge nicht klar ist. Während bis Anfang dieses Jahrhunderts vordere Fassaden stets eindeutig durch architektonische Betonung erkennbar waren und so Orientierungsprobleme des Zugangs nicht aufkamen, haben

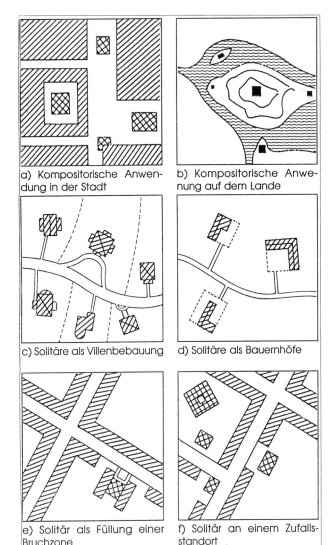

a) Kompositorische Anwendung in der Stadt

b) Kompositorische Anwendung auf dem Lande

c) Solitäre als Villenbebauung

d) Solitäre als Bauernhöfe

e) Solitär als Füllung einer Bruchzone

f) Solitär an einem Zufallsstandort

Abb. 27.1 Solitär: Städtebauliche Typologie

moderne Solitäre oft eine vier- oder mehrseitig gleiche Architektur; die Eingangsseite ist oft nur im unteren Bereich und dann auch noch zu kleinmaßstäblich betont. Probleme entstehen ferner durch die Konkurrenz von PKW- und Fußgängererschließung, durch Eingänge auf mehreren Ebenen und Richtungen. Abschreckende Beispiele dieser Art sind oft große Hotels.

3. DER SEITLICHE UND HINTERE BEREICH
Bei kleineren Solitären gilt das bei den anderen Bauformen Gesagte. Bei großen Solitären hat der seitliche und hintere Bereich kaum noch eine Nutzungsbedeutung aus der Erdgeschoßebene heraus, am ehesten noch als Laden- oder Restaurantnutzung. Häufig finden sich hier Stellplätze oder Gartenanlagen. Wichtiger wird die architektonische Differenzierung der Seiten gemäß ihrer Bedeutung. Bei öffentlichen Bauten mit allseitigen Vorbereichen oder Platzflächen findet sich der oben angesprochene Konflikt, einerseits auf alle Seiten angemessen zu reagieren, andererseits eine erkennbare Hauptseite zu präsentieren. Ein schönes Beispiel für diesen ungelösten Widerspruch ist der Kulturpalast in Warschau mit einem zentralem Hauptturm, vier Nebentürmen und mit Eingängen von drei

Seiten. Logischerweise müßte bei einer baulich derart zentrierten Komposition der Eingang in die Mitte des Grundrisses und nicht auf eine bestimmte Seite gelegt werden.

4. VERSCHATTUNG UND SICHTBEZIEHUNGEN

Ein besonderes Problem bei Hochhäusern ist die Verschattung der umliegenden Grundstücke. In New York hat sich deshalb ein sehr detailliertes System der Lichtrechte und der Freihaltung von Sichtbeziehungen entwickelt. Die Plazierung von Hochhäusern im Stadtgrundriß bedarf auch bei uns neuer Techniken bei der Flächennutzungsplanung: Wie bei der Regionalplanung Schneisen für Richtfunkstrecken freigehalten werden, dürfen in den Städten wichtige Blickbeziehungen zu wichtigen Symbolen nicht durch Hochhäuser verbaut werden. So wurde z.B. in Köln ein Hochhaus an der Aachener Straße direkt in die Blickachse zwischen der von Aachen kommenden Autobahn und dem Dom errichtet. In Flächennutzungsplänen müssen daher freizuhaltende Sichtschneisen und Höhenbegrenzungen dargestellt werden.

G. NUTZUNGSMISCHUNG

Bei kleinen Solitären widerspricht die Einheit der Form einer starken Nutzungsdifferenzierung. Häufig handelt es sich um repräsentative Nutzungen, die sowieso ungern Nachbarschaften eingehen. Bei großen Solitären sind Nutzungsmischungen in den Sockelgeschossen häufig und auch vertikal kein Problem, soweit es sich um verträgliche Nutzungen - Büros, Freie Berufe, Einzelhandel, Wohnen - handelt. Die häufige Ausgrenzung von Solitären aus dem urbanen Gefüge führt dazu, daß dadurch das Netz der Nutzungen unterbrochen wird. Dem wird, etwa bei großen Hotelbauten, durch innere Ladenzentren entgegengewirkt. Ein Problem sind die seit etwa zwei Jahrzehnten immer häufiger entwickelten "inneren Plätze und Flanierräume" (Indoor-Placa) in Hochhäusern, Shopping-Centers und in anderen Großprojekten. Sie sind nichts anderes als eine Abwendung von den öffentlichen Räumen hin zu kontrollierten Pseudowelten, zu denen nur ein eingeschränktes Publikum Zutritt hat. Es ist die Absonderung der Mittelklasse in eigene Areale, in denen man den sichtbaren - Armut, Verschmutzung - und unsichtbaren - Kriminalität - Problemen großer Städte ausweichen kann. Das gehobene Publikum aus dem Nobelvorort kann mit dem Auto direkt in die - bewachte - Tiefgarage fahren. Der Stadtkern als Raum, in dem sich alle Gruppen einer Region begegnen könnten, wird dann nicht mehr benötigt. Die negativen Erfahrungen in den USA mit diesen Konzepten sollten in Europa zu denken geben. Der Solitär sollte daher in der dicht bebauten Stadt eher den Sonderfunktionen und der Akzentuierung der Stadtstruktur vorbehalten bleiben.

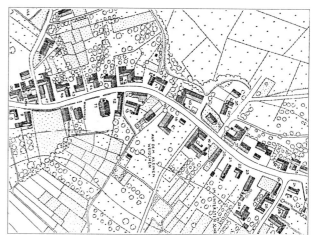

Abb. 27.2 Bauernhöfe als Solitäre in linearer Anordnung, Einruhr (Kr. Schleiden) (Bendermacher. Neuss 1971, S.103-104)

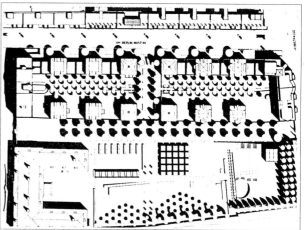

Abb. 27.3 Solitäre als Blockrand: Berlin Lindenstraße (IBA-Project - Report. Berlin 1987)

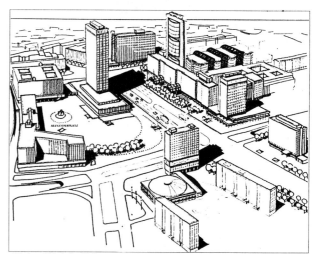

Abb. 27.4 Solitäre als Stadtzerstörer: Berlin Alexanderplatz (Bauwelt 39/1991, S.2101)

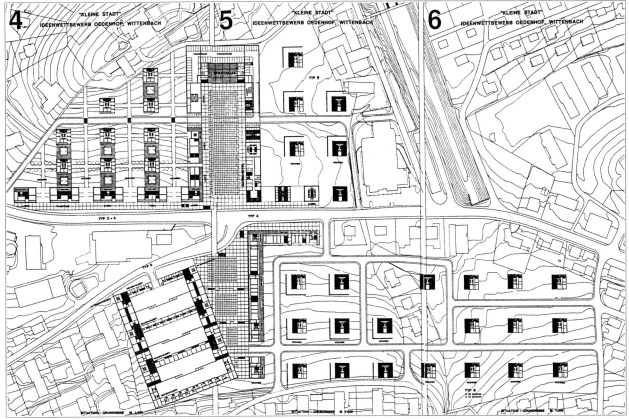

Abb. 27.5 Solitäre in strenger Anordnung als Ordnungsmittel: Oedenhof, St.Gallen
(Stadtbauwelt 105/1990, S.609 unten)

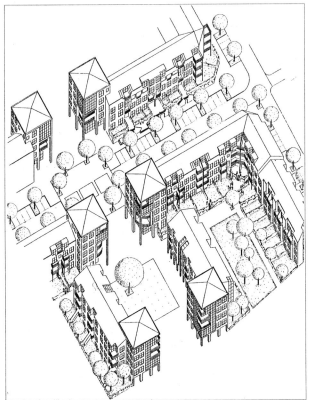

Abb. 27.6 Eck-Solitäre zur Strukturakzentuierung
Arch. Hoffmann (Stadtbauwelt 105/1990, S.583 unten links)

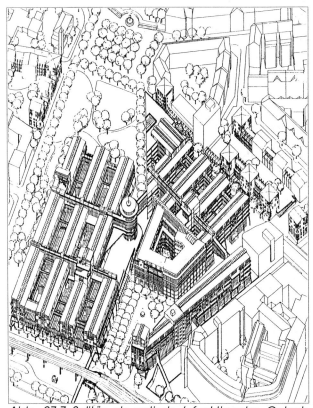

Abb. 27.7 Solitär als optisch / funktionales Gelenk.
Arch. Steidle&Kiessler (Pressehaus Gruner&Jahr, Hamburg.
Bauwelt 16/1991, S.834)

28. DIE GRUPPE

A. DEFINITION

Unter Cluster- oder Gruppenbauweise werden Anordnungen von Gebäuden verstanden, die unter keine der bisher behandelten Kategorien passen. Hauptmerkmal ist weniger eine bestimmte Beziehung zu öffentlichen Räumen, sondern die kompositorische Gruppierung von Bauten nach einer inneren Logik. In den Begriffen Cluster und Gruppe kommt diese innere Zusammengehörigkeit bereits zum Ausdruck. Würde der äußere, also der Zusammenhang zum Kontext überwiegen, wäre eine Gruppe wegen ihrer Einbindung nicht erkennbar. Hauptmerkmal ist deshalb eine räumliche Separierung vom baulichen Kontext, häufig bedingt durch eine abweichende Form oder Geometrie der Anordnung. Während der Begriff "Cluster" eine sehr konzentrierte Gruppierung bezeichnet, deren räumlicher Zusammenhang sehr eng ist, werden unter dem Begriff "Gruppe" Anordnungen mit größeren Distanzen zwischen den Bauten, kleinere Siedlungen und Hausgruppen verstanden.

B. BEDEUTUNG ALS STÄDTEBAULICHES ELEMENT

Cluster und Gruppen sind häufig Produkte von Wohnsiedlungsprojekten. Sie kamen schon während der Industrialisierung im letzten Jahrhundert als Arbeitersiedlungen, in der Zeit der Gartenstadtbewegung als größere Wohngruppen und seit den 60er Jahren verstärkt als Stadtrandsiedlungen vor. In Clustern und Gruppen manifestiert sich ein in einem Zuge errichtetes Projekt. Bauten und Materialien sind gleich oder ähnlich. Mit solchen Projekten werden häufig bestimmte Architekturauffassungen verdeutlicht, etwa ökologisches, kosten- und flächensparendes Bauen. Dadurch ergibt sich dann nochmals eine zusätzliche - architek-

tonische - Absonderung aus der Umgebung. Sozioökonomisch sind solche Bau-Gruppen Lösungen von Wohnvorstellungen bestimmter sozialer Schichten in kollektiver Form. Die Zusammenfassung mehrerer Einzelvorhaben zu einer Gruppenmaßnahme ist kostenmindernd. In Gruppen zu bauen ist daher auch eine Methode zur Erprobung neuer Aspekte. Es wäre nicht zweckmäßig, ohne eine solche Erprobung etwa ganze Stadtteile zu errichten. In einer kleinen Gruppe können dagegen "Pioniererfahrungen" gewonnen werden. Insoweit dienen Gruppen auch der Einführung von sozialen, technischen und städtebaulichen Innovationen. Neben solchen Formen von experimentellen Gruppen können wir den Bau ganzer Anlagen durch Investoren zur Weiterveräußerung an Interessenten unterscheiden.

C. TOPOLOGISCHE EIGENSCHAFTEN UND BESONDERHEITEN, EINBINDUNG IN DAS NETZ DER STADT

Gruppen und Cluster sind wegen ihrer mehrfachen Absonderung aus der Umgebung besonders deutlich individualisierte Teile der Stadt. Sie erleichtern dadurch die Erkennbarkeit und damit auch die Identifikation durch die Bewohner.

Diesen positiven Seiten steht negativ gegenüber, daß die Häufung raumstruktureller Individualitäten auf Kosten des Zusammenhanges der städtischen Struktur geht. Die Stadt zerfällt in unzusammenhängende Inseln. Die Entwicklung an den Stadt- und Dorfrändern der letzten zwanzig Jahre zeigt dies. Ein anderes Problem ist der Verlust an öffentlichen Räumen, denn die Innenorientierung führt fast zwangsläufig zu einer Abwendung von Sammelstraßen. Die inneren Räume der Gruppen und Cluster erhalten zwar dadurch in der

Tendenz einen halböffentlichen Charakter, der Stadt geht aber die für die Herstellung einer allgemeinen Öffentlichkeit so wichtige Kontinuität der öffentlichen Räume verloren.

D. RAUMPRÄGENDE EIGENSCHAFTEN

Cluster und Gruppen gibt es in geschlossener und offener Bauweise. Sie sind oft um eine gemeinsame Fläche (Stichstraße, Platz, Wasserfläche, Grünfläche, Spielfläche, Parkplatz) angeordnet. Da die in der Praxis vorkommenden Konfigurationen sehr vielfältig sind, können allgemeine Aussagen zur Wertigkeit der vorderen, seitlichen und hinteren Bereiche nicht gemacht werden. Gemeinsame Mittenzonen und deutliche Besonderheiten wirken, wie gesagt, identitätsstiftend.

E. NUTZUNGSMISCHUNG

Wegen der geringen Größe, der häufig peripheren Lage und der Orientierung auf das Wohnen kommen Nutzungsmischungen nicht vor und sind auch zumeist nicht gewollt.

Die Abbildungen zeigen Gruppen mit unterschiedlichen geometrischen Ordnungsprinzipien, denen aber die Absonderung aus der Umgebung gemeinsam ist.

LITERATUR

Deilmann, H.; Bickenbach, G.; Pfeiffer, H.: Wohnbereiche Wohnquartiere. Stuttgart 1977
Peters, P. u.a.: Häuser in Reihen, Mehrfamilienhäuser, Kettenhäuser, Häusergruppen. München 1977

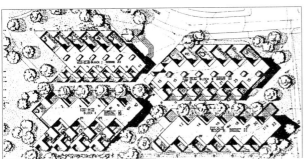

Abb. 28.1 Wohngruppe in Solingen. Arch. Atelier 5. (e+p 19, 1977, S.86)

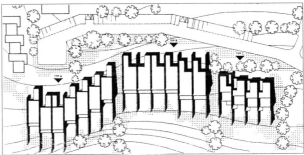

Abb. 28.2 Wohnhausgruppe in Lütjenburg. Arch. Fischer, v.Bassewitz. (E+P 19, 1977, S.10)

Abb. 28.3 Wohnhausgruppe in Zeilenform in Croyden GB. Atelier 5. (E+P 19, 1977, S.101)

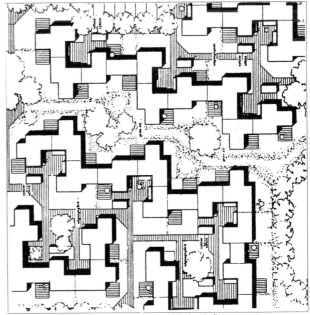

Abb. 28.4 Wohngruppe aus Winkelhäusern. (Deilmann, Bickenbach, Pfeiffer 1977, Abb.37)

233

29. BAUTYPEN

A. DEFINITION

Bautypen sind Lösungen für bauliche Aufgaben, die sehr häufig wiederholt werden. Es handelt sich um Verdichtungen vieler Varianten zu einem Typus. Wenn eine Zeit eine günstige Lösung gefunden hat, wird diese wiederholt und optimiert. Bautypen bilden somit ein zeitbedingtes Repertoire, welches von den folgenden Perioden jeweils neu definiert wird. Die städtebauliche Bedeutung der Wiederholung liegt in der Schaffung eines strukturellen Rahmens, in dem ruhigen Grundmuster, welches die Wiederholung ähnlicher Bauten bildet.

B. STÄDTEBAULICHE BEDEUTUNG

Die in den Kapiteln 23-28 dargestellten städtebaulichen Anordnungsformen können nicht nur in unterschiedlichen Bauweisen, sondern auch mit verschiedenen Gebäude- oder Bautypen realisiert werden. Der Bautyp und dessen architektonischer Ausdruck formen etwa im gleichen Maße den Eindruck von der Stadt wie die Formen der städtebaulichen Anordnung. Jede Zeit hat für die anstehenden Aufgaben und für ihr Lebensgefühl jeweils eigene Bautypen hervorgebracht. Daraus resultiert in gewachsenen und unzerstörten Städten der Reichtum an architektonischen Ausdrucksformen. Mit den "Jahrzehnt-Ringen" des Wachstums ändern sich die Bautypen; die Bewegung in der gewachsenen Stadt von innen nach außen gleicht daher einem Gang durch die Bau- und Stadtbaugeschichte.

So wie es in der Menschheitsgeschichte keine lineare Struktur gibt, sondern Entwicklung in Zyklen und Brüchen, in Wiederholungen und neuen Konstellationen abläuft, so gibt es auch in der Architektur und im Städtebau keine Linearität des Fortschritts. Daß das Neue zwangsläufig besser sei als das Alte, hat die Diskussion seit 1975 widerlegt. Der noch im Begriff der "Moderne" enthaltene Fortschrittsoptimismus ist einer großen Bescheidenheit gewichen. Wir erkennen heute deutlicher die Leistungen früherer Epochen und die ungelösten Probleme unserer Zeit. Von daher haben sich auch im architektonischen Denken Veränderungen ergeben: Die "architektonische Welt" muß nicht von jeder Generation neu erfunden werden. Zwar liegt auf der einen Seite im Erfinden einer der großen Reize des Architekturstudiums und des Architektenberufs. Und neue Lösungen für neue oder auch für alte Bauaufgaben sind immer wieder nötig. Auf der anderen Seite müssen sich diese an der schon erreichten Qualität früherer Lösungen messen lassen. Die Kenntnis des aktuellen und auch des historischen Lösungsstandes ist daher notwendig, will man nicht unterhalb des professionell bereits erreichten Niveaus bleiben.

In der häufig anzutreffenden Grundhaltung, daß das Neue dem Alten überlegen sei, steckt deshalb nicht nur so etwas wie eine Hybris, sondern auch eine Geringschätzung der eigenen Profession selbst. Denn wie anders entwickeln sich die Wissenschaftsgebiete als durch Erfahrung, Hypothesen, Innovationen und deren kritische Prüfung?. Deshalb sind die Antworten früherer Perioden für unsere Zeit durchaus bedeutsam: Sie sind Lehrmaterial für Lösungen architektonischer und räumlicher Organisation, das nur von historischem Interesse sein kann, aber auch überraschende Antworten auf aktuelle Fragen zu geben vermag. Ziel dieses Kapitels ist es, abschließend auf einige allgemeine Aspekte, die mit der Rolle des Gebäudes als kleinstem Baustein der Stadtmorphologie zu tun haben, hinzuweisen.

C. WAS IST EIN GEBÄUDE?

Merkmal eines Gebäudes ist seine äußere Gestalt. Es ist als ein konkretes Element der Umwelt erkennbar, mit klaren äußeren Grenzen, einer - häufig geometrischen - Figur. Gebäude umschließen oder bilden Hohlräume, die untereinander in Verbindung stehen. Die Beziehung zwischen diesen inneren Räumen und der äußeren Umwelt wird meistens durch Öffnungen in den Wänden vermittelt. Von ihrem Zweck her gesehen sind Gebäude räumliche Organisationseinheiten für die menschliche Existenz. Die innere Organisation hängt von diesen Zwecken, den verfügbaren Mitteln und Materialien und von ästhetischen Aspekten ab. Da es für die innere Organisation häufig Spielräume gibt, bestimmt die innere Organisation von Gebäuden die äußere Form nur teilweise. Auch für die Konzeption der äußeren Form bestehen Spielräume. Diese bestehen vor allem in der Wahl des Materials und des architektonischen Ausdrucks. Das bedeutet, daß bestimmte Freiheiten sowohl für die innere Organisation als auch für die äußere Form bestehen. Diese Freiheiten erlauben es, Bauten sowohl auf eine Umgebung zu beziehen als auch sie davon abzusondern.

D. BAUTYPEN

Trotz dieser mehrfachen Unbestimmtheit haben sich in den markanten Perioden der Architektur für bestimmte Bauaufgaben ähnliche Lösungen herausgebildet, die immer weiter verfeinert und optimiert wurden. Solche ausgereiften Lösungen wurden dann über längere Zeit mit kleinen Variationen wiederholt, für agrarische Zwecke oft über Jahrhunderte (Schwarzwaldhaus, toskanisches Bauernhaus, Friesenhöfe). Ein Bau-Typus ist also eine optimierte Zweck-Mittel-Kombination einer bestimmten Zeit, Region und Kultur. Er setzt voraus, daß sich die Nutzungen nicht wesentlich wandeln oder gewandelte Nutzungen mit dem inneren Organisationsangebot zurechtkommen. Bis zum Beginn dieses Jahrhunderts hat jede Architektengeneration das in den Typen gespeicherte Erfahrungswissen festgehalten und weitervermittelt, damit unnötige Fehlerwiederholungen vermieden wurden.

E. TYPUS UND STRUKTUR

Die häufige Wiederholung von Bautypen hat folgende Effekte:
- Der Bautyp selbst wird ständig verbessert. Diese Verbesserung umfaßt die Bautechnik, aber auch die Anpassung an sich ändernde Bedürfnisse.
- Variationen mildern das Problem von Wiederholungen: die Monotonie.
- Wiederholungen führen städtebaulich zu Mustern ähnlicher Elemente, die Rahmen und Maßstab bilden.

Diese Muster oder "pattern" konstituieren den Typ der städtebaulichen Morphologie. Morphologien, die sich aus der Addition von wenigen ähnlichen Typen aufbauen, haben Vorteile gegenüber den planerischen Teilungsansätzen (Kapitel 8), weil sie auf einem aus Erfahrung gewonnenen Grundelement aufbauen, anstatt auf einem theoretischen Konstrukt, welches die Flächenteilung letztlich ist.

F. LOB DES "TYPUS"

"Bautypen" sind also Erfahrungsspeicher, in denen Erfahrungen aus der Nutzung, der Konstruktion, den Maßverhältnissen und dem gestalterischen Entwurf in einer stabilen Weise verbunden sind. Bautypen entwickeln sich häufig als Ergebnisse "anonymer Architektur". Sie entstammen einer handwerklichen Tradition, in der nicht das Neue, sondern das Solide und Bewährte obenanstehen. Beispiele sind das Wohnhaus im Mittelalter, einfache Profanbauten im Absolutismus und im 19. Jahrhundert mit ihren von Bauunternehmern und Maurermeistern häufig wiederholten Typen, wie etwa das "rheinische Dreifensterhaus" als Grundelement von Reihen und Blöcken. Deutliche Typenbildungen finden wir in den homogenen Beständen alter Städte, aber auch bei dem Bautypus der "Villa" seit Palladio oder bei den Wohnbauten der Moderne und schließlich bei den Einfamilienhäusern der Gegenwart.

Die Wiederholung bewährter Lösungen gerät nun aber mit einem architektonischen Berufsbild in Konflikt,

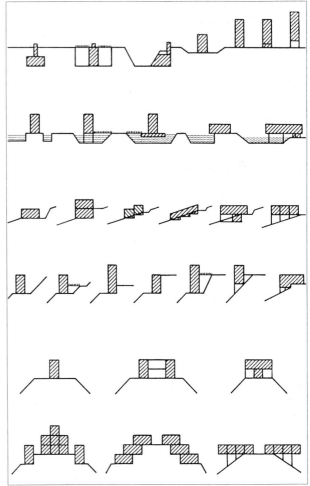

Abb. 29.1 Gebäude und Topographie

235

welches eher von der Originalität von Bauten als von ihrer Wiederholung ausgeht. Die im architektonischen Ethos enthaltene Konzeption des Entwerfers als ständigem Neuerer (den auch die Honorarordnungen unterstellen) und das Verbot von "Plagiaten", wie man die Wiederholungen der gleichen Bauten durch verschiedene Architekten bezeichnen würde, stehen daher im Widerspruch zu den positiven Ergebnissen, die das anonyme Bauen mit seinen Wiederholungen hervorgebracht hat. Während in der Vergangenheit die Individualität von Bauten eines Typus durch das Detail erzeugt wurde, weniger aber durch die Makroform, zwingt die dargestellte Situation die Architekten heute eher auf den umgekehrten Weg. Dies ist städtebaulich fatal, weil dadurch nicht die gleiche Ruhe der Struktur wie durch die Wiederholung nur leicht variierter Typen entsteht. Die Lehre über das Gebäude sollte daher die Lehre über den Typus wieder aufnehmen.

G. TYPUS UND TOPOGRAPHIE

Starken Einfluß auf den Typus hat die Topographie oder - anders ausgedrückt - die Beziehung von Bauten zu Stützflächen, auf denen sie stehen. Die Topographie schafft Mikrosituationen, auf die der Bautypus reagieren muß. Besondere topographische Bedingungen wirken sich daher auf die Typenbildung aus. In der Abbildung 29.1 ist eine Auswahl unterschiedlicher topographischer Mikrosituationen dargestellt, die auch Extremsituationen wie unterirdische Bauten, Bauten im

Wasser, am Hang und auf Kuppen enthält. In Abbildung 29.2 sind einfache, additionsfähige Grundformen von Gebäuden und exemplarische Fälle ihrer Vervielfältigung dargestellt.

H. ZUSAMMENFASSUNG

Es wäre reizvoll, an dieser Stelle einen detaillierteren Überblick über die wichtigsten Bautypen aus der Baugeschichte und aus der Gegenwart sowie deren Variantenreichtum zu geben. Dies würde aber den Rahmen dieses Buches sprengen und vielleicht auch von seinem Anliegen ablenken: der baulich räumlichen Struktur von Stadt und Siedlung, für die die Bauten und Bautypen das Grundmaterial sind. Die Architektur spielt - so schmerzhaft dies für Architekten auch klingen mag - dabei eine wichtige, aber eben doch nur eine Nebenrolle. Dies ist nicht wenig, auf keinen Fall zu wenig. Es kann deshalb nicht - wie in der Gegenwart praktiziert - darum gehen, das Objekt über den Kontext zu stellen, jedes Objekt, wenn es schon aus den Bindungen der Umgebung nicht heraus kann, zu einem - zumindest sich architektonisch gebärdenden - Solitär zu erheben. Diese Pseudosolitäre am falschen Ort und ohne rechtfertigenden Inhalt sind leider der Spiegel einer Zeit, deren Stärke nicht in der Rücksichtnahme und nicht in der Bescheidenheit liegt und der bei ihrem gedankenlosen Zerstören in Stadt und Natur manches entgangen ist und entgeht.

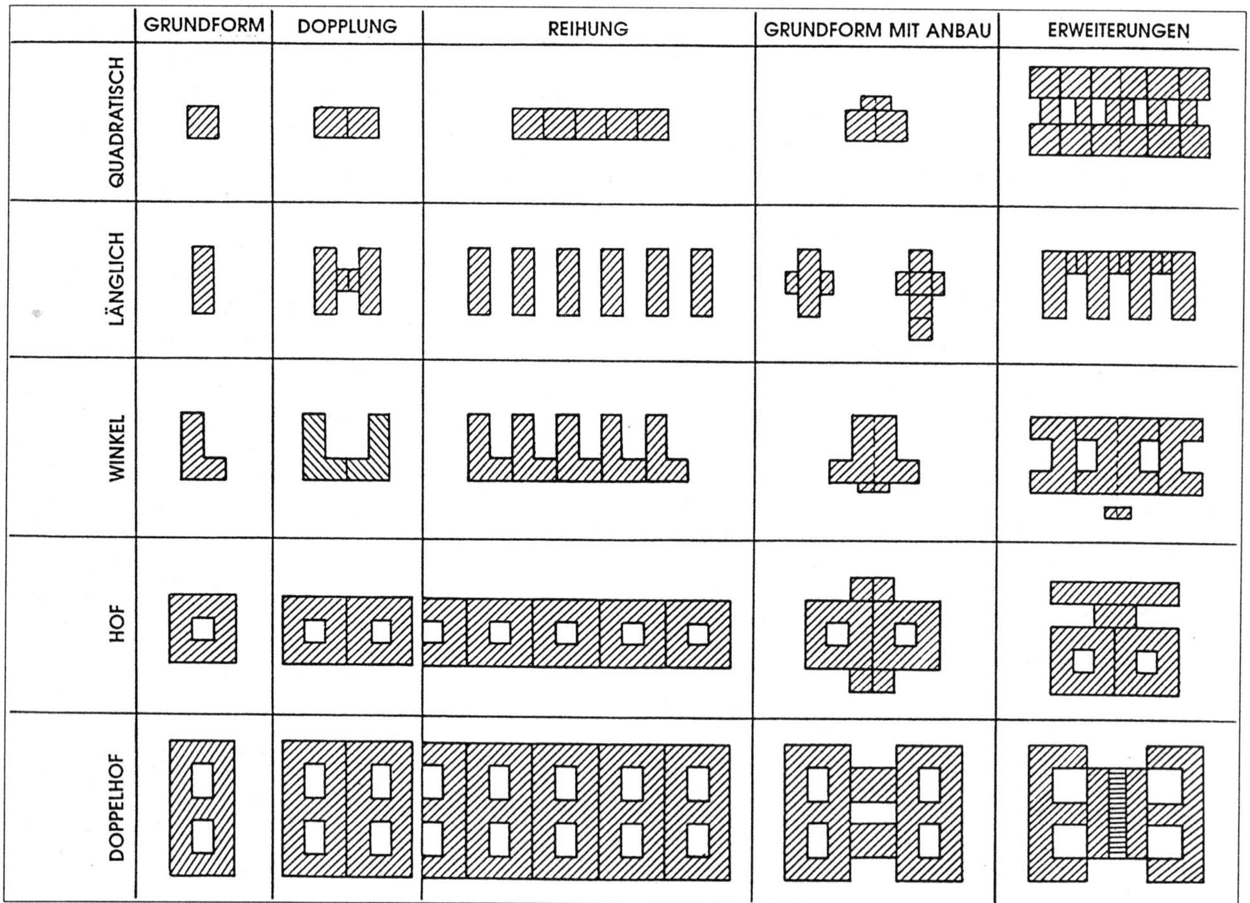

	GRUNDFORM	DOPPLUNG	REIHUNG	GRUNDFORM MIT ANBAU	ERWEITERUNGEN
QUADRATISCH					
LÄNGLICH					
WINKEL					
HOF					
DOPPELHOF					

Abb. 29.2 Typologie einfacher Grundformen von Gebäuden

30. ZUSAMMENFASSUNG

Mehrere grundlegende Fragen und Ungewißheiten bestimmen die Diskussion dieser Zeit:
- Der Konflikt zwischen Freiheit und Bindung;
- der noch häufig linear verstandene Begriff des Fortschritts;
- die Rolle von Architektur und Städtebau in einer Welt extremer Entwicklungsbeschleunigung;
- Städtebau in der Zeit der Energiekrise;
um nur einige zu nennen.

A. FREIHEIT UND BINDUNG

Seit der Renaissance ist der Konflikt zwischen Gebäude und Struktur - oder zwischen städtebaulicher Ordnung und der Isolierung der Architektur aus dem Kontext - ungelöst. Im Kern handelt es sich um den Konflikt zwischen dem Individuum und der Gemeinschaft oder, anders ausgedrückt, zwischen dem Bedürfnis nach Unabhängigkeit und nach Geborgenheit. Solitäre Bauweisen kommen der Verwirklichung individueller Interessen ebenso entgegen wie jene Vorstellungen, die Städte als Patchwork und Chaosstrukturen begreifen. Wo keine Bindungen gewollt und akzeptiert werden, liefert die Wirklichkeit genügend Ansatzpunkte für abweichende - möglicherweise auch neue - Ordnungen. Bisher sind durch die Visionen einer anderen Stadt noch keine brauchbareren Strukturen entstanden. Weder Brasilia und Milton Keynes noch Cumbernauld und die neuen Städte um Paris haben sich als ernstzunehmende Alternativen für eine neue Stadtstrukturauffassung erwiesen. Auch die Tragfähigkeit neuerer formaler Ordnungsvorstellungen, wie etwa die der "Chaos-Stadt" und der "Collage-City", oder der "Dekonstruktion" als kompositorischem Denkansatz, die über Worte und Skizzen noch kaum hinausgekommen sind, ist mehr als fraglich.

B. FORTSCHRITT

Der noch relativ junge Begriff des Fortschritts (im 18. Jh. als deutsche Entsprechung zum französischen "progrès" eingeführt) implizierte, daß aufgrund der Wissensvermehrung und der folgerichtigen Anwendung dieses Wissens die Welt in ihrer Entwicklung fortschreiten würde. Heute wissen wir, daß die Grenzen für Fortschritt in diesem Sinne im Menschen selbst liegen. Zwar gibt es einen permanenten Strom von Veränderungen, von denen zweifellos ein beträchtlicher Teil auch Verbesserungen beinhaltet. Es gibt es aber auch Nebenwirkungen, unbeabsichtigte Folgen, ja Rückschritte hin auf überwunden geglaubte Zustände. Fortschritt meint eine tatsächliche Verbesserung eines Zustandes und einer Sache in einem mehrdimensionalen und umfassenden, vielleicht auch Generationen übergreifenden Sinn. Die lineare Kopplung dieses Fortschrittsbegriff mit der Zeit war das Problem. Insofern ist Fortschritt nicht direkt (zumindest nicht immer) mit der Zeit koppelbar. Folglich ist Neues nicht zwangsläufig dem Alten überlegen, Erfahrung nicht obsolet, frühere Lösungen nicht zwangsläufig überholt, die Attribute "modern = neu = besser" zumindest fragwürdig; die Verwendung bewährter Lösungen vielleicht weise anstatt konservativ.

C. BESCHLEUNIGTE ENTWICKLUNG

Ein Schluß aus den schnellen Szenenwechseln der letzten Jahre war, daß dauerhafte Architektur und konventionelle städtebauliche Ordnungen ihre Bedeutung verlören. Sie schienen nur noch hinderlich zu sein.

Schnellbau, Leichtbau, Fragmente, neue technologische Lösungen auf allen Ebenen seien Entsprechungen dieser Situation. Demgegenüber steht, daß Nutzungen derzeit so schnell wechseln, daß auch sehr kurzlebig auf einen solchen Wechsel hin konzipierte Bauten darauf nicht mehr reagieren können. Die Gegenthese, daß gute Bauten eine Vielzahl unterschiedlicher Nutzungen aufnehmen und überstehen, daß es bisher in der Geschichte nur eine lose Verbindung zwischen der Nutzung und der architektonischen Form gab, ist zumindest durch Erfahrung gestützt - zumal sich in dieser Denkrichtung eher das Problem der Einbindung von Nutzungen in dichte räumliche Netze lösen läßt.

D. DENKANSTÖSSE DURCH DIE CO$_2$ - KRISE

Städte und Regionen sind träge Systeme mit einem erheblichen Beharrungsvermögen. Sie sind einerseits historische Dokumente der Stadtkultur, andererseits Rahmen für heutiges und künftiges Leben. Das gleiche gilt für Bauten. Neues ist nur besser als altes, wenn es sich auch über Generationen bewährt. Deshalb steht auch nicht der Umbau ganzer Städte an, sondern die schrittweise Erneuerung. Die Ordnungs- und Funktionslogik komplexer Systeme macht ein Sytem noch nicht unbrauchbar, weil es einige Schwachstellen gibt. Dies gilt für die Organisationsstruktur zum Beispiel großer Bibliotheken genauso wie für die Stadt. Insofern leitet die CO$_2$ - Problematik vielleicht gerade noch rechtzeitig, bevor der großen Stadtzerstörung zweiter Teil beginnt, eine Periode neuer Besinnung darauf ein, welcher energetische, historische und materielle Wert in den noch existierenden dichten Baustrukturen der europäischen Städte liegt. Wie im Kapitel 11 gezeigt wurde, sind in erster Näherung kompakte Bauweisen durch ihre geringen Oberflächen, und Baublöcke und Höfe durch ihre Fähigkeit zur Integration von gemisch

ten Nutzungen, wieder sehr aktuelle städtebauliche Grundformen. Alle historischen Strukturen, die Nutzungsmischung mit räumlich dichter Packungsgeometrie verbinden, sind daher erhaltungswürdig oder aber zumindest als Grundmuster für den Ersatzneubau geeignet.

E. STRUKTUR STATT FORM

Ohne jeden Zweifel hat die äußere Form jeder Sache in einer stark optisch - ästhetisch geprägten Kultur eine große Bedeutung. Ohne Zweifel ist das Äußere aber nur die Oberfläche des Inneren und nicht die Sache selbst. Wir müssen deshalb darauf achten, daß die gegenwärtige Überbetonung des Äußeren sich nicht auf eine Oberflächen- oder Grenzflächenästhetik reduziert, wie dies vor hundert Jahren mit der Fassadengestaltung von Typenbauten partiell schon einmal der Fall war.

Der Bogen der Themen in diesem Buch, von der räumlichen Wahrnehmung bis zu Anordnungsformen, ist sicher weit gespannt und dennoch blieb vieles ausgeklammert, was zum Thema Stadtstruktur und Stadtplanung wesentlich ist. So wurden weder der Verkehr im engeren Sinne noch das Gewerbe, noch wurden einzelne Funktionsbereiche näher behandelt. Verzichtet wurde auch darauf, einzelne Entwurfsaufgaben des Städtebaues aufzunehmen, weil damit eine Form der Konkretion und der Behandlung von Entwurfskontexten erforderlich geworden wäre, die mit dem verfolgten Anliegen einer allgemeineren Strukturbetrachtung schlecht zu vereinbaren war. Dafür ist ein weiterer Band in Vorbereitung. Es ging vielmehr darum, die hinter den Formen liegenden Zusammenhänge und Prozesse deutlich zu machen und damit einen Beitrag zu versuchen, der die Architektur- und Städtebaudiskussion wieder stärker von dem Form- zu einem Strukturverständnis der Stadt führt.

ANMERKUNGEN

ANMERKUNGEN ZU KAPITEL 2

1. Zum Begriff von Raum und Zeit vergleiche: Hawking, S.W.: Eine kurze Geschichte der Zeit. Die Suche nach der Urkaft des Universums. Reinbeck bei Hamburg 1988, S.29ff

2. nach Duden-Etymologie. Bd. 7. 1989

3. Auf Jakob von Uexküll geht der Begriff der Umwelt und der subjektbezogenen Umweltwahrnehmung zurück.

4. Lynch, 1965, S. 143ff

ANMERKUNGEN ZU KAPITEL 6

1. Zu Begriff und Theorie der räumlichen Packung vergl. Haggett, P.: Einführung in die kultur- und sozialgeographische Regionalanalyse. Berlin, New York 1973, S. 61 ff.

2. Vergl. zur Bildung von Netzen im Raum Hagget 1973, Kapitel III.

3. Vergl. zu Grundlagen der Netzbildung Haggett 1973, S. 295 ff.

ANMERKUNGEN ZU KAPITEL 7

1. Martin Wagner in Berlin und Ernst May in Frankfurt hätten ihre grandiosen Leistungen des neuzeitlichen Wohnungsbaues in den 20er Jahren nicht ohne die Informations- und Problemdichte der Großstadt erbringen können.

2. So sinngemäß H.W. Hämer in einer Diskussion im Jahre 1989 an der RWTH-Aachen

3. So sinngemäß H.Lübbe in der ZDF-Sendung Blickpunkt am 5.10.91

4. Vergl. zum Themenfeld die Zusammenfassung verschiedener Ansätze in Widmaier, H.P. (Hrsg.): Politische Ökonomie des Wohlfahrtsstaates. Frankfurt 1974; Downs, A.: Ökonomische Theorie der Demokratie. Tübingen 1968. Luhmann, N.: Politische Planung. Opladen 1971. Narr/Naschold, Theorie der Demokratie. Stuttgart 1971. Für die Stadtplanung war der aus der gleichen Denkrichtung stammende Beitrag von Lindblom, C.E.: "The science of muddling through" in: Public Administration Review, Vol. 19, Spring, 1959 S.79-88 besonders bedeutsam. Kern dieser Denkrichtungen ist die Unvorhersehbarkeit der Zukunft und der damit verbundene Konflikt, den langfristige, starre und technokratische Pläne in einer nicht vorhergesehenen Lage erzeugen. Die Kunst des "Durchwurstelns" bedeutet in diesem Zusammenhang nichts anderes als das Beste aus den aktuellen Bedingungen zu machen. Die immer wieder auftretenden Entwicklungsbrüche verweisen auf die Begrenztheit umfassender Pläne und Programme. Vergl. dazu auch Kade/Hujer: Planung der kleinen Schritte und Politik des Status Quo. In: Planung und Information, Bauweltfundamente Band 34, Gütersloh 1972. Zu den Konsequenzen für die Stadtplanung auf einer mittleren Komplexitätsebene vergl. Curdes, G.: Bürgerbeteiligung, Stadtraum, Umwelt. Inhaltliche und methodische Schwachstellen der teilräumlichen Planung. Köln 1985, S.14 ff.

5. Vergl. hierzu die Beispiele zur Umwandlung alter Bahnareale und weicher Zonen in: Paris Project 27-28 Paris. L'Amanagement L'Est de Paris. Stadt Paris 1987

ANMERKUNGEN ZU KAPITEL 11

1. Auch die im Entwurf vorliegende Neufassung der Wärmeschutzverordnung berücksichtigt z.B. noch nicht die solaren Wärmegewinne durch Wandbauteile, wie Meyer/Niebuhr in ihrem Beitrag "Wärmeschutzverordnung 1992 - Konsequenzen für die Praxis" im Architektenblatt 10/92 darlegen.

2. Vergl. Arch+ 113/1992, S. 33ff, 95f

ANMERKUNGEN ZU KAPITEL 20

1. Curdes 1968, S.150

2. Im Rahmen des Entwicklungsprogrammes Ruhr und des Nord-Rhein-Westfalenprogramms 1975 wurde als eigener Planungsansatz für Zentren an ÖPNV-Strecken und Stadtteilen das sog. "Standortprogramm" als Teil der Stadtteilentwicklungsplanung mit Förderprogrammen des Landes gekoppelt. Auch wenn die Durchführung dieses Gedankens nicht problemlos gelang, ist er in seinem siedlungsstrukturellen Denkansatz, Zentren und ÖPNV zu verknüpfen, noch immer zeitgemäß. In zahlreichen Städten in NRW wurden in dieser Zeit kombinierte Zentren- und Dichtekonzepte entlang der Schnellbahnstrecken entwickelt. Ein Beispiel hierfür ist die Studie "Großzentrum Köln und seine Verflechtung". Eine Vorarbeit für diesen Ansatz war:
Untersuchung zur Förderung von Nebenzentren im Ruhrgebiet, durchgeführt im Auftrage des Siedlungsverbandes Ruhrkohlenbezirk, Abteilung Gemeindeplanung, 3 Bände, vom Institut Gewerbebetriebe im Städtebau. Köln 1967. Bearbeitung G.Curdes, J. Müller-Trudrung. Die Umsetzung erfolgte in den beiden Programmen:
Landesregierung Nordrhein-Westfalen (Hrsg.): Entwicklungsprogramm Ruhr 1968-1973. Düsseldorf 1968.
Landesregierung Nordrhein-Westfalen (Hrsg.): Nordrhein-Westfalen-Programm 1975. Düsseldorf 1970.
Einen Überblick zum damaligen Diskussionsstand gibt u.a. der erste Band der Schriftenreihe Politik und Planung:
Praxisprobleme der Stadtteil- und Standortprogrammplanung. Köln 1973.
Curdes, G.; Reissschmidt,S.; Weicken, A.; Wölbeling, D.: Querschnittsvergleich von Standortprogrammen der Mittelstädte und kleinen Gemeinden. In: Stadtteilentwicklungsplanung - Stadtteilentwicklungs- und Standortprogrammplanung als Instrument der kommunalen Entwicklungssteuerung. Köln 1976, S. 45 - 118

ANMERKUNGEN ZU KAPITEL 21

1. Rowe/Koetter, S.132

2. Vergl. hierzu die Ausführungen der gleichen Autoren auf S.101-119

3. Vergl. hierzu Curdes, G.: Das Dilemma der Einkaufszentrenplanung als Dilemma kommunaler Infrastrukturplanung. In: Raumforschung und Raumordnung 3/4, 1974

ANMERKUNGEN ZU KAPITEL 22

1. BMBau Bd. 04.044, S.165

2. BMBau Bd.03062

3. Kromrey 1981, S. 261

4. Nach Zinn, in BMBau Bd.03.062, S.42

5. Ebenda, S. 43

6. Herlyn (1970, S.60) weist auf die von Festinger untersuchte soziale Funktion von Verkehrswegen und die 'passiven Kontakte' der Passanten hin.

7. Bundesminister für Raumordnung, Bauwesen und Städtebau (Hrsg.): Zusammenhang von gebauter Umwelt und sozialem Verhalten im Wohn- und Wohnumweltbereich. Schriftenreihe "Städtebauliche Forschung" Bd. 03.062. Bonn 1978, S. 46

8. Bundesminister für Raumordnung, Bauwesen und Städtebau (Hrsg.): Nutzwert von Wohnungen. Schriftenreihe, Bd. 04.003. Bonn 1973, S. 98

ABBILDUNGSNACHWEIS

Psychologie Verlags Union, Weinheim: 1.1, 1.2, 1.3, 1.4, 1.5, 1.6, 1.7, 1.8
Campus Verlag, Frankfurt/Main: 6.4, 6.5, 6.10, 6.20, 6.22, 6.25, 8.4, 13.2, 16.3, 16.4, 16.7, 16.8, 16.9
University of California Press, Berkeley: 6.4, 6.9, 6.16
MIT Press, London: 6.5, 6.15, 6.21, 9.5
Birkhäuser Verlag AG, Basel: 7.2, 24.9, 24.10, 24.11a, 24.11b, 24.12
Daniel Libeskind, Berlin: 7.3
Hutchinson, London: 8.4, 16.6
Rob Krier, Wien: 15.6, 15.15, 15.16
Friedr. Vieweg & Sohn Verlagsgesellschaft mbH, Wiesbaden: 18.1, 23.1, 15.2
Benedikt Loderer, Glattbrugg: 16.2
Planungsgruppe "Home", Pulheim: 27.6
Steidle + Partner, München, Kiessler + Partner, München, Schweger + Partner, Hamburg: 27.7
Atelier 5, Bern: 28.1, 28.3
C. F. Fischer/H. von Bassewitz, Hamburg: 28.2
Karl Krämer Verlag, Stuttgart: 28.4